Abaelard

Die Leidensgeschichte und der Briefwechsel mit

Heloisa

Deutscher Taschenbuch Verlag

Vollständige Ausgabe.
Übertragen und herausgegeben von Eberhard Brost.
4., revidierte Auflage 1979.
Mit einem Nachwort von Walter Berschin.

Dezember 1987
2. Auflage April 1992
Deutscher Taschenbuch Verlag GmbH & Co. KG,
München
© 1979, Verlag Lambert Schneider GmbH, Heidelberg
(4., verbesserte Auflage)
Umschlaggestaltung: Celestino Piatti unter Verwendung
eines Gemäldes vom Meister des Marienlebens
(Alte Pinakothek, München)
Gesamtherstellung: C. H. Beck'sche Buchdruckerei,
Nördlingen
Printed in Germany · ISBN 3–423–02190–X

INHALTSVERZEICHNIS

Ergänzende Texte

Anhang

ERSTER BRIEF
DIE LEIDENSGESCHICHTE

Ein Menschenherz leidenschaftlicher schlagen zu lassen oder es ganz still zu machen, beides gelingt dem Beispiel oft besser als dem Wort: mündlich hatte ich Dich schon etwas aufrichten können; den vollen Trost will ich Dir in der Ferne mit einer Schilderung meiner eigenen Leiden geben; ein vergleichender Blick auf sie muß Dir zeigen, daß Deine Heimsuchungen ein Nichts oder doch nur ein kleines Etwas sind, und Du lernst Dich fassen.

Mein Heimatort Palais, etwa acht Meilen östlich von Nantes, liegt im Grenzgebiet der Bretagne. Mein schnelles Zufahren verdanke ich der Landesart und dem Blut meiner Väter so gut wie die Empfänglichkeit für die Wissenschaft. Jedenfalls mein Vater hatte schon vor dem Ritterdienst ein wenig studiert und schwärmte später für die wissenschaftliche Bildung: deshalb sollten sich, wie es auch wirklich geschah, alle seine Söhne wissenschaftlich ausbilden, ehe sie das Waffenhandwerk erlernten. Als Erstgeborener war ich sein besonderer Verzug; darum legte er bei mir auch besonderen Wert auf sorgfältigen Unterricht. Und ich — nun, ich machte mühelos große Fortschritte, mein Eifer wurde immer verzehrender, und schließlich gewann ich die Wissenschaft so lieb, daß ich allen Glanz des Rittertums dahingab, auf Erbe und Erstgeburt zugunsten meiner Brüder verzichtete und mich von Mars' Hofhaltung ganz zurückzog, um Minervas Schoßkind zu werden.

Von der ganzen Philosophie sagte mir die Logik am meisten zu: für ihre Waffen gab ich die Ritterwaffen dahin, um nur noch im Geistesturnier Ringe zu stechen. Zum Studium der Logik zog ich überall hin, wo man mir Hauptsitze dieser Wissenschaft rühmte, und wurde so ein Wanderphilosoph im Sinn des Altertums.

Schließlich kam ich auch nach Paris, dem alten Mittelpunkt der logischen Studien, und zwar wurde Wilhelm von Champeaux mein Lehrer; seine Logikvorlesungen waren damals berühmt und verdienten es auch. Ich studierte eine Zeitlang bei ihm und war anfangs lieb Kind; später wurde ich ihm mehr als lästig, suchte ich doch etliche seiner Thesen zu widerlegen und gestattete mir, Gegengründe aufmarschieren zu lassen, was mir einige Male im Wortgefecht einen klaren Sieg über den Professor einbrachte. Ein solcher Sieg empörte auch *die* Kommilitonen, die schon einen Namen hatten, und sie empörten sich um so stärker, da ich der Jüngste war und noch kein so langes Studium hinter mir hatte. Das gab das erste Glied der Leidenskette, die noch kein Ende hat; mit der Ausbreitung meines Ruhms schürte ich den Neid der Fremden; obendrein traute ich meinem Kopf größere Kraft zu, als ich es meinen Jahren nach tun durfte: ich wollte, jung wie ich war, selber eine Schule gründen; als Schulort faßte ich Melun ins Auge; dieser feste Platz hatte damals ohnehin einen Namen und war außerdem königliche Residenz.

Mein Lehrer Wilhelm erriet den Plan. Er wollte die Neugründung von seiner alten Schule wenigstens möglichst weit weg haben und bot deshalb insgeheim alles auf, solange ich noch seiner Schulgemeinde angehörte, die Gründung überhaupt zu hintertreiben oder mindestens den geplanten Schulort mir zu nehmen. Aber einige der Großen des Landes waren seine Gegner; mit ihrer Hilfe konnte ich meinen sehnlichen Plan erfüllen, und weil Wilhelm seine Gehässigkeit nun offen zeigte, bekam ich gerade dadurch noch viele andere Gönner. Gleich diese erste Vorlesungstätigkeit ließ meine Meisterschaft in der Logik überall bekannt werden und brachte den Stern meiner früheren Kommilitonen zum Sinken, ja sogar den meines alten Lehrers. Mein Selbstvertrauen stieg so immer mehr, und ich verlegte meine Schule schleunigst nach Corbeil; die größere Nähe von Paris sollte mir in meinem Ungestüm häufiger Disputationen gestatten. Ich überanstrengte mich aber dermaßen, daß ich bald krank wurde und heim mußte. Während ich so einige Jahre lang fern von Francien weilen mußte, vermißten mich die Jungen der Logik schmerzlich.

Wenige Jahre später — ich war inzwischen längst wieder gesund geworden — änderte mein alter Lehrer Wilhelm seinen bisherigen Lebenszuschnitt: Er war bislang Archidiakon von Paris und trat nun in den Orden der regulierten Chorherren ein, angeblich in dem Gedanken, dadurch frömmer zu erscheinen und eine höhere Stellung zu erhalten; jedenfalls wurde er in aller Bälde Bischof von Châlons. Seine neue Stellung veranlaßte ihn aber gar nicht, Paris den Rücken zu kehren oder seine gewohnte Beschäftigung mit der Philosophie aufzugeben; in dem Kloster, in das er sich aus Frömmigkeit zurückgezogen, nahm er alsbald seine öffentlichen Vorlesungen wieder auf.

Ich ging jetzt wieder zu Wilhelm, um Rhetorik bei ihm zu hören. Abgesehen von den sonstigen Redegefechten, die wir einander lieferten, ging der Kampf vor allem um seine alte Lehre von den Universalien: In unwiderleglicher Beweisführung brachte ich ihn dazu, seinen Lehrsatz umzubiegen, besser gesagt aufzuheben. Seine ursprüngliche Lehre von der Gemeinsamkeit der Universalien bestand darin, daß er behauptete, die Allgemeinbegriffe seien die Realitäten und bildeten die Substanz jedes Einzelwesens; das Individuelle habe keine wesenhafte Verschiedenheit, sondern es sei nur konstituiert in den Akzidenzien. Auf meine Angriffe hin modifizierte er seine Theorie dahin, «daß er den Allgemeinbegriff nur als das ununterschiedene Gemeinsame in den Individuen real sein ließ, während die Differenzen dann das Individuum konstituierten». In der Frage der Allgemeinbegriffe war nun aber gerade dieser Punkt von jeher ein höchst bedeutungsvolles Hauptproblem der Logiker; auch Porphyrius in seinen ‚Isagogen' wagte es bei der Behandlung der Universalienfrage nicht, dies Problem zu entscheiden, sondern schrieb nur: «Dies ist ein sehr schwieriger Punkt.» Dadurch, daß Wilhelm von Champeaux seine Meinung modifizierte, besser gesagt, unter meinem Zwang sie sogar aufgab, dadurch verlor seine Logikvorlesung ganz ihren guten Ruf. Man wollte ihn überhaupt kaum noch Logik lesen lassen, als sei dieses Universalienproblem der Kernpunkt der ganzen Logik.

Durch diesen Vorfall wurde meine Schule innerlich kräftig und bekam einen solchen Namen, daß alles in ihr zusammenströmte, was zuvor auf unseren gemeinsamen Lehrer Wilhelm geschworen hatte und ein Todfeind meiner Schule war. Sogar Wilhelms Nachfolger auf dem Pariser Lehrstuhl bot mir sein Katheder an, um im gleichen Hörsaal mit den anderen bei mir zu hören, in dem zuvor unser gemeinsamer Lehrer Wilhelm so geglänzt hatte. Ich leitete das logische Studium noch gar nicht lange, als Wilhelm vor Neid geradezu krank wurde und sich in seinem Schmerz unsagbar verzehrte. Lange hielt er es nicht aus, sein Mißgeschick brannte ihn zu sehr, und so machte er sich mit List und Tücke daran, mich auch jetzt wieder aus dem Sattel zu heben. Offene Angriffspunkte bot ich ihm nicht, aber er griff den Mann an, der mir seinen Lehrstuhl abgetreten hatte, warf ihm die schmutzigsten Dinge vor und setzte einen anderen auf den erledigten Lehrstuhl, gerade einen meiner Gegner. Ich ging nach Melun zurück und hielt meine Vorlesungen wie zuvor. Mein Ruhm wuchs entsprechend der unverhüllten Eifersucht, mit der mich Wilhelm verfolgte, so wie es Ovid schildert: «Großem nahet der Neid, und der Wind umbrauset die Wipfel.»

Wilhelm bekam es bald zu spüren, daß fast alle seine Schüler sein Frommsein nicht mehr für ehrlich hielten und über sein Mönchwerden ziemlich schnöde redeten, weil er sich nicht von Paris hatte trennen mögen. Deshalb zog er mit seiner geistlichen Bruderschaft und seinen Hörern ziemlich weit weg von Paris. Sofort verließ ich Melun und kehrte nach Paris zurück, glaubte ich doch, für die Zukunft vor ihm Ruhe zu haben. Aber weil er meinen Pariser Lehrstuhl — ich erwähnte es oben schon — mit einem meiner Rivalen hatte besetzen lassen, so ließ ich mich mit meinen Studenten außerhalb der Stadt nieder, auf dem Berg der heiligen Genoveva; es sah fast so aus, als wollte ich Wilhelms Stellvertreter belagern. Wilhelm erfuhr davon; er kam gleich nach Paris zurück, ohne sich zu schämen, und besetzte mit den Studenten, so viele ihm zugelaufen, und mit seiner geistlichen Bruderschaft wieder sein früheres Kloster. Es war so, wie wenn er seinen schnöde verlassenen Stellvertreter vor uns retten müßte. Tatsächlich gab aber Wilhelm selber seinem Stellvertreter den stärksten Stoß; bis Wilhelm wiederkam, hatte der wenigstens einige Schüler, mehr oder weniger befähigte, besonders wegen seiner Priscianvorlesung, die wirklich wertvoll sein sollte. Wilhelm kam zurück, und alle, aber auch alle Schüler liefen dem Stellvertreter weg; er mußte die Vorlesungen einstellen und ging bald darauf ins Kloster, da er sich von dieser Welt mit ihrem Glanz nichts mehr versprach.

Die heftigen Disputationen, die Wilhelms Rückkehr zur Folge hatte, hast Du selbst miterlebt, Du weißt es noch, wie meine Schüler mit ihm selbst und mit seinen Schülern in Wortgefechten kämpften, wie gut meine Leute und ich selbst in diesem Treiben abschnitten. Ich will mich nicht brüsten wie der Ajax des Ovid, aber ich darf frank und frei mit ihm sagen:

«wenn Ihr etwa das Schicksal Dieses Kampfes erforscht, nicht ward ich geschlagen von jenem.»

Auch wenn ich schweigen wollte, die Taten selbst reden vernehmlich, und der schließliche Erfolg zeugt für mich. Während dieser Vorgänge bat mich meine geliebte Mutter Luzia dringend heimzukommen. Mein Vater Berengar war schon ins Kloster eingetreten, und sie wollte ihm folgen. Ich wohnte der feierlichen Aufnahmehandlung bei, kehrte aber dann nach Francien zurück, vor allem, um Theologie zu studieren. Wilhelm von Champeaux genoß wohl in seiner Diözese Châlons den Ruf eines tüchtigen Theologen; aber sein Lehrer Anselm von Laon galt seit alters her als die größte theologische Autorität überhaupt, und seine Schätzung dauerte damals noch an. Darum entschloß ich mich, bei ihm Theologie zu studieren.

Aber Anselm war eben ein alter Mann und dankte seinen großen Namen der Routine, die er sich in langen Jahren erworben, jedoch kaum einer besonderen geistigen Bedeutung. Wenn man ihn allein besuchte und sich über irgendwelche Fragen beraten lassen wollte, ging man noch ratloser weg, als man gekommen. Eine bewundernswerte Erscheinung, wenn er im Hörsaal allein das Wort führte, aber eine Null,

14

wenn man ihm Fragen stellte. Seine Wortfülle war
erstaunlich, aber was dahinter steckte, waren armselige Allerweltsgedanken; sein Feuer füllte das
Haus mit Rauch, aber es leuchtete nicht. So war er:
ein Baum mit reicher Krone, staunenswert schön in
der Fernsicht, aber betrachtet man ihn aus der Nähe,
so kann auch das sorgsamste Auge keine Frucht erblicken. Und wie ich nun von seinem Baum die
Früchte pflücken wollte, da wurde es mir klar: er war
der Feigenbaum, den der Herr verflucht, oder die alte
Eiche, mit der Lukan seinen Pompejus vergleicht:

> «... ein Schatten einstigen Glanzes
> Steht er noch; so ragt hoch im Fruchtgefilde
> der Eichbaum.»

Sobald mir das klar wurde, lag ich nicht mehr lange
untätig in seinem Schatten, ich besuchte seine Vorlesungen immer seltener, zur größten Empörung seiner Lieblingsschüler. Sie machten sich heimlich an
Anselm persönlich heran, um mir zu schaden, und
ihre erbärmlichen Verleumdungen hatten schließlich
Erfolg; in Anselm regte sich die Eifersucht. Nun kam
ein Einzelfall noch dazu. Nach der Beendigung einer
Privatdisputation saßen wir Studenten im zwang-
losen Geplauder noch beieinander; da stellte mir
einer absichtlich die verfängliche Frage, was ich vom
Lesen der Heiligen Schrift halte. Ich hatte bis dahin
tatsächlich nur Philosophie studiert und sagte, das
Studium der Heiligen Schrift sei sicher sehr bedeutungsvoll für die Erkenntnis dessen, was zu unserer
Seelen Seligkeit not tue; es sei nur höchst erstaunlich,
daß die Fachleute sich für die Auslegung der heiligen
Schriften nicht mit diesen selbst begnügten und allenfalls noch mit der Glosse, sondern auch noch andere
Hilfsmittel brauchten. Die meisten Studenten lach-

ten einfach los und fragten mich höhnisch, ob ich es etwa ohne diese anderen Hilfsmittel fertigbrächte und ob ich zu einem Probestück den Mut hätte. Ich sagte einfach: «Ja, von mir aus!» Jetzt ging das Geschrei und das Gespött erst recht los, und es hieß: «Von uns aus, bitte, nur zu! Wir wollen einen Ausleger zu einem unbekannten Schrifttext ausfindig machen und zur Verfügung stellen; dann wollen wir sehen, wie Ihr Euer Versprechen haltet.» Sie einigten sich nun auf eine ganz dunkle Stelle im Propheten Ezechiel. Ich nahm den Ausleger an und lud sie schon für den folgenden Tag zur Vorlesung ein. Da mußte ich mir nun ihren unbestellten guten Rat anhören, ich solle doch bei einer so schwierigen Aufgabe mich nicht überstürzen, ich solle mir als Anfänger recht Zeit lassen, um meine Erklärungen bis ins kleinste auszuarbeiten und ganz unangreifbar zu machen. Das erboste mich; ich sagte, es sei nicht meine Art, von der Routine das Heil zu erwarten, ich verlasse mich auf mein Genie; ich verzichtete auf die ganze Vorlesung, wenn sie sich nicht unverzüglich zu der von mir angesetzten Zeit einfinden wollten. An der ersten Vorlesung nahmen nur ein paar Leute teil; es war ja jedermann zum Lachen, daß so ein ganzer Neuling in der Schrifterklärung sich daran kurzerhand wagte. Aber diese erste Stunde fesselte alle Hörer; voller Begeisterung drangen sie darauf, ich möchte in der mir eigenen Methode die Auslegung fortsetzen. Das sprach sich herum, und wer die erste Vorlesung versäumt hatte, beeilte sich, zur zweiten und dritten zu kommen, und es war ein allgemeiner Wetteifer, zuallererst meine Erklärungen aus der ersten Kollegstunde sich bei anderen zu besorgen.

Der alte Anselm wußte sich daraufhin vor Eifersucht überhaupt nicht mehr zu lassen; ich habe schon oben erzählt, wie ihn einige Kommilitonen schon früher mit bösen Redereien gegen mich eingenommen hatten. So verfolgte er mich mit der theologischen Vorlesung nun genau so, wie es Wilhelm mit meiner philosophischen getan hatte. Alberich von Reims und der Lombarde Lotulf galten damals für die bedeutendsten Schüler Anselms; ihre Einbildung war ebenso groß wie ihre Feindseligkeit gegen mich. Sie setzten dem alten Anselm so lange zu — das erfuhr man allerdings erst hinterher —, bis er den Kopf verlor und mir ohne alle Rücksicht die Weiterführung der exegetischen Vorlesung in der Domschule untersagte. Einen Vorwand fand er natürlich auch, ich könne bei meiner mangelhaften theologischen Vorbildung in dem und jenem Punkt fehlgreifen, und er werde dann dafür verantwortlich gemacht. Die Studenten gerieten in große Wut, als sie erfuhren, wie Anselm mich aus Brotneid so unerhört schikanierte. Die Rücksichtslosigkeit des Verfahrens gegen mich war für mich nur ehrenvoll, und auch diese Verfolgung steigerte meinen Ruhm. Ich kehrte bald nach Paris zurück und hatte nun einige ruhige Jahre für meine Lehrtätigkeit; der Pariser Lehrstuhl hatte mir ja längst gehört und war mir auch angetragen, ich hatte aber bekanntlich zu Anfang noch einmal weichen müssen. Die Vollendung des in Laon begonnenen Ezechielkommentars war meine erste Sorge, als ich die Vorlesungen in Paris aufnahm. Er fand bei seinen Lesern viel Beifall, und es hieß, ich zeige dieselbe hohe Begabung in der Theologie, die man in der Philosophie an mir festgestellt hatte. Vom Hörensagen her müßtest Du es ja wissen, lieber Freund, wie ich mir in beiden Fächern Mühe gab und wie die Hörsäle sich füllten, wie meine Einnahmen aus dem Kolleggeld sich erhöhten und mein Ruhm anstieg. Aber es ist die alte Geschichte: geht es den Toren gut, dann blähen sie sich auf wie der Frosch in der Fabel. Wer in dieser Welt nicht mehr zu kämpfen braucht, der verliert die Spannkraft und verfällt schließlich den Lockungen des Fleisches. Ich bildete mir ein, ich sei der einzige Philosoph in der Welt, vor irgendwelchen Angriffen bangte ich nicht mehr und ließ nun meiner Gier die Zügel schießen, während ich früher ganz keusch gelebt hatte. Wissenschaftlich stieg ich als Philosoph und als Theologe immer höher; als Mensch stand ich schon tief unter jedem der Philosophen und Heiligen, so unsauber war mein Leben geworden. Die Philosophen und vollends die Heiligen, das heißt die Männer, die sich in die Sittenlehre der Heiligen Schrift vertiefen, verdankten ihren Ruhmesglanz vor allem ihrer Keuschheit. Das ist nichts Neues; aber ich war damals so schwer erkrankt — Hoffart und Sinnlichkeit hießen die Krankheiten —, daß Gottes Gnadenhand eingreifen mußte; Gottes Gnade heilte mich von beiden, sehr wider meinen Willen; Gott nahm mir zuerst das Mittel, meine Sinnlichkeit zu befriedigen, und dann heilte er meine Hoffart. Diese gründete vor allem auf meinem Wissen, wie schon der Apostel rügend bemerkt: «Wissen bläht auf.» Und darum ließ Gott das Werk, mit dem ich besonders prunkte, schimpflich verbrennen zu meiner Demütigung. Du sollst beide Krankheits- und Heilungsgeschichten wahrheitsgetreu erfahren, und zwar nicht bloß das Gerede der Leute, sondern die Tatsachen in ihrem genauen zeitlichen Ablauf. Vor dem schmutzigen Verkehr mit Dirnen hatte ich immer den natürlichen Abscheu; zu gesellschaftlichem Verkehr mit Frauen der Adelsschicht kam es nicht, weil mich meine Vorlesungen dauernd völlig beschäftigten; auch wußte ich den Umgangston mit den Mädchen aus dem Bürgerstande nicht zu treffen. Aber da fand das böse Schicksal, wie man das wohl umschreibend nennt, für mich in seiner Freundlichkeit eine noch bequemere Gelegenheit, mich mühelos von meinem Thron herabzustürzen; nein, es war nicht das Schicksal, es war die Güte Gottes: als ich in unbändigem Eigendünkel den Dank für die göttliche Gnadenführung vergessen wollte, da hat Gottes Gnade mich gedemütigt und für Gottes Reich gerettet.

Es lebte damals in Paris ein junges Mädchen, *Heloisa* geheißen, die Nichte eines Kanonikers Fulbert; er liebte sie zärtlich und wollte darum nichts versäumen, was ihrer geistigen Ausbildung förderlich war. Sie war, ohne damit aufzufallen, eine anmutige Erscheinung; an den ersten Platz rückte sie ihre ausgedehnte Bildung. Wissenschaftliche Bildung ist bei Frauen eine Seltenheit; deshalb war Heloisas Anziehungskraft besonders stark, und man sprach im ganzen Lande von ihr mit größter Wärme. Was einen Mann zur Liebe locken mag, sah ich bei ihr vereint; darum gedachte ich sie in Liebesbande zu verstricken, und am Gelingen zweifelte ich keinen Augenblick: war ich doch hoch berühmt und jugendlich anmutig vor anderen und brauchte von keiner Frau eine Abweisung zu fürchten, wenn ich sie meiner Liebe würdigte. Auf einen leichten Sieg bei Heloisa durfte ich gerade darum rechnen, weil sie wissenschaftliche Bildung besaß und auch zu schätzen wußte. Ich rechnete so: auch wenn wir nicht beisammen sind, können wir mit Briefen ein Zusammensein ersetzen, man kann in einem Brief eher ein kühnes Wort wagen als von Mund zu Mund, und so hat man in jedem Fall Gelegenheit zu süßen Worten.

Die Liebe zu Heloisa durchglühte mich, und ich suchte nur noch Mittel und Wege, tagtäglich in ihrer Häuslichkeit zu verkehren und so das junge Mädchen zu zähmen, um sie ganz bequem mir gefügig zu machen. Den Weg zu diesem Ziel ebneten mir Fulberts gute Freunde, indem sie bei Heloisas Onkel, eben diesem Fulbert, für mich sprachen. Fulberts Haus lag auch sehr geschickt in der Nähe der Domschule. So vereinbarte ich mit Fulbert, daß er mich in sein Haus aufnehme und den Preis nach seinem Belieben festsetze. Eine eigene Haushaltung mit allem Drum und Dran störe mich in meinem Gelehrtenberuf und sei mir auch zu teuer. Das war doch ein ganz einleuchtender Vorwand; und Fulbert, der immer recht viel Geld machen und außerdem seine Nichte recht viel lernen lassen wollte, Fulbert kam ans Ziel *seiner* Wünsche: mein Geld für sich und meine Gelehrsamkeit für seine Nichte. Und so kam ich ans Ziel *meiner* Wünsche; Fulbert bat mich noch inständig um mehr als das, was ich in meinen kühnsten Träumen zu hoffen gewagt, und wurde selber der Gelegenheitsmacher für meine Liebe; er gab Heloisas weitere Ausbildung ganz in meine Hand: ich möchte sie doch unterrichten, wann meine Vorlesungen mir dazu Zeit ließen, bei Tag oder bei Nacht, und hätte ich den Eindruck, sie sei faul, so solle ich sie ohne Gnade züchtigen. Diese Art und dieses Maß von Harmlosigkeit verwunderte mich doch erheblich; ich konnte nicht verblüffter sein, wenn er sein zartes Lämmlein einem heißhungrigen Wolf zu hüten gegeben hätte. Der eigene Onkel übergab mir den Unterricht, und er gab mir ein Züchtigungsrecht ohne Einschränkung! Das hieß doch, mir für hemmungslose Wünsche Vollmacht geben, ja mir die Gelegenheit geradezu aufdrängen, um durch Drohungen und durch Schläge nachzuhelfen, wenn die feinen Verführungskünste nicht verfingen. Was Fulbert dabei nichts Böses vermuten ließ, das war die Liebe zu seiner Nichte und der leider schon überholte gute Ruf meiner sittlichen Lebensführung.

Ich kann es jetzt wohl kurz machen: der Hausgemeinschaft folgte die Herzensgemeinschaft! Während der Unterrichtsstunden hatten wir vollauf Zeit für unsere Liebe; und wenn Liebende sich wohl nach einem stillen Fleck sehnen, wir brauchten uns dafür nur zur Versenkung in die Wissenschaften zurückzuziehen. Die Bücher lagen offen da, Frage und Antwort drängten sich, wenn die Liebe das bevorzugte Thema war, und der Küsse waren mehr als der Sprüche. Meine Hand hatte oft mehr an ihrem Busen zu suchen als im Buch, und statt in den wissenschaftlichen Textbüchern zu lesen, lasen wir sehnsuchtsvoll eins in des anderen Auge. Aber man sollte in uns Lehrer und Schülerin sehen, und darum bekam sie manchmal Schläge; es war zärtliche Verliebtheit, die mir die Hand führte, nicht zufahrender Zorn, und ihr war diese Züchtigung linder als kostbarste Salbe. In unserer Gier genossen wir jede Abstufung des Liebens, wir bereicherten unser Liebesspiel mit allen Reizen, welche die Erfinderlust ersonnen. Wir hatten diese Freuden bis dahin nicht gekostet und genossen sie nun unersättlich in glühender Hingabe, und kein Ekel wandelte uns an. In diesem Sinnentaumel hatte ich für Wissenschaft und Vorlesungen nichts mehr übrig; es ekelte mich förmlich an, zu den Vorlesungen zu gehen und bei meinen Schülern zu weilen. Es war auch ein zermürbendes Leben, bei Nacht für die Liebe zu wachen und bei Tag für den Beruf. Meine Vorträge fanden mich so lau und so nachlässig! Ich konnte nichts mehr aus frischer Eingebung vortragen, sondern mich nur noch auf meine Routine verlassen und nur noch frühere Funde wiederholen. Glückte es je, noch etwas Neues zu finden, so waren es Liebeslieder, keine philosophischen Offenbarungen. Von diesen Liedern lebt bekanntlich noch eine Menge im Mund des Volkes, und die Liebenden singen sie noch allenthalben.

Meine Studenten waren traurig und jammerten und klagten laut — wie laut, kannst Du Dir kaum vorstellen —, als sie errieten, was mich innerlich so beschäftigte und so ganz aus der Fassung brachte. Welches Spiel wir trieben, war ja klar, um Geheimnis zu bleiben. Fast der einzige Ahnungslose war wohl der Onkel, und dabei ging es um seine Ehre am meisten. Der und jener versuchte, ihm die Augen zu öffnen, aber er wollte es eben nicht glauben; die Gründe seines Unglaubens nannte ich schon: er liebte seine Nichte über alle Maßen und verließ sich auf den guten Ruf meiner bisherigen Lebensführung. Es ist ja immer so: wer unserem Herzen am nächsten steht, dem trauen wir nur ungern etwas Böses zu, und eine starke Liebe ist nicht empfänglich für Argwohn. Schon der selige Hieronymus schreibt darum an Sabinianus: «Was im eigenen Haus Schlimmes vorgeht, erfahren wir selber als die Letzten und sind noch ahnungslos, wenn die ganze Nachbarschaft schon über unsere Kinder und Frauen klatscht.» Aber Letzte hin, Letzte her, einmal erfährt es auch der Letzte; was sonst alle wissen, muß schließlich der Eine auch noch erfahren. Ein paar Monate ging es noch gut, dann war es auch mit uns so weit.

Der Jammer, als dem Oheim die Augen aufgingen! Und der Jammer bei uns, als der Oheim uns Liebende trennte! Ich verging vor Peinlichkeit und Scham und zerquälte mich mit Vorwürfen, wenn ich an Heloisas Unglück dachte. Und Heloisa schüttelte geradezu die Verzweiflung darüber, daß ich in der

Welt Augen entehrt war. Jeder jammerte nur über das Unglück, in das er den anderen gebracht, und über die Leiden, die der andere auszustehen hatte. Uns zu trennen, hatte der Oheim vermocht, unsere Herzen schmiedete er dadurch erst recht zusammen: unsere Liebe flammte, unbefriedigt wie sie jetzt blieb, um so stärker auf. In den Augen der Welt waren wir nun einmal entehrt, also brauchten wir auf die Welt keine Rücksicht mehr zu nehmen; gewiß, es bestand das Passivum, in den Augen der Welt die Ehre eingebüßt zu haben, aber daß wir diese Einbuße unserer Liebeslust verdankten, schien uns ein unschätzbares Aktivum. An uns wiederholte sich also, was Ovid von Mars und Venus und von ihrem gestörten Liebesglück zu erzählen weiß.

Bald darauf merkte Heloisa ihre Schwangerschaft; ganz außer sich vor Freude schrieb sie mir sofort und fragte mich um Rat. Wir beschlossen zu fliehen, und als der Oheim einmal über Nacht wegblieb, entführte ich sie aus seinem Haus und brachte sie sofort zu meiner Schwester in die Bretagne. Dort gebar sie dann einen Knaben, der den Namen Astrolabius erhielt.

Fulbert wurde nach Heloisas Flucht beinah wahnsinnig; man kann sich seinen wütenden Schmerz und seine tödliche Verlegenheit nur vorstellen, wenn man das miterlebte. Und dann die Ratlosigkeit: Was sollte er mir antun? Wie sollte er seine Rache vorbereiten? Er konnte mich ermorden, er konnte mich wenigstens schwer mißhandeln lassen, aber mußte dann nicht seine immer noch heißgeliebte Nichte bei meinen Verwandten dafür büßen? Mich fangen und gewaltsam irgendwo festsetzen ging auch nicht; davor sicherte ich mich ganz besonders, da ich überzeugt war, Fulbert werde sofort zufassen, wenn sich Gelegenheit biete; der Mann dazu war er. Schließlich konnte ich es nicht mehr mit ansehen, wie er sich in seine Angst hineinsteigerte; dazu litt ich selber schwere Gewissensqualen wegen der Arglist — sie grenzte an Felonie —, zu der mich meine Liebe verführt hatte. Ich leitete Verhandlungen mit Fulbert ein und bat ihn demütig um Verzeihung; er möchte selber die Buße für mein Vergehen festsetzen, ich würde mich ihr unterwerfen. Ich stellte ihm vor, eigentlich dürfe sich niemand über das Vorgefallene so sehr wundern, wer an sich selber Amors Gewalt habe erleben müssen und an den größten Helden der Geschichte den herabziehenden Einfluß der Frau beobachte, angefangen mit dem Sündenfall! Die Genugtuung, die ich ihm schließlich noch anbot, ging über seine Erwartung hinaus und mußte ihn versöhnlich stimmen: ich wollte Heloisas Verführung durch eine Eheschließung sühnen! Nur müsse die Eheschließung geheim bleiben, sonst leide mein guter Ruf. Fulbert war einverstanden und bekräftigte die Aussöhnung auch als Vertreter der Sippe durch Handschlag und Friedenskuß; aber es war der Kuß eines Judas!

Ich fuhr sogleich in meine Heimat, um meine Geliebte zu holen und in Paris zu meiner Frau zu machen. Heloisa war damit gar nicht einverstanden und riet mir aufs dringendste ab: durch eine Heirat lief ich erstens persönlich Gefahr, und fürs zweite machte ich mich unglücklich. Sie leistete jeden Eid darauf, daß Fulbert sich durch keinerlei Genugtuung mit dem Geschehenen werde aussöhnen lassen, und die Zukunft gab ihr leider recht. Sie fragte mich, welche Ehre sie sich von einer Heirat erwarten solle, die mir meine Ehre nehme und uns beide erniedrige. Sie wies auf ihre schwere Verantwortung vor der Welt hin, wenn sie der Welt dies Licht raube. «Flüche werden unseren Ehebund begleiten», sagte sie, «die

Kirche wird schwerste Einbuße zu beklagen haben, wenn wir heiraten, und die verwaiste Wissenschaft wird bitterlich darob weinen. Was für ein jämmerlicher Skandal: die Natur schuf Dich, um *allen* zu dienen, und Du willst Dich nur noch *einem* Menschen widmen, obendrein einem Weib, und Dich in so eine schimpfliche Knechtschaft verkaufen.» Sie verwarf also eine Ehe mit aller Energie; jeder könne dann über mich klatschen, und sie sei nur der Klotz an meinem Bein. Sie wies mich auf die geringe Achtung hin, die meine Eheschließung finden müsse, und auf die Schwierigkeiten, von denen ein Eheleben überhaupt bedroht sei. Sie zitierte das Wort des Apostels, der vor ihnen mit den Worten warnt: «Bist du los vom Weib, so suche kein Weib. So du aber freist, sündigst du nicht; und so eine Jungfrau freit, sündigt sie nicht; doch werden solche leibliche Trübsal haben. Ich verschonte aber euer gerne.» Und abermals steht beim Apostel geschrieben: «Ich wollte aber, daß ihr ohne Sorge wäret.» Willst Du vom Apostel keinen guten Rat annehmen, fuhr Heloisa fort, und von den Heiligen Dich nicht warnen lassen vor dem Joch der Ehe, dann befrage wenigstens die heidnischen Philosophen und sieh zu, was sich über das Eheleben in ihren Schriften findet, und was andere vom Eheleben der Philosophen berichten! Sogar die heiligen Kirchenväter schöpfen ja gern aus dieser Quelle Belehrungen, um uns Christen dadurch zu beschämen. Heloisa verwies mich auf den seligen Hieronymus; er berichtet im ersten Buch seiner Schrift gegen Jovinianus, Theophrast habe ausführlich das ganze unerträgliche Elend des Ehestandes geschildert, wie in ihm die Aufregungen überhaupt nicht abreißen wollten, und habe dies Thema mit dem schlagend bewiesenen Satz geschlossen: «Der Philosoph darf nicht

heiraten!» Diese heidnisch philosophische Beweisführung krönt dann Hieronymus mit dem Zuruf an
seine Leser: «Welcher Christ wird nicht schamrot,
wenn er bei dem Heiden Theophrast eine solche
Tiefe findet?» Und, sagte Heloisa, in der gleichen
Schrift erzählt Hieronymus: «Cicero hatte sich von
seiner Frau Terentia geschieden; sein Freund Hirtius
schlug ihm vor, jetzt die Schwester des Hirtius zu
heiraten. Cicero wies das entschieden ab, er könne
nicht zwei Herrinnen zugleich dienen, der Wissenschaft und der Ehefrau.» Cicero gebraucht dabei nicht
bloß den Ausdruck ,dienen', sondern schränkt ihn ein
durch den Zusatz des Wortes ,zugleich'. Es sollte also
nichts die gleichen Ansprüche an ihn stellen dürfen
wie die Wissenschaft.
Über die grundsätzliche Unvereinbarkeit von Ehe
und Wissenschaft, so fuhr Heloisa fort, brauche ich
nichts mehr zu sagen; denk aber jetzt auch an das
Drum und Dran einer gutbürgerlichen Ehe! Paßt das
nicht prachtvoll zueinander, Studenten und Zofen,
Schreibstube und Kinderstube, der Spinnrocken lieblich vereint mit Büchern und Heften, Griffel und Feder mit der Spindel! Du bist so richtig versunken in
Deine theologischen oder philosophischen Gedankengänge, da fangen die kleinen Kinder an zu quäken,
die Ammen wollen sie mit ihrem eintönigen Singsang
zur Ruhe bringen, Knechte und Mägde arbeiten auch
nicht still vor sich hin, und da soll Deine Versenkung
vorhalten! Du willst auch nicht die Nase rümpfen,
wenn die Kinder immerzu gesäubert und trocken-
gelegt sein wollen! Du hast ganz recht, reiche Leute
können sich das anders einrichten, die haben ganze
Paläste, weitläufige Häuser, in denen sich wirklich
einer mal zurückziehen kann; sie haben so viel Geld,
die spüren es gar nicht, was alles kostet, und das täg-

liche Brot ist für sie kein quälendes Problem! Aber die Gelehrten stehen sich nun einmal nicht so wie die Reichen, und es ist andererseits ja eine Tatsache: wer Geld machen will und dann die Sorgen hat, das Geld richtig anzulegen, der ist zum Gelehrten verdorben; Theologie und Philosophie verlangen einen ganzen Menschen.

Das ist ja auch der Grund, sagte Heloisa, daß gerade die hervorragenden Philosophen des Altertums die Welt so verachten; sie verschlossen sich nicht bloß vor dem Getriebe, sie entzogen sich ihm fluchtartig; sie schenkten der Frau Welt mit ihrer Lust keinen Blick mehr, um nur noch in den Armen der Frau Weisheit zu liegen. Einer ihrer größten, Seneca, rät seinem Freund Lucilius: «Philosophie ist kein Zeitvertreib für leere Stunden; laß alles andere beiseite, gib Dich ihr ganz und gar hin; sie ist auch dann noch nicht zufrieden mit Deiner Hingabe. Es ist wirklich gleichgültig, ob Du gar nicht mehr philosophierst oder bloß gelegentlich eine Pause einlegst; Du kannst den Faden da nicht mehr aufnehmen, wo Du ihn hast fahrenlassen. Wenn die Welt Anforderungen an Dich stellen will, sag nein, schieb sie ab, versuche bloß nicht, ihnen gerecht zu werden!» Das Opfer, das jetzt bei uns Christen die Mönche aus Gottesliebe bringen, soweit sie ihrem Namen Ehre machen, dieses Opfer haben die großen heidnischen Philosophen des Altertums auch gebracht aus sehnsuchtsvoller Liebe zur Weltweisheit. Bei jedem Volk, ob Heiden, Juden oder Christen, standen immer Männer auf, vorbildlich im Glauben und vorbildlich in der Sittenreinheit, die sich von der Menge des Volkes durch ein besonderes Maß von Selbstbeherrschung und Keuschheit schieden.

Bei den Juden gab es zum Beispiel seit alter Zeit die

Nasiräer, die sich nach dem Gesetz dem Herrn weihten, es gab Prophetensöhne, die Nachläufer des Elia und Elisa; sie stellen sich uns im Alten Testament als eine Art Mönche vor, eine Deutung, die der selige Hieronymus bestätigt; und schließlich gab es die drei philosophischen Richtungen, die Josephus im 18. Buch seines Werkes ‚Jüdische Altertümer' als Pharisäer, Sadduzäer und Essäer unterscheidet. Eine entsprechende Erscheinung bei uns Christen ist das Mönchstum: die Mönche leben entweder in Nachahmung des Beispiels der Apostel in Gemeinschaft, oder nach dem älteren Vorbild Johannes' des Täufers als Eremiten. Bei den Heiden vertreten diese Gruppe, wie gesagt, die Philosophen. Mit den Ausdrücken ‚Weisheit', ‚Philosophie' wollten die Alten gar nicht so sehr den Intellektualismus anerkennen, sie begriffen darunter viel mehr ein Leben im Sinn der göttlichen Bestimmung. Daß diese Behauptung stimmt, zeigt die Etymologie des Namens, wie die Kirchenväter sie uns bezeugen. Der selige Augustin sagt im 8. Buch seines ‚Gottesstaates' bei der Besprechung der verschiedenen philosophischen Gruppen: «Die italische Gruppe geht zurück auf Pythagoras von Samos, der auch angeblich den Ausdruck ‚Philosophie' selbst geschaffen hat. Vor ihm hieß man ‚Weise' solche Menschen, die durch sittliche Lebensführung die anderen übertrafen. Als man Pythagoras fragte, welche Profession er betreibe, gab er zur Antwort, er sei ein Philosoph, das heißt, es sei sein Beruf, sich um die Weisheit zu bemühen, die Weisheit gewissermaßen zu umwerben. Es kam ihm zu anmaßend vor, sich schon den *Besitz* der Weisheit zuzuschreiben.»

Wenn Augustin, so fuhr Heloisa fort, den Begriff ‚Weise' definierte mit dem Satz: «Die durch sittliche Lebensführung die anderen übertrafen», so zeigt das

doch deutlich, daß die Weisen, d. h. Weisheitsjünger des alten Heidentums mit diesem Namen als sittlich besonders hochstehend anerkannt werden sollten; auf den Glanz ihres Intellekts kam es dabei viel weniger an. Diese Heiden haben also vernünftig und keusch gelebt; die Beispiele dafür kann ich mir schenken, sagte Heloisa, sonst meinst du doch, das Ei wolle klüger sein als die Henne. Wenn Laien und dazu Heiden so gelebt haben, ohne durch ein förmliches religiöses Gelübde gebunden zu sein, was ist dann die Pflicht eines Klerikers und Kanonikers, wie Du bist? Willst Du wirklich in sündige Lust versinken und Gottesdienst Gottesdienst sein lassen? Spring doch nicht kopfüber in diesen Sündenpfuhl, aus dem Du nie mehr auftauchen kannst, weil Du Deine Scham verloren hast! Du verzichtest auf den geistlichen Ornat? Nun, dann wirf nicht auch gleich den Philosophentalar weg! Die Ehrfurcht vor Gott hast du verloren? Dann laß das irdische Ehrgefühl Deine Zügellosigkeit zügeln! Du weißt, Sokrates war auch beweibt; er hat diesen Abfall von der Liebe zur Weisheit schwer büßen müssen, ein warnendes Beispiel für die anderen. Hieronymus hat im 1. Buch seiner Schrift gegen Jovinian auch diese Geschichte sich nicht entgehen lassen; da heißt es: «Einmal überschüttete Xanthippe vom Fenster herab den Sokrates mit einer wahren Flut von Schimpfreden; Sokrates ließ sie ruhig an sich ablaufen. Als Xanthippe ihm auch noch einen Eimer Schmutzwasser über den Kopf goß, trocknete er ihn sich nur ab mit den Worten: Selbstverständlich mußte auf ein solches Donnerwetter auch noch ein Platzregen kommen.»
Heloisa wies mich zum Schluß ihrer Ausführungen noch einmal darauf hin, wie gefährlich für mich die Rückkehr nach Paris mit ihr zusammen sein müsse.

Ihr sei es das Liebste und für mich das Anständigste, wenn sie ‚Geliebte‘ heiße statt ‚Gattin‘. Die freischenkende Liebe solle mich an sie binden und nicht die drückende Ehefessel. «Wir können uns bei einer zeitweiligen Trennung zwar seltener sehen, aber die Freude und Wonne ist dann um so stärker.» Alles gute Zureden, alle Warnungen der Art verfingen bei mir nicht; ich war zu verblendet, und Heloisa wollte mich auch nicht kränken durch noch dringlichere Vorstellungen; sie konnte nur noch mit lautem Schluchzen und Stöhnen herausbringen: «Wenn wir denn beide zugrunde gehen sollen: ein Trost bleibt, die Bitterkeit unseres kommenden Elends wird so stark sein wie die Süße unserer verlorenen Liebe.» Diese intuitive Beurteilung der Lage war leider treffend, wie alle Welt bezeugen muß.

Wir ließen unser Kindchen bei der treuen Schwester und fuhren heimlich nach Paris zurück. Wenige Tage später, ganz früh morgens, geschah die kirchliche Einsegnung unserer Ehe; wir hatten die Nacht allein beim stillen Gebetsdienst in der Traukirche verbracht; am anderen Morgen kamen dann die Trauzeugen, Fulbert und ein paar Angehörige von uns beiden. Nach der Trauung ging jedes still seiner Wege, und wir sahen uns auch später nur selten und ganz verstohlen, um unseren Schritt möglichst geheimzuhalten.

Aber Heloisas Oheim und seine Sippe konnten es immer noch nicht verwinden, daß ich Schimpf und Schande über ihre Familie gebracht; deshalb machten sie die Eheschließung überall bekannt, obgleich mir die Geheimhaltung zugesichert war. Heloisa wollte das wiedergutmachen und leistete alle Eide darauf, es sei eine ausgemachte Lüge, bekam es aber dafür tüchtig zu spüren, wie diese Ableugnung den

Oheim erregte. Das veranlaßte mich, sie wegzubringen. Da Heloisa als kleines Mädchen schon bei den Nonnen von Argenteuil im Internat gewesen war und das Kloster auch bequem in der Nähe von Paris lag, so brachte ich sie dort unter und ließ sie als Laienschwester einkleiden, nur daß sie noch nicht den Schleier nahm. Darin sah Fulbert mit seiner ganzen Sippschaft einen ganz schnöden Betrug und den Versuch, Heloisa auf diese Weise einfach abzuschieben. Die Erbitterung dieser Leute wurde so stark, daß sie mein Verderben beschlossen. Mein Diener ließ sich bestechen und führte sie eines Nachts, als ich ganz ruhig schlief, in meine Kammer. Und nun nahmen sie an mir eine Rache, so grausam und so beschämend, daß die Welt erstarrte: sie schnitten mir von meinem Leib die Organe ab, mit denen ich sie gekränkt hatte. Auf der Flucht erwischte man zwei der Gesellen; sie wurden geblendet und außerdem auch entmannt; der eine war mein Diener. Statt mir treu zu dienen, hatte er sich vom Habsuchtsteufel zum Verrat verführen lassen.

Mit Tagesgrauen drängte sich die ganze Stadt vor meinem Haus, starr vor Staunen und unter lautem Jammern. Wie mich das dumpfe Stimmengewirr quälte und wie das Zetermordiogeschrei mich geradezu verrückt machte, die Aufgabe, dies zu schildern, ist so schwer, daß ich sie nicht lösen kann! Vor allem die Kleriker, insbesondere meine Studenten, peinigten mich mit ihrem Gejammer und ihrem Wehgeschrei, daß es nicht zum Aushalten war und ihr Mitleid mich stärker brannte als meine Wunde. Das Gefühl meiner Schmach und Schande schmerzte mich so, wie es der Wundschmerz nicht tat. Eben noch reich an Ruhm und Ehre vor den Menschen — und nun, alles dahin, wie weggewischt durch einen kleinen, an sich vorübergehenden Unfall! Gottes gerechtes Gericht — ich konnte das nicht verkennen — hatte mich an dem Teil gestraft, mit dem ich gesündigt hatte; der Verrat an mir war nur eine gerechte Vergeltung meines eigenen Verrats an Gott. Und meine Gegner — sich vorzustellen, wie sie triumphierend hierin das ausgleichende Walten Gottes feststellten! Wie unsagbar mußte der Kummer meiner Eltern und Freunde sein, wenn sie von diesem Schlag erfuhren! Und überhaupt, auf der ganzen Welt mußte sich ja die Kunde verbreiten von dem unerhörten Begebnis. Blieb mir denn da überhaupt noch ein Weg offen, konnte ich es wagen, vor dem Publikum zu erscheinen, wenn alle mit dem Finger auf mich zeigen mußten und ihre Zungen an mir wetzten? Kurz gesagt, ich war für jedermann ein ungeheuerliches Schaustück.

Und von der Meinung der Menschen einmal ganz abgesehen — mich ängstete Gottes Gesetz: nach seinem unerbittlichen Wortlaut sind Eunuchen ein Greuel vor dem Herrn, und das Gesetz verbietet Entmannten jeder Art wie Anrüchigen und Unreinen das Betreten des Tempels, ja es verwirft sogar solche *Tiere* als Opfer. Las ich nicht im dritten Buch Mose: «Du sollst auch dem Herrn kein Zerstoßenes oder Zerriebenes oder Zerrissenes oder das ausgeschnitten ist, opfern» und abermals im fünften Buch im dreiundzwanzigsten Kapitel: «Es soll kein Zerstoßener noch Verschnittener in die Gemeinde des Herrn kommen.»

So jagten sich meine Gedanken, und ich wurde ganz niedergeschlagen. In dieser seelischen Verfassung — es war leider mehr Verlegenheit und Scham als das Gefühl einer inneren Berufung — flüchtete ich in das bergende Dunkel der Klostermauern. Heloisa hatte schon vor mir und auf mein Drängen hin sich in meinen Willen ergeben; sie trat jetzt richtig in die Klostergemeinschaft ein und nahm den Schleier. Wir legten also beide zusammen das heilige Gewand an, ich in der Abtei von St. Denis, Heloisa in ihrem Kloster von Argenteuil. Ich kann es nicht vergessen: viele hatten Mitleid mit diesem jugendfrischen Kind und wiesen sie warnend darauf hin, daß sie das mönchische Leben in seiner ganzen Schwere als unerträgliche Pein empfinden müßte. Vergebens! Unter Tränen und Schluchzen stieß sie die Klageworte der Cornelia heraus:

«O, herrlicher Gatte,
Besseren Ehbetts wert! So wuchtig durfte das Schicksal
Treffen ein solches Haupt? Ach mußt ich darum Dich freien,
Daß Dein Unstern ich würd? — Doch nun empfange mein Opfer —
Freudig bring ich es Dir —»

Das war ihr Abschiedsgruß an die Welt; mit entschlossenem Schritt trat sie vor den Altar, nahm rasch den vom Bischof geweihten Schleier am Altar und legte vor der versammelten Gemeinde das Gelübde ab.
Ich war von meiner Wunde kaum genesen, da klopften schon die Kleriker in hellen Haufen bei mir an; sie bestürmten meinen Abt, sie bestürmten mich selbst, ich solle doch wieder unterrichten. Wenn ich es zuvor um Ruhmes und Geldes willen getan, so solle ich es jetzt aus Liebe zu Gott tun. Er habe mir das Pfund anvertraut und dürfe es mit Zinsen zurückfordern. Ich habe bisher vor allem für die Zahlungsfähigen gearbeitet; inskünftige solle ich mich dem Unterricht der Armen widmen. Ich solle es doch ja nicht verkennen, Gottes Hand habe mich vor allem

darum geschlagen, um mich von den Verlockungen des Fleisches und überhaupt von dem bunten Treiben dieser Welt zu erlösen und mich für die Wissenschaft ganz frei zu machen; ich solle jetzt nicht mehr die Weisheit künden, die von dieser Welt ist, sondern vor allem die Weisheit, welche in Wahrheit diesen Namen verdient, die Weisheit Gottes.

Ich war in ein Kloster geraten, in dem ein schändliches Weltleben die Regel war. Der Abt stand auch darin, in der Zuchtlosigkeit und Verrufenheit, an der Spitze seiner Mönche. Ich rügte diese ihre empörende Nichtswürdigkeit offen, ich tat es in scharfen Worten, bald unter vier Augen, bald im Konvent; damit fiel ich allen lästig, und sie haßten mich. Ihre Freude war daher groß, als meine Schüler immer wieder drängten, ich möchte die Lehrtätigkeit neu aufnehmen. Das war ja die Gelegenheit, mich loszuwerden. Die Schüler drängten mich immerzu und pochten so ungestüm an, mein Abt und die Klosterbrüder mischten sich auch noch mit ihrer Fürsprache ein, und so gab ich endlich nach: ich zog mich in eine Einsiedelei zurück, um dort meiner Lehrtätigkeit wie zuvor zu leben; und der Andrang der Studenten wurde so groß, daß alle unterzubringen und zu verpflegen nicht möglich war.

Meine eigene Neigung ging jetzt, wie es ja auch meinem neuen Beruf angemessen war, auf die Schriftauslegung. Ich gab aber die philosophische Vorlesung nicht ganz auf, da ich auf diesem Feld eingearbeitet war, und weil meine Hörer mich gerade um diese Vorlesung bestürmten. Ich machte die philosophische Vorlesung gewissermaßen zum Angelhaken, um die Schüler mit ihrer Liebe zur Philosophie zu ködern und dann für die wahre Weisheit, die Weisheit Gottes, zu gewinnen. So hatte es ja auch der größte christliche Philosoph, Origenes, gehalten, wie die Kirchengeschichte des Eusebius erzählt. Der Herr war offenkundig in der theologischen Wissenschaft ebenso mit mir, wie er es in der Profanwissenschaft gewesen, und so fanden meine Vorlesungen in beiden Fächern immer mehr Hörer, während die anderen Lehrer ein gut Teil ihrer Schüler verloren. Dadurch weckte ich ihre Mißgunst und ihren Haß gegen mich; sie schädigten mich deshalb, wo sie konnten, und erhoben, natürlich immer hinter meinem Rücken, vor allem zwei Vorwürfe: es ist mit dem Mönchsgelübde unvereinbar, sich durch die Profanliteratur fesseln zu lassen; ferner ist es eine Anmaßung, ohne theologische Ausbildung theologische Vorlesungen zu halten. Ihr Ziel war, mir die Ausübung jeder Lehrtätigkeit zu verbieten; um dieses Ziel zu erreichen, suchten sie immer und immer wieder Bischöfe, Erzbischöfe und Äbte, überhaupt jeden einflußreichen Kirchenmann aufzuhetzen.

Ich befaßte mich damals zuerst damit, die Grundlagen unseres christlichen Glaubens durch Analogien aus dem Gebiet der menschlichen Vernunft zu erläutern, und verfaßte eine theologische Abhandlung ‚Über die göttliche Einheit und Freiheit‘ für meine Studenten. Diese begehrten eine verständliche philosophische Beweisführung und wollten Begreifbares hören, nicht bloße Worte. Die vielen Worte, bei denen man sich nichts denken könne, seien überflüssig, man könne erst etwas glauben, wenn man es zuvor begriffen; es sei eine Lächerlichkeit, anderen etwas vorzupredigen, was Lehrer und Schüler verstandesmäßig nicht fassen könnten. Von solchen Leuten sage der Herr: «Sie sind blinde Blindenleiter.» Mein Buch fand viele Leser und hatte so ziemlich bei allen großen Beifall; meine Schüler sahen darin all ihre er-

wähnten Fragen beantwortet, und eben diese besonders schwierigen Fragen. So kargten meine Leser
nicht mit der Anerkennung für die Feinheit der Antworten, weil die Fragen so schwerwiegend waren.
Die Anerkennung, die ich fand, erboste meine Neider
ganz gewaltig, und sie brachten ein Konzil gegen
mich zustande; die Haupttreiber waren meine alten
Feinde, *Alberich* und *Lotulf*. Nachdem unsere gemeinsamen Lehrer Wilhelm von Champeaux und
Anselm von Laon gestorben waren, wollten sie als
ihre Nachfolger die Alleinherrschaft haben und die
beiden gewissermaßen beerben. Alberich und Lotulf
lehrten damals beide in Reims und lagen ihrem Erzbischof Radulf so lange in den Ohren, bis sie ihn gegen mich einnahmen. Man zog noch Conanus, Bischof
von Präneste, ins Vertrauen — er wirkte damals als
päpstlicher Legat in Francien — und brachte glücklich
in Soissons ein ärmliches Häuflein zusammen, dem
man den stolzen Namen ,Konzil' gab. Ich sollte vor-
geladen werden mit der Weisung, mein berühmtes
Buch ,Über die Dreieinigkeit' mitzubringen. Bevor
ich dieser Einladung entsprechend nach Soissons kam,
hatten meine beiden Rivalen mich beim Klerus und
den Laien so richtig verketzert; der Erfolg dieser
Hetze war, daß die Masse mich und die paar Studenten in meiner Begleitung beinahe steinigte, als wir
in Soissons eintrafen; sie hatten sich weismachen lassen, ich trage mündlich und chriftlich die Lehre von
drei verschiedenen Göttern vor. Gleich nach meinem Eintreffen machte ich dem päpstlichen Legaten
meinen Antrittsbesuch und überreichte ihm das Buch:
er möge Einsicht nehmen und seine Kritik abgeben; ich
sei bereit, alles das zu verbessern, was in meinem Buch
gegen den rechten Glauben verstoße, und für diese
etwaigen Verstöße auch Genugtuung zu geben. Der

Legat schickte mich aber gleich mit dem Buch zum Erzbischof und meinen beiden Rivalen; es sollten mich also meine Ankläger auch richten, auf daß an mir sich erfülle das Wort: «Meine Feinde sind meine Richter.»

Diese Herren lasen meine Schrift nun oft und gründlich, aber sie fanden nichts, was man mir in der öffentlichen Verhandlung mit gutem Gewissen vorrücken mochte; nun, vielleicht hatten sie, etwa gegen Schluß des Konzils, noch Gelegenheit, ihre lechzende Gier zu befriedigen und mein Buch zu verdammen. Ich nahm meine Gelegenheit auch wahr und hielt Tag für Tag, bevor die Sitzungen des Konzils begannen, öffentliche Vorträge über den rechten katholischen Glauben und beschrieb ihn mündlich genau so, wie ich es im Buch getan. Meine Zuhörer waren angenehm überrascht von dem eleganten, inhaltsreichen Vortrag und gaben ihrer Überraschung auch Ausdruck. Daraufhin sagten Priester und Laien untereinander: «Nun seht bloß, jetzt redet er ganz öffentlich, aber kein Mensch erwidert ihm; dabei geht das Konzil mit Riesenschritten seinem Ende zu, und man hat uns doch erzählt, es sei Abaelards wegen vor allem zusammengetreten! Ob seine Richter wohl erkannt haben, daß nicht er in die Irre geht, sondern sie?» So redeten sie, und das mußte meine Neider immer wütender machen.

Eines Tages besuchte mich Alberich mit einigen Studenten, natürlich um mir eine Falle zu stellen. Er machte zuerst ein paar höfliche Redensarten, aber dann kam er heraus mit einem Satz, den er in meiner Schrift angestrichen hatte: Gott habe Gott gezeugt; aber da es doch nur den einen Gott gäbe, wie ich denn da erstaunlicherweise bestreiten möge, daß Gott sich selbst gezeugt habe? Ich warf ihm rasch ein:

«Ich werde das vernunftgemäß begründen, wenn Ihr es wollt.» Alberich lehnte das ab: «In solchen Fragen kommt es gar nicht auf die menschliche Vernunft und auf unser Meinen an, sondern nur auf die maßgeblichen Zeugnisse unserer Kirchenväter.» Da gab ich ihm zur Antwort: «Schlagt das Blatt um, und Ihr werdet das gewünschte Väterzeugnis finden!» Alberich hatte das Buch nämlich mitgebracht, und so brauchte ich nur die eine Stelle zu suchen, die ich kannte, die aber er übersehen hatte vor lauter Eifer, Belastungsmaterial zu finden. Und Gott ließ mich schnell entdecken, was ich suchte; ich hatte den Satz mit der Stellenangabe — Augustinus, ‚Über die Dreifaltigkeit‘, Buch I — zitiert: «Wer da glaubt, Gott habe die Macht, sich selbst zu erzeugen, der irrt gewaltig: diese Fähigkeit kommt Gott nicht zu, sie kommt überhaupt keiner geistigen oder leiblichen Kreatur zu; es gibt schlechthin nichts, was sich selbst erzeugt.» Alberichs Schülern, die das mit anhören mußten, war diese Abfuhr so peinlich, daß sie nichts herausbrachten; Alberich selbst mußte doch das Gesicht wahren und meinte: «Nun schön, das kann man ja verstehen.» Und da versetzte ich es ihm nun: es sei das zwar eine alte Weisheit, aber im Augenblick komme es darauf gar nicht an; Alberich suche ja doch nur die Worte und nicht den tieferen Sinn. Wenn er aber einmal sich auf den wirklichen, tieferen Sinn dieser Frage hinführen lassen wolle, dann könne ich ihm an seinen eigenen Worten nachweisen, daß er der Ketzer sei mit seiner Lehre, Gott Vater sei sein eigener Sohn. Ich hatte kaum ausgeredet, da fuhr Alberich vor Wut schäumend hoch: Meine Vernunftgründe und meine schönen Kirchenväterzitate sollten mir jetzt gar nichts mehr nützen! Unter solchen Drohungen brach er seinen Besuch ab. Am letzten Tage des Konzils, vor der Eröffnung der Sitzung, hielten der päpstliche Legat und der Erzbischof mit meinen Rivalen Alberich und Lotulf und einigen Leuten sonst eine Beratung darüber ab, was mit meiner Person und meinem Buch geschehen solle. Das Konzil war ja vor allem zu diesem Zweck zusammengetreten. Aus meinen Reden und meiner Schrift, die vorlag, war gar nichts Belastendes herauszuholen. Eine Zeitlang herrschte betretenes Schweigen; die Einwendungen, die sich hervorwagten, waren nicht unbedingt feindselig gegen mich. Da nahm Gottfried, der Bischof von Chartres, das Wort; seine Frömmigkeit und die hohe Achtung vor dem Bischofstuhl von Chartres überhaupt gaben seinen Worten ein besonderes Gewicht: «Ihr Herren, die Ihr hier versammelt seid, Ihr kennt alle die große Anhängerschaft und Gefolgschaft Abaelards; diese hat er sich erworben durch seine Lehre, ganz gleich, wie man über sie denken will, und durch die Genialität, mit der er jedes Fach meistert. Seine Lehrer und unsere stehen jetzt in seinem Schatten, und wenn ich so sagen darf, sein Weinberg schickt seine Rebschößlinge aus von Meer zu Meer. Ich glaube es ja nicht, daß Ihr ihn ungehört verurteilen wollt; wenn die Verurteilung auch sachlich berechtigt wäre, es würde doch viel böses Blut machen, und es würden eine Menge Verteidiger aufstehen. Obendrein gibt das zur Debatte stehende Buch keinen Anlaß, den Vorwurf offener Ketzerei zu erheben. Wir wollen doch nicht das Wort des Hieronymus vergessen: ‚Tüchtigkeit, die am Markt steht, hat immer ihre Neider.‘ Und es heißt ja auch: ‚Gerade die höchsten Gipfel trifft der Blitz.‘ Wenn Ihr so gewaltsam vorgeht, dann wächst nur seine Ehre und sein Ansehen. Wir machen uns verhaßt, weil man uns eine Handlung des Neides vorwirft, und unser Richterspruch tut ihm nicht weh. ‚Eine falsche Beurteilung‘, sagt wieder Hieronymus, ‚ist schnell dahin, und der Abschluß eines Lebens wirft seine Schatten zurück auf die vorausgegangenen Jahre.‘ Wollt Ihr aber nach dem Kirchenrecht gegen ihn verfahren, so muß ein von ihm aufgestellter Glaubenssatz oder seine Schrift als Ganzes vor dem Konzil öffentlich zur Sprache gebracht werden, man muß ihm Fragen vorlegen und darf ihm seine Verteidigung dagegen nicht beschränken; er muß dann so gründlich widerlegt sein oder freiwillig seinen Irrtum eingestanden haben, daß er den Mund auch nicht ein bißchen mehr auftun kann. So meinte es auch der selige Nikodemus, als er unserem Herrn beizuspringen suchte: ‚Richtet unser Gesetz auch einen Menschen, ehe man ihn verhört und erkennt, was er tut?‘»

Das war für meine Gegner das Zeichen, zu lärmen und Gottfried anzuschreien: «Das ist wirklich ein weiser Rat! Wir sollen mit diesem Worthelden kämpfen, der mit seinen sophistischen Beweisen die ganze Welt zum Erliegen brächte?» Und dabei war es doch gewiß viel schwieriger, mit Christus selbst zu kämpfen! Aber trotzdem wollte Nikodemus, daß man vom Gesetz nicht abweiche und Christus anhöre. Der Bischof war also bei meinen Gegnern mit seinem ersten Plan gescheitert, wollte aber doch noch einen anderen Weg einschlagen, um ihre Gemeinheit zu bändigen. Er ergriff noch einmal das Wort und wies darauf hin, die Versammlung sei doch zu klein, um eine Frage von diesem Gewicht zu entscheiden, und außerdem erfordere sie eine gründliche Prüfung. Er schlage also vor, mich mit meinem Abt ins Kloster St. Denis zurückzuschicken. Dort könne man vor einer zahlreichen Versammlung wirklicher Fachleute die Sache zum Spruch bringen. Der päpstliche Legat und die anderen Teilnehmer dieser Vorberatung waren mit Gottfrieds letztem Vorschlag einverstanden. Der Legat erhob sich, um die Messe zu lesen, mit der die Schlußsitzung eingeleitet werden sollte. Er ließ mir durch Bischof Gottfried den förmlichen Beurlaubungsbeschluß eröffnen, wonach ich in mein Kloster zurückkehren könne und dort das weitere abwarten.

Meinen Konkurrenten fiel nun ein, daß ihre ganze Arbeit umsonst gewesen, wenn die Geschichte außerhalb ihrer Diözese Reims ihren Abschluß finden sollte; an einen Einfluß auf die Urteilsfindung war dann nicht mehr zu denken, und sie hatten doch zur Gerechtigkeit ihrer eigenen Sache so gar kein Vertrauen! Sie stellten deshalb ihrem Erzbischof vor, es sei für ihn eine Schande, wenn die Frage vor ein anderes Forum komme, und es sei auch nicht unbedenklich, mich so durchschlüpfen zu lassen. Sie machten dem päpstlichen Legaten die nötigen Vorstellungen, und er ließ sich tatsächlich, nicht ganz leichten Herzens, von ihnen bestimmen, seine Entscheidung umzustoßen; er wollte nun mein Buch ohne Prüfung verdammen, es öffentlich verbrennen lassen und mich in einem fremden Kloster für Lebenszeit einsperren lassen. Sie wiesen ihn darauf hin, zum Verdammen des Buches genüge schon die Keckheit, mit der ich ohne Approbation des Papstes oder der Kirche das Buch in Vorlesungen behandle und einigen Schülern schon erlaubt habe, es abzuschreiben. Meine Bestrafung für eine solche Eigenmächtigkeit werde für andere ein warnendes Beispiel sein, und für den christlichen Glauben könne man sich davon eine große Förderung versprechen. Der Legat war leider nicht so durchgebildet, wie es nötig war, und ließ sich deshalb vom Erzbischof genauso beeinflussen wie dieser von meinen Gegnern. Der Bischof von Chartres berichtete mir von diesen Machenschaften, gleich nachdem sie ihm bekannt geworden, und legte mir eindringlich nahe, ich solle das Unrecht in Demut tragen; die Gehässigkeit, mit der meine Gegner verfahren, sei ja mit Händen zu greifen. Ich solle überzeugt sein, eine solche offenkundige, schnöde Vergewaltigung werde meinen Gegnern nur schaden und mir nützen. Die Klosterhaft brauche mir auch keine Sorgen zu machen; der Legat habe sie sich doch bloß von meinen Gegnern abringen lassen; ich solle darauf bauen, er werde nach wenigen Tagen schon meine Freilassung verfügen, er müsse nur erst aus dieser Umgebung wegkommen. Er tröstete mich, so gut er es vermochte, als mir bei seinen Worten die Tränen kamen, und konnte doch selbst die Tränen nicht zurückhalten.

Als die Vorladung jetzt erging, leistete ich ihr sogleich Folge und trat vor das Konzil. Ohne weitere Prüfung und ohne Verhandlung zwangen sie mich, mein Buch selbst ins Feuer zu werfen. Während es sich unter allgemeinem Schweigen im Feuer verzehrte, murmelte nur einer meiner Gegner vor sich hin, er habe in dem Buch den Satz festgestellt, Gott der Vater allein sei allmächtig. Der Legat verstand die Bemerkung doch und meinte ganz verwundert, einen solchen Irrtum dürfe man nicht einmal einem Kinde zutrauen. Der gemeinsame Glaube bekenne es doch als festen Besitz, daß es drei Allmächtige gebe. Ein Scholastikus, namens Terricus, zitierte daraufhin ironisch den Satz aus dem Athanasianum: «und dennoch nicht drei Allmächtige, sondern ein Allmächtiger». Sein Bischof wies ihn zurecht, er solle schweigen, wie er so den schuldigen Respekt vergessen könne; aber Terricus ließ sich nicht den Mund verbieten und rief, ein neuer Daniel, unerschrocken aus: «Seid ihr von Israel solche Narren, daß ihr einen

Sohn Israels verdammt, ehe ihr die Sache erforscht und gewiß werdet? Kehret wieder um vors Gericht und richtet über den Richter selbst! Ihr habt zur Unterweisung im Glauben und zur Bekämpfung des Irrtums einen solchen Richter bestellt, daß er sich mit eigenem Munde das Urteil gesprochen, da wo er selber richten sollte. Um Gottes Barmherzigkeit willen befreit heute den offenkundig Unschuldigen von seinen Verklägern, so wie einst die Juden es mit Susanna taten!»

Der Erzbischof erhob sich nun zu einer bekräftigenden Wiederholung der Worte des Legaten; in Wahrheit berichtigte er sie stillschweigend, indem er anhub: «In der Tat, ehrwürdiger Herr, allmächtig der Vater, allmächtig der Sohn, allmächtig der Heilige Geist. Wer davon abweicht, ist offenbar nicht auf dem richtigen Weg und darf nicht weiter Gehör finden. Und nun mag mit Eurem Einverständnis der Klosterbruder da sein Glaubensbekenntnis vor uns allen ablegen, auf daß wir es je nach den Umständen billigen oder mißbilligen und in diesem Fall es verbessern.» Ich erhob mich, um meinen Glauben zu bekennen und zu erläutern und in eigenen Formulierungen meine Gedanken zum Ausdruck zu bringen. Aber meine Gegner riefen, ich solle nur das Athanasianum aufsagen, was doch jeder kleine Junge ebensogut konnte; und um mir die Ausrede zu benehmen, der Wortlaut sei mir nicht geläufig, ließen sie mir einen Text zum Ablesen bringen. Und ich las die Worte ab, soweit nicht Seufzen, Schluchzen und Weinen meine Stimme erstickte. Das Konzil schloß dann damit, daß ich als überwiesener Ketzer dem Abt von St. Médard, der auch zugegen war, übergeben und in sein Kloster abtransportiert wurde, als gehe es ins Gefängnis.

Der Abt von St. Médard und seine Mönche glaubten, ich werde bis auf weiteres bei ihnen bleiben; deshalb nahmen sie mich mit großer Freude auf, behandelten mich mit aller Rücksicht und suchten mich zu trösten, leider vergebens! Herr Gott, der du ein gerechter Richter bist, mein Herz war voll Galle und eitel Bitterkeit; ein Wahnsinniger, ein Verblendeter verklagte ich dich heftig, ich wiederholte immerzu den Stoßseufzer des seligen Antonius: «Liebster Jesu, warst du so fern!» Was es heißt, sich in Kummer zu zerquälen, vor Scham nicht aus noch ein zu wissen und sich in Krämpfen der Verzweiflung zu winden — ich kann es nicht erzählen, genug, daß ich es damals alles durchmachen mußte. Gewiß, ich hatte in der Vergangenheit an meinem Körper leiden müssen; aber wenn ich das Einst mit dem Heute verglich, da stand das Urteil fest: du bist der allerärmste Mensch auf Erden. Die ruchlose Tat von damals erschien mir unbedeutend neben der Rechtsbeugung, die das Konzil an mir begangen, und ich beklagte die Schändung meines wissenschaftlichen Namens noch leidenschaftlicher als die meines Leibes. Die schnöde Behandlung von damals hatte ich nicht unverdient erfahren; hier war ich einer nackten Vergewaltigung zum Opfer gefallen, obwohl die lauterste Absicht und die reine Liebe zu unserem Glauben mir die Feder geführt hatte. Daß man so verantwortungslos, so ohne jedes Erbarmen gegen mich vorgegangen war, das empörte jedermann aufs schwerste. Die Beteiligten schoben daraufhin einer dem anderen die Schuld zu; sogar Alberich und Lotulf wiesen es weit von sich, zu so etwas geraten zu haben. Und der päpstliche Legat sprach in aller Öffentlichkeit seinen Abscheu darüber aus, wie sich in diesem Fall der bekannte Neid der Franken wieder einmal enthüllt habe. Er hatte nur für den Augenblick diesem Neid eine Konzession machen müssen; es tat ihm aber leid, daß er sich dazu verstanden hatte, und er ließ mich nach kurzer Zeit aus dem fremden Kloster in mein eigenes, nach St. Denis, zurückkehren.

In St. Denis waren fast alle von früher her meine Feinde; bei ihrem schändlichen Leben und ihrem zügellosen Tun konnten sie mich nur mit schwerem Mißtrauen als einen unerträglichen Mahner betrachten. Nach wenigen Monaten schon fanden sie zu ihrer Beglückung einen Vorwand, gegen mich eine Haupt- und Staatsaktion zu inszenieren. Ich las einmal in Bedas Auslegung der Apostelgeschichte und fand beiläufig die Stelle, in der Beda erklärt, Dionysius Areopagita sei nicht Bischof von Athen, sondern von Korinth gewesen. Eine solche Behauptung mußte meinen Klosterbrüdern sehr wider den Strich gehen; sie rühmen sich ja stets, ihr Schutzpatron Dionys sei jener Dionysius Areopagita, von dem seine Lebensgeschichte klar und deutlich sagt, er sei Bischof von Athen gewesen. Ich zeigte einigen Brüdern, die gerade in der Nähe standen, halb im Scherz jene Stelle des Beda, die mit der Geschichte unseres Klosters in Widerspruch stand. Voller Empörung nannten sie Beda einen ganz verlogenen Literaten, ihr Abt Hilduin verdiene viel mehr Vertrauen: «Er hat eigens Griechenland bereist, um die Wahrheit festzustellen, und hat dann in seinem Leben des Dionys mit diesem Zweifel unmißverständlich aufgeräumt!» Einer fragte mich heimtückisch, wie ich über diesen Gegensatz Beda-Hilduin denke; ich sagte, ich müßte mich Beda anschließen; seine Schriften stehen ja auch in der ganzen abendländischen Kirche in hohem Ansehen. Wütend schrien sie los, jetzt hätte ich mich verraten, ich sei ja schon immer ein Feind ihres Klosters

gewesen, aber nun habe ich mich am ganzen Königreich vergangen; ich raube dem ganzen Reich seine
besondere Ehre, indem ich Dionysius Areopagita
nicht als ihren Schutzpatron gelten lasse. Ich gab zur
Antwort, das habe ich ja gar nicht bestritten, und
außerdem sei doch die Hauptsache, daß ihr Dionysius bei Gott eine herrliche Ehrenkrone erlangt habe.
Ob er der Dionys vom Areopag sei oder ein Dionys
von anderswoher, sei doch demgegenüber unerheb-
lich. Ich hatte gut reden; sie rannten schleunigst zum
Abt und meldeten ihm, was sie mir vorzuwerfen hatten. Der Abt hörte ihre Anklage mit Wohlgefallen
an, lieferte sie ihm doch die erwünschte Gelegenheit,
mich zu ducken. Dies lag ihm am Herzen, da er bei
seiner sogar für St. Denis ungewöhnlichen Sitten-
losigkeit sich vor mir besonders fürchtete. Er berief
den Konvent zusammen, stieß vor der Versammlung
heftige Drohungen gegen mich aus und erklärte, er
werde den Fall sofort dem König vorlegen. Der
König werde die mir gebührende Strafe verhängen,
da ich meine Hand nach seines Reiches Ehrenkrone
ausstrecke; bis zu meiner Auslieferung an das Königsgericht solle ich unter strenger Bewachung stehen.
Ich bat darum, die der Ordensregel entsprechende
Strafe zu empfangen, wofern ich mich gegen die Regel vergangen hätte; aber meine Bitte fand kein Gehör. Jetzt faßte mich vor ihrer Gemeinheit ein förmlicher Ekel; ich war völlig verzweifelt, wies es bei
meinem nicht endenden Unglück nur natürlich war.
Die ganze Welt hatte sich allem Anschein nach gegen
mich verschworen. Aber einige meiner Klosterbrüder
hatten doch Erbarmen mit mir; ihres geheimen Ein-
verständnisses war ich deshalb sicher, als einige meiner Studenten mir bei Nacht aus dem Kloster halfen.
Ich flüchtete mich ins Nachbargebiet, das dem Grafen

Theobald gehörte und das ich schon von meinem Aufenthalt in der Einsiedelei her kannte.

Der Graf war mir flüchtig bekannt; auch hatte er mit innerer Anteilnahme von meiner Leidensgeschichte gehört. Beim Schloß Provins fand ich meine erste Zuflucht in einer Klause der Mönche von Troyes; ihr Prior, der schon früher mit mir befreundet war und mich richtig liebte, nahm mich mit Freuden auf und war so fürsorglich, wie ich es nur wünschen konnte.

Eines Tages kam mein Abt von St. Denis aufs Schloß, um beim Grafen Theobald einige Geschäfte zu erledigen. Sobald ich das erfuhr, ging ich mit dem Prior zum Grafen und bat ihn um seine Fürsprache: mein Abt möge mir verzeihen und mir erlauben, nach der Klosterregel, aber an einem mir passenden Ort, zu leben. Der Abt und seine Begleiter wollten sich mein Gesuch durch den Kopf gehen lassen und versprachen dem Grafen einen Bescheid für den letzten Tag ihres Dortseins. Bei ihrer Beratung gingen sie von der Annahme aus, ich wolle in ein anderes Kloster eintreten, was ihnen nur Schimpf und Schande bringen könne. Ich hatte mich — so waren ihre Gedankengänge — beim Eintritt in den mönchischen Stand gerade für ihr Kloster entschieden, obwohl so viele andere Klöster ebenfalls in Frage gekommen waren. Diese meine Entscheidung rechneten sie sich als große Ehre für ihr Kloster an. Wenn ich ihre Gemeinschaft jetzt schroff ablehnte und in eine andere eintrat, so wurden sie dadurch schwer beschimpft. Deshalb gaben sie mir und dem Grafen einen abschlägigen Bescheid. Nicht genug damit, sie fügten noch die Drohung hinzu, mich zu exkommunizieren, wenn ich nicht sofort nach St. Denis zurückkehre. Der Prior, der mich aufgenommen, bekam es aufs strengste untersagt, mich noch weiter zu herbergen, wenn er nicht auch exkommuniziert werden wolle. Über diese Drohung waren wir beide, der Prior und ich, sehr unruhig und besorgt; denn noch bei der Abreise hatte mein Abt erklärt, das sei sein unumstößlicher Beschluß. Aber nach wenigen Tagen schon starb der Abt.

Ich ging mit dem Bischof von Meaux zu seinem Nachfolger, sobald er eingesetzt war, und richtete an ihn die gleiche Bitte wie an seinen Vorgänger. Auch er verhielt sich zunächst ablehnend. Als ich später durch Vermittlung einiger guter Freunde den König und seine Räte darum anging, erfüllte sich mein Wunsch. Stephan, der damalige Seneschall des Königs, besprach sich mit dem Abt und seinen nächsten Ratgebern: warum sie mich denn wider meinen Willen zurückhalten wollten, sie hätten doch keinen Vorteil davon, höchstens gäbe es noch ein großes Ärgernis; denn ihre Lebensauffassung und die meine seien doch zu verschieden. Die Gedanken des königlichen Rates bei seinem Eingreifen waren mir ganz klar. Wenn es in St. Denis nicht streng nach der Regel zu gehen brauchte, dann mußte das Kloster dem König auch gefügig sein und den König wenigstens in seinen weltlichen Wünschen fördern. Ich glaubte, darum auf die Zustimmung des Königs und seiner Räte mit Sicherheit rechnen zu können, und sah mich in dieser Erwartung auch nicht getäuscht.

Mein Kloster wollte nun auf das Glanzstück, das es an mir hatte, nicht verzichten; deshalb sollte ich mich zwar in irgendeine Einsiedelei zurückziehen dürfen, aber nicht in ein anderes Kloster eintreten. Der Vertrag darüber wurde in Gegenwart des Königs und seiner Räte von beiden Seiten gutgeheißen und feierlich bekräftigt. Nun zog ich mich in eine einsame Gegend zurück im Gebiet von Troyes, die ich von früher her kannte. Einige Leute schenkten mir dort ein Stück

48

Land; mit Genehmigung des zuständigen Bischofs baute ich darauf zu Ehren der Heiligen Dreieinigkeit eine Kapelle. Das Baumaterial war zuerst nur Schilf und Stroh. Mit einem befreundeten Kleriker lebte ich dort in aller Verborgenheit und konnte aus tiefstem Herzensgrund meinem Herrn anstimmen: «Siehe, ich habe mich fern weggemacht und bin in der Wüste geblieben.»

Meine Schüler strömten von überall her zusammen, sobald sie erfuhren, wo ich zu finden war. Sie verließen ihre Städte und ihre Burgen, um in der Einöde zu wohnen; hatten sie vorher weitläufige Häuser gehabt, jetzt bauten sie sich armselige Hütten; sie aßen jetzt Rüben und trockenes Brot, während sie vorher nicht genug Ansprüche machen konnten. Statt in weichen Betten lagen sie auf einer Streu von Schilf und Stroh, und statt der Tische machten sie sich Rasenbänke. Man konnte in ihnen die Nachfolger der alten Philosophen sehen, von denen auch Hieronymus berichtet im II. Buch gegen Jovinianus: «Gewissermaßen wie durch Fensteröffnungen dringen die Laster durch unsere Sinne in unser Herz ein. Die Hauptstadt und Stadtburg des Geistes kann erst fallen, wenn das feindliche Heer durch die Stadttore eingedrungen ist. Wer seine Lust hat an Zirkusspielen und Ringkämpfen, an Gauklerkünsten, an üppigen Frauen, an glänzendem Edelgestein und sonstigem Tand, der hat durch seiner Augen Fenster die Freiheit seiner Seele verloren, und es erfüllt sich an ihm das Wort des Propheten: ‚Der Tod ist zu unseren Fenstern eingefallen.‘ Wenn also durch diese Stadttore die feindlichen Heerhaufen bis in unseres Geistes Burg eingedrungen sind, wo bleibt dann der Seele Freiheit, wo bleibt ihr Heldenmut? Wo hat die Seele dann auch nur noch einen Gedanken für Gott übrig, wenn der wachgewordene Gefühlssinn die schon vergangenen Freuden neu erleben läßt, wenn er auch die Seele durch die Erinnerung an lasterhafte Freuden in Mitleidenschaft zieht und sie unbewußt irgendwie wirken läßt, wo ein bewußtes Handeln nicht in Frage kommt? Unter dem Einfluß solcher Erwägungen haben viele Philosophen die belebten Städte verlassen und auch die Parkanlagen in der Stadtnähe; das wohlbewässerte Land, das grüne Laub der Bäume, das Zwitschern der Vögel, der spiegelglatte Quellsee, das murmelnde Bächlein und überhaupt alles, was Aug und Ohr bezaubert, die Philosophen haben es hinter sich gelassen, um nicht in Üppigkeit und Überfluß sich zu verliegen und ihre Keuschheit zu verlieren. Und es ist ja so: nur zum eigenen Schaden gönnen wir uns immer von neuem den Anblick, der uns einmal bezaubert hat, und kosten immer wieder den Trank, auf den wir dann so schwer verzichten können. Auch die Schüler des Pythagoras zogen sich aus dem Treiben der Welt zurück und lebten gewöhnlich in der Einsamkeit und in der Einöde. Aber sogar Plato — er war ja doch aus wohlhabendem Hause, so daß Diogenes sich einmal veranlaßt fühlte, ihm auf seinem eleganten Ruhebett mit schmutzigen Füßen herumzutreten — sogar Plato sah den Weg zur Philosophie nur frei, wenn er sich zum Studiensitz einen Ort auf dem Land wählte, weitab von Athen; Menschen gab es da nicht, aber Krankheiten, und seine Schüler sollten sich nur vor den beständigen Krankheitsangriffen ängstigen und so für die Anfälle der Sinnenlust unempfindlich werden, sie sollten nur noch die eine Lust kennen, die Lust an den Inhalten ihres Lernens.» So sollen auch die Prophetensöhne in Elisas Gefolge gelebt haben. Hieronymus betrachtet sie gewissermaßen als die

Mönche jener frühen Zeit und schreibt in diesem Sinn an den Mönch Rusticus unter anderem: «Die Prophetensöhne, die das Alte Testament als Mönche schildert, verließen die menschenerfüllten Städte, bauten sich Hütten am Jordan und lebten von Grütze und den Kräutern des Feldes.»

So bauten sich auch meine Schüler Hütten am Arduzon und lebten mehr nach der Art von Eremiten als der von Studenten. Sie drängten sich dort um mich und nahmen alle Entbehrungen auf sich, nur um mich hören zu können. Übergenug Anlaß für meine Konkurrenten, mir die Ehre nicht zu gönnen, die für sie gleichzeitig eine Unehre war! Sie hatten doch nun schon alles Böses gegen mich ins Werk gesetzt, aber, zu ihrem Kummer, alles diente nur zu meinem Besten. So wie es Hieronymus schildert, so lebte auch ich, fern von dem Gewühl der großen Städte, abseits von dem aufgeregten Treiben des Marktes – aber, Quintilian hat schon recht, der Neid fand mich auch in meiner Verborgenheit. Meine Gegner sprachen wohl bei sich mit Seufzen und Klagen: «Siehe, alle Welt läuft ihm nach! Nichts haben wir ausgerichtet mit unseren Verfolgungen, nur noch berühmter haben wir ihn gemacht. Auslöschen wollten wir seines Namens Glanz, und wir brachten ihn dadurch erst richtig zum Erstrahlen. In den Städten haben die Studenten doch alles bequem zur Hand, was sie brauchen, und doch – in hellen Haufen laufen sie in die Einöde, sie lassen alles hinter sich, was das Leben verschönt, sie wählen freiwillig ein Leben armseliger Entbehrungen.»

Meine Armut war so drückend geworden, daß ich einen regelrechten Schulbetrieb anfing; ich hielt mich an das Wort der Heiligen Schrift: «Graben kann ich nicht, so schäme ich mich zu betteln.» Ich sah mich also gezwungen, meine Zuflucht zu dem Handwerk zu nehmen, das ich meisterte, nicht zu einem Werk der Hände, sondern zum Werk des lehrenden Geistes. Meine Studenten sprangen freiwillig für mich ein, wo es nur not tat, sie brachten Nahrung und Kleidung, sie bestellten das Feld und bauten die Häuser; alles, um was sich sonst ein Hausvater sorgen muß, das nahmen sie mir ab und machten mich so ganz frei für meinen geistigen Beruf. Da unser Bethaus die Menge nur zu einem kleinen Teil fassen konnte, so erweiterten sie es und bauten dabei gleich ein dauerhaftes Gebäude aus Stein und Holz. Ich hatte das Bethaus einst im Namen der Heiligen Dreieinigkeit gegründet und nach seiner Vollendung der Heiligen Dreieinigkeit geweiht. Es bekam den Namen ,Paraklet‘, in dankbarem Gedenken daran, daß die tröstende Gnade Gottes an dieser Stätte mich hatte Atem holen lassen, als ich auf meiner Flucht an der Welt verzweifelte. Diese Widmung erregte bei vielen Leuten, die davon nur hörten, erhebliche Verwunderung, und etliche griffen mich deshalb in heftigen Ausdrücken an; da hieß es, man dürfte nicht dem Heiligen Geist allein eine Kirche weihen, ebensowenig wie Gott dem Vater; entweder weihe man sie dem Sohn allein, oder der ganzen Dreieinigkeit; das sei altes und deshalb bindendes Herkommen. Zu diesem gewollten Anstoßnehmen hatten sie sich natürlich vor allem durch die irrtümliche Ansicht verleiten lassen, es bestehe kein Unterschied zwischen ,Paraklet‘ und ,Geist Paraklet‘. Und dabei kann der Dreieinigkeit selbst und jeder einzelnen Person in ihr, so wie sie Gott oder Helfer heißen kann, mit Fug und Recht der Name Paraklet, das heißt Tröster, beigelegt werden, wie es geschrieben steht beim Apostel: «Gelobt sei Gott und der Vater unseres

Herrn Jesu Christi, der Vater der Barmherzigkeit und Gott alles Trostes, der uns tröstet in aller unserer Trübsal» und abermals, wie die Wahrheit spricht: «Und er soll euch einen anderen Tröster geben.» Eine jede Kirche wird geweiht im Namen des Vaters und des Sohnes und des Heiligen Geistes, und alle drei haben ein gleiches Besitzrecht an der Kirche: warum soll man das Haus des Herrn nicht auch einmal Gott dem Vater oder dem Heiligen Geist im besonderen zusprechen dürfen, so gut wie dem Sohn? Wer sollte es wagen, den Namen dessen aus dem Giebelfeld zu tilgen, dem das Haus gehört? Oder wenn der Sohn sich dem Vater zum Opfer darbrachte, wenn dementsprechend bei der Feier der Messe die Gebete insonderheit an Gott den Vater gerichtet werden, wenn ihm das Opfer der Hostie dargebracht wird, warum soll dann ein Altar nicht vorzugsweise dem gehören dürfen, dem das demütige Gebet und das Opfer vor allem gilt? Als wessen Eigentum darf der Altar mit mehr Recht angesprochen werden, als Eigentum dessen, dem geopfert wird, oder als Eigentum dessen, der geopfert wird? Will etwa jemand behaupten, daß dem Kreuz des Herrn oder dem Grab des Herrn, dem heiligen Michael, Johannes oder Petrus oder irgendeinem Heiligen ein Altar gehöre, da sie an diesem Altar nicht als Opfer dargebracht werden, da ihnen kein Opfer dargebracht wird und da kein feierliches Gebet an sie gerichtet wird? Sogar bei den Götzendienern galten Altäre und Tempel nur als Eigentum der Wesen, denen man Opfer und Huldigung darbringen wollte. Da will mir einer vielleicht einwerfen, Gott dem Vater dürfe man deshalb keine Kirchen und keine Altäre weihen, weil es kein Fest gebe, das Gott dem Vater insbesondere zur Feier eingerichtet sei. Diese Beweisführung nimmt dies Recht der Trinität selbst, läßt es aber dem Heiligen Geist, insofern der Heilige Geist seit seiner Herabkunft im Pfingstfest das ihm eigene Fest hat, genau so wie der Sohn seit seiner Herabkunft das Fest seiner Geburt zu eigen hat. So wie der Sohn in die Welt gesandt worden ist, so wurde auch der Heilige Geist in die Jünger gesandt und hat daher den Anspruch auf ein Sonderfest. Wenn wir auf das Zeugnis der Apostel und auf das Wirken des Heiligen Geistes selber gewissenhaft achten, so scheint die Zueignung eines Tempels an den Heiligen Geist sogar annehmbarer als an eine der beiden anderen Personen der Trinität. Denn nur dem Heiligen Geist insbesondere und sonst keiner der göttlichen Personen schreibt der Apostel einen geistigen Tempel zu: weder von einem Tempel des Vaters noch von einem Tempel des Sohnes redet er so, wie er es vom Tempel des Heiligen Geistes im ersten Brief an die Korinther sagt: «Wer aber dem Herrn anhanget, der ist ein Geist.» Und desgleichen sagt er: «Oder wisset ihr nicht, daß euer Leib ein Tempel des Heiligen Geistes ist, der in euch ist, welchen ihr habt von Gott, und seid nicht euer selbst?» Weiß jemand nicht, daß die Sakramente, die als Ausfluß göttlichen Wohltuns in der Kirche Gestalt gewinnen, zugeschrieben werden vor allem dem Wirken der göttlichen Gnade, unter der man den Heiligen Geist versteht? Denn aus dem Wasser und dem Heiligen Geist werden wir in der Taufe wiedergeboren und werden da erst als auserwählter Tempel unseres Gottes gebaut. Als Schlußstein wird diesem Tempelbau geschenkt die siebenfältige Gnade des Geistes, in der Gottes Tempel selber seinen Schmuck und seine Weihe erhält. Darf man sich also im Ernst aufregen, wenn ich der göttlichen Person, welcher der Apostel den geistigen Tempel insbesondere zuschreibt, einen irdisch sichtbaren Tempel zueigne? Wird nicht *der* göttlichen Person mit dem vollsten Recht eine Kirche zugeeignet, deren Wirken alle Gnadenmittel insonderheit zugeschrieben werden, die unsere heilige Kirche verwalten darf? Ich mache diese Ausführungen nun nicht etwa in dem Sinn, daß ich durch den für unser Bethaus zuerst geschöpften Namen Paraklet es nun auch einer einzigen göttlichen Person geweiht haben will. Die Namenschöpfung geschah vielmehr, wie ich es oben schon begründete, zur Erinnerung an die mir gewordene Tröstung. Das eine sei abschließend bemerkt: hätte ich auch den Namen Paraklet in *dem* Sinn geschöpft, in dem man es mir zutraut, so wäre diese Namenschöpfung vielleicht nicht dem Herkommen gemäß gewesen, aber sie hätte nicht dem richtigen Denken widersprochen.

Meine Person konnte sich wohl an dieser Stätte verstecken, aber die Kunde meines Wirkens erfüllte die ganze Welt; dem dichterischen Gebilde gleich, das Echo heißt — es macht viel Lärm und ist doch ein bloßer Schein —, erscholl diese Kunde überall. Meine Rivalen von ehedem, Alberich und Lotulf, hatten für sich allein nicht mehr viel zu bedeuten und hetzten etliche neue Apostel gegen mich auf, denen die Welt noch sehr großes Vertrauen schenkte. Der eine von ihnen rühmte sich, das Leben der regulierten Chorherren reformiert zu haben, der andere das der Mönche. Diese beiden trieben sich als Prediger in der Welt herum; mit der ganzen Dreistigkeit, deren sie fähig waren, hackten sie auf mir herum und machten mich für einige Zeit bei weltlichen und geistlichen Machthabern verdächtig; sie streuten über meinen Glauben und über meine Lebensführung so finstere Gerüchte aus, daß sie die bedeutendsten auch meiner Freunde von mir abwendig machten, und wenn je irgendwo noch ein Funken der alten Liebe für mich blieb, so suchten sie das aus Angst vor den Hetzern auf alle Weise geheimzuhalten. Gott selbst ist mein Zeuge; jedesmal wenn ich hörte, daß geistliche Personen zu einer Versammlung zusammenkamen, dann glaubte ich fest, es geschehe, um mich zu verdammen. Schreckensstarr wie einer, der jeden Augenblick erwarten muß, vom Blitz getroffen zu werden, — so wartete ich darauf, als Ketzer oder als förmlicher Heide vor ihren Hohen Rat in ihre Schulen geschleppt zu werden. Wenn man den Floh mit dem Löwen vergleichen darf, die Ameise mit dem Elefanten, —meine Gegner verfolgten mich nicht mit größerer Sanftmut als seinerzeit die Häretiker den Athanasius. Oft war ich so verzweifelt — Gott kennt mein Herz —, daß ich erwog, den Ländern der Christenheit den Rücken zu kehren und zu den Heiden zu gehen, um dort in Ruhe und Frieden auf irgendwelchen Unterwerfungsvertrag hin unter den Feinden Christi christlich zu leben. Ich traute ihnen zu, daß sie mir ihre Gnade schenkten, ich traute es ihnen um so mehr zu, weil sie bei den gegen mich erhobenen Anklagen in mir keinen Christen vermuten durften, ja vielleicht glauben mochten, ich könnte gerade darum leicht einer der Ihrigen werden.

Unaufhörlich grämte ich mich unter diesen schweren Anfechtungen, und ich hatte mir — ein letzter Ausweg! — schon den Plan zurechtgelegt, bei den Feinden Christi zu Christus zu flüchten. Da bot sich mir eine Gelegenheit, den bösartigen Anschlägen etwas aus dem Wege zu gehen, wie ich wenigstens vertrauensvoll annahm. Aber ich fiel unter — Christen und dazu noch Mönche, die weit schlimmer waren und unbändiger als die Heiden.

In der Bretagne, im Bistum Vannes, war ein Kloster

des heiligen Gildas von Ruys; sein Abt war gestorben, die Mönche beriefen mich einstimmig mit Genehmigung des Landesfürsten auf den erledigten Abtstuhl, und der Abt und die Brüder meines eigenen Klosters gaben gern ihre Einwilligung. Und so trieb mich der sattsam bekannte Neid der Franken westwärts sozusagen in die Verbannung, wie der Neid der Römer den Hieronymus nach Osten getrieben. Gott weiß, daß ich die Wahrheit rede: ich hätte dem Ruf dahin nie Folge geleistet, wenn ich nicht — koste es, was es wolle — diese schon genannten Verfolgungen hätte loswerden wollen, unter denen ich ohne Atempause zu leiden hatte.

Die Gegend war mir fremd, die Mundart unbekannt, und die Mönche dort waren für ihre Schändlichkeit und Unbelehrbarkeit überall verrufen, die Bevölkerung überhaupt rauh und schwer zu lenken. So springt wohl einer in den Abgrund, im blinden Schrecken über das drohend geschwungene Schwert, und läuft dem Tod hier in die Arme, um dem Tod dort für einen Augenblick zu entgehen. Nicht anders entzog ich mich der einen Gefahr und ging wissentlich der anderen entgegen. Im Angesicht der wild brüllenden Meereswogen, am Ende der Erde, da keine Möglichkeit mehr bestand, noch weiter hinaus zu fliehen, da stöhnte ich oft in meinen Gebeten mit dem Psalmisten: «Von den Enden der Erde habe ich zu dir geschrien, da meine Seele in Ängsten war.» Die Angst kann niemand verkennen, die mein Herz Tag und Nacht quälte, wenn mir die Aufgabe schwer auf der Seele lag, diese zuchtlose Mönchsgesellschaft zur Ordnung zu bringen, und mit was für Gefahren für Leib und Leben! Wollte ich sie zu dem Leben nach der Ordensregel zwingen, zu dem sie sich früher feierlich verpflichtet hatten, so war es bestimmt um mein

Leben hier geschehen, und setzte ich nicht meine ganze Kraft ein, dies Ziel zu erreichen, so war meiner Seelen Seligkeit dort verloren. Die Abtei selbst hatte ein hochmögender Dynast der Gegend sich schon seit langer Zeit zinspflichtig gemacht; er hatte die im Kloster herrschende Unordnung dazu mißbraucht, sich den Nießbrauch des gesamten Klostergutes anzueignen und die Mönche noch schlimmer zu brandschatzen als seine Schutzjuden.

Die Mönche lagen mir immerzu in den Ohren mit ihres Lebens täglicher Notdurft. Sie hatten keinen gemeinsamen Besitz mehr, mit dessen Ertrag ich ihre Anliegen hätte befriedigen können, sondern jeder hatte auf die Vermögenswerte zurückgegriffen, die er bei seinem Eintritt ins Kloster eingebracht hatte, und suchte damit sich mit Kebsweibern und Kindern zu unterhalten. Sie empfanden eine boshafte Freude daran, wenn ich in peinliche Verlegenheit geriet; außerdem stahlen sie und verschleppten sie alles, was sie erreichen konnten; kam ich dann in der Verwaltung der Abtei nicht zurecht, dann mußte ich — so war ihr Gedanke — entweder mildere Saiten aufziehen oder mein Amt niederlegen. Die ganze wilde Horde dort im Lande war ohne Ausnahme genauso gesetz- und zuchtlos wie meine Mönche; ich hatte also keinen Menschen, bei dem ich hätte Unterstützung suchen können, zumal mir eine Anpassung an den Landesbrauch ganz unmöglich war. Draußen der gewalttätige Herrscher und seine Trabanten, die mich immerfort offen bedrohten, und innen die Klosterbrüder, die gegen mich ohne Ende intrigierten! Wie gut traf des Apostels Wort meine wirkliche Lage: «Auswendig Streit, inwendig Furcht.» Ich jammerte oft bei dem Gedanken, wie zwecklos und elend ich hier mein Leben hinschleppte, ohne für mich oder für andere

eine Furcht daraus entstehen zu lassen. Was hatte
ich zuvor in meiner Einsiedelei für meine Studenten,
die nur Kleriker waren, schaffen dürfen! Dann hatte
ich sie verabschiedet, um meinen Mönchen zu dienen,
und der Erfolg – jetzt hatten meine Schüler und die
Mönche nichts von mir! Ich konnte jetzt anfangen,
was ich wollte, meinem Mühen blieb der Erfolg versagt. Mit vollem Recht durfte man mir bei allem das
Wort der Heiligen Schrift vorhalten: «Dieser Mensch
hob an zu bauen, und kann's nicht hinausführen.»
Ich sah überhaupt nicht mehr hinaus; und dann die
Erinnerung an das, was ich übereilt hinter mir gelassen, und die Gedanken an das Elend, in das ich
freiwillig mich gestürzt! Es war schon so weit mit
mir, daß ich die Trübsal von einst für keine mehr ansah, und unter Seufzen hielt ich es mir immer wieder
vor: Ich habe es verdient, was ich leide! Den Tröster
Paraklet habe ich schnöde verlassen, ich habe mich
geradezu hineingedrängt in eine sichere Vereinsa-
mung; um Drohungen auszuweichen, habe ich mich in
offenkundige Gefahren gestürzt. Das war aber mein
größter Kummer, daß ich beim Verlassen meines
Bethauses nicht für die Weiterführung des Gottesdienstes sorgen konnte, wie es sich gehört hätte; die
Besitzung war zu arm, um auch nur *einen* Meßprie-
ster einigermaßen zu unterhalten. Allein der wahre
Tröster schenkte mir in meiner tiefsten Trostlosigkeit den wahren Trost und sorgte für sein eigenes
Haus, wie es not tat.
Der Abt von St. Denis verschaffte sich gerade während der Zeit irgendwie einen Besitzanspruch auf
das Nonnenkloster von Argenteuil – ich erwähnte
oben schon, daß Heloisa, jetzt meine Schwester in
Christo viel mehr als meine Gattin, in diesem Kloster den Schleier genommen; sie war dann im Lauf

der Zeit zur Priorin aufgestiegen. Dieses Nonnenkloster nahm der Abt von St. Denis als eine alte
Filialgründung seines Klosters in Anspruch und warf
den Nonnenkonvent kurzweg auf die Straße. Die
Armen irrten heimatlos umher, die einen hier, die
anderen da.

Dies war für mich ein Fingerzeig Gottes, wie ich für
meine Kapelle sorgen könnte. Ich kehrte zu meiner
Kapelle zurück und lud Heloisa ein, nach dem Paraklet zu kommen mit den paar Nonnen aus ihrer Kon-
gregation, die ihr treu geblieben waren. Ich über-
eignete ihnen dann in aller Form nach ihrem Eintreffen das Bethaus Paraklet mit dem ganzen dazugehö-
renden Besitz. Der zuständige Bischof gab selbst seine
Zustimmung und legte beim Papst Fürsprache ein, so
daß Innocenz II. meine Schenkung den jetzigen Nonnen und ihren Nachfolgerinnen feierlich für ewige
Zeiten verbriefte.

Zuerst hatten es die Nonnen doch recht knapp und
fühlten sich zeitweise ganz verlassen. Aber Gott in
seiner tröstenden Gnade sah das Elend seiner fromm-
ergebenen Dienerinnen an und erwies sich ihnen als
der wahre Tröster; in den Leuten ringsum erweckte
er die Barmherzigkeit und Mildtätigkeit. Die Frauen
haben dort, glaube ich, in *einem* Jahr an irdischen
Gütern mehr erhalten, als ich in hundert Jahren hätte
erhalten können. Je größer die Schwäche des weiblichen Geschlechtes ist, um so mehr ruft seine Hilfs-
bedürftigkeit das menschliche Mitgefühl wach; das
Tugendleben macht sie vor Gott und Menschen angenehm. Der Herr schenkte dieser meiner Schwester,
der Leiterin des ganzen Konvents, daß sie besondere
Gnade vor aller Augen fand: die Bischöfe liebten sie
gleich einer Tochter, die Äbte wie eine Schwester und
die Laien wie eine Mutter. Jeder pries, der Bewunde-

rung voll, ihre Frömmigkeit und Klugheit und die unvergleichliche Geduld und Sanftmut, die sie in allen Verhältnissen bewies. Sie zeigte sich nur sehr selten in der Öffentlichkeit, weil sie im stillen Kämmerlein unabgelenkt beten und meditieren mochte; um so stärker drängte es die Leute in der Welt, sie sehen zu dürfen und ihre geistlichen Tröstungen empfangen zu dürfen.

Die ganze Nachbarschaft des Klosters erhob nachdrückliche Vorstellungen, daß ich mich der frommen Frauen in ihrer Not nicht so annehme, wie ich es könne und müsse; meine Predigt könnte ihnen schon eine große Hilfe sein, und für mich sei der Dienst eine kleine Belastung. Auf diesen Wink hin besuchte ich das Kloster nun öfters, um ihnen zu dienen, wie ich es vermochte. Auch dabei wagte sich das mißgünstige Gerede wieder hervor. Mich trieb die lautere Bruderliebe, so zu helfen; meine bösartigen Verleumder erhoben trotzdem die schamlosesten Anklagen. Da hieß es, ich sei eben immer noch in den Fesseln der Sinnenlust, darum könne ich das Fernsein von meiner einstigen Geliebten nur schwer verschmerzen, wenn ich es überhaupt vermöchte. Ich las immer wieder den Brief an Asella, in dem der heilige Hieronymus seinem Kummer über die falschen Freunde Luft macht: «Nichts wird mir vorgeworfen als mein Geschlecht, und auch der Vorwurf unterbliebe, wenn nicht Paula mit mir nach Jerusalem gereist wäre.» Und wiederum heißt es da: «Bevor ich das Haus der heiligen Paula betrat, war die ganze Stadt des Lobes voll über mich, es war das einhellige Urteil, ich sei der gegebene Mann für das höchste Priestertum. Aber ich weiß jetzt, daß man in das himmlische Reich kommen kann durch guten und durch schlechten Ruf.» Wenn ich mir vergegenwärtige, wie der gemeine

Neid einem solchen Mann zusetzte, dann gab mir das
großen Trost, und ich sagte mir: Wie würden meine
Neider über mich schnöde reden, wenn sie so etwas
Verdächtiges an mir fänden! Nun hat mir die göttliche Barmherzigkeit diesen Verdachtsgrund erspart,
indem sie mir die Möglichkeit zu sündigen benahm.
Woher kommt trotzdem der Verdacht? Und was soll
diese neueste schamlose Verdächtigung? Die Einbuße, die ich an meinem Leibe erfahren, benimmt
doch sonst allgemein jeden Verdacht, es könne überhaupt zu einer solchen Sünde kommen. Das ist doch
gerade der Grund dafür, daß alle Leute Eunuchen
verwenden, wenn sie ihre Frauen in sicherer Obhut
wissen wollen, so wie es die heilige Geschichte von
Esther und den anderen Frauen des Ahasver berichtet. Wir lesen ferner in der Heiligen Schrift, daß die
Königin Kandake einen großmächtigen Schatzmeister
besaß, der auch ein Eunuche war; und zu seiner Bekehrung und zum Vollzug seiner Taufe bekam der
Apostel Philippus von dem Engel Gottes selbst den
Auftrag.
Bei keuschen Frauen, die auf ihre Ehre hielten, hatten gerade Eunuchen gerne eine besondere Ver-
trauensstellung, weil ein Verdacht in dieser Richtung
bei solchen Leuten nicht möglich war. Der größte
christliche Philosoph, Origenes, hat sich selbst verstümmelt — so berichtet das 6. Buch der Kirchengeschichte des Eusebius —, um auch Frauen in der Heils-
lehre unterrichten zu können und doch diesem Verdacht zu entgehen. Die göttliche Barmherzigkeit hatte
es — so tröstete ich mich — mit mir bei diesem Geschehnis doch noch besser gemeint als mit Origenes.
Was Origenes an sich selbst tat in einer Art Übereilung,
die ihn geradezu schuldig werden ließ, das ließ die
göttliche Barmherzigkeit eine fremde Hand an mir

sündigen, um mich für eine entsprechende Aufgabe
wie die des Origenes frei zu machen. Auch war meine
Qual geringer als die Qual, die Origenes leiden
mußte; denn meine Qual war kurz und brach jäh
herein, so daß ich in der Schlaftrunkenheit nichts von
der Vergewaltigung spürte. Aber wenn ich damals
unter dem leiblichen Schmerz weniger gelitten habe,
so leide ich jetzt um so mehr unter der Ehrabschnei-
derei, und der Verlust meines guten Namens ist eine
größere Qual als der Schaden an meinem Körper. Es
heißt ja auch in der Heiligen Schrift: «Ein guter Ruf
ist köstlicher als großer Reichtum.» Ferner schreibt
der selige Augustin in seiner Predigt ‚Über Leben
und Sitten der Geistlichen‘: «Wer sich auf sein gutes
Gewissen verläßt und keine Rücksicht nimmt auf seinen Ruf vor den Menschen, der ist grausam.» In der
gleichen Predigt sagt er: «Wir fleißigen uns der Ehr-
barkeit, wie es der Apostel sagt, nicht nur gegen Gott,
sondern gegen jedermann. Soweit es auf uns ankommt, genügt unser gutes Gewissen in uns selbst.
Soweit es auf andere Menschen ankommt, dürfen
wir unsern guten Ruf nicht beflecken lassen, sondern
er muß in uns fleckenlos bleiben. Es gibt zwei Dinge,
das gute Gewissen und den guten Ruf.
Das gute Gewissen ist für dich, dein guter Ruf ist
für deine Mitmenschen.» Welche Vorwürfe würde
der Neid meiner Gegner gegen Christus selbst oder
gegen sein Gefolge erheben, gegen die Propheten so
gut wie gegen die Apostel und gegen andere Kirchenväter, wenn diese Leute damals gelebt hätten,
wenn sie es hätten mitansehen müssen, wie diese
Männer im Vollbesitz ihrer Männlichkeit so vertrauten Umgang mit Frauen hatten! Deshalb weist auch
der selige Augustin in seinem Buch ‚Von dem Werk
der Mönche‘ darauf hin, die Frauen selbst seien so

unzertrennliche Gefährten unseres Herrn Jesus Christus und seiner Apostel gewesen, daß sie diese sogar zu ihren Predigten geleiteten. Es heißt da bei Augustin: «Zu dem Zweck gingen gläubige Frauen im Besitz der Schätze dieser Welt mit ihnen und dienten ihnen mit ihren Schätzen, daß diese heiligen Männer nichts zu vermissen brauchten, was zu des Lebens Notdurft gehört.» Und wer es nicht glauben will, daß im Gefolge der Apostel heilige Frauen mitzogen überall hin, wo sie das Evangelium predigten, der soll das Evangelium anhören und soll daraus lernen, daß die Apostel dies nach dem Beispiel des Herrn selbst taten. Im Evangelium steht nämlich geschrieben: «Und es begab sich danach, daß er reiste durch Städte und Märkte und verkündete das Evangelium vom Reiche Gottes; und die Zwölf mit ihm, dazu etliche Weiber, die er gesund hatte gemacht von den bösen Geistern und Krankheiten, nämlich Maria, die da Magdalena heißt, und Johanna, das Weib Chusas, des Pflegers des Herodes, und Susanna und viele andere, die ihm Handreichungen taten von ihrer Habe.» Ferner sagt Leo IX. in seiner Entgegnung auf den Brief des Parmenianus über das Klosterleben: «Wir erklären deutlich, daß kein Bischof, Presbyter, Diakon und Subdiakon die religiösen Verpflichtungen zum Vorwand nehmen darf, um sich der Fürsorgepflicht für seine Ehefrau zu entziehen; diese Fürsorgepflicht besagt, daß er sie mit Nahrung und Kleidung versehe, aber nicht, daß er mit ihr leiblich verkehre. So haben es auch nach dem Zeugnis des seligen Paulus die heiligen Apostel gehalten. ‚Haben wir nicht auch Macht, eine Schwester zum Weibe mit umherzuführen, wie des Herrn Brüder und Kephas?‘ Du Tor, sieh genau hin, er sagt nicht: ‚Haben wir nicht auch Macht, mit einer Schwester wie mit einer

Ehefrau zu verkehren', sondern er sagt: ‚eine Schwester zum Weibe mit umherzuführen.' Die Apostel sollten also vom Ertrag ihrer Predigten diese Frauen unterhalten, aber nicht mehr in fleischliche Beziehungen zu ihnen treten.»

Selbst der Pharisäer, der bei sich vom Herrn sprach und sagte: «Wenn dieser ein Prophet wäre, so wüßte er, wer und welch ein Weib das ist, die ihn anrührt; denn sie ist eine Sünderin»; selbst dieser Pharisäer konnte vom menschlichen Standpunkt aus viel eher von dem Herrn etwas Schnödes denken als meine bösen Gegner von mir. Oder: Die Mutter des Herrn wird einem jungen Mann anvertraut, die Propheten sind oft bei Witwen zu Gast und haben mit ihnen Umgang — wer das mit ansah, konnte dabei mit mehr Wahrscheinlichkeit einen schlimmen Verdacht fassen.

Was hätten meine Verleumder erst gesagt, wenn sie das miterlebten, was sie beim seligen Hieronymus bloß lasen, daß der gefangene Mönch Malchus mit seiner Frau in einem und demselben Raum lebte! Zu was für einem Verbrechen würden meine Neider den Zustand stempeln, über den der ausgezeichnete Kirchenlehrer rühmend aus eigener Beobachtung folgendes zu sagen weiß: «Es war dort ein alter Mann, namens Malchus, der aus der Gegend selbst stammte. Auch eine alte Frau war in seinem Raum. Beide waren des Eifers voll für unsere Religion und wichen nicht von den Kirchentüren, Zacharias und Elisabeth aus dem Evangelium, nur der Johannes fehlte.» Warum wetzten sie ihre Zungen nicht auch an den heiligen Kirchenvätern, die doch so oft — wir haben es zum Teil gelesen, zum Teil erleben wir es selbst noch — auch Frauenklöster einrichten und leiten, nach dem Beispiel der sieben Armenpfleger, die von den Aposteln in Jerusalem eingesetzt wurden, um an ihrer

Stelle den Frauen bei Tische zu dienen und ihnen überhaupt zu reichen, was not war. Das schwache Geschlecht braucht die Hilfe des starken. Deshalb bestimmt auch der Apostel, daß stets der Mann gewissermaßen das Haupt des Weibes sei; des zum Zeichen sollen die Frauen ihr Haupt verhüllt tragen.

Ich staune deshalb, wie es sich schon so lange in den Klöstern hat einbürgern können, daß an der Spitze der Frauenklöster Äbtissinnen stehen, entsprechend den Äbten an der Spitze der Mönchsklöster, und daß Mönche und Nonnen sich auf die gleiche Regel feierlich verpflichten, auf eine Regel, in der mehr als ein Paragraph von den Frauen nicht eingehalten werden kann, es seien Leiterinnen oder einfache Nonnen. Vielerorts muß man eine solche Verkehrung der natürlichen Ordnung erleben, daß Äbtissinnen und sogar einfache Nonnen über die Kleriker gebieten, denen sich doch das Volk unterordnet. Ein derartiges unumschränktes Weiberregiment kann in den Männern leicht böse Gelüste wecken und verführt dazu, diese Männer aufs schwerste zu schikanieren. Ähnliche Verhältnisse hat Juvenal im Auge mit seinem Wort: «Unausstehlicher nichts als ein Weib mit eigenem Reichtum.»

Aus vielfachen Erwägungen dieser Art rang ich mich zum Entschluß durch: ich wollte nach Möglichkeit für die Schwestern sorgen und sie geistlich betreuen; für ihre tiefe Verehrung wollte ich in eigener Person über ihnen wachen, wobei es auch leichter war, zu helfen mit dem, was not tat. Meine geistlichen Söhne verfolgten mich gerade damals häufiger und heftiger, als es meine geistlichen Brüder zuvor getan; es bedeutete also für mich geradezu eine kleine Atempause, wenn ich aus der stürmischen Brandung in diesen stillen Hafen einlaufen durfte. Bei meinen Mönchen sah ich nie einen Erfolg meines Wirkens, bei den Schwestern durfte ich einen Erfolg erwarten, und was ihnen in ihrer Schwachheit nützlich und nötig war, das war für mich geradezu das beste Heilmittel. Aber Satan hat mich mit seinen Stricken so umfangen, daß ich nicht habe, wo ich ausruhe oder wie ein Mensch lebe, sondern unstet und flüchtig wie Kain nach der Verfluchung überall umherirre. Unablässig foltern mich — ich wiederhole das frühere Wort — «auswendig Streit, inwendig Furcht» — ach nein, auswendig und inwendig unablässig Streit und Furcht.

Die wütenden Angriffe, unter denen mich meine geistlichen Söhne leiden lassen, sind weit gefährlicher und häufiger als die Angriffe meiner Feinde. Meine Brüder habe ich immer persönlich um mich, und ihre geheimen Machenschaften bedrohen mich ohne Aufhören. Der Feinde Anschläge auf Leib und Leben leide ich nur, wenn ich mein Kloster verlasse. Im Kloster muß ich die Anschläge ertragen, die offen brutalen wie die heimlichen, die meine Söhne gegen mich unternehmen. Ich nenne sie Söhne, sind sie doch mir, dem Abt, als ihrem geistlichen Vater anvertraut. Wie oft haben sie mich mit Gift zu morden versucht, so wie es auch dem seligen Benedikt widerfahren ist. Die gleiche Ursache, die Benedikt dazu brachte, seine entarteten Söhne zu verlassen, die gleiche Ursache durfte bei mir auch die gleiche Wirkung haben, nämlich dem Beispiel dieses großen Mannes zu folgen. Ich durfte mich nicht einer ganz klaren Gefahr aussetzen, ohne den Vorwurf zu befürchten, das heiße nicht auf Gottes Liebe bauen, das heiße Gott versuchen, das sei geradezu Selbstmord.

Vor ihren tagtäglichen Anschlägen der Art suchte ich mich durch möglichste Vorsicht beim Essen und Trinken zu schützen; da schütteten sie mir Gift in den

Kommunionskelch, um mich sogar während des Hochamtes zu vergiften. Als ich eines Tages in Nantes dem Grafen einen Krankheitsbesuch machen wollte und bei einem meiner leiblichen Brüder mich einquartierte, da dachten sie, ich würde mich dort vor einem derartigen Anschlag nicht so vorsehen, und ließen durch einen Diener aus meinem Gefolge einen Giftmordversuch machen. Der Himmel fügte es so, daß ich die mir zugedachte Speise stehen ließ, aber ein Klosterbruder, den ich mitgebracht hatte, ahnungslos davon aß. Er fiel auf der Stelle tot nieder, und der betreffende Diener floh Hals über Kopf davon; das schlechte Gewissen jagte ihn, und außerdem war der Tatbestand zu offenkundig. In diesem Anschlag hatte sich ihre sittliche Verkommenheit vor jedermann enthüllt; nun durfte auch ich meine Abwehrmaßnahmen ganz offen treffen: ich verließ zeitweise das eigentliche Kloster und hauste mit nur ein paar Mönchen in abgelegenen Zellen. Wenn die Mönche es rechtzeitig merkten, daß ich weg wollte, dann ließen sie immer wieder gedungene Mordgesellen an Wegen und Stegen auf mich passen, um mich zu töten. So war mein Dasein ohnehin ein Schweben in beständiger Gefahr; und da traf mich noch eines Tages gewaltig die Hand des Herrn: ich stürzte vom Pferd und brach einen Halswirbel. Diese Verletzung schmerzte mich noch stärker und brachte mich noch mehr herunter als die frühere Verwundung.

Einigemal versuchte ich es, durch die Verhängung der Exkommunikation der unbändigen Zuchtlosigkeit meiner Mönche Herr zu werden. Ich zwang die Rädelsführer, mir vor Zeugen ehrenwörtlich, ja eidlich zu versprechen, sich inskünftige von der Abtei ganz fernzuhalten und mich nicht mehr zu beunruhigen. Aber sie brachen mit der größten Unverfrorenheit Ehrenwort und Eid, und so mußten sie schließlich, nachdem der Papst Innocenz einen Legaten eigens dazu abgeordnet hatte, in Gegenwart des Grafen und der Bischöfe die alten Artikel noch einmal beschwören und eine Reihe neuer dazu; aber zur Ruhe sind sie dadurch immer noch nicht gekommen. Und als ich jüngst nach dieser erzwungenen Räumung mich wieder in die eigentliche Klausur zu den übrigen Mönchen zurücktraute, die ich für unbedenklicher gehalten hatte, da zeigte es sich: sie waren noch schlimmer als die anderen. Sie griffen nicht mehr zum Gift, sie bedrohten mich mit dem Schwert, und nur unter dem Geleit eines Ritters der Gegend konnte ich das nackte Leben retten. Aber die Gefahr droht mir auch jetzt noch, tagtäglich sehe ich das Schwert sozusagen über meinem Haupt hängen, so daß ich kaum bei Tisch aufatme. Es geht mir wie jenem Mann, von dem wir lesen, der die Macht und die aufgehäuften Schätze des Dionysius für das größte Glück ansah; nun ward ein Schwert heimlich an einem Faden über seinem Haupt aufgehängt, und er mußte immer hinsehen; da ließ er sich belehren, welches Glück eine irdische Machtstellung mit sich bringt! Und ich – ich lerne das unablässig; vom armen Mönch bin ich aufgestiegen zum Abt; mit meinem Reichtum steigt mein Elend. Möchte doch mein Beispiel die abschrecken, die in ihrem Ehrgeiz ungenötigt danach greifen!

Geliebter Bruder in Christo, mein vertrauter alter Freund, da hast Du die Geschichte der Leiden, mit denen ich von Anfang an unaufhörlich zu kämpfen habe, und mit ihrer Erzählung habe ich das Versprechen zu Beginn meines Briefes eingelöst. Für Deine Trostlosigkeit und für Deine Heimsuchungen mag dieser Brief schon genügen, um Dir Dein eigenes

Leid bei einem vergleichenden Blick auf das meinige als ein Nichts oder doch nur ein kleines Etwas erscheinen zu lassen. Du kannst Deine Heimsuchungen ganz geduldig ertragen, wenn Du sie nicht so hoch einschätzen willst. Tröste Dich mit dem Wort, das Christus seinen Gliedern von den Gliedern des Satans vorhersagte: «Haben sie mich verfolgt, so werden sie euch auch verfolgen; so euch die Welt hasset, so wisset, daß sie mich vor euch gehasset hat. Wäret ihr von der Welt, so hätte die Welt das Ihre lieb.» Weiter sagt der Apostel: «Und alle, die gottselig leben wollen in Christo Jesu, müssen Verfolgungen leiden.» An einer anderen Stelle heißt es: «Ich gedenke nicht, Menschen zu gefallen. Wenn ich den Menschen noch gefällig wäre, so wäre ich Christi Knecht nicht.» Und der Psalmist sagt: «Die den Menschen gefallen, du machst sie zuschanden, denn Gott verschmäht sie.» Der selige Hieronymus, der mir anscheinend die schmachvollen Verleumdungen vererbt hat, schreibt genau in dem Sinn an Nepotianus: «Wenn ich, so sagt der Apostel, den Menschen noch gefällig wäre, so wäre ich Christi Knecht nicht. Er hat aber aufgehört, den Menschen gefällig zu sein, und ist Christi Knecht geworden.» Ferner schreibt Hieronymus an Asella in der Schrift ‚Über die falschen Freunde‘: «Ich danke meinem Gott, daß ich gewürdigt bin, von der Welt gehaßt zu werden.» Und an den Mönch Heliodorus schreibt Hieronymus: «Lieber Bruder, Du bist ganz und gar im Irrtum, wenn Du glaubst, daß jemals ein Christ keine Verfolgung leide. Unser Widersacher geht umher wie ein brüllender Löwe und sucht, welchen er verschlinge, und Du glaubst an Frieden! Der Widersacher liegt im Hinterhalt mit den Reichen!»
Aus solchen beispielhaften Sätzen wollen wir die

frische Kraft schöpfen, in ruhigem Vertrauen alles Unrecht zu tragen, so schwer es uns auch trifft. Wir wollen es für sicher halten, zu unserer Läuterung dient das Unrecht gewiß, auch wenn es uns nicht zum Verdienst angerechnet wird. Und weil ja doch Gott im Regimente sitzt, so mag sich jeder Gläubige in aller Not des getrösten; Gottes Güte reicht so weit, daß sie nichts Unrechtes geschehen läßt und herrlich hinausführen wird alles, was Dein Herze kränkt. Daher beten wir auch allüberall: «Dein Wille geschehe!»

Wie kräftig tröstet endlich, die Gott lieben, das Wort des Apostels: «Wir wissen aber, daß denen, die Gott lieben, alle Dinge zum Besten dienen.» In dem Sinn sagt auch der Weiseste der Weisen in seinen ‚Sprüchen':» «Es wird dem Gerechten kein Leid geschehen, was ihm auch widerfahre.» So ist die klare Meinung dieses Wortes: sie irren alle vom rechten Weg ab, die um ihrer Beschwernis willen murren gegen das, was ohne Zweifel Gottes Fügung ihnen zu tragen auferlegt. Sie dienen ihrem eigenen Willen, nicht dem Willen unseres Gottes, und mögen auch die Lippen es bekennen: «Herr, Dein Wille geschehe!» die geheimen Wünsche ihres Herzens sagen doch das Nein, stellen doch des Menschen Wille über Gottes Willen.

Lebe wohl!

ZWEITER BRIEF

HELOISA AN ABAELARD

MEINEM HERRN / NEIN / MEINEM VATER
MEINEM GATTEN / NEIN / MEINEM BRUDER
SEINE MAGD / NEIN / SEINE TOCHTER
SEINE GATTIN / NEIN / SEINE SCHWESTER
MEINEM ABAELARD SEINE HELOISA

Liebster! Einen Trostbrief an einen Freund, und zwar von Eurer Hand, hat mir ein Zufall jüngst in die Hand gespielt. Ich brauchte ja nur die ersten Worte anzusehen, um Eure Schrift zu erkennen. Und da ich den Briefschreiber so fest in meinem Herzen trage, so versenkte ich mich in heißer Hingabe in seine Worte. Ist mir auch der Mann verloren, soll doch aus seinem Wort sein Bildnis mich beglückend anschauen!

Gewiß, fast jedes Wort in dem Brief war getränkt, ich habe es nicht vergessen, von Galle und Wermut; malt er doch das Jammerbild meiner Einkehr ins Kloster und, Einziggeliebter, Deinen endlosen Weg unterm Kreuz. Du hast in dem Brief wirklich das Versprechen erfüllt, das Du in seinem Eingang Deinem Freunde gabst: ein vergleichender Blick auf Deine Heimsuchungen, und sein Leid mußte ihm nichtig und unbedeutend erscheinen!

Im Anfang Deines Briefes erzähltest Du, wie Deine Universitätslehrer Dich verfolgten, wie Dein Leib diese niederträchtige Schändung erlitt und wie Dich Deine Studiengenossen, Alberich von Reims und der Lombarde Lotulf, diese abscheulichen Neider, so endlos anfeindeten. Du hast ihre geheimen Hetzereien enthüllt, wie Dein ruhmvolles theologisches Werk von ihnen zu leiden hatte, und wie Du selbst hinter Klostermauern sozusagen eingekerkert wurdest. Und dann die ganzen heimtückischen Machenschaften Deines Abtes und der heuchlerischen Klosterbrüder, die schweren Ehrabschneidereien, zu denen die beiden Lügenapostel durch Deine Rivalen sich verführen ließen! Und wie viele nahmen Anstoß, als Du vom gewohnten Wege abgingst und Dein Bethaus dem Parakleten weihtest! Und schließlich die unerträglichen Verfolgungen, die Du von Deinem erbarmungslosen Schergen erdulden mußtest und von den Erzschelmen von Mönchen — Du nennst sie beschönigend Deine Söhne —, mit ihrer Erzählung endet Dein Bericht, doch nicht das Leid.

Ich glaube, niemand kann diese Leidenserzählung trockenen Auges lesen und hören; *meinen* Schmerz rief sie wieder wach in aller Heftigkeit, so lebensvoll schildert sie ja jede Einzelheit. Mein Schmerz mußte noch brennender werden, da Du von Gefahren sprachst, die jetzt noch immer und noch stärker drohen. Wir müssen also gleicherweise alle an Deiner Rettung schon verzweifeln und müssen unter Zittern und Zagen auf den Unglücksboten warten, der Dein gewaltsames Ende kündet. Um des Christus willen, der bis jetzt noch gnädig die Wege gefunden, Dich für seinen Dienst zu erhalten, um seinetwillen bitten wir Dich flehentlich, Du wollest uns, die demütigen Dienerinnen Jesu Christi und — die Deinigen, oft mit zuverlässigen Nachrichten beglücken von den Stürmen, die Dein Lebensschiff noch immer auszuhalten hat! Wir wollen jedenfalls als Deine einzigen Getreuen Leid und Freud mit Dir teilen dürfen; geteiltes Leid ist halbes Leid, sagt man gewöhnlich, und jede Last hebt sich leichter hoch, setzt sich leichter ab, wenn sie auf mehrere Schultern sich verteilt. Kommt das augenblickliche Unwetter ein wenig zur Ruhe, dann gib uns schnell Nachricht, da Du gute Nachricht geben darfst. Aber auch jeder andere Inhalt Deiner Briefe wird uns stärken, weil Deine Briefe an sich uns Deine Teilnahme zeigen. Briefliche Nachrichten ferner Freunde beglücken; aus eigenem Erleben heraus bestätigt das Seneca, wenn er irgendwo seinem Freund Lucilius schreibt: «Für Deine häufigen Briefe danke ich Dir; nur brieflich kannst Du Dich bei mir einfinden, aber — Du tust es. Jeder Brief von Dir erneuert sofort unsere Gemeinschaft. Schon Bilder von unseren Lieben in der Ferne sind eine Freude, halten sie doch die Erinnerung frisch und trösten über ihr Fernsein hinweg, auch wenn ein solcher Trost in Wahrheit wohl eitler, leerer Ersatz ist. Bilder sind also schon eine Freude, aber sie sind in ihrem Wert nicht zu vergleichen mit den Briefen, in denen der ferne Freund wirklich und wahrhaft lebt.» Und, Gott sei Dank, keine falsche Zunge kann Dich hindern, keine Schwierigkeit Dich hemmen, wenigstens brieflich bei uns zu sein; bitte, bitte, versäume es auch nicht aus Lässigkeit.

Dem Freund hast Du einen langen, langen Trostbrief geschrieben; um sein Leid zu betäuben, hast Du Dein Leid ihm geschildert. Einen sehr getreuen Leidensbericht hast Du ihm geliefert! Um ihn zu trösten, machtest Du mich trostlos, um seine Wunden zu schließen, hast Du meine alten Wunden wieder aufgerissen und hast mir neue geschlagen! Ich flehe Dich kniefällig an, heile auch *die* Wunden, die Du selbst geschlagen, wenn es Dein Herz sogar drängt, Wunden zu heilen, die Fremden Fremde schlugen. Dem befreundeten Studienkameraden hast Du Deinen guten Willen gezeigt, hast jeden auf Freundschaft und Kameradschaft gegründeten Schuldanspruch befriedigt. Der Schuldanspruch, den Du uns gegeben, der ist viel tiefer begründet; wir dürfen Dir nicht bloß Freunde, Genossinnen heißen, für Dich heißen wir Herzenstraut, heißen wir Tochter, für Dich heißen wir so süß und heilig, wie irgendein Name lauten kann. Wie groß ist Deine Schuldverpflichtung gegen meine Nonnen und mich! Es bedarf wirklich keiner Urkunden und keiner Zeugenaussagen, als müßten wir einen zweifelhaften Rechtsanspruch erhärten. Und wenn kein Mensch für uns spricht, die

Wahrheit und Wirklichkeit schreit laut auf, schreit es in alle Welt hinaus. Unser Kloster — nächst Gott bist Du allein sein Gründer, unser Bethaus — Du allein bist sein Erbauer, unsere heilige Gemeinschaft — ihr Stifter bist Du ganz allein. Du hast hier nichts auf fremden Grund gebaut, alles ist hier *Deine* Schöpfung. In dieser öden Gegend hausten nur die wilden Tiere, verkroch sich nur das Raubgesindel; weit und breit kein Unterschlupf, kein Gehöft, in dem friedliche Menschen wohnten. Und gerade hier, mitten unter den Schlupfwinkeln des Wildes, unter den Verstecken der Räuber, auf dem Boden, der den Namen Gottes noch nie hatte hören dürfen, gerade hier hast Du unserem Gott einen Altar gebaut und dem Heiligen Geist einen Tempel geweiht. Keinen König und keinen Fürsten gingst Du um seine Beisteuer für den Bau an, obwohl Du sie in Hülle und Fülle hättest haben können! Was immer entstand, es sollte nur Dein Werk sein. Kleriker und Studenten wetteiferten scharenweise, bei Dir zu hören, und legten Hand an, wo es not tat. Wer bislang auf Kosten der Kirche lebte und nur Opfer anzunehmen wußte, keine zu bringen, wessen Hand bisher nur genommen, noch nie gegeben, der brachte auf einmal Opfer, er brachte sie reichlich, er drängte sich geradezu zum Opfer.

Dein eigenes, im vollen Wortsinn, Dein eigenes Werk ist diese neue Pflanzung im Dienst des Himmels; ihre Pflanzen sind meist noch jung und brauchen häufiges Begießen, wenn sie gedeihen sollen. Wir sind schwache Frauen, und so bleibt unsere Pflanzung ziemlich anfällig und bleibt zart, auch wenn sie nicht obendrein eine Neupflanzung wäre. Deshalb braucht sie eine sorgsame, oft wiederholte Pflege, nach dem Wort des Apostels: «Ich habe gepflanzt, Apollos hat begossen, aber Gott hat das Gedeihen gegeben.» Einpflanzung und feste Verwurzelung im Glaubensboden verdankten die Korinther — ihnen gilt ja das Wort — dem Apostel Paulus und seiner Lehrpredigt; das belebende Wasser bot ihnen des Paulus Schüler, Apollos, mit seinen frommen Mahnungen, und reiches Gedeihen in allen Glaubenstaten schenkte die Gnade unseres Gottes. Fremde Reben im fremden Rebgut: Du hast sie nicht gepflanzt, ihre Süße wandelt sich Dir in Bitternis; Dein ganzes mühevolles Wirken in väterlicher Mahnung und ernster Predigt bleibt, ach so oft, ohne Frucht! Du mußt in Deinem eigenen Pflanzgarten mit dem rührenden Eifer arbeiten, den Du an den fremden Garten verschwendest, ja verschwendest, denn sogar Deine Mahnung und Belehrung fruchtet nichts bei Aufrührern, umsonst wirfst Du die Perlen des Gotteswortes vor die Säue. Deine gehorsamen Dienerinnen haben Anspruch auf die Gaben, welche Empörer aus Deiner Hand nicht nehmen wollen. Deinen schlimmsten Feinden gibst Du mit offener Hand; vergiß darüber nicht noch länger, was Deine lieben Töchter von Dir erwarten dürfen! Von den Schwestern will ich im Augenblick schweigen; aber den Stand Deiner Schuld an mich darfst Du nicht mehr übersehen. Mich, Deine Einziggeliebte, mich mußt Du auszahlen, gewissenhaft auszahlen, wenn Du Deine Schuld an die andächtigen Schwestern loswerden willst. Besser als meine arme Seele es vermag, kennst Du, großer Geist, die Fülle gewichtiger Schriften, in denen die heiligen Kirchenväter ihren frommen Schwestern in aller Gewissenhaftigkeit dienten mit Lehre, Mahnung und Tröstung. Daß Du, der Gründer unserer Gott geweihten Gemeinschaft, so bald Deine junge Schöpfung vergessen konntest, das ist eine schmerzliche Überraschung! Und dabei hätte die Ehrfurcht vor Gott, die Liebe zu mir und die vorbildliche Einstellung der heiligen Kirchenväter Deine Haltung bestimmen müssen! Innerlich unsicher, verzehre ich mich in einem Schmerz, der täglich neu wird: aber Du hast keinen Versuch gemacht, in seelsorgerlichem Gespräch oder mit einem Trostschreiben zu helfen!

Du kennst doch die ganze Schwere Deiner Verpflichtung, wie das Sakrament der Ehe Dich an mich bindet. Mir bist Du verpflichtet und verfallen; denn alle Welt bezeugt es, daß meine Liebe zu Dir kein Maß und kein Ziel gekannt. Herzliebster, Du weißt es, alle wissen es, was ich in Dir verloren, wie jammervoll der Sturz war nach dem schwärzesten Verrat, den die Welt kennt; Dich verloren und in Dir mich verloren, schmerzt tief; doch abgrundtief schmerzt es, wie ich Dich verlieren mußte. Wer unter stärkstem Druck leidet, verlangt auch die stärksten Heil- und Trostmittel, und er verlangt sie nicht von irgendwem sonst, sondern von Dir und nur von Dir. Du einzig, Du allein schlugst mir die Wunde, heile Du sie auch gnadenvoll! Du allein kannst mich betrüben, Du allein kannst mich fröhlich machen und trösten, und Du allein bist dazu verpflichtet, so stark, wie es nur ein Mensch sein kann. Jeden Befehl von Dir habe ich ausgeführt in so blindem Gehorsam, daß ich auf Dein Geheiß mich selbst opferte: ich mußte Dir eben gehorchen.

Aber noch nicht genug, ich traue mich kaum es zu sagen, meine Liebe schlug um in Wahnsinn; sie opferte in hoffnungslosem Verzweifeln das eine einzige Ziel ihrer Sehnsucht. Ohne Zaudern — Du, Du gabst ja den Befehl — brachte ich mein altes Gewand und mein altes Herz zum Opfer, um aller Welt zu zeigen, wie ich Dein eigen sei mit Leib und Seele. Gott ist mein Zeuge, ich habe je und je in Dir nur

Dich gesucht, Dich schlechthin, nicht das Deine, nicht Hab und Gut. Ein festes Eheband, eine Morgengabe — habe ich je danach gefragt? Du bist mein Zeuge, nicht meine Lust, nicht mein Wille war je mein Ziel, nein, nur Deine volle Befriedigung. In dem Namen ‚Gattin' hören andere vielleicht das Hehre, das Dauernde; mir war es immer der Inbegriff aller Süße, Deine Geliebte zu heißen, ja — bitte zürne nicht! — Deine Schlafbuhle, Deine Dirne. Die tiefste Erniedrigung vor Dir versprach die höchste Huld bei Dir, und ich brauchte so in meiner Niedrigkeit Deinen Ruhmesglanz auch nicht zu trüben. In dem Trostbrief an den Freund hast Du meines Herzens wahres Wollen nicht ganz verschwiegen, um Deinetwillen; es war Dir da nicht zu wenig, den und jenen der Gründe zu nennen, die mich den Ehebund bekämpfen hießen, um den Liebesbund zu retten. Herr Gott, sei Du mein Zeuge, wenn der Kaiser käme, der Beherrscher der ganzen Welt sich herabließe, mich zu ehelichen, wenn er mir dabei die ganze Erde verschriebe und verbriefte zum ewigen Besitz: ich möchte doch lieber Deine Dirne heißen — und wäre noch stolz darauf — als seine Kaiserin. Wer reich und mächtig ist, der ist darum noch nicht gut. Reichtum und Macht sind nur Gaben des blinden Glücks, das Gutsein entspringt dem eigenen Verdienst. Ein Mädchen, das lieber einen Reichen heiratet als einen Armen, braucht nicht zu denken, es sei keine käufliche Dirne, und es ersehnt sich ja kaum den Gatten, sondern des Gatten Besitz. Wenn solche Gier eine Jungfrau zur Ehe führt, da verdient sie schnöde Bezahlung, nicht dankerfüllte Liebe; ein solches Wesen — das ist gewißlich wahr — sieht nur den vollen Geldsack an, nicht den Menschen, und es braucht nur der noch vollere zu kommen, und sie gibt sich ihm preis.

Ähnlich meint es auch die Philosophin Aspasia; der Sokratesschüler Äschines erzählt es, wie sie Xenophon mit seiner Ehefrau versöhnen wollte und ihre schlagende Beweisführung so abschloß: «Wenn Ihr das Ziel erreicht, daß kein Mann auf Erden besser ist und keine Frau liebenswerter, dann wird es immer Euer Streben sein, daß Du diese beste Frau behältst und Du diesen besten Mann.» Die erhabene Klarheit, nicht ein irdisches Weisheitsstreben läßt so fromm sprechen und über menschliches Deuteln hinaufweisen.

Heiliger Irrtum, selige Selbsttäuschung, wenn Ehegatten einander in der Liebe zum Vollkommenen gehören, wenn Keuschheit der Seelen noch mehr als leiblicher Verzicht das Eheband nicht zerreißen läßt! Aber andere Frauen bilden sich den Besitz des Vollkommenen nur ein; daß ich es besaß, war vollste Wirklichkeit. Was andere Frauen in ihren Gatten zu haben glaubten, ich brauchte es von Dir nicht zu glauben, ich wußte die Wahrheit meines Besitzens und mit mir die ganze Welt! Die echte Tiefe meiner Liebe zu Dir gründete sich auf ihre Irrtumslosigkeit. Kein König, kein Weiser dieser Welt hätte mit Deinem Ruhm wetteifern können; überall in den Landen, in jeder Stadt und jedem Dorf begehrten sie, Dich zu sehen. Wenn Du Dich öffentlich hören ließest, wer kam da nicht eilends, Dich anzustarren? Und wenn Du abtratest, da reckten sie noch immer die Hälse und stierten Dir nach. Alle Frauen, verheiratet oder nicht, verzehrten sich in leidenschaftlicher Gier, wenn Du fern warst, und ihr Blut ging schneller, warst Du zugegen. Jede Königin, jede Fürstin neidete mir meines Lebens Freude und meines Liebens Glück.

Zwei Gaben waren Dir vor anderen verliehen, um aller Frauen Herzen im Augenblick zu gewinnen. Ein

Dichter warst Du und ein Sänger, wie es noch keinem Weisen dieser Welt geschenkt war. Warst Du über Deinen philosophischen Arbeiten müde geworden, dann erholtest Du Dich auf diesem Tummelplatz. Deine vielen Liebeslieder in antiker und moderner Form leben noch heute; Wort und Ton zugleich schmeichelten sich ein, sie wurden viel gesungen und hielten Deinen Namen überall lebendig. Die anmutigen Melodien machten auch die einfachen Leute mit Deinem Namen bekannt. Der Zauber Deiner Lieder war es vor allem, der die Frauen nach Dir seufzen ließ; und da die meisten Lieder unser Liebeserleben besangen, so verbreiteten sie in kurzem meinen Namen überall und weckten in vielen Frauen die Eifersucht. Und ich wüßte auch wirklich keinen Schmuck des Geistes wie des Leibes, in dem Deine Jugend nicht prangte. Diese Wonne und Freude habe ich verlieren müssen! Darum können auch meine einstigen Neiderinnen sich des Mitleidens nicht erwehren. Ein jeder, Mann wie Frau, muß mitempfinden, auch mein ärgster Feind von ehemals, ein jeder muß mit mir den Schmerz teilen und kann nicht hartherzig bleiben!

Ich bin voll schuldig und zugleich – das weißt Du – voll unschuldig; nicht der Erfolg der Tat unterliegt der Ahndung, sondern das Fühlen und Wollen des Täters, und ein billig denkender Richter wertet die Gesinnung, nicht den Vorgang. Du allein kannst aus dem innersten Erleben heraus beurteilen, wie mein Herz von Dir sprach; Deiner Prüfung will ich ruhig alles anvertrauen und gegen Deine Entscheidung keine Berufung einlegen.

Beantworte mir nur die eine Frage, wenn Du eine Antwort hast: Nachdem wir beide das feierliche Profeßgelübde abgelegt hatten – ich tat es nur, weil Du über mich verfügtest —, warum bin ich Dir dann so unwert geworden, wie konntest Du mein so vergessen, daß ich nicht in einer Aussprache neuen Lebensmut fassen oder aus einem Brief Trost schöpfen darf? Gib Antwort, wenn Du eine hast, oder *ich* muß reden, reden von meinem Verdacht, von aller Welt Verdacht! Was Dich zu mir getrieben, es war wohl mehr Leidenschaft als Freundschaft, mehr wollüstige Gier als echte Liebe. Und nun, die Leidenschaft ist tot, und tot auch alles, was Deiner Leidenschaft den Weg zum Ziel hatte bahnen müssen. Den Schluß ziehen alle, mein Geliebter, nicht bloß ich, und nicht im geheimen, nein, miteinander sprechen sie davon, nicht im kleinen Kreise, sondern in aller Öffentlichkeit.

Wenn doch ich allein mir das einbildete, wenn doch der und jener vorträte, um Deine Liebe zu rechtfertigen! Etwas Linderung fände er doch für meinen Schmerz! Ach, wenn mir nur selbst die Vorwände einfielen, mit denen ich Dich entschuldigen könnte und schlecht und recht meine Blöße decken!

Die eine inständige Bitte habe ich an Dich, sie kommt Dir sicher bescheiden vor und leicht erfüllbar: muß ich schon auf das Glück verzichten, Dich zu sehen, schreib mir wenigstens die Liebesworte — Du hast sie ja überreichlich — und laß mir zuliebe Dein teures Bild in ihnen Leben gewinnen! Wenn ich Deinen Geiz schon bei dem Anlaß erfahre, wo Du mit bloßen Worten helfen kannst, dann ist mein Hoffen dahin, Deine Liebe möchte zur Tat werden und sich in ihr verströmen. Ich hatte darauf gebaut, mir einen vollen Dank von Dir verdient zu haben, denn ich habe alles für Dich getan und kenne auch jetzt nur noch einen, nur Deinen Willen. Es war doch nicht fromme Ergebung in Gottes Willen, die mich junges Ding ins finstere Kloster führte; nein, Dein Wille allein stieß mich ins Kloster. Ernte ich von Dir keinen Dank für mein Opfer, dann mußt Du es selbst als vergeblich bezeichnen; von Gott habe ich doch keinen Lohn zu erwarten; daß ich nicht aus Liebe zu Gott getan, was ich getan, das kann niemand bestreiten.

Als Du zu Gott Deine Zuflucht nahmst und zu seinem Dienst, da tat ich, wie Du getan, nein, ich nahm den Schleier noch vor Dir. Als hättest Du an Lots Weib, das rückwärts schaute, denken wollen — erst brachtest Du unserem Gott in mir ein Opfer, ich mußte zuerst den Schleier nehmen und das klösterliche Gelübde ablegen, ehe Du Dich selber Gott weihen mochtest. Ich will es Dir offen sagen, es tat bitter weh, ich wurde über und über rot vor Scham, daß ich darin so wenig Vertrauen bei Dir fand. Ich wäre doch, weiß Gott, ohne Zaudern auf Dein Geheiß in die Hölle Dir sogar vorausgeeilt oder doch nachgestürzt. Ich war doch nicht mehr Herr meiner Selbst, in Dir, nur noch in Dir war es und ist es, ist es jetzt mehr als je! Ist mein Selbst nicht bei Dir, so ist es nirgends, und ohne Dich hat es kein Sein und Wesen. Laß mein Herz doch bei Dir sein, bitte, bitte, und bei Dir behütet sein! Es fühlt sich schon behütet, wenn Du ihm ein freundliches Gesicht machst, wenn Du Liebe mit Liebe vergelten magst, mein Großes mit Deinem Geringen, mit Deinem schönen Wort mein opfervolles Tun.

Ach, wenn doch Deine Liebe sich nicht so felsenfest auf meine verlassen dürfte, wenn Du doch besorgter sein müßtest! Nun habe ich Dir die große Sicherheit geschenkt und ernte die große Mißachtung. Vergiß doch bitte ja nicht, was ich für Dich getan, und vergiß auch nicht, was Du mir alles schuldest! Als ich an Deinem Herzen liegend des Fleisches Lust genießen durfte, da konnte die Welt zweifeln, ob hingebende Liebe oder selbstische Gier mich in Deine Arme trieb. Nun bezeugt es das Ende, aus welchem Sinn heraus mein Lieben seinen Anfang nahm; auf alle Freuden dieser Welt habe ich verzichtet, um Deinem Willen gehorsam zu sein; ich habe alles vorbehaltlos dahingegeben und mir nur das Eine vorbehalten, gerade durch diese Hingabe ganz die Deine zu werden.

Und Du, Du, nimm es Dir zu Herzen, wie ungerecht Du bist: meine Leistung ist groß, Deine Gegenleistung ist nicht entsprechend, besser gesagt, sie ist ein Nichts, ein Garnichts; und dabei ist es so wenig, was ich von Dir erwarte, und für Dich eine Kleinigkeit. Ich beschwöre Dich bei Gott, bei dem Gott, welchem Du Dich zum Opfer dargebracht, schenk mir Deinen Besuch, es gehe, wie es wolle, schreib mir doch ein paar Trostworte, ich will mich an ihnen aufrichten und Gott wieder fröhlich dienen können! Als Du mich — ach wie lange ist es her — zu den Freuden dieser Welt verlocktest, da durfte ich Dich empfangen in Briefen über Briefen, und ein Lied ums andere verkündetete Deiner Heloisa Ruhm der ganzen Welt. Heloisa klang es Straßen auf Straßen ab, und Heloisa klang es in jedem Haus. Müßtest Du nicht jetzt Gottes Liebe in mir wieder wecken, mit schönerem Recht, als Du vordem des Menschen Wollust in mir wecktest? Eine letzte feierliche Bitte: bedenke Du Deine Verschuldung und öffne Dein Ohr meiner Forderung ... und ich schließe einen langen Brief mit dem kurzen Gruß: Einziger, Liebster, leb wohl!

DRITTER BRIEF
ABAELARD AN HELOISA

HELOISA / SEINER GELIEBTESTEN
SCHWESTER IN CHRISTO
ABAELARD / IHR BRUDER IN CHRISTO

Seit wir uns von der Welt zurückgezogen, um Gott zu dienen, habe ich Dir noch kein Wort des Trostes und der Mahnung geschrieben! Die Tatsache, die Du so feststellst, ist richtig, ihre Deutung ist unrichtig; ich habe geschwiegen, aber nicht aus Gleichgültigkeit, sondern in meinem starken Vertrauen auf Deine eigene Klugheit. Wenn Gottes Gnade einer Frau im reichsten Maße alles geschenkt hat, was not tut, so durfte ich annehmen, sie brauche meine Briefe nicht. Und Du bist doch die Frau, die in Wort und Werk die Irrenden lehrt, die Kleinmütigen tröstet, die Schwachen aufrichtet; das ist bei Dir kein neues Können, Du hast es schon längst bewiesen, da Du als Priorin Deiner Äbtissin zur Seite standest. Wenn Du jetzt die gleiche liebevolle Sorgfalt für Deine Töchter hast, die Du ehemals für Deine Schwestern hattest, so ist das meines Erachtens genug; jede weitere Belehrung und Mahnung von meiner Seite wäre völlig überflüssig. Aber vielleicht denkst Du in Deiner Bescheidenheit darüber anders und möchtest mit religiösen Fragen meine kundige Feder bemühen; schreib mir Deine Anliegen, ich will sie mit Gottes Hilfe erfüllen!

Gott sei Lob und Dank, der bei Euch die Sorge einkehren ließ um meine beständigen schweren Gefahren, der Euch geradezu an meinen Anfechtungen teilnehmen läßt! Möchte die Fürsprache in Eurem Gebet es dazu bringen, daß der Gott der Barmherzigkeit mich in seinen Schutz nehme und «zertrete den Satan unter unsre Füße in kurzem»! Meine Schwester, die Du vordem in der Welt mir schon lieb warst, jetzt in Christo besonders lieb und wert bist, darum vor allem übersende ich Dir eilends den dringend erbetenen Psalter. Aus ihm bringe dem Herrn ein immerwährendes Gebetsopfer, auf daß er mir meine vielen schweren Übertretungen verzeihe und mich beschütze in den Gefahren, die mich jeden Tag bedrohen! Bei Gott und seinen Heiligen vermag das Gebet der Gläubigen viel, besonders das Gebet der Frauen für ihre Angehörigen und der Gattinnen für ihre Eheherren; dafür haben wir Zeugnisse und Beispiele in Menge. Dem Apostel liegt das Gebet der Gläubigen besonders am Herzen, wenn er uns mahnt, ohne Unterlaß zu beten. Zu Mose hat der Herr also geredet: «Und nun laß mich, daß mein Zorn über sie ergrimme!» Und zu Jeremias sagte der Herr: «Und du sollst für dieses Volk nicht bitten und dich auch nicht meinem Willen widersetzen.» Mit diesen Worten hat der Herr selbst es offenbar gemacht, daß die Gebete der heiligen Männer Gottes Zorn gewissermaßen einen Zügel anlegen und ihn hindern, gegen die Übeltäter die unerbittliche Strenge walten zu lassen, die ihre Taten verdienen und geradezu fordern. Es ist so zu denken: der Herr geht von sich aus zum Richtplatz um der Gerechtigkeit willen; da kommen des Herrn Freunde, und ihr demütiges Flehen stimmt den Herrn um und zwingt ihn beinahe zur Gnade, sogar entgegen seinem anfänglichen Willen. Zu dem, der für die Sünder schon betet oder beten will, zu dem sagt der Herr: «Und nun laß mich und widersetze dich nicht meinem Willen!» Der Herr verbietet also ausdrücklich, für die Sünder zu bitten; und trotzdem bittet der Gerechte, auch wenn der Herr sein Verbot ausspricht, er bittet, und sein Drängen hat bei dem Herrn Erfolg und bewirkt eine Wandlung des Spruches, den der richtende Gott in seinem Zorn verhängt hatte. Nach dem Wort des Herrn an Mose ist noch zugefügt: «Also gereute den Herrn das Übel, das er drohte seinem Volk zu tun.» Dabei heißt es an anderer Stelle von des Herrn Werken insgesamt:

«Denn so er spricht, so geschieht's.» Aber an unserer Stelle hat der Herr gesprochen und gesagt, was das Volk wegen seines Falls verdiente, und trotzdem hat er durch das Gebet sich überwältigen lassen und hat nicht vollzogen, was er gesprochen. Wie groß muß die Kraft des Gebetes erst sein, wenn wir um das beten, um was uns Gott beten heißt! Diese Kraft magst Du daran ermessen, daß des Propheten Gebet um das von Gott Verbotene Erhörung fand und den Herr abbrachte von dem, was er gesprochen.

Ein anderer Prophet sagt zu dem Herrn: «Und wenn dein Zorn da ist, so denke der Barmherzigkeit!» Das mögen hören und sich zu Herzen nehmen die Fürsten dieser Welt! Ein Urteil, das sie sprechen und verkünden, ist ein Urteil von irrenden Menschen, und doch beharren sie bei ihm, aus Trotz, nicht aus Liebe zur Gerechtigkeit; wenn sie Barmherzigkeit üben sollen, meinen sie, schamrot werden zu müssen ob ihrer Schwäche; sie meinen, als wortbrüchig zu gelten, wenn sie einen Spruch förmlich abändern oder einen unüberlegten Beschluß stillschweigend nicht vollziehen und so ihre fehlerhaften Entscheidungen in der Durchführung wieder gutmachen. Ich glaube, man darf sie mit Jephta vergleichen; sein Gelübde war schon töricht, noch viel törichter seine Erfüllung, und das Opfer dieser Torheit: die einzige Tochter! Wer aber ein Glied Gottes werden will, der spricht, wie es im Psalm heißt: «Von Gnade und Recht will ich dir, Herr, singen.» Und es heißt auch in der Schrift: «Die Barmherzigkeit rühmt sich wider das Gericht.» Aber es steht auch geschrieben das Drohwort: «Es wird ein unbarmherziges Gericht über den ergehen, der nicht Barmherzigkeit getan hat.» Das hat sich der Sänger des Psalms, der König David, selber zu Herzen gehen lassen, als das Weib Nabals vom Karmel ihn fußfällig anflehte, ihren Mann und sein Haus nicht zu vertilgen. David hatte dies nämlich bei sich geschworen nach der Gerechtigkeit, aber er machte seinen Schwur rückgängig aus Barmherzigkeit. Der demütigen Bitte um Gnade gab David also mehr Gehör als der Forderung der Gerechtigkeit, und was der Ehemann gesündigt hatte, das machte die Frau in ihrer Demut wieder gut.

Liebe Schwester, nimm diese Geschichte als Vorbild und als Bürgschaftsleistung: so viel vermochte das inständige Bitten dieses Weibes bei einem Menschen; lerne daran, was Dein Gebet für mich bei Gott auszurichten vermag! Gott ist unser Vater und liebt seine Kinder mehr, als David dies demütig bittende Weib liebte. Gewiß, auch David galt für gnädig und barmherzig, aber Gott ist lauter Gnade und Barmherzigkeit. Und das Weib, das in dieser Geschichte so demütig bat und flehte, das lebte in dieser Welt und gehörte zu dem profanen Volk und hatte sich nicht durch heiliges Gelübde dem Herrn vermählt. Wenn Deine Kraft allein zu schwach ist, von Gott die Erfüllung Deines Gebetes zu erhalten, so wird die heilige Gemeinde der Jungfrauen und Witwen ihre Gebete mit den Deinen vereinen, und es wird Eurem gemeinsamen Gebet geschenkt werden, was Dir allein nicht geschenkt wird. Der da ist der Weg und die Wahrheit und das Leben, der spricht zu seinen Jüngern: «Wo zwei oder drei versammelt sind in meinem Namen, da bin ich mitten unter ihnen», und wiederum spricht er: «Wo zwei unter euch eins werden, warum es ist, das sie bitten wollen, das soll ihnen widerfahren von meinem Vater im Himmel.» So spricht Jesus, daß jeder sehen muß, wieviel das beständige Gebet einer frommen Gemeinschaft bei Gott vermag. Wenn es so ist, wie der Apostel sagt: «Des Gerechten Gebet vermag viel, wenn es ernstlich ist», wieviel darf man sich dann vom vereinigten Gebet einer heiligen Gemeinschaft erwarten!

Aus der 38. Homilie des seligen Gregor kennst Du, geliebteste Schwester, sicherlich die Erzählung von der mächtigen Hilfe, die einem Mönch das Gebet seiner Mitbrüder sogar wider seinen Willen gebracht. Er lag schon in den letzten Zügen, seine arme Seele quälte sich in schwerer Todesangst, und ganz verzweifelt und lebenssatt suchte er seine Mitbrüder vom Gebet abzuhalten. Das ist bei Gregor alles dargestellt und Dir bei Deiner Belesenheit genau bekannt. Möchte doch dieses Vorbild Dich und die Gemeinschaft Deiner frommen Schwestern dazu bringen, in herzlicher Zuversicht zum Herrn zu beten! Es mag mich wohl der für Euch am Leben erhalten, durch den nach Paulus' Zeugnis «Weiber haben ihre Toten durch Auferstehung wiederbekommen».

In den Schriften des alten und des neuen Bundes kannst Du es finden, die ganz großen Wunder der Totenerweckung sind allein oder doch vornehmlich den Frauen zugute gekommen, indem sie für die Frauen oder an den Frauen sich vollzogen. Zwei Totenerweckungen auf Bitten der Mütter erzählt uns das Alte Testament, Wunder, die durch Elia und seinen Schüler Elisa geschahen. Das Evangelium kennt nur drei Totenerweckungen durch den Herrn Jesus Christus, die alle drei den Frauen zugute kamen und so im Geschehnis selbst das oben schon zitierte Wort des Paulus bestätigen: «Weiber haben ihre Toten durch Auferstehung wiederbekommen.» Am Stadttor zu Nain erweckte Jesus den Sohn der Witwe, so sehr ging ihm ihr Leid zu Herzen, und schenkte ihn seiner Mutter wieder. Lazarus, seinen lieben Freund, erweckte Jesus auf die flehentliche Bitte seiner Schwestern Maria und Martha. Auch als der Obersten einer von der Schule ihn sehr bat, da erwies er seinem Töchterlein dieselbe Gnade; und auch da bestätigte es sich: «Weiber haben ihre Toten durch Auferstehung wiederbekommen.» Denn des Jairus Töchterlein empfing seinen eigenen Leib aus des Todes Nacht, so wie jene die Leiber ihrer Angehörigen. Und alle diese *Erweckungen zum Leben* geschahen auf die Bitten weniger Menschen. So wird Euer vielfältiges frommes Gebet die *Erhaltung* meines Lebens leicht erreichen. Gott hat sein großes Wohlgefallen an der Armut und Keuschheit, die Ihr ihm zum Opfer gelobt und dargebracht habt, und darum werdet Ihr bei Gott ein gnädiges Gehör finden. Außerdem war die Mehrzahl dieser vom Tode Erweckten vermutlich nicht einmal gläubig; wenigstens von der erwähnten Witwe, der Jesus den Sohn sogar ohne ihre Bitte erweckt hat, lesen wir es nicht, daß sie gläubig gewesen. Aber uns verbindet nicht nur die Lauterkeit des Glaubens, uns einigt auch das gleiche fromme Gelübde.

Doch, ich will jetzt die hochheilige Gemeinschaft Deines Klosters beiseite lassen, in dem viele fromme Jungfrauen und Witwen ihrem Herrn unablässig dienen, ich will jetzt zu Dir allein reden: ich bin überzeugt, daß Deine Frömmigkeit bei Gott viel vermag, und daß Du mir vor allem schuldest, was sie vermag, zumal jetzt schuldest, da ich in so großer Gefahr stehe. Gedenke in Deinem Gebet immerdar dessen, der Dein ist im wahrsten Sinn des Wortes, und halte mit voller Zuversicht an am Gebet! Du weißt ja, daß es ein gerechtes Gebet ist und ebendeshalb dem besonders angenehm, an den es sich richtet.

Ich bitte und beschwöre Dich, mit dem geistigen Ohr nimm auf die Worte der Heiligen Schrift, die Du mit dem leiblichen Ohr je und je schon aufgenommen! So steht geschrieben in den Sprüchen Salomos: «Ein fleißig Weib ist eine Krone ihres Mannes» und wiederum: «Wer eine gute Ehefrau findet, der findet was Guts und kann guter Ding sein im Herrn» und abermals: «Haus und Güter vererben die Eltern; aber ein vernünftig Weib kommt vom Herrn.» Das Buch Jesus Sirach aber sagt: «Wohl dem, der ein tugendsam Weib hat» und bald hernach: «Ein tugendsam Weib ist eine edle Gabe», und nach dem Wort des Apostels «ist der ungläubige Mann geheiligt durch ein gläubiges Weib». Gottes Gnade hat gerade in unserem Königreich Francien diese Wahrheit neu ans Licht treten lassen: Der König Chlodwig bekehrte sich zum christlichen Glauben vor allem auf das Gebet seiner Frau hin, nicht so sehr durch die Predigt der heiligen Männer. So wurde das ganze Frankenreich dem göttlichen Gesetz untertan, und das Beispiel der Großen veranlaßte die Kleinen, anzuhalten im Gebet.

Zu solchem Anhalten im Gebet lädt unser Herr gar dringend ein in seinem Gleichnis: «Und wenn jener fortfährt zu klopfen — ich sage euch: und ob er nicht aufsteht und gibt ihm, darum daß er sein Freund ist, so wird er doch um seines unverschämten Geilens willen aufstehen und ihm geben, soviel er bedarf.» Um auf Moses Gebet für sein sündiges Volk zurückzukommen: mit solcher — ich wage den Ausdruck — Unverschämtheit des Gebetes hat Mose die Strenge der göttlichen Gerechtigkeit gemildert und ihren Spruch umgewandelt.

Du weißt es, Geliebteste, als ich noch unter Euch weilte, da hat Eure Gemeinschaft *im Gebet* ihre heiße Liebe für mich gezeigt. Jeden Tag habt Ihr als Abschluß jeder einzelnen Tagzeit dem Herrn ein Bittgebet für mich dargebracht; an ein besonderes Re-

sponsorium mit nachfolgendem Versikel, die beide
gesungen wurden, schlossen sich Fürbittgebete und
ein Kollektengebet in folgenden Worten an:

Responsorium: Verlaß mich nicht, Herr mein Gott,
und weiche nicht von mir!

Versikel: Herr, eile allezeit mir zu Hilfe!

Bittgebete: Rette deinen Knecht, mein Gott, der
auf dich hofft! Herr, erhöre mein Gebet und laß mein Rufen zu dir kommen!

Kollekte: O Gott, der du dich herabgelassen
hast, durch deinen letzten Diener uns,
deine geringsten Mägde, in deinem
Namen zusammenzuführen, wir bitten dich, verleihe ihm und uns, in
deinem Willen zu verharren! Durch
unseren Herrn Jesus Christus, der mit
dir lebt und regiert von Ewigkeit zu
Ewigkeit. Amen.

Jetzt bedarf ich der Hilfe Eurer Gebete ganz besonders: ich bin fern von Euch, und schwere Gefahr
ängstet mich. Herzlich und inständig bitte ich Euch,
laßt mich gerade jetzt in der Ferne erfahren, wie
echt Eure Liebe gegen mich ist, indem Ihr den einzelnen Tagzeiten folgende besondere Gebete beifügt:

Responsorium: Verlaß mich nicht, Gott, Vater und
Herr meines Lebens, daß ich nicht zu-
sammenbreche vor den Augen meiner
Gegner und daß nicht mein Feind
über mich triumphiere!

Versikel: Ergreife Schild und Waffen und erhebe dich, mir zu helfen, daß nicht
mein Feind über mich triumphiere!

Bittgebete:	Rette deinen Knecht, mein Gott, der auf dich hofft! Sende ihm, o Herr, Hilfe vom Heiligtum, und von Zion aus beschütze ihn! Sei ihm, Herr, ein starker Turm vor dem Antlitz seines Feindes! Herr, erhöre mein Gebet und laß mein Rufen zu dir kommen!
Kollekte:	O Gott, der du dich herabgelassen hast, durch deinen letzten Diener uns, deine geringsten Mägde, in deinem Namen zusammenzuführen, wir bitten dich, daß du ihn vor allem Unglück errettest und unversehrt deinen Dienerinnen zurückgibst. Durch unseren Herrn Jesus Christus, der mit dir lebt und regiert von Ewigkeit zu Ewigkeit. Amen.

Läßt mich der Herr in die Hände meiner Feinde fallen, so daß sie mich überwältigen und töten, oder gehe ich sonstwie ferne von Euch den Weg alles Fleisches, so bitte und beschwöre ich Euch: wo immer mein Leib unter der Erde oder über der Erde liege, laßt ihn auf Euren Gottesacker überführen! Unsere Töchter, vielmehr unsere Schwestern in Christo Jesu, mögen sich dann durch den Anblick meines Grabes noch mehr ermuntern lassen, für mich Gebete zum Himmel emporzusenden. Wenn eine Seele leiderfüllt ist und ob des Irrtums ihrer Sünden trauert, dann weiß ich keinen friedvolleren und heilsameren Ort als den, der dem wahren Parakleten, d. h. dem wahren Tröster, insonderheit geweiht ist und mit seinem Namen insbesondere bezeichnet ist. Ein christlicher Begräbnisplatz ist nirgends so schön wie bei frommen,

Christus geweihten Frauen: Frauen waren es, die einst um das Begräbnis unseres Herrn Jesus Christus besorgt waren. Frauen waren es, die mit kostbaren Salben ihn im Leben und nach dem Tode salbten, Frauen saßen an seinem Grabe wehklagend, wie geschrieben steht: «Frauen saßen am Grab und weinten und klagten um den Herrn.» Frauen wurden auch zuerst mit der Auferstehungsbotschaft getröstet, ihnen erschien der Engel und redete sie an; alsbald wurde ihnen zuteil die Auferstehungsfreude: zweimal durften die Frauen den Auferstandenen schauen und durften mit den Händen ihn berühren.

Und nun zum Schluß die eine Hauptbitte: Ihr macht Euch jetzt um meines Leibes Leben viel Sorge und Mühe. Sorgt dereinst auch um das Heil meiner Seele und laßt den Toten der helfenden Liebe genießen, deren sich der Lebende erfreuen durfte, steht dem Toten bei mit der besonderen Hilfe Eures fürbittenden Gebetes!

Heil und Leben für Dich, für die Schwestern, Leben für alle!

Christum bittet für mich: «Herr, sei ihm gnädig gesinnt!»

VIERTER BRIEF
HELOISA AN ABAELARD

IHREM EINZIGGELIEBTEN
NACH CHRISTUS
SEINE EINZIGLIEBENDE IN CHRISTUS!

Zu meinem Staunen, Einziggeliebter, hast Du gegen die Briefform und gegen die Naturordnung verstoßen und mich in dem Einleitungsgruß vor Dir genannt: Du hast es gewagt, das Weib vor dem Mann zu nennen, die Gattin vor dem Gatten, die Magd vor dem Herrn, die Nonne vor dem Mönch und Priester, die Äbtissin vor dem Abt. Dabei ist es so in der Ordnung, und es gehört sich so, daß man in Briefen an Höherstehende oder Gleichstehende die Namen der Empfänger voranstellt, in Briefen an Niedrigerstehende den Namen des Absenders. Doch noch nicht genug des Befremdenden: Du mußtest uns trösten, aber Du hast uns in die Trostlosigkeit hineingestoßen und hast die Tränen erst recht wieder fließen lassen, die Du trocknen mußtest. Keine von uns Nonnen kann es trockenen Auges lesen, wenn Du gegen Ende Deines Briefes schreibst: «Läßt mich der Herr in die Hände meiner Feinde fallen, so daß sie mich überwältigen und töten...», die Worte gehen noch weiter, aber! Liebster, das nur denken, das erst aussprechen, wie hast Du das nur fertiggebracht? Nie, niemals darf Gott seiner Mägde so vergessen, daß Du stirbst und sie weiterleben müssen, ein Leben weiterleben müssen, schlimmer als jeder Tod! Wenn es recht gehen soll, mußt Du unsere Bestattungsfeier vollziehen und mußt unsere Seelen dem Herrn empfehlen; auf Erden hast Du uns zu einer Gemeinde des Herrn gesammelt, sende uns nun voraus zum Herrn als Deine Boten, und keine Sorge um uns braucht Dich mehr zu quälen, in freudiger Bereitschaft darfst Du uns zum Herrn folgen, da Dir Gewißheit geworden von unserer Seelen Seligkeit.

Erspare uns bitte solche Worte, mein Herr, bitte erspare sie uns! Elend sind wir schon, aber durch solche Worte stößt Du uns ins tiefste Elend und raubst uns das bißchen Leben noch vor dem Tod. Es ist genug, daß ein jeglicher Tag seine eigene Plage habe, und in Bitterkeit gehüllt der Tag des Gerichts einem jeden genug Angst bringe, über den er kommt. «Wozu muß man denn das Leid noch besonders berufen», sagt schon Seneca, «und vor dem Tod schon sein Leben verlieren?»

Du meinst, Du könntest fern von uns irgendwie Dein Leben enden; und da bittest Du uns, Liebster, Deinen Leib in unseren Gottesacker bringen zu lassen; Dein Grab soll uns ein täglicher Mahner sein, Deiner fürbittend in unseren Gebeten zu gedenken. Kannst Du denn wirklich den Gedanken haben, wir könnten je Dein vergessen? Ist dann die rechte Zeit zum Gebet, wenn die Seelennot uns keinen Augenblick der inneren Sammlung gönnt, wenn wir keines Gedankens mehr mächtig sind und keines Wortes, wenn unser Herz in seinem Wahnsinn mit Gott geradezu hadert, statt in Gott seinen Frieden zu finden? Ein solches Herz kann in seinem Gebet keinen gnädigen Gott finden, es wird mit seinen ewigen Klagen nur unseres Gottes Zorn wachrufen. Wir Armen haben dann nur noch für Tränen Zeit, zum Gebet reicht unsere Kraft nicht mehr, und uns treibt nur noch ein Gedanke, nicht, Dich zu begraben, nein, Dir nachzueilen in den Tod; uns wird man begraben müssen, statt daß wir Dich begraben. Dich verlieren heißt unser eigen Leben verlieren: die Kraft fehlt mir, noch weiterzuleben, wenn Du von hinnen gehst. Ich mag nicht einmal mehr so lange leben! Schon daß Du von Deinem Sterben als von einer Möglichkeit sprichst, ist mein Tod. Die Wirklichkeit dieses Sterbens steht noch dahin; aber wenn sie an mich kommt! Dazu darf Gott nicht sein Ja sagen, niemals, daß ich Dich überlebe. Diesen letzten Gruß und Liebesdienst erwarte ich ganz bestimmt von Dir, das Eine darfst Du nicht von mir erwarten, in dem einen einzigen Fall will ich den Vortritt haben vor Dir und nicht Dir nachfolgen.

Meine inständige Bitte heißt Gnade, Gnade für Deine Einzigdichliebende! Erspare mir solche Worte; wie todbringende Schwerter läßt Du sie durch meine Seele gehen, daß noch schwerer als der Tod sei das Leben zuvor! Vor Kummer kann ich keine Ruhe mehr finden und kann meinem Gott mein Herz nicht aufrichtig erschließen, es erliegt in seiner Angst und Qual. So kann ich dem Herrn nicht mehr dienen, Du bist daran schuld, Du mußt auch helfen, Du vor allem hast mich zu des Herrn Dienerin gemacht! Wenn eine schwere, leidvolle Schickung sich nicht mehr abwenden läßt, dann können wir nur um ihr schnelles Kommen bitten; sonst quälen wir uns noch so lange vorher herum mit unserer zwecklosen Angst vor dem Ereignis, das keine Vorsicht uns ersparen kann. Ganz im gleichen Sinn betet Lukan zu seinem Gott:

«Was du auch planst, laß plötzlich es kommen, verblende die Augen
Zukunftsschauender Menschen und heiße die Zagenden hoffen!»

Wenn ich Dich verliere, dann habe ich nichts mehr zu hoffen. Wozu soll ich dann noch hier meine Pilgerschaft fortsetzen? Ich habe in dieser Welt nur einen Trost — Dich! Ich habe an Dir nur einen Trost — Dein Leben! Alle anderen Freuden an Dir sind mir ja versagt, ja ich darf mich nicht einmal eines Besuches von Dir freuen, um so wenigstens manchmal mein Selbst in Dir wiederzufinden. O wenn ich es doch vor Gott verantworten könnte, ich sagte: Gott, wie grausam bist du zu mir überall! Du Barmherzigkeit, wie unbarmherzig bist du! Glück, wie unglücklich machst du! Alle Kraft des Schicksals, alle seine Pfeile sind an mir verbraucht, des Unglücks Wüten gegen andere ist darum waffenlos. Sein Köcher war voll, aber andere brauchen sich nicht mehr vor des Schicksals Angriffen zu ängstigen, ich war die Zielscheibe. Und wenn das Schicksal je noch einen Pfeil findet: den Fleck an mir findet es nicht, der noch ohne Wunde ist. Ich hätte sterben können und so die Qual enden, das mußte einzig die Sorge des Schicksals sein, einzig die Furcht, ich könnte den Tod sterben, den es mit seinem ewigen Quälen mich nicht schnell genug sterben lassen kann.

Ich Ärmste der Armen, ich Unglücklichste der Unglücklichen! Du hattest mich hochgehoben, Du hast mich über alle Frauen zu Ehren gebracht, und — so hoch ich gestiegen, so tief bin ich gestürzt, gestürzt an Dir und an mir zugleich. Denn je höher der Berg, desto schwerer der Sturz! Unter allen edlen und hohen Frauen war nicht eine vom Schicksal so begünstigt, daß sie über mir stand oder auch nur mir zur Seite! Also konnte das Schicksal auch keine so hinabschleudern und so im Leid sich verzehren lassen! Von Deines Ruhmes Glanz hat das Geschick auch mir gespendet, mit Deinem Sturz hat es ihn mir entwendet. Im Übermaß hat das Geschick mir beschert, beides, Glück und Unglück. Um meiner Liebe Leid übersteigern zu dürfen, übersteigerte es zuvor meiner Liebe Seligkeit! So sollte ich denken: dieses Überglück habe ich verloren, und mich im lautesten Jammer verzehren vor der Schwere meines Verlustes! Der Schmerz, so großen Besitz verloren zu haben, soll sich nach dem Wunsch des Schicksals noch steigern an der übergroßen Liebe, mit der ich meinen Besitz zuvor umfaßt, und die Freuden der höchsten

Lust sollen nach Schicksals Willen sich verzehren in der tiefsten Trauer.

Aber die Kränkung war noch nicht schwer genug! Um die Empörung richtig hochlodern zu lassen, sind an uns alle Gebote der Billigkeit ins Gegenteil verdreht: zuerst genossen wir die Freuden einer verstohlenen Liebe, und unfein, aber deutlich gesagt, wir buhlten miteinander, und der strenge Richter im Himmel sah es ruhig mit an. Wir setzten verstattete Liebe an die Stelle der verbotenen, wir deckten die schmachvolle Buhlerei mit dem Mantel einer ehrbaren Ehe, und Gott, der das unheilige Lager der Buhlerei zuvor so lange geduldet, Gott sah das heilige Lager der Ehe nicht in Gnaden an und ließ in seinem Grimm die Hand schwer auf uns niederfallen.

Die Strafe, die Du erdulden mußtest, war Sühne genug für Männer, die sich bei schwerem Ehebruch betreffen ließen. Und Du mußtest für Deine Ehe die Strafe leiden, die andere für einen Ehebruch zu leiden hatten; dabei warst Du doch so zuversichtlich in Deinem Glauben, durch diese Eheschließung alle vorherigen Verirrungen gutgemacht zu haben! Die eigene Ehegattin hat Dir die Strafe eingetragen, die sonst schlechte Frauen ihren Ehebrechern eintragen. Und das Unglück kam über uns nicht schon zu der Zeit, da wir nach unserer Heirat noch in altgewohnter Lust schwelgten; nein, wir hatten uns auf einige Zeit getrennt und führten ein keusches Leben: Du hieltest in Paris Deine Vorlesungen, und ich lebte auf Dein Geheiß bei den Nonnen in Argenteuil. Wir hatten uns also getrennt: Du wolltest für Deine Vorlesungen wieder mehr Eifer zeigen, und ich, ich wollte ungestört beten und in die Heilige Schrift mich vertiefen. Und gerade da, als wir so keusch und heiligmäßig lebten, gerade da fiel die Hand Gottes nieder und ließ Dich allein an Deinem Leibe büßen für das, was wir beide vordem gemeinsam gesündigt hatten. Die Schuld lag auf unser beider Haupt, die Strafe hat Dich allein getroffen, Du mußtest das Ganze bezahlen, ob Du schon den geringeren Teil geschuldet. Du erniedrigtest Dich selbst, um mir zu helfen, Du erhöhtest in mir mein ganzes Geschlecht, war das nicht eine Genugtuung über alles Erwarten? Da hättest Du keine Strafe mehr zu fürchten brauchen von Gott und erst recht nicht von den bösen Verrätern!

Ich Arme, daß in mir die Ursache dieses schändlichen Verbrechens geboren werden mußte! Warum muß den Größten der Großen immer vom Weibe das schwerste Unheil kommen? Darum steht auch in den Sprüchen das Wort zur Warnung vor dem Weibe: «Mein Sohn, höre mich und merke auf die Rede meines Mundes: laß Dein Herz nicht weichen auf ihren Weg und laß dich nicht verführen auf ihrer Bahn. Denn sie hat viele verwundet und gefällt, und sind allerlei Mächtige von ihr erwürgt. Ihr Haus sind Wege zur Hölle, da man hinunterfährt in des Todes Kammer.» Ferner steht im Prediger geschrieben: «Ich habe alle Dinge durchforscht in meinem Geist und fand, daß ein solches Weib, dessen Herz Netz und Strick ist und ihre Hände Bande sind, bitterer sei denn der Tod. Wer Gott gefällt, der wird ihr entrinnen; aber der Sünder wird durch sie gefangen.»

Gleich das erste Weib hat im Paradies den Mann zum Unrecht verlockt; Gott schuf das Weib dem Mann zur Gehilfin, und es ist doch des Mannes größter Fluch geworden. Delila allein konnte den Simson überwinden, den tapferen Helden, der da war «ein Geweihter Gottes von Mutterleibe an»· dessen Empfängnis wurde durch den Engel des Herrn verkündet; Delila allein überwand ihn und verriet ihn an seine Feinde. Geblendet verzehrte er sich in seinem Schmerz und begrub, von Schmerzen gefoltert, schließlich mit den Feinden sich selbst unter den Trümmern des Palastes. Und Salomo, der weiseste König von allen! Allein das Weib, das er ehelichte, machte ihn zum Toren und ließ ihn den Verstand verlieren; sie trieb ihn dazu, für den Rest seines Lebens den Götzen zu dienen. Den König Salomo trieb sie dazu, und Gott hatte ihn doch auserlesen, Gottes Haus bauen zu dürfen, eine Gnade, die seinem Vater David nicht vergönnt war, und dieser war doch ein Gerechter! So durch das Weib verführt hat Salomo den Dienst Gottes verlassen und aufgegeben, den er zuvor in Wort und Schrift lehrte und predigte. Hiob, der hochheilige Mann, mußte den letzten und härtesten Kampf mit seinem Weibe bestehen; sie wollte ihn dazu verleiten, Gott zu lästern. Der schlaue Versucher wußte das ganz genau, weil er es schon öfters erprobt hatte, daß die Männer am leichtesten zu stürzen sind durch ihre Frauen.

Der Versucher hat seine gewohnte Bosheit auch an uns ausgeübt und hat durch die Ehe zu Fall gebracht, den er durch die Buhlerei nicht zu Boden strecken konnte. Da er unser Böses nicht zu unserem Bösen hatte ausnützen dürfen, so schuf er aus unserem Guten unser Böses.

Der Versucher hat meine Leidenschaft mißbraucht für seine Bosheitstat, aber ich bin sein unschuldiges Werkzeug, und dafür darf ich, anders als die genannten Frauen, meinem Gotte danken. Ich weiß, daß ich hier unschuldig bin, daß mich keine Schuld trifft an dem Verbrechen; aber ich habe zuvor ge-

sündigt, so viel gesündigt, daß ich mich dennoch nicht
ganz freisprechen darf von der Schuld an diesem
Verbrechen. Des Fleisches Lust frönte ich zuvor schon
und wie lange! Zu der Zeit verwirkte ich schon die
Strafe, die ich jetzt erleide, und wie schwer erleide! Meiner Vergangenheit Sünden standen mit
Recht hernach auf gegen mich und wurden an mir
heimgesucht. Ist der Anfang böse, so wundere man
sich nicht über ein böses Ende!

Ach, könnte ich nur so tief bereuen, wie es das sündige Tun verlangt! Ich möchte irgendwie in anhal-
tender Reue und Zerknirschung auch so schwer leiden, wie Du es durch die schreckliche Wunde mußtest. Dein Leib hat kurze Zeit dulden müssen, ich
möchte ein Leben lang dulden – und es wäre nur
recht und billig –, zerknirschten Herzens dulden und
Genugtuung leisten, wenigstens Dir leisten, wenn
ich sie meinem Gott nicht leisten darf.

Ich will Dir beichten, die ganze Schwachheit eines
jammerschweren Herzens beichten: ich kann keinen
Weg finden zu einer Reue, die mich mit Gott ver-
söhnte; ich kann nicht aufhören, ihn anzuklagen, über
diesen Gipfel der Grausamkeit zu klagen, daß Gott
ein solches Unrecht geschehen ließ. Ich kann mich mit
seiner Führung nicht abfinden; statt ihn durch reue-
volle Buße milde zu stimmen, kränke ich ihn noch
durch mein Hadern. Gewiß, man kann seinen Leib
büßen lassen, aufs stärkste büßen lassen, aber das ist
doch keine wahre Buße für die Sünden. Denn das
Herz hat ja nach wie vor den Willen zur Sünde, und
es sehnt sich nach den Freuden von einst mit unge-
schwächter Glut. Es ist gewiß leicht für jedermann,
seine Sünden zu bekennen und sich selbst zu verklagen, sogar leicht, durch leibliche Bußübungen eine
äußerliche Genugtuung zu erreichen; aber bitter-

schwer ist es, sein Herz loszureißen von den sehnsuchtsvollen Gedanken an die süßesten Freuden. Es hat schon seinen guten Grund, daß der fromme Hiob nicht bloß gesprochen hat: «Ich will meiner Klage bei mir ihren Lauf lassen», das heißt, ich will meine Zunge frei machen und will den Mund öffnen, meine Sünden zu beichten und selber zu verklagen, sondern alsbald fortfuhr: «Ich will reden in der Betrübnis meiner Seele.» Der selige Gregor deutet diese Stelle mit den Worten: «Manche bekennen ihre Schuld mit lauter Stimme, aber in ihrem Bekennen ist kein Seufzen, und mit Seelenruhe sprechen sie aus, was ihnen Tränen entlocken müßte. Wem seine Sünden herzlich leid sind, und wer das auch ausspricht, der muß ein solches Bekenntnis in der Betrübnis seiner Seele ablegen, und diese Betrübnis mag die Strafe sein für alles, dessen ihn sein Mund auf Antrieb seines Herzens verklagt.»

Aber wie selten ist diese Betrübnis wahrer Reue! Das hat schon der selige Ambrosius in aller Schärfe gesehen, wenn er sagt: «Menschen, die reines Herzens geblieben, habe ich mehr kennengelernt als Menschen, die wirklich aufrichtig bereuten.» Die Liebesfreuden, die wir zusammen genossen, sie brachten so viel beseligende Süße, ich kann sie nicht verwerfen, ich kann sie kaum aus meinen Gedanken verdrängen. Ich kann gehen, wohin ich will, immer tanzen die lockenden Bilder vor meinen Augen. Mein Schlaf ist nicht einmal sicher vor solchen Trugbildern. Sogar mitten im Hochamt drängen sich diese wollüstigen Phantasiegebilde vor und fangen meine arme, arme Seele so ganz und gar; aus reinem Herzen sollte ich beten, statt dessen verspüre ich die Reizungen meiner Sinnlichkeit. Ich kann nicht aufseufzen — und müßte es doch —, daß ich die Sünden *be-*

gangen, ich kann nur seufzen, daß sie *vergangen*.
Was wir beide getan, es ist in meiner Seele wie ein-
gemeißelt: Ort und Stunde stehen mir sogar vor
Augen, und immer bist Du dabei, ich erlebe alles
wieder und wieder mit Dir, und selbst im Schlaf
komme ich von diesen Erinnerungsbildern nicht los.
Ab und an verrät mein Leib in seinen Bewegungen,
wie es im Herzen aussieht, und ich rede, was ich nicht
darf und doch nicht lassen kann. Ich armes Weib,
wenn je eines arm war, wenn je eines miteinstimmen
durfte in den Stoßseufzer eines bangen Herzens: «Ich
elender Mensch, wer wird mich erlösen von dem
Leibe dieses Todes?» O könnte ich doch aus ehrlicher
Überzeugung diese Frage mit dem Apostel also beantworten: «Die Gnade Gottes hat mich erlöst durch
Jesum Christum unseren Herrn!»
Diese Gnade, mein Geliebter, ist zu Dir gekommen,
ohne daß Du um sie bitten mußtest; von dem Stachel der Sinneslust hat die eine Wunde an Deinem
Leibe Dich befreit, hat Dir zugleich geheilt die vielen Wunden in Deinem Herzen! Gottes Güte war
Dir gerade da am nächsten, wo Du Gottes Zorn zu
spüren glaubtest; auch ein guter Arzt schreckt nicht
davor zurück, Schmerzen zu verursachen, kann er nur
das Leben retten. Aber in mir drängt das Feuer der
Jugend, ich habe zu viel gekostet die Freuden aller
Freuden, und darum kann das brünstige Fleisch, die
hochgepeitschte Lust nicht zur Ruhe kommen. Der
umfassende Ansturm läßt mich erliegen, schwach wie
ein Menschenherz, wie mein Menschenherz eben ist!
«Wie keusch sie ist!» rühmen sie; sie haben die
Heuchlerin noch nicht richtig erkannt! Die Reinheit
meines leiblichen Lebens rühmen sie, sie sprechen
von Tugend, aber Tugend meint nicht leibliche Reinheit, Tugend meint die Reinheit der Seele. Gewiß,

vor Menschen habe ich einige Ehre: vor Gott verdiene ich keine, vor dem Gott, der Herz und Nieren prüft und der in das Verborgene schaut. Fromm heiße ich in einer Zeit, in der die Frömmigkeit zu einem gut Teil aus Heuchelei besteht. Wer im menschlichen Gericht besteht, den krönt man mit der schönsten Ehrenkrone!

Und irgendwie ist es vielleicht lobenswert, irgendwie vielleicht vor Gott angenehm, wenn einer wenigstens äußerlich den Anstand wahrt — seine Gesinnung sei, wie sie wolle — und so die Kirche vor Ärgernis behütet, wenn nicht um seinetwillen bei den Heiden der Name Gottes zum Spott wird, wenn bei den Kindern der Welt seines Ordens Ehre keinen Schaden leidet. Auch das ist ein Geschenk der göttlichen Gnade; von Gottes Gnade kommt es, wenn wir das Gute tun und wenn wir das Böse lassen. Aber das Böse lassen hat für sich allein keinen Wert, es muß auch das andere geschehen, so wie geschrieben steht: «Laß vom Bösen und tue Gutes!» Aber beides, Böses lassen und Gutes tun, ist doch umsonst, wenn es nicht geschieht aus Liebe zu Gott.

Gott ist mein Zeuge, in jedem Abschnitt meines Lebens war es mein größtes Anliegen, Dich nicht zu verletzen; Dir zu gefallen liegt mir mehr am Herzen als Gott zu gefallen. Daß ich den Schleier nahm, es geschah nicht aus Liebe zu Gott, es geschah nur auf Dein Gebot. Sieh nur an, wie unglücklich ich bin, niemand lebt ein armseligeres Leben als ich, wofern ich in dieser Welt leide, und wie sehr leide, und in jener Welt keinen Dank ernten darf! Auch Du bist mit den vielen der Täuschung zum Opfer gefallen, hast echte Frömmigkeit und frommen Schein verwechselt. Kein Wunder, daß Du von mir forderst, was ich von Dir brauche, fürbittendes Gebet! Denk doch bitte nicht so hoch von mir, sonst hörst Du noch auf, meiner im Gebet zu gedenken, und halte mich nicht für gesund, um mir die Wohltat der Arznei zu entziehen! Du glaubst, ich brauchte nichts. Ach, laß mich nicht darum in der äußersten Not sitzen! Wenn Du mich für gesund hältst, dann breche ich Dir zusammen, ehe Du mich auffangen kannst. Falsches Lob hat schon vielen Menschen Schaden gebracht und Schutz und Schirm ihnen geraubt, wo sie sein bedurften. Der Herr ruft es laut durch den Mund des Propheten Jesaja: «Mein Volk, die dich seligpreisen, verführen dich und zerstören den Weg, da du gehen sollst.» Und bei Ezechiel steht das Wort des Herrn: «Weh euch, die ihr Kissen macht den Leuten unter die Arme und Pfühle zu den Häuptern, beiden, Jungen und Alten, die Seelen zu fangen!» Dagegen spricht der Herr durch den Mund Salomos: «Die Worte der Weisen sind Spieße und tief eingeschlagene Nägel.» Das bedeutet: Die Worte der Weisen dürfen nicht bloß sanft berühren, sondern sollen tiefe Wunden reißen. Höre also bitte auf, mich zu rühmen, sonst könnte man Dir niedrige Schmeichelei vorwerfen und Dich der Lüge zeihen. Wenn Du wirklich etwas Gutes an mir zu sehen glaubst und Du rühmst es, — daß nur nicht der Wind der Eitelkeit es verwehe! Kein erfahrener Arzt beurteilt eine innere Erkrankung nach dem äußeren Augenschein. Was den Verworfenen so gut wie den Erwählten eignet, hat vor Gottes Auge keinerlei Wert. Und das sind gerade die äußerlichen Werke; in ihnen ist kein Heiliger so eifrig, wie es die Heuchler sind. «Es ist das Herz ein trotzig Ding, wer kann es erforschen und wer ergründen?» Und: «Es gefällt manchem ein Weg wohl; aber endlich bringt er ihn zum Tode.» Es ist leichtfertig von Menschen, über Dinge zu urteilen, die Gott sich zur Prüfung vorbehalten. Daher steht auch geschrieben: «Du sollst den Menschen nicht rühmen, dieweil er noch lebet!» Du sollst ihn also so lange nicht rühmen, solange Du ihm durch Dein Rühmen seinen Ruhm nehmen kannst.

Dein Lob ist mir lieb, aber es ist für mich gefährlich; ich lasse mich verlocken, ich lasse mir damit schmeicheln, da ich Dir in allem gefallen möchte. Ängstliche Sorge mußt Du um mich haben, nicht darfst Du auf mich bauen, um mich durch Deine sorgende Hilfe zu stützen. Und jetzt mußt Du Dich gerade ganz besonders um mich sorgen, da meine Sinnlichkeit bei Dir keine Befriedigung mehr finden kann. Darum bitte, bitte, kein Aufruf zur Tugend; rufe mich nicht in die Schranken zum Turnier mit dem Wort der Heiligen Schrift: «Meine Kraft ist in den Schwachen mächtig» und: «Es wird doch nicht gekrönt, er kämpfet denn recht!» Ich suche diese Siegeskrone gar nicht, ich bin es zufrieden, der Gefahr zu entgehen; einer Gefahr aus dem Wege zu gehen ist sicherer als den Kampf aufzunehmen. Gott mag mir in irgendeinem Winkel seines Himmels ein Plätzchen anweisen, ich will damit zufrieden sein. Denn dort wird kein Mensch den anderen beneiden, ein jeder läßt sich mit dem genügen, das er hat. So ist mein fernerer Lebensplan. Ich will eine Autorität anführen, ihn zu unterstützen; der selige Hieronymus sagt: «Ich gestehe meine Schwachheit ein; ich will nicht in der Hoffnung auf Sieg kämpfen, um nicht den Sieg zu verlieren.» Sollte ich Sicheres aufgeben, um Unsicherem nachzujagen?

FÜNFTER BRIEF
ABAELARD AN HELOISA

DER BRAUT CHRISTI
DER KNECHT CHRISTI!

Soweit ich mich erinnere, sind es in Deinem letzten Brief vor allem vier Punkte, in welchen Du Deiner Erregung und Deinem Gekränktsein Worte geliehen hast.

Erstens beklagst Du Dich darüber, daß ich gegen die Briefform, ja gegen die natürliche Ordnung verstoßend, in meinem Brief an Dich Deinen Namen vor meinem Namen genannt habe.

Zweitens habe ich, statt Dir den pflichtgemäßen Trost zu spenden, in die Trostlosigkeit Dich gerade hineingestoßen und habe, statt die Tränen zu trocknen, sie erst recht fließen lassen, indem ich schrieb: «Läßt mich der Herr in die Hände meiner Feinde fallen, so daß sie mich überwältigen und töten usw.»

Drittens hast Du die alten, ewig wiederholten Klagen gegen Gott vorgebracht, wie er uns in seinen Stand hineingeholt habe und wie grausam der an mir begangene Verrat sei.

Schließlich hast Du Dich selbst verklagt im Widerspruch zu dem Lob, das Dir von mir geworden, und hast heftig darauf gedrungen, daß ein solches Lob inskünftig unterbleibe.

Ich habe mich nun entschlossen, Punkt für Punkt in meiner Antwort zu behandeln. Das geschieht nicht, um mich zu entschuldigen, das geschieht, um Dich zu belehren und aufzurichten.

Du sollst meine Anliegen gerne erfüllen und mußt deshalb zuvor ihre sachliche Berechtigung einsehen; Du sollst auf mich in Deinen Anliegen hören und mußt deshalb zuvor mich mit meinen Anliegen untadelig finden; Du sollst Dich scheuen, mich zu mißachten, und mußt deshalb sehen, daß ich keinen Vorwurf verdiene.

Zunächst die von Dir als verkehrt bezeichnete Rei-

henfolge der Namen in der Briefanrede: sieh genau
hin, sie entspricht der Theorie, die Du selber in Deinem Brief vorgetragen hast! Du hast da die an sich
allgemein anerkannte Weisheit gelehrt, bei Briefen
an Höherstehende müsse man deren Namen voran-
stellen. Und daß Du höher stehst als ich, das trifft
zu, laß es Dir gesagt sein, seit Du meines Herrn
Christi Braut geworden und damit meine Herrin!
Den Grund dafür findest Du in dem Brief des seligen Hieronymus an Eustochium: «Darum schreibe ich
‚meine Herrin'. Denn ‚Herrin' nenne ich, wie es
meine Pflicht ist, eine Braut meines Herrn Jesu
Christi.» Das heiße ich einen glücklichen Tausch
machen im Ehebündnis! Die vormals die Ehefrau
eines schwachen, armseligen Menschen war, die ist
jetzt aufgestiegen in die Hochzeitskammer des Königs der Könige, sie geht hochgeehrt nicht bloß dem
seitherigen Eheherrn im Range voraus, sondern sogar allen Knechten dieses Königs. Es darf also nicht
erstaunen, wenn ich für Leben und Sterben mich
Eurem fürbittenden Gebet empfehle; es ist ja ein
anerkannter Grundsatz, daß die Bräute bei ihrem
künftigen Eheherrn mit ihrer Fürsprache mehr erreichen als das Gesinde, die Hausherrinnen mehr als
die Knechte. Das Urbild einer solchen Herrin wird
uns geschildert in jener Königin, der Braut des Königs der Könige, von der es im Psalm heißt: «Die
Königin steht zu deiner Rechten.» Genauer gesagt
bedeutet das: Sie hält sich ganz dicht an der Seite
ihres Gatten, und neben ihm schreitet sie einher,
während alle anderen in weitem Abstand sich aufstellen und nachfolgen.
Über dieses außergewöhnliche Vorrecht frohlockt die
Braut im Hohenlied, diese Mohrin — ich möchte
jedenfalls so sagen –, die Mose geheiratet hat: «Ich

118

bin schwarz, aber gar lieblich, ihr Töchter Jerusalem. Darum gewann mich der König lieb und führte mich in seine Kammer.» Und weiter heißt es: «Seht mich nicht an, daß ich so schwarz bin, denn die Sonne hat mich so verbrannt.» Diese Worte beschreiben im allgemeinen die beschauende Seele, die insbesondere die Braut Christi heißt, aber Euer Gewand bezeugt es, daß Ihr gemeint seid. Denn Eure Tracht aus schwarzem, wohlfeilem Zeug ähnelt dem Trauergewand der frommen Witwen, die um ihre toten Eheliebsten trauern; diese Kleidung zeigt, daß Ihr in dieser Welt wirklich die untröstlichen Witwen seid, von denen der Apostel spricht, und aus dem Schatz der Kirche Euren Unterhalt bekommen müßt. Von dieser Witwen Trauer über ihren getöteten Bräutigam spricht die Heilige Schrift mit den Worten: «Frauen saßen am Grab und weinten und klagten um den Herrn.»

Die Mohrin hat allerdings eine schwarze Haut und steht, was das Äußere betrifft, anscheinend hinter den anderen Frauen zurück; innerlich steht sie ihnen nicht nach, ja manches ist lieblicher und heller anzuschauen, z.B. ihre Knochen und Zähne. Der weiße Glanz der Zähne wird ja auch von dem Bräutigam selbst gepriesen: «Und ihre Zähne sind weißer als Milch.» Sie ist also äußerlich gesehen schwarz, aber im Innern schön. In diesem Leben wird sie durch die vielen Anfechtungen und Widerwärtigkeiten leiblich niedergedrückt, sie wird äußerlich schwarz; es heißt ja auch beim Apostel: «Alle, die gottselig leben wollen in Christo Jesu, müssen Verfolgungen leiden.» So wie die weiße Farbe ein Symbol des Glückes ist, so ist die schwarze ganz passend ein Symbol des Unglücks. Im Inneren aber ist die Braut weiß, gewissermaßen in ihren Knochen, weil ihre Seele

119

stark ist in den Tugenden, wie es im Psalm heißt: «Des Königs Tochter ist ganz herrlich inwendig.» Die Knochen sind inwendig und sind vom Fleisch umgeben, sie sind die Kraft und Stärke des Fleisches, das sie tragen und stützen; sie sind also ein treffliches Symbol für die menschliche Seele, die auch im Fleisch wohnt und diesem ihrem Fleisch Leben und Stütze ist, ihr Fleisch in Bewegung setzt, ihm sein Zielstreben gibt und ihm alle Kraft spendet. Ihre Weiße und ihr Schmuck sind die Tugenden, mit denen sie sich schmückt. Äußerlich betrachtet ist auch sie schwarz; hier auf ihrer Pilgerschaft ist sie im Elende; erhöht wird sie in das Leben der Verborgenheit mit Christo in Gott, auf daß sie mit Heil anlände in jenem Vaterland. So ist es die «wahre Sonne», die die Seele so verbrannt, weil die Liebe des himmlischen Bräutigams sie so demütigt und in Widerwärtigkeiten niederdrückt, auf daß das Glück sie nicht stolz mache.

Die wahre Sonne schwärzt die Seele, das bedeutet: sie macht die Seele unähnlich allem, das nach Irdischem giert und den Glanz der Welt sucht, auf daß die Seele in Demut werde gleich einer Lilie des Tales, nicht gleich der Lilie des Berges; ihr gleichen die törichten Jungfrauen, die in einfältigem Stolz auf die Reinheit des Fleisches und auf äußerliche Enthaltsamkeit vor der Glut der Versuchungen verbrannten.

Es geschieht zu Recht, daß die Braut, die vollkommene Seele, die Töchter Jerusalems anredet, d. h. die Unvollkommenheit im Glauben wird richtiger ausgedrückt durch das Wort ‚Töchter' denn durch das Wort ‚Söhne'. Daß sie spricht: «Seht mich nicht an, daß ich so schwarz bin, denn die Sonne hat mich so verbrannt», das soll deutlich gesagt ausdrücken:

wenn ich mich so erniedrige und so männlich alle Widerwärtigkeiten trage, so verdanke ich das nicht meiner Kraft, sondern meines Herrn Gnade. Ganz anders machen es die Ketzer und Heuchler, wenn sie vor den Augen der Menschen stehen: in der Hoffnung auf irdische Ehre demütigen sie sich bis zum äußersten und packen sich überflüssig viel Lasten auf. Ihre äußerliche Demut und Selbstquälerei ist doch recht befremdend; sie sind wirklich die elendsten aller Menschen, lassen sie sich doch die Güter dieses wie jenes Lebens entgehen. Weil die Braut solches in ihrem Herzen bewegt, spricht sie: «Wundert euch nicht, warum ich das tue!» Man muß sich vielmehr über die wundern, die nach irdischer Ehre gieren und nutzlos sich irdisches Gut versagen, ein Bild des Jammers in diesem wie in jenem Leben. Ihre Enthaltsamkeit ist die der törichten Jungfrauen, die vor der Tür ausgesperrt sind.

Die Braut hat recht, wenn sie sagt, wegen ihrer Schwärze und ihrer Lieblichkeit habe der König sie liebgewonnen und in seine Kammer geführt, d. h. in den heimlichen Frieden der mystischen Versenkung, und zu dem Bett geführt, von dem sie an anderer Stelle sagt: «Des Nachts auf meinem Lager suchte ich, den meine Seele liebt.» Wegen der Unschönheit ihrer schwarzen Farbe liebt sie mehr das verborgene Dunkel denn das helle Licht. Ist eine Ehefrau so schwarz, so sehnt sie sich mehr nach den Freuden, die ihr der Mann im geheimen bietet, als nach den lauten Freuden der Öffentlichkeit; ihr liegt mehr daran, sich im stillen Gemach an den König zu schmiegen als an seiner Seite bei der lauten Tafel zu glänzen. Die Haut schwarzer Frauen ist wohl oft für das Auge weniger erfreulich, aber um so angenehmer für das Gefühl; im geheimen sie zu genießen ist deshalb reizvoller und angemessener als sich öffentlich mit ihnen sehen zu lassen; deshalb verzichten ihre Ehemänner auch darauf, sie in die Gesellschaft einzuführen, und haben im stillen Kämmerlein ihre Freude an ihnen.

Dies ist auch der Sinn der Bildrede, mit der die Seele als Braut beginnt: «Ich bin schwarz, aber lieblich», und so fügte sie sofort hinzu: «darum gewann mich der König lieb und hat mich in seine Kammer geführt.» Dabei haben die einzelnen Ausdrücke ihre gesonderte Beziehung: Weil ich lieblich bin, deshalb hat er mich liebgewonnen, weil ich schwarz bin, hat er mich in das Dunkel der Schlafkammer geführt. Der Ausdruck ,lieblich' versinnbildlicht, wie gesagt, die innerlichen Vorzüge, die den König fesseln; der Ausdruck ,schwarz' bedeutet die leiblichen Anfechtungen und Widerwärtigkeiten. Diese Schwärze, d. h. diese körperliche Anfechtung zieht wohl die Gläubigen ab von der Liebe zu dem, was irdisch ist, und bringt sie dazu, sehnsüchtig emporzuschauen zum ewigen Leben und mitten aus dem Treiben der Welt sich zurückzuziehen zur stillen Versenkung. Nach Hieronymus' Erzählung hat die seelische Entwicklung des Begründers unseres mönchischen Lebens, des Paulus, eben diesen Verlauf genommen.

Auch unsere schlichte Kleidung in ihrer Bescheidenheit drängt uns mehr in die Einsamkeit als in die Öffentlichkeit; diese Bescheidenheit in der Kleidung, dieser Drang zum Leben in der Einsamkeit, wie es unserer Regel entspricht, muß wie ein Schatz behütet werden. Wer sich kostbar kleidet, möchte sich mit dieser Kleidung auch öffentlich sehen lassen. Nur um des eitlen Prunkes willen und aus Großmannsucht wollen die Leute kostbar gekleidet sein, wie schon der selige Gregor es bestätigt: «Niemand putzt sich für die Einsamkeit, sondern nur, wenn Gelegenheit ist, sich sehen zu lassen.»

Dieses Brautgemach ist die Kammer, die uns der Bräutigam selbst im Evangelium zum Gebet aufsuchen heißt: «Wenn aber du betest, so gehe in dein Kämmerlein und schließ die Tür zu und bete zu deinem Vater», als wenn er sagen wollte: Bete nicht auf den Gassen und öffentlichen Plätzen, wie es die Heuchler tun! Das Wort ‚Kammer' bedeutet also einen Platz fern von dem lärmenden Treiben der Welt, den Augen der Welt entzogen, einen Platz, an dem man in reiner Hingabe und in voller Sammlung beten kann, wie es in dieser Welt nicht möglich ist. Solche Plätze sind die einsam gelegenen Klosterniederlassungen. Da müssen wir die Tür schließen, d. h. wir müssen alle Zugänge versperren, sonst möchte die reine Hingabe unseres Gebetes beeinträchtigt werden und das Auge unsere arme Seele verführen. Auch unter den Angehörigen unseres Ordens gibt es zu unserem großen Kummer so viele, die diesen göttlichen Rat, ja Befehl, wieder und wieder verachten und verschmähen. Wenn sie das Hochamt feiern, öffnen sie Tür und Tor zum Heiligtum für Männer und Frauen und stellen sich schamlos zur Schau. Gerade an den hohen Festen prunken sie mit ihren kostbaren Gewändern, im Wetteifer mit den ebenfalls kostbar gekleideten Laien. Ein Fest ist nach ihrem Urteil erst richtig schön, wenn die äußere Aufmachung großartig ist und wenn ein üppiges Festessen sich anschließt. Es ist besser, Ärgernis zu vermeiden und deshalb nicht zu reden von ihrer jammervollen Verblendung, von diesem schreienden Gegensatz zur christlichen Religion, d. h. zur Religion der Armen. Jüdischem Denken ganz verhaftet setzen sie ihre ‚Gewohnheit' an die Stelle der Regel; durch menschliche

Auflagen haben sie das Gottesgesetz erstickt; sie fragen nur danach, was üblich ist, nicht, was Pflicht ist, und dabei hat doch der Herr gesagt – der selige Augustin erinnert daran –: «Ich bin die Wahrheit», aber nicht: «Ich bin die Gewohnheit». Bei geöffneter Tür verrichten solche Leute ihre Gebete. Wer zu diesen Gebeten Vertrauen hat, mag sich ihnen anbefehlen. Aber Ihr Schwestern seid eingeführt in das Schlafgemach des himmlischen Königs vom Könige selbst, Ihr ruht in seinen Armen und seid nur für ihn auf der Welt, da Euer Tor immer geschlossen bleibt. Ihr seid der vertraute Kreis des himmlischen Königs – «wer dem Herrn anhanget, ist *ein* Geist mit ihm», sagt schon der Apostel –, deshalb darf ich das feste Vertrauen haben, daß Euer Gebet reine Hingabe und lauter Kraft ist; gerade aus dem Grund ist Euer Fürbittgebet mein heißes Flehen. Da uns ein festes Liebesband umschlingt, muß auch Euer Gebet für mich lauter Andacht sein.

Der zweite Klagepunkt: Ich habe Euch durch den Bericht von der Gefahr, in der ich schwebe, durch die Erwähnung der Möglichkeit des Todes in Aufregung versetzt. Daß ich dies erwähnt habe, geschah auf Deine ausdrückliche Bitte, um nicht zu sagen Beschwörung; in Deinem ersten Brief an mich heißt es nämlich: »Um des Christus willen, der bis jetzt noch gnädig die Wege gefunden, Dich für seinen Dienst zu erhalten, um seinetwillen bitten wir Dich flehentlich, Du wollest uns, die demütigen Dienerinnen Jesu Christi und – die Deinigen, oft mit zuverlässigen Nachrichten beglücken von den Stürmen, die Dein Lebensschiff noch immer auszuhalten hat. Wir wollen jedenfalls als Deine Einziggetreuen Leid und Freud mit Dir teilen dürfen. Geteiltes Leid ist halbes Leid, sagt man gewöhnlich, und jede Last hebt sich leichter hoch, setzt sich leichter ab, wenn sie auf mehrere Schultern sich verteilt.» Was machst Du mir also für Vorwürfe, daß ich Euch an meinen Ängsten habe teilnehmen lassen? Du hast mich ja geradezu unter Beschwörungen dazu gezwungen. Schickt es sich etwa, daß Ihr bei der Verzweiflung am Leben, unter der ich zu leiden habe, in heiterer Unbekümmertheit zur Seite steht? Wollt Ihr etwa nicht Genossinnen meines Schmerzes sein, sondern nur der Freude, wollt Ihr nicht weinen mit den Weinenden, sondern nur fröhlich sein mit den Fröhlichen? Der tiefste Unterschied zwischen echten und falschen Freunden ist der, daß die echten Freunde in der Not zur Seite stehen, die falschen Freunde im Glück. Laß also bitte von solchem Gerede ab und hör auf mit diesen Klagen, die mit echter Liebe nicht das geringste zu tun haben! Wenn Du aber immer noch daran Anstoß nimmst, so vergiß es nicht, ich schwebe in der größten Lebensgefahr und muß tagtäglich an meiner Rettung verzweifeln; da heißt es, sich um sein Seelenheil kümmern und für sein Seelenheil Sorge tragen, solange dazu noch Zeit ist. Wenn Du mich wirklich liebst, so wirfst Du nicht diesen Haß auf meine Todesvorbereitungen. Wenn Du Dir wirklich etwas für mich versprächest von seiten der göttlichen Barmherzigkeit, dann müßtest Du doch nur den einen Wunsch haben, ich möchte von den Mühsalen dieses Lebens endlich erlöst werden; daß sie für mich unerträglich geworden sind, das siehst Du ja. Du weißt es genau: wer mich von diesem Leben befreit, der reißt mich aus den größten Qualen. Welchen Qualen ich in einem künftigen Leben entgegengehe, das steht dahin, aber es kann kein Zweifel darüber bestehen, von wie schweren Qualen ich frei werde. Jedes Leben, das so elend und jämmerlich ist, muß sich über sein

Ende freuen, und wer mit den Nöten und Ängsten anderer Menschen wirklich von Herzen mitfühlt und mitleidet, der kann ihnen nur ein Ende ihrer Leiden wünschen. Er muß das sogar tun, selbst wenn es für ihn einen schmerzlichen Verlust bedeutet, wenn er nämlich wahre Liebe trägt zu den Menschen, die er leiden sieht, wenn er nicht das Seine sucht, sondern nur das Ihre. So sieht eine Mutter ihren Sohn lange dahinsiechen und hat nur noch den einen Wunsch, sein Siechtum zu enden, selbst um den Preis des Todes; sogar eine Mutter kann solch ein Siechtum nicht mehr mitansehen und will lieber den Sohn verlieren als dieses Hinsiechen qualvoll miterleben. Ein Freund kann mich noch so sehr beglücken durch seinen Besuch; darf ich ihn nur für den Preis seines Leids um mich haben, so mag er lieber fernbleiben und glücklich sein; und kann ich ihm in seinen Kümmernissen nicht helfen, dann will ich sie auch nicht mitansehen. Du darfst mich ja nun unter keinen Umständen in Deiner Nähe haben, nicht einmal wenn die Nähe des Unglücklichen keine Freude bringt. Deshalb sehe ich auch nicht recht, warum Du mich lieber im tiefsten Elend leben lassen willst als mir ein seliges Sterben gönnen, außer Du wolltest Deine Lust an mir büßen! Wenn aber das tatsächlich Dein Wille ist, um Deines Vergnügens willen mein Leid zu verlängern, dann bist Du erkannt, dann bist Du nicht meine Freundin, dann bist Du meine Feindin. Willst Du diesem Verdacht entgehen, dann hör bitte endlich auf mit solchem Klagen!

Du willst nicht gelobt sein! Einverstanden! Eine solche Ablehnung des Lobes macht dich ja noch lobenswerter. Es steht auch geschrieben: «Der Gerechte klagt zuerst sich selbst an», und: «Wer sich selbst erniedrigt, der wird erhöhet werden!» Möchte es in

Deinem Herzen auch wirklich so stehen, wie die Schrift sagt! Dann ist Deine Demut echt und kann vor meinen Lobesworten nicht erblassen. Aber, das frage ich Dich mit allem Nachdruck, suchst Du nicht gerade darin Deine Ehre, daß man Dich auch ja die Ehre fliehen sehe, und verwirft nicht bloß der Mund, was das Herz sich wünscht? In anderem Zusammenhang schreibt der selige Hieronymus darüber an die Jungfrau Eustochium: «Wir sind böse von Geburt an und geben dieser Bosheit nach. Wer uns schmeichelt, der ist unser Freund; auch wenn wir beteuern, wir verdienten die Lobsprüche nicht, und dabei kokett erröten, im tiefsten Herzensgrund freuen wir uns ihrer trotzdem.» So in ihrer koketten Schüchternheit schildert Vergil seine lüsterne Galathea; sie floh, um gerade dadurch ihren Willen durchzusetzen, und machte ihren Liebhaber durch die spielerische Abweisung erst recht gierig:

«Huscht in das Weidenversteck und hofft,
ich sehe sie huschen.»

Bevor sie in ihrem Versteck untertaucht, soll sie der Verfolger gerade noch flüchten sehen; und so bringt sie die Flucht vor den Armen des jungen Mannes um so sicherer an ihr Ziel, in seine Arme! So ist es wohl auch mit den Lobsprüchen, die uns die Menschen spenden; wir flüchten gewissermaßen vor ihnen, um sie gerade dadurch von neuem hervorzulocken; wir wollen uns angeblich verstecken, daß bloß niemand unsere guten Seiten entdecke, und bringen so die Toren dazu, uns zu rühmen, weil unsere Bescheidenheit uns so rühmenswert macht. Aber, wie gesagt, ich erwähne diese Möglichkeiten nur, weil sie sich nicht ganz selten finden; ich traue Dir so etwas nicht zu, da mir Deine Demut über jeden Zweifel erhaben ist.

Aber es kennen Dich nicht alle so gut wie ich. Darum meide den bösen Schein, Du wollest, mit Hieronymus zu reden, «äußere Ehre fliehen und gerade in der Flucht suchen», und unterlaß solche Äußerungen! Ein Lob aus meinem Munde macht Dich nicht eitel, es ruft Dich nur auf, an Deiner Vervollkommnung zu arbeiten. Ist es wirklich Dein Herzenswunsch, mir zu Gefallen zu leben, so gehst Du mit neuem Eifer an die Aufgaben heran, deren Bewältigung ich bei Dir anerkannt habe. Ein Lob aus meinem Munde ist noch kein Brief und Siegel auf Deine Frömmigkeit, daß Du nun etwa auf sie stolz zu sein brauchtest. Freundeslob und Feindestadel darf man beide nicht stumpf hinnehmen.

Und nun bleibt noch der eine Punkt zu besprechen. Es ist die alte Klage, die Du wieder und wieder erhebst. Du nimmst es Dir heraus, Gott zur Rede zu stellen über die Art und Weise unserer Bekehrung, statt ihm dafür den schuldigen Lobpreis darzubringen. Man darf nicht blind sein gegenüber dieser Gnadenführung unseres Gottes, und so hatte ich ganz fest geglaubt, Deine Bitternis habe sich vor der offenbaren Gnadenführung in das Nichts aufgelöst. Diese Bitternis ist eine schwere Gefahr für Dich, Dir zermürbt sie Leib und Seele, sie ist Dein Unglück und meine Qual! Du versprichst doch ganz klar und deutlich, Du willst mir in allem zu Gefallen leben; dann erfülle Dein Versprechen, quäle mich damit nicht mehr, sondern mach mir die eine große Freude und wirf diese Bitterkeit von Dir! Bleibst Du ihr verhaftet wie seither, so kannst Du mir nicht mehr gefallen und kannst auch nicht mit mir vereint zur ewigen Seligkeit aufsteigen. Du versprachst mir in die ewige Verdammnis zu folgen, und da willst Du es übers Herz bringen, mich zur Seligkeit allein gehen zu lassen? Versuch es doch, Dich darin wenigstens fromm in Gottes Willen zu ergeben! Sonst scheidest Du Dich selber von mir, wenn ich wirklich — Du denkst es jedenfalls — zu Gott eile! Diese Ergebung kann Dir nicht so schwerfallen; sie schließt Dir die Seligkeit des Himmels auf und läßt unsere Gemeinschaft werden zu einer Gemeinschaft glückerfüllten Dankens.

Vergiß nicht, was Du gesagt und sogar geschrieben hast über die Wege, auf denen Gott uns in seinen Dienst zog! «Gottes Güte war Dir gerade da am nächsten, wo Du Gottes Zorn zu spüren glaubtest.» So schriebst Du, und es ist ja klar und einleuchtend, daß dies die Wahrheit ist. Laß Dir also Gottes Ratschluß jedenfalls darum gefallen, weil er zu meinem Heil ergangen! Wenn Dein gewaltiger Schmerz die Stimme der Vernunft nicht mehr überschreit, dann wird sie Dir sagen, daß es zu meinem und zu Deinem Heil gewesen. Jammere nicht darüber, daß Du die bedingende Ursache solchen Glücks geworden; Gott hat ganz bestimmt gerade das mit Dir schon im Sinn gehabt, als er Dich schuf!

Keine Klagen über mein Leid! Sonst mußt Du auch in Wehklagen ausbrechen über die Heilsgnade, die uns geworden aus dem unschuldigen Leiden der Märtyrer und aus dem unschuldigen Sterben unseres Herrn Jesu Christi! Wäre es denn für Dich leichter zu tragen und kränkte es Dich minder, wenn ich mein Unglück verdient hätte? Wahrhaftig, dann wäre mein Unglück für mich eine Schmach und für meine Feinde ein Triumph! Dann wäre ihre Tat gerecht und verdiente alle Anerkennung, dann wäre mein die Schuld, mein die Verachtung der Welt; kein Mensch möchte dann wider das Geschehene zetern und mich bejammern.

Ich habe noch eine Feststellung, durch die ich Deinen bitteren Schmerz vielleicht lindern kann. Gerecht und heilsam ist die Prüfung, die uns getroffen. Gott hat seine Gerechtigkeit bewiesen, als er seine Strafe erst vollzog, da wir rechtmäßig verheiratet waren, und noch nicht, da wir miteinander buhlten! Als wir unseren Ehebund schon geschlossen hatten und Du in Argenteuil bei den frommen Schwestern im Kloster weiltest, da kam ich — Du erinnerst Dich daran — eines Tages heimlich zum Besuch. Du weißt es noch, was ich bei diesem Besuch in meiner gierigen Unbeherrschtheit mit Dir begangen, in einer Ecke des Refektoriums begangen — wir hatten ja sonst keinen Raum, in den wir uns zurückziehen konnten. Du erinnerst Dich noch, welch schändliche Dinge wir an diesem ehrwürdigen Ort trieben, der unter dem Schutz der heiligen Mutter Gottes steht. Auch wenn sonst nichts vorfiel, das allein rechtfertigte eine noch viel strengere Ahndung. Brauche ich Dich an die Buhlereien und an die häßlichen Besudelungen zu erinnern, die wir vor unserer Eheschließung uns zuschulden kommen ließen? Und dann dieser schwarze Verrat, mit dem ich Deinetwegen Deinen Oheim so schändlich betrog; und dabei war ich so lange sein Hausgenosse gewesen! Jeder muß es sagen, der Oheim hat recht gehabt, als er mich verriet, hat er doch nur Gleiches mit Gleichem vergolten. Der vorübergehende Schmerz meiner Verwundung, der sollte eine ausreichende Strafe sein für meine schweren Verbrechen? Durfte ich denn für so viel Böses überhaupt noch so großes Heil erwarten? Wie schwer hätte, um dem Recht Genüge zu tun, der richtende Gott diese Schändung bestrafen müssen, die das Kloster der heiligen Gottesmutter durch uns erlitten! Wenn nicht alles trügt, dann büße ich diese Taten nicht so sehr mit meiner Verstümmelung — sie wurde mir ja zum Heil — wie mit den Verfolgungen, die ich jetzt tagtäglich ohne Ende erfahre.

Du weißt es noch, als ich Dich während Deiner Schwangerschaft in meine Heimat schickte, da ließ ich Dich als Nonne im heiligen Gewand die Reise machen. Durch diesen Trug versündigte ich mich hohnvoll an Deinem jetzigen Stand. Wie richtig hat die göttliche Gerechtigkeit, besser gesagt die göttliche Gnade gehandelt, als sie Dich, wenn auch wider Deinen Willen, in *den* Stand versetzte, den zu verhöhnen Du Dich nicht entblödet hast. Gott wollte, Du solltest im Nonnengewande abbüßen, was Du am Nonnengewande gesündigt hast; Gott wollte durch den wirklichen Ablauf der Sache den Lug und Trug wiedergutmachen und sühnen.

Aber lassen wir einmal die göttliche Gerechtigkeit beiseite! Denk doch bitte an das, was zu unserem Besten geschehen ist, und Du wirst das Geschehene nicht mehr als Ausfluß der göttlichen Gerechtigkeit bezeichnen, sondern als Geschenk der göttlichen Gnade! Liebste, vergiß es doch ja nicht, wie uns der Herr aus dem gefährlichen Meer mit dem Netz seines Erbarmens gezogen, denk daran, wie wir in der Charybdis Strudel schon Schiffbruch gelitten und wie er uns wider unseren Willen errettet hat! Wenn wir daran denken, dann müssen wir beide in den Ruf ausbrechen: «Der Herr hat sich Sorge gemacht um meinetwillen.» Nimm es Dir wieder zu Herzen, in welche Gefahren wir uns gestürzt hatten und aus welchen Gefahren der Herr uns gerettet! Mit innigem Dank mußt Du es allzeit erzählen, «wie Großes der Herr an uns getan», und wenn ein Sünder an der Güte Gottes verzweifeln will, den tröste mit unserem Beispiel: Alle sollen es gewahr werden, was denen zuteil werden kann, die demütig darum bitten, wenn Gott den widerspenstigen Sündern solche Gnade schenkt. Laß Dir den hohen Ratschluß der himmlischen Liebe zu Herzen gehen, laß es Dir zu Herzen gehen, wie barmherzig der Herr sein strenges Gericht uns zur Besserung dienen ließ, wie weise er es gefügt hat, daß sogar unser Böses zu unserem Guten werden mußte; vergiß es nicht, wie er aus Gottlosigkeit die Gottseligkeit zu machen wußte, und wie er nur ein Glied meines Leibes zu verletzen brauchte, mit vollem Recht verletzte, um unser beider Seelen zu retten! Vergleiche doch miteinander die Schwere der Krankheit und die Einfachheit des Heilmittels! Vergleiche die Größe der Gefahr und die Leichtigkeit der Befreiung! Bedenk, was wir verdient haben, und sieh mit Staunen Gottes liebende Barmherzigkeit!

Du weißt, in welche Schamlosigkeiten wir durch meine zügellose Gier gerieten. Ich wälzte mich geradezu wie ein Tier in diesem Morast, sogar in der Karwoche und an den höchsten Festtagen, ohne auf die mahnende Stimme des Schamgefühls und der Gottesfurcht zu hören. Ich ging sogar so weit, Dich durch Drohungen und Schläge des öfteren gefügig zu machen, wenn Du nicht mithalten wolltest, wenn Du Dich zur Wehr setztest, soweit es Deine schwache Kraft zuließ, und wenn Du, das schwache Weib, mich batest, einmal zu verzichten. Die Glut meiner Gier hatte mich mit Dir geradezu zusammengeschmiedet; ich dachte nicht mehr an Gott, ich dachte nicht mehr an mein besseres Selbst, so tief untergetaucht war ich in den armseligen Genüssen, die zu schmutzig sind, als daß ich sie ohne Erröten auch nur nennen kann. Gott wußte in seiner Barmherzigkeit für mich nur noch die eine Hilfe, mir diese sinnlichen Genüsse

ein für allemal unmöglich zu machen. Und so war es Gottes gerechte, gnädige Fügung, den schnöden Verrat Deines Oheims zuzulassen; um in vielem anderen wachsen zu können, mußte ich das eine Organ verlieren, in dem meine Sinnlichkeit ihren Hauptsitz hatte und meine Gier ihren Ursprung. Ein Glied allein hatte an uns gesündigt; war es nicht gerecht, daß dieses Glied das Strafgericht traf, daß es in seinem Leiden gutmachte, was es in seinen Freuden begangen hatte? Das Messer, das meinen Leib traf, es befreite auch die Seele von dem Schmutz, in den ich geradezu schon versunken war. Keine Fleischeslust konnte mich inskünftige noch befallen, und so war ich für den heiligen Dienst am Altar erst recht befähigt. Gott ließ mich — und darin bewährte sich seine Milde — nur an dem Teil leiden, dessen Verlust meinem Seelenheil förderlich war und meine äußere Erscheinung nicht entstellte. Diese Einbuße hinderte die Verwaltung keines Amtes, ja sie machte mich sogar tauglicher zu jedem ehrbaren Tun, bei dem das Weiterbestehen dieser Sinnlichkeit nur als Erschwerung empfunden werden konnte. Gottes Gnade hat mich beraubt, nein, mich erlöst von diesen verächtlichen Organen — sie heißen einfach Schamglieder, weil man sie mit ihrem eigentlichen Namen nicht nennen kann —; daß Gott mich von ihnen erlöst hat, das bedeutet doch nur, er hat den Lasterschmutz beseitigt, um so die Sittenreinheit zu retten.
Einige Weise haben nach dieser Sittenreinheit leidenschaftlich verlangt und — so erzählt man sich — selbst die Hand angelegt, um diese schändliche Sinnlichkeit mit Stumpf und Stiel auszurotten. Der Apostel selber hat, allerdings vergeblich, zum Herrn gefleht, daß der Pfahl von ihm wiche, der ihm ins Fleisch gegeben; es wird dieser Pfahl im Fleisch, von

dem der Apostel hier spricht, auch im geschlechtlichen Sinn gedeutet. Ein sicheres Beispiel ist der große christliche Philosoph Origenes. Um den Brand der Leidenschaft gründlich zu löschen, hat er es über sich gebracht, sich selbst zu verstümmeln. Nach der wörtlichen Auslegung der Schriftstelle erwartete er die Seligkeit nur für die, «die sich selbst verschnitten haben um des Himmelreichs willen». Nur solche Leute, meinte Origenes, erfüllen in seinem wirklichen Sinn des Herrn Wort von den Gliedmaßen, die dich ärgern und die du abhauen und wegwerfen sollst. Er faßte wohl das prophetische Wort des Jesaja buchstäblich auf, statt nach seinem verborgenen Sinn, das Wort, in dem Gott die Verschnittenen über die anderen Gläubigen stellt: «So spricht der Herr von den Verschnittenen, welche meine Sabbate halten und erwählen, was mir wohlgefällt, ich will ihnen in meinem Hause und in meinen Mauern einen Ort und einen Namen geben, besser denn ‚Söhne und Töchter'; einen ewigen Namen will ich ihnen geben, der nicht vergehen soll.» Dennoch ist Origenes in schwere Schuld verfallen, da er seinen Leib verstümmelte, um seines Leibes Schuld zu tilgen. Er eiferte zwar um Gott, aber sein Eifer war nicht vom Licht erfüllt, und so lud er Blutschuld auf sich, indem er sich selber verstümmelte. War es Einflüsterung des Teufels oder ein schwerer Irrwahn, jedenfalls tat er das mit eigener Hand, was Gottes Barmherzigkeit einen anderen an mir tun ließ. Ich entrinne der Schuld, statt ihr zu verfallen, ich verdiene den Tod und erlange das Leben; Gott ruft, ich widerstrebe und verharre in meiner Sünde; da reißt mich Gott trotz meines Sträubens heraus und zwingt mir so die gnadenvolle Vergebung auf. Und der Apostel? Er fleht zum Herrn, daß der Pfahl von ihm wiche, und er wird nicht erhört; er läßt nicht ab zu flehen, aber Gott versagt ihm seine Bitte. Ich kann in Wahrheit sagen: «Der Herr aber sorgt für mich.» Darum will ich mich aufmachen und «ich will erzählen, was er an meiner Seele getan hast».

Tritt heran, tritt auch Du heran, treue Gefährtin, bring mit mir zusammen das dankerfüllte Gebetsopfer! Sünde und Gnade ist ja unser gemeinsames Erleben; auch Deines Seelenheils hat der Herr nicht vergessen. Er denkt Dein vor anderen; hat er doch Dich Heloisa gerufen nach seinem eigenen Namen, der Heloim lautet, und in Deines Namens heiliger Vorbedeutung Dich insbesondere als sein Eigentum bezeichnet. Gottes Liebe hat mich gnädig umfangen und in mir auch Dich umfangen, so wie zuvor der Versucher in mir auch Dich zu verderben gedachte.

Kurz bevor die Wendung eintreten sollte, hatte uns Gott durch das unlösbare Band des Ehesakraments miteinander verbunden. Ich gedachte, meine über alles Maß Geliebte für alle Zeit zu behalten, Gott aber gedachte, diesen Anlaß zu benützen, um uns beide in seinen Dienst zu ziehen. Wären wir nicht zuvor schon rechtmäßig Mann und Frau gewesen, es hätte leicht dahinkommen können: ich zog mich von der Welt zurück, aber Du fandest den Weg nicht, der aus der Welt herausführte, mochtest Du nun auf das Zureden Deiner Angehörigen oder auf des Fleisches Lockung hören. Sieh es an, wie «der Herr aber für uns gesorgt hat», so gesorgt, als ob er noch Großes mit uns vorhätte, als ob er empört und bekümmert wäre, uns beide mit dem anvertrauten Pfund der Wissenschaft nicht besser zu seines Namens Ehre wuchern zu sehen! Bei der Unfähigkeit seines letzten Knechtes, keusch zu leben, mochte er fürchten, was da geschrieben steht: «Weiber betören die Weisen», wie es auch vom hochweisen Salomo nur zu sehr bekannt ist.

Wie reichlichen Zins bringt dem Herrn Tag für Tag das Pfund der Weisheit, das er Dir verliehen! Du hast ihm schon so viel geistliche Töchter geboren, ich aber muß ganz unfruchtbar bleiben und mühe mich mit den Kindern der Verderbnis ganz nutzlos ab. Es wäre doch ein betrüblicher, ein fluchwürdiger Verlust, wenn Du der Fleischeslust hingegeben mit Schmerzen wenige Kinder für die Welt gebären solltest, während Du jetzt mit Jauchzen eine vielfache Zahl für den Himmel gebierst. In der Welt wärest Du nur eine Frau, jetzt stehst Du sogar über den Männern und hast Evas Fluch in Marias Segen gewandelt. Diese heiligen Hände, die jetzt sogar die Bücher der Schrift aufschlagen dürfen, sie müßten in der Welt die niedrigsten Geschäfte einer Ehefrau verrichten.

Gott selbst hat geruht, von dem anhaftenden Erdenschmutz und dem Staub der Sinnlichkeit uns zu befreien, uns zu sich zu ziehen mit der Gewalt, mit der er den Paulus dereinst erschüttert und zu sich gezogen hat. Durch unser Beispiel wollte er vielleicht noch andere Gelehrte von ihrer verblendeten Einseitigkeit heilen. Geliebte Schwester, ich beschwöre Dich, laß es Dich nicht anfechten und falle nicht unserem Vater im Himmel zur Last mit Deinen Klagen, wenn er als echter Vater uns erzieht, sondern laß Dir zu Herzen gehen sein heiliges Wort: «Welche der Herr liebhat, die straft er; er stäupt aber einen jeglichen Sohn, den er aufnimmt.» Und es steht auch geschrieben: «Wer seine Rute schont, der haßt seinen Sohn.» Die Strafe, die uns getroffen, ist ja keine zur ewigen Verdammnis, sie ist nur eine vorübergehende Strafe zur Besserung. Hörst Du auf den Propheten, so empfängst Du den starken Trost: «Nicht ein zweites Mal wird der Herr ins Gericht gehen mit der gleichen Übertretung, es wird das Unglück nicht zweimal kommen.» Laß Dir gesagt sein die erhabene, gewaltige Mahnung dessen, der da ist die Wahrheit: «Fasset eure Seelen mit Geduld!» Daher spricht auch Salomo: «Ein Geduldiger ist besser denn ein Starker, und der seines Mutes Herr ist, denn der Städte gewinnt.»

Kommen Dir nicht die Tränen der tiefsten Trauer, wenn Du den eingeborenen Gottessohn anschaust? Unschuldig ist er um Deinetwillen, um aller Menschen willen von den Gottlosen gegriffen, dahingeschleppt und gegeißelt, ins verhüllte Angesicht geschlagen, verspottet, bespeit und mit Dornen gekrönt, er ist zwischen Räubern aufgehängt, und es ist ihm alles widerfahren, was seine Zeit an Schmach und Schande wußte, er ist am Pfahl des Kreuzes den schrecklichen Tod der Verbrecher gestorben. Liebe Schwester, habe ihn allzeit vor Augen, Deinen, der ganzen Kirche wahren Bräutigam, habe ihn vor Augen und im Herzen! Blick zu ihm auf, wie er hinausgeht, sich für Dich kreuzigen zu lassen, und wie er sein Kreuz trägt! Stell Dich unter das Volk und unter die Frauen, die ihn beklagten und beweinten, wie es Lukas schildert: «Es folgte ihm aber nach ein großer Haufe Volks und Weiber, die beklagten und beweinten ihn.» Voll Güte kehrte sich Jesus zu ihnen und verkündete ihnen in seiner Milde, wie sein Tod dereinst in ihrem Untergang die Sühne finden werde, wie sie aber dadurch, daß sie klug werden, sich vor diesem Untergang retten könnten: «Ihr Töchter von Jerusalem, weint nicht über mich, sondern weinet über euch selbst und über eure Kinder! Denn siehe, es wird die Zeit kommen, in welcher man sagen wird:

Selig sind die Unfruchtbaren und die Leiber, die nicht geboren haben, und die Brüste, die nicht gesäugt haben! Dann werden sie anfangen, zu sagen zu den Bergen: Fallet über uns! und zu den Hügeln: Decket uns! Denn so man das tut am grünen Holz, was will am dürren werden?»

Leide mit dem, der freiwillig für Deine Erlösung litt, und traure um den, der sich für Dich hat kreuzigen lassen! Steh allzeit in Deinen Gedanken mit an seinem Grab, weine, wehklage mit den gläubigen Frauen, wie die Schrift es sagt: «Frauen saßen am Grab, klagten und weinten um den Herrn.» Bereite mit ihnen die Spezereien zu seinem Begräbnis, aber nicht die gewöhnlichen des täglichen Lebens, sondern die edleren der Geistigkeit! Jene verlangt nur, wer diese nicht kennt. In frommer Hingabe laß Dein Herze durch dies Erleben erschüttern!

Der Herr selbst ruft durch Jeremias Mund zu solchem leidenschaftlichen Miterleben die Gläubigen auf: «Euch sage ich allen, die ihr vorübergehet: Schauet doch und sehet, ob irgendein Schmerz sei wie mein Schmerz!» Das bedeutet: verdient irgendwer in seinem Leid soviel Mitleid wie ich, der ich allein und schuldlos für fremde Schuld büße? Er ist selber der Weg, den die Gläubigen heimgehen aus der Verbannung ins wahre Vaterland. Er hat selbst sein Kreuz, von dem herab er uns also anruft, für uns als Leiter aufgerichtet. Er hat sich für Dich hinschlachten lassen und ist doch der eingeborene Sohn Gottes. Es war sein bewußter, freier Wille, daß er sich für Dich geopfert. Dein Opfer für ihn sei tiefes Mitleid und tiefe Trauer! Mache wahr die Weissagung von den frommen Seelen, die aus des Propheten Sacharja Munde also lautet: «Sie werden um ihn klagen, wie man klagt um ein einziges Kind, und werden sich um ihn betrüben, wie man sich betrübt um ein erstes Kind.»

Geliebte Schwester, bedenke die Klage, welche die Freunde des Königs erschallen lassen bei dem Tode seines erstgeborenen und einziggeborenen Sohnes! Stell Dir den Jammer der engeren Familie vor, die Trauer, in der sich der ganze Hof verzehrt! Das Wehegeschrei der Braut des Einziggeborenen ist herzzerreißend; es sich auch nur vorzustellen, wird Dir unerträglich sein. Mit diesem Bräutigam hast Du den beglückenden Ehebund geschlossen, geliebte Schwester, und mußt es also der Braut des Königssohns gleichtun in Wehklage und Jammergeschrei! Der Bräutigam hat Dich erkauft, aber nicht mit Geld und Gut, sondern mit sich selbst, mit seinem Selbst; mit seinem Blut hat er Dich gekauft, hat Dich erkauft und erlöst. Gewaltig ist das Recht, das er an Dich hat, ein Schatz bist Du in seiner Schatzkammer. Der Apostel erwägt, wie wertvoll der sein muß, um deswillen der Schatz dahingegeben wird, und welcher Dank dafür gebührt. So sagt er von diesem Schatz: «Es sei aber ferne von mir, mich zu rühmen, denn allein von dem Kreuz unseres Herrn Jesu Christi, durch welchen mir die Welt gekreuzigt ist und ich der Welt.»

Du bist höher als der Himmel und höher als die Welt, da sich der Schöpfer der Welt für Dich zum Kaufpreis dahingegeben. Was kann der an Dir Großes gefunden haben, der doch keines Besitztums weiter bedarf, was kann er so Großes gefunden haben, daß er Dich zu gewinnen den Kampf eines schmachvollen Todes bis zum schauerlichen Ende kämpfte? Was kann er an Dir finden wollen als Dein Selbst? Der ist der wahre Freund, welcher Dich selber begehrt, nicht aber das Deine. Schon bereit, für Dich zu sterben, sprach der wahre Freund: «Niemand hat größere Liebe denn die, daß er sein Leben läßt für seine Freunde.» Christus war Dein wahrer Liebhaber, ich war es nicht! Meine Liebe hat uns beide mit Sünden umfangen und darf nicht Liebe, darf nur Sinnlichkeit heißen. An Dir sättigte ich meine armselige Lust, und in dieser Sättigung gipfelte meine Liebe.

Du wendest ein, Abaelard habe für Heloisa leiden müssen. Vielleicht ist Dein Einwand richtig. Aber noch mehr habe ich durch Dich gelitten, leiden müssen wider meinen Willen; nicht aus Liebe zu Dir habe ich gelitten, sondern durch die Gewalttat, die an mir verübt wurde; ich habe auch nicht gelitten, um Deine Seele zu retten, ich habe durch mein Leiden Deine Seele zur Verzweiflung gebracht. Aber *Dein wahrer Freund* hat gelitten zu Deinem Heile, er hat es mit seinem Willen getan; er ist es, der durch sein Leiden all unsere Schwachheiten auf sich lädt und alles Leid hinwegnimmt. All Deine Hingebung, Dein Mitleiden, Deine Zerknirschung — bring sie ihm als Opfer, nicht mir, das ist meine inständige Bitte! Der ward erfunden unschuldig, der mußte Unrecht und Grausamkeit erleiden: darüber vergieße Tränen, nicht über die gerechte Strafe, die ich leiden mußte! Es ist ja keine Strafe, es ist für uns beide — ich betone es noch einmal — die höchste Gnade. Du bist ungerecht, wenn Du die Gerechtigkeit nicht liebst, Du bist die Ungerechtigkeit in Person, wenn Du wissentlich Dich auflehnst gegen Gottes Willen, gegen Gottes hohe Gnade.

Klagelieder, ja Klagelieder stimm an, aber stimme sie an über Deinen Erretter und Erlöser, nicht über Deinen Verführer und Deinen Buhlen! Stimm Dein Klagelied an über Deinen Herrn, der für Dich gestorben, nicht über Deinen Knecht, der noch lebt, der jetzt erst aus Todesnacht zum wahren Leben erweckt ist! Ich sage es Dir mit aller Eindringlichkeit, sieh Dich vor, sonst wenden sie zu Deiner großen Schmach das Wort auf Dich an, das Cornelia für ihre fassungslose Trauer von Pompejus hören mußte:

«Noch lebt nach den Schlachten Pompejus.

Aber sein Glück ist dahin! Dein Weinen verrät, was Du liebtest.»

Laß Dir das bitte zu Herzen gehen und bedenke es schamvoll! Sonst sieht es so aus, Du möchtest Dir nachträglich die häßlichen Schändlichkeiten zu eigen machen, die Du zuerst nur erduldet. Flehentlich bitte ich Dich, liebe Schwester, nimm hin in Geduld, was Gott an uns getan aus Barmherzigkeit! Die Rute des Vaters hat uns getroffen, uns zu bessern, auf daß nicht das Schwert des Verfolgers uns treffe, uns zu töten. Gott schlägt uns Menschen die Wunden nicht, um den Tod zu bringen, er schlägt sie, um vor dem ewigen Tod uns zu retten. Gott setzt das Messer im Gesunden an, um das Kranke auszuschneiden, er verwundet den Leib und rettet die Seele. Als gerechter Richter müßte er töten, als barmherziger Vater macht er lebendig; ein trefflicher Seelenarzt schneidet er das Unreine weg und läßt stehen das Reine. Er straft *einmal*, um nicht für *immer* strafen zu müssen. Er läßt den Einen an der Wunde leiden, auf daß er die Zwei mit dem Tode verschone.

Gott sieht ein schuldiges Paar und straft nur den Mann. Gottes Barmherzigkeit hatte darin Nachsicht mit der Schwäche eines Weibes. Als Geschlechtswesen durftest Du schwächer sein als der Mann, als Einzelwesen warst Du in Deiner Selbstbeherrschung stärker. Gottes nachsichtige Güte war also verdient, denn Du warst nicht so strafwürdig wie ich. Gott unserem

Herrn sei auch dafür der Dank dargebracht: er hat Dir einst die Strafe erlassen, ja er hat Dich auserlesen, die Ehrenkrone zu tragen. Mich hat unser Gott ein einziges Mal an meinem Leibe büßen lassen und hat mich von der brennenden Sinnlichkeit völlig erlöst, auf daß ich nicht zuschanden würde. Dich hat unser Gott auserlesen, die Märtyrerkrone zu gewinnen: Wieder und immer wieder lockt das Fleisch ein junges, frisches Herz, wie Du es hast, und legt ihm Leiden zu tragen auf, Leiden ohne Zahl. Ich weiß, es ekelt Dich geradezu an, so etwas zu hören, ich weiß, es soll und soll vor Dir nicht ausgesprochen werden — aber so spricht, daß aller Ohren es hören, so spricht, der da ist die Wahrheit: Die Krone winkt dem, der da aushält im Kampf. «Er wird doch nicht gekrönt, er kämpfet denn recht.» Ich habe auf diesem Kampfplatz nichts mehr zu kämpfen; so ist mir auch keine Ehrenkrone vorbehalten; der kann ja nicht mehr kämpfen, dem der Stachel der Sinnlichkeit ausgerissen ist.

Kann ich darum auch keine Krone mehr gewinnen, ich brauche doch — und das ist wohl auch schon etwas wert — vor keiner Strafe mehr zu bangen, ja vielleicht wird mir Gott in seiner Huld viele Strafen in der Ewigkeit erlassen, weil er schon auf Erden in einem, allerdings schmerzvollen Augenblick an mir die Strafe vollzogen. Mit den Menschen, die sich an diese Welt klammern, ist es wie mit dem Vieh, von dem der Prophet sagt: «Es verfaulte das Vieh in seinem Mist.»

Wenn ich nur die Gewißheit habe, daß Dein Verdienst wächst, so will ich nicht mehr darum klagen, daß mein Verdienst schwindet. Eins sind wir beide in Christo und durch den Bund der Ehe «nicht zwei, sondern ein Fleisch». Was Dein ist, das ist, denke ich, auch mein. Dein ist aber Christus, dieweil Du seine Braut geworden. Und ich, ich wiederhole mein Geständnis, ich bin Dein Knecht, so wie ich vor Zeiten Dir als Herr gegolten habe; ich bin Dir jedoch mehr in geistiger Liebe zugetan als in Furcht und Zittern untertan. Darum habe ich dieses feste Vertrauen zu Deiner Fürsprache für mich, der Herr werde mir auf Dein Gebet schenken, was er mir auf mein Gebet nicht schenkt. Ich bin auf Deine Fürbitte jetzt in dieser Drangsal mehr als je angewiesen, da mir tagtäglich Gefahr und Anfechtung kaum Zeit gönnt zum Leben, geschweige denn zum Beten! So darf ich mich nicht verlassen auf das Beispiel des frommen Verschnittenen, von dem die Heilige Schrift erzählt, «Ein Kämmerer und Gewaltiger der Königin Kandake im Mohrenlande, welcher war über ihre ganze Schatzkammer, der war von weit her gekommen gen Jerusalem anzubeten und zog wieder heim.» Da sandte zu ihm der Engel des Herrn den Apostel Philippus, auf daß er ihn zum Glauben bekehre. Der Kämmerer hatte sich diese Gnade verdient durch sein andächtiges Gebet und seine anhaltende Versenkung in die Heilige Schrift. Auch damals auf der Reise ließ er nicht ab, in der Schrift zu lesen, der Gewaltige aus den Heiden, der er war; und da fügte es zu seinem Besten die göttliche Vorsehung und ließ ihn die Stelle in der Heiligen Schrift finden, die dem Apostel die günstigste Gelegenheit gab, ihn zu bekehren.

Ich habe um Deine, um Eure Fürbitte gebeten. Meiner Bitte soll nichts im Wege stehen, nichts soll ihre Erfüllung aufschieben, und so habe ich es mir angelegen sein lassen, ein Gebet aufzusetzen und Dir zu senden. Bringt es für mich in tiefer Demut dem Herrn als Opfer dar! «O Gott, du hast im Anbeginn der Schöpfung, dieweil du das Weib aus der Rippe des

Mannes gebildet, das hochheilige Sakrament der Ehe gestiftet, du hast die Ehe hochgepriesen und verherrlicht, da du geboren worden von Maria, ‚seinem vertrauten Weibe‘, und da du deiner Wunder Reihe auf einer Hochzeit begonnen, Gott, du hast geruht, meiner Schwachheit und Unenthaltsamkeit — du gibst der Tat den Namen — dieses Heilmittel vor Zeiten zu verordnen. Gott, sieh gnädig herab auf die Bitten, die ich in tiefer Demut als deine Magd kniefällig für meine Vergehen und meines Geliebten Vergehen vor dein Angesicht bringe! Vergib uns, du Allergnädigster, der du die Gnade selber bist, vergib uns unsere vielen schweren Sünden und laß uns erfahren: Wenn auch bei uns der Sünden viel, bei Gott ist noch mehr Gnade! Strafe die Schuldigen, so flehe ich zu dir, in diesem Leben und schone ihrer in jenem! Strafe sie in der Zeit, auf daß du sie nicht in Ewigkeit zu strafen brauchest! Die Rute der Zucht schwinge über dem Haupt deiner Knechte, nicht das Schwert deines Grimms! Schlage das Fleisch, auf daß du die Seele rettest! Läutere uns in deiner Güte als barmherziger Vater, und verfahre nicht mit uns nach deiner strafenden Gerechtigkeit als strenger Herr und Gott! ‚Prüfe uns, Herr, und versuche uns‘, so wie es der Prophet für sich selber von dir erfleht; das dürfen wir uns ausdeuten mit den Worten: Sieh zuerst auf unsre Kräfte und danach bemiß die Last der Prüfung! Auch durch den seligen Paulus läßt du ja deinen Gläubigen versprechen: ‚Gott ist getreu, der euch nicht läßt versuchen über euer Vermögen, sondern macht, daß die Versuchung so ein Ende gewinne, daß ihr's könnet ertragen.‘ Du hast uns vereint, o Herr, und hast uns geschieden, wann und wie es dir gefallen. Vollende nun, o Herr, in deiner großen Barmherzigkeit, was du barmherzig begonnen: der du uns

in der Welt einmal voneinander geschieden, vereine
uns mit dir auf ewig in deinem himmlischen Reiche!
Unsere Hoffnung, unser Erbteil, unsere Sehnsucht,
unser Trost, Herr, sei du gepriesen von Ewigkeit zu
Ewigkeit! Amen.»

In Christo, lebe wohl, Du Braut Christi,
Lebe wohl in Christo, lebe für Christus!

Amen.

SECHSTER BRIEF
HELOISA AN ABAELARD

IHREM UNUMSCHRÄNKTEN HERRN
SEINE INSONDERHEIT ERGEBENE
DIENERIN!

Von Dir möchte ich in keinem Stück den Vorwurf des Ungehorsams hören. Deshalb habe ich meinem hemmungslosen Schmerz nicht mehr die Zügel schießen lassen, Du hattest es ja verboten; im Schreiben will ich die Worte meiden, die ich von Mund zu Mund überhaupt nicht meiden könnte — um ehrlich zu sein, sage ich gar nicht, ich könnte sie nur schwer meiden! Wir haben nichts so wenig in unserer Hand wie unseres Herzens Stimmung; wir müssen ihm gehorchen, statt daß wir ihm befehlen könnten. Wenn uns des Herzens Leidenschaften vorwärts peitschen, kann kein Mensch den ungestümen Trieb so fest beherrschen, daß er nicht doch leicht zur Tat wird, noch leichter sich in Worten Luft macht. Unsere Worte sind ja in solcher Lage nur zu bereit, der Leidenschaft Ausdruck zu verleihen, so wie die Heilige Schrift sagt: «Wes das Herz voll ist, des gehet der Mund über.» Ich will also meiner Hand verbieten zu schreiben, was ich zu sprechen meinem Munde nicht verbieten könnte. Wollte Gott, mein krankes Herz wäre auch so bereit zu gehorchen, wie es die Hand beim Schreiben ist!

Einen Beitrag zur Milderung meiner Krankheit kannst auch Du leisten; sie völlig zu heilen, steht freilich nicht in Deiner Kraft. Einen eingeschlagenen Nagel treibt ein neuer Nagel wieder heraus: so verdrängt ein neuer Gedanke den früheren, wenn der Geist sich anders einstellt und die Erinnerung an Früheres schwinden oder doch zurücktreten läßt. Soll ein Gedanke unseren Geist ausschließlich beschäftigen und von anderem ablenken, so muß sein Gegenstand uns besonders hoch erscheinen und unser Dichten und Trachten ausschließlich in Anspruch nehmen. Wir Mägde Christi alle miteinander, Deine Töchter in Christo, wir bringen in aller Demut eine zweifache

Bitte vor unseren geistlichen Vater; ihre Erfüllung erscheint uns ganz besonders dringend.

Die erste Bitte: Kläre uns darüber auf, wie der Stand der Nonnen entstanden ist, und was das Wesen unseres Standes ausmacht!

Die andere Bitte: Arbeite für uns eine Regel aus und schick sie uns zu, eine Regel, die auf die besonderen Erfordernisse der Frauen Rücksicht nimmt und von Grund auf Einrichtung und Ausgestaltung unseres weiblichen Ordenslebens schildert! Soweit ich feststellen konnte, haben die heiligen Kirchenväter diese Aufgabe übersehen.

Eine für Frauen bestimmte Mönchsregel gibt es nicht. Die Folge davon ist die, daß jetzt bei der Aufnahme ins Kloster Männer und Frauen sich auf die gleiche Regel feierlich verpflichten, und daß man von dem schwachen Geschlecht dieselbe strenge klösterliche Zucht erwartet wie vom starken. Jedenfalls in der abendländischen Kirche verpflichten sich Männer wie Weiber gleichmäßig auf die Regel des seligen Benedikt. Und dabei kann doch gar kein Zweifel darüber sein, Benedikt hat bei der Abfassung seiner Regel nur an Männer gedacht, und sie kann auch nur von Männern eingehalten werden, ob es sich um die Bestimmungen für die Oberen handelt oder um die für die Unteren. Um von den anderen Paragraphen der Regel für jetzt zu schweigen: was sollen Frauen anfangen mit den Bestimmungen über Kutten, Hosen und Skapuliere? Was sollen Frauen mit den Vorschriften über Hemden und überhaupt Leibwäsche aus Wolle? Sie können doch wegen der monatlichen Reinigung wollene Wäsche gar nicht brauchen. Der Abt soll das Evangelium selber verlesen und danach den Hymnus anstimmen. Soll diese Bestimmung auch für die Frauen gelten? Der Abt soll mit Pilgern und anderen Gästen an besonderer Tafel essen. Soll das in Nonnenklöstern auch so gehalten werden? Entspricht es dem Wesen unserer Frömmigkeit, überhaupt keinen Männern Gastfreundschaft zu gewähren, oder darf die Äbtissin mit männlichen Gästen zusammen essen? Kurz ist der Weg zum Verderben der Seele, wenn Männer und Frauen so beisammen sind. Das gilt vor allem für das Beisammensein bei Tisch, wo es oft zu Völlerei und Trunkenheit kommt, und wo der Wein mit seiner Süße zur Unkeuschheit verführt. Schon der selige Hieronymus hat diese Gefahr gesehen; schreibt er doch an eine Mutter mit ihrer Tochter: «Es ist eine schwere Aufgabe, bei Schmausereien die Schamhaftigkeit zu bewahren.» Auch der Lehrer der Üppigkeit und Sinnlichkeit, der Dichter Ovid, führt es in seiner ‚Liebeskunst' so recht liebevoll aus, welch feine Gelegenheit zur Buhlerei besonders die Schmausereien bieten:

«Sind vom Wein erst benetzt Cupidos lechzende
                    Flügel,
Dann verweilt er und weicht nicht vom eroberten
                    Platz.
Frohes Lachen ertönt, der Traurige hebet das Haupt
                    nun,
Sorg entweichet und Schmerz, glatt wird die faltige
                    Stirn.
Manchem Knaben ging so das Herz an die Mädchen
                    verloren;
Liebe durchströmte den Leib, Glut sich entzündet
                    an Glut.»

Selbst wenn man Frauen allein herbergt und an den Tisch zieht, auch dann ist da noch Gefahr, nur ist sie nicht auf den ersten Blick kenntlich. Wenn man ein Weib verführen will, so ist gerade ein Weib wie ge-

schaffen zum Kupplerwesen, und den seelischen
Schmutz lädt ein Weib am liebsten bei einem anderen
Weib ab. Daher mahnt auch Hieronymus die Frauen,
die sich Gott verlobt haben, auf den Umgang mit
den Frauen dieser Welt zu verzichten.

Wenn wir den Männern das Gastrecht rundweg abschlagen und nur Frauen zulassen, so bedeutet das
doch ganz sicher eine schwere Kränkung für die Män-
nerwelt; und dabei sind Frauenklöster doch gerade
auf die Hilfsbereitschaft der Männer angewiesen.
Verfahren wir trotzdem so schroff gegen die Männer, so macht das den Eindruck, als wollten wir nur
viel nehmen und wenig oder gar nichts geben.

Können wir aber nicht die ganze Regel erfüllen, dann,
fürchte ich, verurteilt der Apostel Jakobus auch uns,
wenn er sagt: «So jemand das ganze Gesetz hält und
sündigt an einem, der ist's ganz schuldig.» Das soll
doch bedeuten: Wer viel tut, aber nicht alles erfüllt,
der wird gerade dadurch schuldig; zum Übertreter
des Gesetzes wird er eben durch diese eine Nicht-
erfüllung; ein Erfüller des Gesetzes wird nur der, der
alle seine Gebote befolgt. Um diesen Gedanken ganz
klar heraustreten zu lassen, fährt der Apostel unmittelbar fort: «Denn der da gesagt hat: ,du sollst nicht
ehebrechen', der hat auch gesagt: ,du sollst nicht töten'. So du nun nicht ehebrichst, tötest aber, bist du
ein Übertreter des Gesetzes.» Der Apostel will damit
also sagen: Darum wird jemand schon schuldig durch
die Übertretung auch nur *eines* Gebotes, weil Gott
das eine Gebot so gut aufgestellt hat wie das andere.
Und ganz gleich, welches Gebot des Gesetzes verletzt
wird, in jedem Fall wird der mißachtet, der sein Gesetz nicht auf ein Gebot aufgebaut, sondern der es auf
allen Geboten gleichmäßig aufgebaut hat.

Aber ich will hier nicht reden von Satzungen der

Regel Benedikts, die wir überhaupt nicht oder nur unter Gefahr einhalten können. Doch wo ist jemals ein Nonnenkonvent regelmäßig aufs Feld gegangen zur Ernte oder zur sonstigen Ackerarbeit? Die Frage will ich ferner doch aufwerfen, ob bei Frauen ein einziges Probejahr genügt, um ihre feste Entschlossenheit zu bezeugen. Sind sie wirklich voll unterrichtet über den Inhalt der Regel, wenn sie ihnen nach Benedikts eigener Satzung zum dritten Male vorgetragen ist? Es ist doch wirklich der Gipfel der Torheit, einen neuen, nicht einmal gezeigten Weg zu gehen; und es ist der größte Leichtsinn, einen Lebensweg zu wählen und sich für ihn zu verpflichten, über den man selbst noch nicht urteilen kann, ein Gelübde auf sich zu nehmen, das für den oder jenen unerfüllbar ist. Aber da «die Klugheit die Mutter aller Tugenden» ist und der Verstand der Vermittler aller Güter, kann man ihr volles Gegenteil dann für ein Gut oder eine Tugend erklären? Selbst die Tugenden, sagt Hieronymus, können über Maß und Ziel hinausgehen und werden dann zu Lastern. Und das muß doch jeder sehen, darin steckt kein Sinn und kein Verstand, wenn man jemand eine Last auflegt, ohne seine Kraft und Stärke vorher zu prüfen: die geforderte Leistung muß der naturgegebenen Fähigkeit sich anpassen. Gibt man einem Esel so viel zu tragen, wie man einem Elefanten zumutet? Bürdet man Kindern und alten Leuten eine Last auf, die für Männer angemessen ist? Behandelt man dabei die Schwachen ganz gleich wie die Starken, die Kranken wie die Gesunden, die Weiber wie die Männer, also das schwache Geschlecht wie das starke? Der selige Papst Gregor wollte von solcher Gleichmacherei nichts wissen; darum schlägt er im 24. Kapitel seiner ‚Anweisung, wie ein Seelenhirte seines Amtes walten soll' bei den Ratschlägen und Vorschriften auch eine unterschiedliche Behandlung vor: «Frauen Mahnungen zu geben ist ein ander Ding wie Männern: diesen mögen wir eine schwere Aufgabe stellen, an der sie ruhig eine harte Probe bestehen sollen; bei den Frauen dürfen wir es nur mit leichten Lasten wagen, wenn sie sich erproben sollen, und müssen verzichten auf alle Härte.»

Die Männer, die für Mönche eine Regel aufstellen, haben sicher die Nonnen nicht etwa bloß vergessen; sie haben ausdrücklich Bestimmungen getroffen, deren Unmöglichkeit für Frauen ihnen ganz bewußt war. Wenn sie das taten, so hieß das doch einfach, man dürfe Farren und Färse nicht zusammen vorspannen, die Verschiedenheit von Mann und Frau sei eine Naturgegebenheit; über diese könne man sich nicht einfach hinwegsetzen und von beiden die gleiche Arbeitskraft und Arbeitsleistung verlangen.

Auch der selige Benedikt hat ganz und gar nicht versäumt, auf die Notwendigkeit einer unterschiedlichen Behandlung hinzuweisen. Er ist ja überhaupt vorbildlich in seinem Gefühl für Billigkeit und berücksichtigt überall in seiner Regel die Verschiedenheit der menschlichen Naturen und der Zeiten. «Daß mir alles mit Maß geschehe», heißt es ausdrücklich in seiner Regel. Benedikt fängt darum auch mit dem Abt an. Er soll seine Untergebenen so leiten, «daß er die besondere Art und das Maß von Einsicht bei jedem einzelnen berücksichtigt und sich darauf einstellt; dann braucht er nicht zu erleben, daß seine anvertraute Herde abnimmt, sondern darf sich des Wachstums einer gedeihenden Herde freuen. Er soll immer an seine eigene Schwachheit denken und wird sich hüten, das geknickte Rohr zu zerbrechen... Er mag auch die besonderen Zeitumstände in Rechnung stellen und sich an das kluge Wort des frommen Jakob halten: ‚Wenn mein Vieh einen Tag übertrieben würde, würde mir die ganze Herde sterben.' Diese wie andere Beispiele der Klugheit, die die Mutter aller Tugenden ist, soll er sich zu Herzen nehmen und soll alles so einrichten, daß die Starken sich beansprucht fühlen und die Schwachen nicht davor zurückschaudern.»

Die Behutsamkeit, die Benedikts Anordnungen im ganzen eignet, wirkt sich auch aus in den nachsichtigen Bestimmungen für die Kinder, die alten Leute und überhaupt die Gebrechlichen, ebenso in der Sonderregelung für den Vorleser und die Mönche vom Wochendienst in der Küche: diese sollen vorausessen. Ganz allgemein zeigt sich Benedikts Fürsorglichkeit auch in den ins einzelne gehenden, genauen Vorschriften, wie Speise und Trank beim gemeinsamen Essen entsprechend ihrer Güte und Menge an die Mönche ausgegeben werden sollen, und zwar je nach ihrer verschiedenen Natur. Die Festsetzung der Fastenzeiten bringt unter Berücksichtigung der Jahreszeit und der Arbeitslast ebenfalls die Milderungen, welche die Schwachheit der menschlichen Natur erforderlich macht.

Benedikts Satzungen nehmen alle Rücksicht auf die Verschiedenheit der Menschen und der Umstände, um nur kein Murren über irgendeinen Paragraphen der Regel aufkommen zu lassen. Zieh nun bitte selbst die Schlußfolgerung! Er hätte sich gewiß erst recht auf die besondere Lage der Frauen eingestellt, wenn er auch für sie eine Regel hätte schreiben wollen, wie er es für die Männer getan. Schon die Rücksicht auf die Kinder, auf die alten Leute und die Schwachen zwingt ihn dazu, die grundsätzliche Strenge der Regel etwas an die Menschennatur anzupassen mit ihrer

Schwachheit und Hinfälligkeit. Darum hätte er dem zarten Geschlecht, dessen Gebrechlichkeit und Schwäche jeder kennt, sicher noch viel mehr Zugeständnisse gemacht. Du stimmst mir sicher darin bei, es ist ein Hohn auf alles vernünftige Denken, wenn man Frauen und Männer auf dieselbe Regel verpflichtet und so die gleiche Last auf starke und auf schwache Schultern legt. Wir schwachen Weiber leisten, glaub' ich, genug, tun wir es den Leitern der Kirche gleich und den Ordensleuten in der Tugend des Gehorsams und der Keuschheit; es spricht ja auch, der die Wahrheit ist: «Wenn der Jünger ist wie sein Meister, so ist er vollkommen.» Uns müßte man es schon hoch anrechnen, wenn wir mit frommen Männern aus dem Laienstand Schritt halten könnten. Bei einem schwachen Geschöpf darf man dies und jenes als Leistung anerkennen, was beim starken gar nichts Besonderes bedeutet; sagt doch der Apostel: «Meine Kraft ist in den Schwachen mächtig.»

Die Frömmigkeit der Laien, auch wenn sie im Ehestand lebten, eines Abraham, David oder Hiob, wollen wir überhaupt nicht mißachten. In dem Zusammenhang muß ich an des Chrysostomus 7. Predigt über den Hebräerbrief denken: «Das böse Tier in unsrem Innern können wir mit mancherlei Mitteln verzaubern, als da sind Werkmannsarbeit, geistiges Schaffen und Schlafbrechen. Wer mir da einwendet, das gehe nur Mönche an, der mag es dem Apostel Paulus einwenden, wenn er sagt: ‚Und wachet dazu mit allem Anhalten und Flehen!‘ und ferner: ‚Und wartet des Leibes, doch also, daß er nicht geil werde.‘ So schrieb Paulus nicht bloß für Mönche, sondern für alle, die einer bürgerlichen Gemeinschaft angehören. Wer in der Welt lebt, soll sich von einem Mönch nur darin unterscheiden, daß er mit seiner Frau zusammenlebt. In diesem einen Punkt, aber auch nur in diesem einen, hat er Freiheit, doch sonst hat er an sich dieselben Anforderungen zu stellen, wie es ein Mönch tun muß. Christi Seligpreisungen sind doch nicht bloß den Mönchen verheißen! Sonst geht die ganze Welt zugrunde, wenn nur noch im engen Klosterraum sich drängt, was Tugendleben heißt. Und wenn wirklich der Ehestand nur ein Hindernis für unser ewiges Heil wäre, wo bleibt dann seine Ehre?»

Wenn ich des Chrysostomus Gedanken zusammenfasse, so ist dies ihr klarer Sinn: Man braucht nur die christlichen Gebote zu ergänzen durch die Mehrleistung der Keuschheit, und die Vollkommenheit des Mönchischlebenden ist erreicht. Möchte doch unsere Frömmigkeit sich dazu erheben, das Evangelium zu erfüllen, nicht es zu übersteigern; rechte christliche Frauen zu werden, sollte unsres Strebens Ziel sein.

Die heiligen Kirchenväter haben, wenn ich recht sehe, gerade aus solchen Erwägungen darauf verzichtet, für uns Frauen eine allgemeine Regel gewissermaßen als neues Gesetz aufzustellen; sie wollten unsere schwachen Schultern nicht mit einem schweren Gelübde belasten, weil sie die Apostelworte beherzigten: «Das Gesetz richtet nur Zorn an; denn wo das Gesetz nicht ist, da ist auch keine Übertretung», und die andere Stelle: «Das Gesetz aber ist neben eingekommen, auf daß die Sünde mächtiger würde.» Gerade der Apostel Paulus, dieser gewaltige Prediger der Keuschheit, mußte doch von unserer weiblichen Schwäche zu sehr überzeugt sein, sonst drängte er nicht geradezu die jungen Witwen zur neuen Ehe: «So will ich nun, daß die jungen Witwen freien, Kinder zeugen, haushalten, dem Widersacher keine Ursache geben zu schelten.» Der selige Hieronymus hält dies ebenfalls für sehr geraten. Als er der Jungfrau Eustochium ein Gutachten geben muß, wie es mit unüberlegten Gelübden von Frauen zu halten sei, da schreibt er: «Wenn selbst Jungfräulichlebende wegen anderer Sünden nicht erlöst werden, welches Schicksal darf man für Frauen erwarten, die sich, d. h. Christi Glieder, preisgaben und ihren Leib, den Tempel des Heiligen Geistes, in ein Freudenhaus verwandelten? Auf dem ebenen Weg bleiben und das Joch der Ehe auf sich nehmen, war in dem Fall viel besser als hoch hinaus wollen und im tiefsten Höllenpfuhl enden.» Der heilige Augustinus mußte desgleichen vor unbesonnenem Ablegen von Gelübden warnen. Er schreibt in seinem Buch ‚Über die Enthaltsamkeit der Witwen‘ an Julianus: «Welche den Schritt noch nicht getan hat, soll ihn reiflich überlegen. Hat sie ihn aber getan, dann soll sie treu bleiben. Man soll dem Widersacher keine Ursache geben zu schelten, aber auch Christus kein Opfer entziehen.» Die kirchlichen Satzungen, die der weiblichen Schwachheit Rechnung tragen, wollen darum auch keine Diakonisse vor ihrem 40. Lebensjahr ordiniert wissen, und auch dann nur unter sorgfältiger Prüfung; zum Diakon darf man dagegen schon vom 20. Jahr aufsteigen.

Die regulierten Chorherren leben auch in einer klösterlichen Gemeinschaft, angeblich nach einer Regel des seligen Augustinus. Sie essen Fleisch und tragen leinene Kleidung, wollen aber sicher nicht geringer geachtet sein als sonstige Mönche. Für uns schwache Weiber bedeutete es wirklich etwas, könnten wir so tugendmächtig werden wie sie.

Getrost und unbesorgt kann man uns Frauen alles essen lassen. Den Vorzug hat die weibliche Natur, daß sie mit ihrer Mäßigkeit im Essen und Trinken uns vor dem Übermaß von selbst schützt. Frauen zu unterhalten ist bekanntlich billiger und erfordert auch kleinere Nahrungsmengen, als das bei Männern der Fall ist; auch werden Frauen nicht so leicht trunken, wie wir in der Naturbeschreibung es gelernt haben. Macrobius Theodosius sagt darüber im 7. Kapitel seiner Saturnalien: «Nach Aristoteles' Angabe werden Weiber selten berauscht, alte Männer dagegen oft. Der Feuchtigkeitsgehalt des weiblichen Leibes ist besonders hoch, wie das schon die glatte, glänzende Haut beweist; und daß der weibliche Körper sich von überschüssiger Feuchtigkeit befreien muß, sieht man vor allem an seinen häufigen Selbstreinigungen. Wenn eine Frau Wein trinkt, dann versinkt er geradezu in diesem Flüssigkeitsüberschuß und büßt seine eigentliche Kraft und Stärke ein, kann dann auch nicht mehr zu Kopf steigen.» Es heißt bei Macrobius auch: «Der weibliche Körper muß sich oft reinigen; er ist mit Hautöffnungen besetzt, in ihnen öffnen sich Gänge und Bahnen für das Feuchte, das zusammenfließt und nach außen drängt. Durch diese Öffnungen entweicht auch schnell der Dunst des Weines. Alte Leute haben nur noch eine geringe Feuchtigkeitsmenge, wie man an der trockenen Sprödigkeit ihrer Haut sieht.»

Du begreifst also, es unterliegt keinem Bedenken und ist auch nur recht und billig, unserem schwachen Geschlecht im Essen und Trinken die volle Freiheit zu geben, da Rausch und Völlerei uns kaum drohen können: vor der Völlerei behütet uns das geringe Nahrungsbedürfnis, vor der Trunkenheit die eben geschilderte glückliche Eigenheit unseres Körpers. Es heißt wirklich genug verlangt von uns schwachen Frauen und bedeutet für uns eine Höchstleistung, wenn wir in Keuschheit und Armut lebend im Dienste Gottes aufgehen, glücklich, wenn wir in unserer Lebensführung es unseren Vorbildern gleichtun, den Leitern der Kirche, den frommen Laien und den regulierten Chorherren; gerade diese rühmen vor allen ihr wahrhaft apostolisches Leben.

Wer sich Gott durch ein Gelübde verpflichten will, der mag sich als kluger Mann bewähren und weniger versprechen, als er nachher hält. Die pflichtmäßige Leistung kann dann immer eine Ergänzung finden auf Grund dankerfüllter Freiwilligkeit. Der die Wahrheit ist, der sagt: «Wenn ihr alles getan habt, was euch befohlen ist, so sprechet: Wir sind unnütze Knechte; wir haben getan, was wir zu tun schuldig waren.» In die deutliche Sprache des Alltags übertragen, heißt das: Wir sind deshalb für unnütz zu halten, für unwert und für bar jeden Verdienstes, weil wir uns genügen ließen, unsere Schuld zu entrichten, aber nichts aus freischenkender Liebe hinzugefügt haben. Von solchen freiwilligen Leistungen spricht der Herr an anderer Stelle im Gleichnis: «und so du was mehr wirst dartun, will ich dir's bezahlen, wenn ich wiederkomme.»

Diese Worte der Heiligen Schrift sollten sich in der heutigen Zeit die Allzuvielen gesagt sein lassen, die leichtsinnig das Mönchsgelübde ablegen; sie müßten erst klar sehen, was sie eigentlich beschwören, und den Wortlaut der Regel vorher richtig durcharbeiten. Dann wären die Verstöße gegen die Regel aus Unkenntnis und die Verletzung der Regel aus Fahrlässigkeit nicht so häufig. Aber jetzt, – alle drängen sich gedankenlos um die Wette ins Kloster: bei der Aufnahme geht es schon regelwidrig zu, und ihr Leben nach der Aufnahme ist es noch viel mehr. Genauso unbekümmert, wie sie zuerst sich auf eine Regel verpflichten, die sie gar nicht kennen, ebenso unbekümmert schieben sie diese hernach beiseite und lassen ihre persönlichen Einfälle an die Stelle des Gesetzes treten. Wir Frauen müssen also wirklich darauf bedacht sein, uns nicht eine Last aufzubürden, unter der wir die Männer fast alle straucheln sehen, wenn sie nicht die Last überhaupt im Stich lassen. Die Welt ist offenkundig alt geworden, und die Menschen selbst samt allem, das sonst von der Welt ist, haben die einstige Jugendfrische eingebüßt: Die Liebe scheint nach dem Wort der heiligen Wahrheit in vielen, nein, in allen erkaltet. Es wird nichts anderes übrigbleiben, als diese Wandlung des menschlichen Charakters hinzunehmen und Satzungen abzuändern und abzumildern, die doch um der Menschen willen geschrieben sind.

Vor die Notwendigkeit einer klugen Anpassung sah sich schon der heilige Benedikt gestellt. Auch er konnte den Wandel der Zeit nicht verkennen und milderte – er gibt es offen zu – die strenge mönchische Askese. Im Vergleich mit früheren Mönchsregeln wagte er seine eigene Regel nur noch zu bezeichnen als eine Anleitung zur Rechtschaffenheit und als eine Einführung ins mönchische Leben: «Diese Regel haben wir niedergeschrieben, auf daß wir ihr nachleben und dadurch zeigen, wir besitzen einen Grundstock von guter Sitte und von zuchtvollem Leben. Wer aber zur Vollendung dieses Lebens der Askese in aller Bälde kommen will, für den gibt es die Lehren der heiligen Kirchenväter. Ihre Befolgung führt den Menschen wohl auf den Gipfel der Vollendung.» In einem anderen Abschnitt sagt Benedikt im selben Sinn: «Ein jeder, der in die himmlische Heimat gar bald kommen will, der erfülle mit Christi Hilfe zuerst die geringen Anfangsforderungen unserer Regel; dann mag er unter Gottes Schutz zu den hohen Gipfeln der Weisheit und der Tugenden ansteigen.»

Benedikt sagt es selbst, man könne zwar bei den heiligen Vätern lesen, wie sie gewöhnlich an einem Tag den ganzen Psalter durchgebetet, er habe aber trotzdem für die Lauen das Psalmodieren so eingeschränkt, daß bei der Verteilung der Psalmen auf die Woche die Mönche sich mit einer geringeren Zahl begnügen als die Weltgeistlichen.

Frömmigkeit und klösterliche Versenkung haben einen ganz bösen Feind; er füttert unsere Üppigkeit groß, er sorgt für Zank und Streit, ja er verwischt das Abbild Gottes in uns, die dem Menschen eigentümliche Vernunftbegabung. Dieser böse Feind ist kein anderer als der Wein: den Wein brandmarkt die Heilige Schrift als den größten Schädling unter allem, was zu des Menschen Mund eingeht, und warnt vor ihm. Vom Wein sagt der Weiseste der Weisen in seinen Sprüchen: «Der Wein macht lose Leute und starkes Getränke macht wild; wer dazu Lust hat, wird nimmer weise... Wo ist Weh, wo ist Leid? Wo ist Zank, wo ist Klagen? Wo sind Wunden ohne Ursach? Wo sind rote Augen? Nämlich, wo man beim Wein liegt und kommt auszusaufen, was eingeschenkt ist. Siehe den Wein nicht an, daß er so rot ist und im Glase so schön stehet! Er gehet glatt ein, aber darnach beißt er wie eine Schlange und sticht wie eine Otter. So werden deine Augen nach anderen Weibern sehen und dein Herz wird verkehrte Dinge reden, und du wirst sein wie einer, der mitten im Meer schläft, wie ein Steuermann, der eingeschlafen ist und das Ruder verloren hat. Und du wirst sprechen: Sie schlagen mich, aber es tut mir nicht wehe, sie zerren mich hin und her, aber ich fühle es nicht. Wann will ich aufwachen, daß ich wiederum Wein finde?» Es steht ferner auch geschrieben: «Oh, nicht den Königen, Lamuel, gib den

Königen nicht Wein zu trinken, denn nichts bleibt geheim, wo die Trunkenheit herrscht. Sie möchten trinken und der Rechte vergessen und verändern die Sache irgend der armen Leute.» Ferner heißt es im Sirach: «Wein und die Weiber betören die Weisen und lassen zu Schanden werden die Verständigen.»

Auch Hieronymus redet vom Weintrinken im Sendschreiben an Nepotian über die Lebensführung der Kleriker; er gibt seiner Empörung Ausdruck darüber, daß die jüdischen Priester, die sich jedes starken Getränkes enthalten, durch diese ihre Enthaltsamkeit unsere geistlichen Männer übertreffen: «Daß Du mir überhaupt nicht nach Wein riechst, sonst mußt Du Dir das Wort des Philosophen vorhalten lassen: das heißt nicht einen Kuß verabreichen, das heißt Wein kredenzen. Der Apostel verwirft die Weinsäufer im Priesterkleid, und das Gesetz des alten Bundes bestimmt: ‚Die den Dienst des Altars besorgen, sollen nicht Wein noch Gegorenes trinken.‘ Das Wort ‚Gegorenes‘, Sicera, bedeutet im Hebräischen jedes Rauschgetränk, ob das nun aus Getreide entsteht oder aus Obstsaft, aus eingekochtem Honig, wie es Barbarenstämme machen, aus gepreßten Palmfrüchten oder aus Früchten, die man zu Sirup zerkocht. Alles, was berauscht und Dich um den Verstand bringt, das fliehe wie den Wein!»

Der Wein wird also den Königen als Genußmittel verboten, den Priestern überhaupt untersagt, und er ist sicher von allen Nahrungsmitteln das gefährlichste. Trotzdem muß auch ein so geisterfüllter Mann wie der selige Benedikt der Zeit Rechnung tragen und seinen Mönchen eine Milderung der ursprünglichen Bestimmungen gewähren: «Wir lesen zwar, daß der Wein für Mönche überhaupt nichts taugt; aber davon überzeuge einmal einer die Mönche in unserer Zeit! Deshalb...» Ich denke, Benedikt hatte es in den ‚Lebensbeschreibungen der Väter' gelesen, daß der Wein für Mönche nichts tauge, jedenfalls steht da: «Man hatte einem heiligen Vater von einem Mönch erzählt, er trinke keinen Wein; da sagte der heilige Vater zu ihnen: Der Wein ist überhaupt nichts für Mönche.» Im gleichen Buch ist zu lesen: «Man feierte einst die Messe auf dem Berg des Vaters Antonius, und es fand sich daselbst ein Gefäß mit Wein. Einer der Alten hob es auf und brachte dem heiligen Vater Sisoi einen kleinen Becher davon. Sisoi trank von dem angebotenen Wein einmal und ein zweites Mal. Beim dritten Mal dankte er: Laß es genug sein, Bruder; weißt du nicht, daß der Teufel darin steckt?» Von diesem Vater Sisoi wird noch eine andere Geschichte erzählt: «Abraham fragte Sisois Schüler, wenn man am Feiertag oder an einem Sonntag zur Kirche gehe und drei Gläser Wein trinke, ob das nicht zu viel sei? Da sagte Sisoi: Wenn nicht der Satan darin wäre, dann wäre das nicht viel.»

Wo in aller Welt ist denn Fleischessen von Gott verdammt worden und den Mönchen verboten? Laß es Dir noch einmal gesagt sein: Benedikt muß die ursprüngliche Strenge der Regel abmildern sogar beim Weingenuß, obgleich der Wein für die Mönche wirkliche Gefahren bringt, ja überhaupt nichts für sie ist; aber Benedikt muß es tun, weil man die Mönche seiner Zeit nicht mehr zum Verzicht auf den Wein bringen kann. Mit gleicher Nachsicht sollte man auch heutzutage verfahren und sich zu einer entsprechenden Anpassung verstehen, wenigstens in dem Niemandsland zwischen Gut und Böse, bei den sogenannten Indifferenzien: was nun einmal in Kopf und Herz nicht mehr hineingeht, auf das sollte das Gelübde ebenfalls verzichten, man sollte alles Wertfreie erlauben, natürlich nur soweit dadurch kein Ärgernis entsteht, und sich begnügen mit der Ächtung der wirklichen Sünden; entsprechend sollten auch die Bestimmungen über Essen, Trinken und Kleidung gestaltet sein: man sollte reichen dürfen, was gerade billig zu beschaffen ist. Eine Regelung sollte sich überhaupt nur mit dem Notwendigen befassen, aber nicht mit dem Erläßlichen. Was uns nicht geschickt macht zum Reich Gottes oder «uns vor Gott nicht fördert», auf das brauchen wir auch kein solches Gewicht zu legen. Dazu gehört all das Äußerliche, an dem die Verworfenen und die Erwählten, die Heuchler wie die Frommen gleicherweise teilhaben. Der Unterschied von christlichem und jüdischem Wesen ist ja in nichts so stark wie in der verschiedenen Betonung der äußeren und inneren Werke; zumal zwischen den Kindern Gottes und den Kindern des Teufels ist das einzige Unterscheidungszeichen die Liebe, von der der Apostel sagt: «So ist nun die Liebe des Gesetzes Erfüllung und sein Ende.» Paulus schlägt darum auch die Werkheiligkeit so nieder an, um die Gerechtigkeit aus dem Glauben an die erste Stelle zu setzen, und spricht zu dem Juden: «Wo bleibt nun dein Ruhm? Er ist ausgeschlossen. Durch welches Gesetz? Durch der Werke Gesetz? Nicht also, sondern durch des Glaubens Gesetz. So halten wir nun dafür, daß der Mensch gerecht werde ohne des Gesetzes Werke, allein durch den Glauben. ... Ist Abraham durch die Werke gerecht, so hat er wohl Ruhm, aber nicht vor Gott. Was sagt denn die Schrift: ,Abraham hat Gott geglaubt, und das ist ihm zur Gerechtigkeit gerechnet.' ... Dem aber, der nicht mit Werken umgeht, glaubt aber an den, der die Gottlosen gerecht macht, dem wird sein Glaube gerechnet zur Gerechtigkeit aus dem Gnadenwillen Gottes.»

Auch im Essen und Trinken gibt Paulus den Christen alle Freiheit und unterscheidet Essen und Trinken scharf von dem, was wirklich gerecht macht: «Das Reich Gottes ist nicht Essen und Trinken, sondern Gerechtigkeit und Friede und Freude in dem heiligen Geiste. ... Es ist zwar alles rein; aber es ist nicht gut dem, der es ißt mit einem Anstoß seines Gewissens. Es ist besser, du essest kein Fleisch und trinkest keinen Wein und tuest nichts, daran sich dein Bruder stößt oder ärgert oder schwach wird.» An unserer Stelle wird demnach nicht geboten, irgendeine Speise überhaupt nicht zu essen, sondern es wird nur geboten, das Erregen von Anstoß zu vermeiden. Und diesen Anstoß nahmen offenbar einige bekehrte Juden, wenn sie es mitansahen, wie sogar in Moses Gesetz verbotene Speisen gegessen wurden. Auch der Apostel Petrus wollte diesen Anstoß vermeiden, wurde aber dafür von Paulus — im Galaterbrief ist das erzählt — hart angelassen und zu seinem Heil eines Bessern belehrt. Im gleichen Sinne schreibt Paulus auch an die Korinther: «Aber die Speise fördert uns vor Gott nicht», und im selben Brief: «Alles, was feil ist auf dem Fleischmarkt, das esset ... denn die Erde ist des Herrn und was darinnen ist.» Ferner steht im Kolosserbrief: «So lasset nun niemand euch Gewissen machen über Speise oder über Trank», und im gleichen Brief etwas später: «So ihr denn nun abgestorben seid mit Christo den anfänglichen Satzungen der Welt, was lasset ihr euch dann fangen mit Satzungen, als lebtet ihr noch in der Welt? Du sollst, sagen sie, das nicht angreifen, du sollst das nicht kosten, du sollst das nicht anrühren. Welches alles soll Verderben bringen durch den Gebrauch nach Menschen Gebot und Lehre.»

In dieser Stelle des Kolosserbriefes spricht Paulus von den anfänglichen Satzungen der Welt. Er meint damit die Anfangsstufen des Gesetzes, die in äußerlichen, ‚fleischlichen' Regeln bestehen. In ihrer Erlernung, gewissermaßen in der Elementarschule, übte sich zuerst die Welt, d. h. das bislang noch fleischliche Volk. Diesen Anfangsstufen, d. h. den Regeln für das Fleisch, sind abgestorben alle, die Christi Eigentum sind. Sie sind diesen Geboten für das Fleisch nicht mehr untertan; denn sie leben nicht mehr in dieser Welt, d. h. nicht mehr unter solchen Menschen, die vom Fleisch nicht loskommen, Schattenbildern nachjagen und von Satzungen sich fangen lassen, d. h. Unterschiede machen in den Speisen und in den Dingen überhaupt, indem sie sagen: «Ihr sollt dies oder jenes nicht anrühren.» Werden diese Dinge angegriffen, gekostet, angerührt, so sollen sie, wie der Apostel sagt, der Seele Verderben bringen durch den Gebrauch, wenn er in Niedrigkeit erfolgt. Der Ausdruck «nach Menschen Gebot und Lehre» bedeutet: nach Gebot und Lehre der Fleischlichen, das Gesetz fleischlich Verstehenden, und hat als Gegensatz «nach dem Wort Christi und der Seinigen».

Als Christus die Apostel aussandte zu predigen, mußte er sie besonders davor bewahren, Ärgernis zu geben. Trotzdem gab er ihnen volle Freiheit im Essen und Trinken: wo sie auch Herberge fänden, sie sollten leben wie ihre Gastgeber: «Esset und trinket, was sie haben.» Der Heilige Geist offenbarte Paulus, daß die Sendboten von diesem Gebot des Herrn abweichen würden; darum schreibt Paulus an Timotheus: «Der Geist aber sagt deutlich, daß in den letzten Zeiten werden etliche von dem Glauben abtreten und anhangen den verführerischen Geistern und Lehren der Teufel durch die, so in Gleisnerei Lügen reden, ... die da gebieten, nicht ehelich zu werden und zu meiden die Speisen, die Gott geschaffen hat, zu nehmen mit Danksagung, den Gläubigen und denen, die die Wahrheit erkennen. Denn alle Kreatur Gottes ist gut, und nichts ist verwerflich, das mit Danksagung empfangen wird; denn es wird geheiligt durch das Wort Gottes und Gebet. Wenn du den Brüdern solches vorhältst, so wirst du ein guter Diener Jesu Christi sein, auferzogen in den Worten des Glaubens und der guten Lehre, bei welcher du immerdar gewesen bist.»

Johannes der Täufer und seine Jünger trieben die Askese so weit, daß sie ganz von Kräften kamen: wenn man nur auf diese äußerliche Übung sieht, müßte man also Johannes und seine Jünger im Frommsein über Christus und seine Jünger stellen. Und des Johannes Jünger taten das auch; in jüdisch-äußerlicher Werkgerechtigkeit befangen, murrten sie gegen Christus und die Seinen und fragten den Herrn: «Warum fasten wir und die Pharisäer so viel, und deine Jünger fasten nicht?»

Der selige Augustinus machte sich über diese Fragen auch seine Gedanken; er stellte den Unterschied fest zwischen echter Tugend und einer zur Schau gestellten und gab den äußerlichen Werken ihren richtigen Platz, indem er ihnen jedes Verdienst absprach. In seiner Schrift ‚Über das Gut der Ehe' führt er aus: «Keuschheit ist eine seelische Kraft, nicht eine leibliche. Seelenkräfte offenbaren sich manchmal in äußerlich sichtbarem Werk, manchmal in der Gesinnung; so wird die Kraft der Märtyrer offenbar im Ertragen der Leiden. ... Hiob besaß die Geduld von vornherein, und dem Herrn war sie bekannt, und er legte

Zeugnis ab für sie, aber den Menschen wurde sie erst durch seine Prüfung und Versuchung.» Im gleichen Werk heißt es: «Auf daß man deutlich begreife, daß die Tugend in der Gesinnung bestehen kann, auch ohne sich im Handeln zu zeigen, so nenne ich ein Beispiel, bei dem kein Rechtgläubiger zweifeln darf. Daß der Herr Jesus in Wahrheit leiblich Durst und Hunger spürte, daß er aß und trank, daran zweifelt keiner, der auf Grund des Evangeliums glaubt. Besaß er nicht trotzdem die Kraft zur Enthaltsamkeit von Speise und Trank mindestens so gut wie Johannes der Täufer? ,Johannes ist gekommen, aß nicht und trank nicht; so sagen sie: Er hat den Teufel. Des Menschen Sohn ist gekommen, ißt und trinkt; so sagen sie: Siehe, wie ist der Mensch ein Fresser und ein Weinsäufer, der Zöllner und der Sünder Geselle.' Nachdem der Herr diese Worte von Johannes und von sich gesprochen, fügte er noch hinzu: ,Die Weisheit muß sich rechtfertigen lassen von ihren Kindern!' Wir sehen, daß die Kraft zur Enthaltsamkeit als Dauereigenschaft in der Seele wohnen muß, daß sie aber nur je nach Zeit und Umständen im Wirken ans Licht treten kann, wie z. B. die Kraft zum Leiden bei den heiligen Märtyrern. So ist das Verdienst der Geduld bei Petrus, der gemartert wurde, nicht größer als bei Johannes, dem das nicht widerfuhr, ebenso wie das Verdienst der Enthaltsamkeit bei Johannes, der unverheiratet blieb, nicht größer ist, als bei Abraham, der Kinder zeugte: beide, Johannes und Abraham, dienten Christo, ein jeder so, wie es seiner Lage entsprach, Johannes im Eheverzicht, Abraham durch die Eheschließung; nur: Johannes betätigte seine Enthaltsamkeit auch äußerlich, bei Abraham blieb sie im Zustand der Dauereigenschaft. In der Zeit, die auf die Tage der Erzväter folgte, da verfluchte zwar das Gesetz den Mann, der nicht Samen erweckte in Israel; wer es nicht konnte, der blieb kinderlos, aber er hatte doch den Willen, wenn auch nicht die Kraft. Nun ist aber erschienen die Fülle der Zeiten, und es heißt: ‚Wer es fassen mag, der fasse es!‘ Wer die Kraft besitzt, der wirke Werke; wer die Werke nicht wirken will, der behaupte nicht lügenhaft, er besitze die Kraft!» Aus Augustins Worten geht mit aller Deutlichkeit hervor: es gelten bei Gott allein die Tugendkräfte als Verdienst, und der entsprechende Besitz an diesen Tugendkräften verbürgt einen entsprechenden Lohn von Christus, ohne Rücksicht darauf, ob diese Tugendkräfte sich haben betätigen können oder nicht. Darum sind alle wahren Christen so völlig durch ihren inneren Menschen in Anspruch genommen, ihn auszuzieren mit Tugenden, von Sünden ihn zu reinigen, daß sie für den äußeren Menschen sich nur wenig Zeit nehmen, z. T. sogar überhaupt keine. So lesen wir, daß die Apostel selbst in des Herrn Gefolge bäurisch, ja, wenn ich so sagen darf, ohne rechten Anstand sich benahmen; als ob ihnen die Ehrfurcht vor ihrem Meister und das Gefühl für Anstand überhaupt abhanden gekommen — beim Gang durch die Felder rauften sie Ähren, zerrieben sie und aßen die Körner nach Kinderart, ohne sich dessen zu schämen; auch das Händewaschen vor dem Essen war für sie keine streng eingehaltene Sitte, so daß ihnen von den Leuten ihre Unreinheit vorgehalten wurde. Da sagte der Herr entschuldigend: «Mit ungewaschenen Händen essen verunreinigt den Menschen nicht.» Der Herr fügt auch sogleich den allgemein gültigen Satz hinzu, die Seele könne durch Äußerliches überhaupt nicht beschmutzt werden, sondern nur durch das, was aus dem Herzen ausgeht, welches sind «arge Gedanken, Ehebruch, Mord usw.»

Wenn nicht die Seele zuvor schon durch den bösen Willen verderbt wird, so könnte ein äußerliches Geschehen am Körper überhaupt keine Sünde sein. «Ehebruch und Mord stammen aus dem Herzen.» Diese Worte enthalten einen ganz richtigen Hinweis; solche bösen Taten können ja auch geschehen, ohne daß der Leib berührt wird, wie es das Schriftwort sagt: «Wer ein Weib ansiehet, ihrer zu begehren, der hat schon mit ihr die Ehe gebrochen in seinem Herzen», und an der anderen Stelle?« Wer seinen Bruder hasset, der ist ein Totschläger.» Jedoch wirkt die leibliche Berührung oder Verletzung noch keine Sünde; das gilt für ein Weib, dem man Gewalt angetan, so gut wie für den Richter, welcher der Gerechtigkeit ihren Lauf lassen muß und den Schuldigen töten. Heißt es doch: «Kein Mörder aber hat Teil am Reiche Gottes.»

Auf die Tat selbst kommt es also nicht so sehr an wie auf die Gesinnung, in der die Tat geschieht, wofern wir dem gefallen wollen, der da prüft Herz und Nieren, der im Verborgenen sieht, der — mit Paulus zu reden — «das Verborgene der Menschen richten wird laut meines Evangeliums», d. h. nach der Lehre meiner Predigt. Darum wurde auch das geringe Opfer der Witwe — «und legte zwei Scherflein ein; die machen einen Heller» — über die glänzenden Gaben aller Reichen gestellt von dem, zu welchem gesagt wird: «Meiner Güter bedarfst du nicht», von dem, der mehr Gefallen findet an einem Opfer, dieweil ihm der Opferer gefällt, als Gefallen findet an einem Opferer, dieweil ihm das Opfer gefällt; so steht ja auch geschrieben: «Der Herr sah gnädiglich an Abel und sein Opfer.» Der Herr sah also zuerst wohlgefällig auf die Frommheit des Opferers, und dann und darum ließ er sich sein Opfer wohlgefallen.

Soll die Frömmigkeit unseres Herzens vor Gott ihren vollen Wert haben, muß alles Pochen auf das äußerliche Tun fernebleiben. In diesem Gedanken schreibt Paulus — ich zitierte zuvor schon die Stelle aus dem Timotheusbrief, es sei alle Speisen zu genießen verstattet — in unmittelbarem Anschluß daran auch über die leibliche Übung: «Übe dich selbst aber an der Gottseligkeit. Denn die leibliche Übung ist wenig nütz; aber die Gottseligkeit ist zu allen Dingen nütz und hat die Verheißung dieses und des zukünftigen Lebens.» Wer sich fromm Gottes Gnade empfiehlt, der verdient sich bei Gott das Notwendige in diesem Leben, im zukünftigen Leben das Ewige.

Aus dieser Beweisführung sollen wir das eine lernen, nach der Weisheit des Christentums zu leben. Wir sollen mit Jakob von den Tieren der Herde dem Vater ein stärkendes Essen bereiten und nicht mit Esau gehen, im Walde zu jagen, d. h. in jüdischer Art im Äußerlichen steckenbleiben. So meint es auch der Psalmist: «In mir sind, mein Gott, alle Gelübde, die ich zum Preis dir darbringe.» Dazu nimm noch das Wort des Dichters Persius:

«Du suche dich nimmer da draußen!»

Zeugnisse weltlicher und geistlicher Lehrer gibt es also unzählig viele, und alle haben den gleichen Inhalt: man solle sich nicht viel Sorge und Mühe machen um diese äußerlichen Dinge, die sogenannten Indifferenzien. Wäre das nicht richtig — wir müßten die Werke des Gesetzes und, wie Petrus es nennt, das unerträgliche Joch seiner Knechtschaft vorziehen, wir müßten lassen die Freiheit des Evangeliums, wir dürften nicht auf uns nehmen das sanfte Joch und die leichte Last. Christus lädt uns selber ein zu diesem sanften Joch und zu dieser leichten Last: «Kommet her zu mir alle, die ihr mühselig und beladen seid!»

Darum hat Petrus auch etliche Juden scharf getadelt, die sich bereits zu Christo bekehrt hatten, aber noch immer meinten, des Gesetzes Last weiter tragen zu müssen; in der Apostelgeschichte steht es also geschrieben: «Ihr Männer, liebe Brüder, was versucht ihr denn nun Gott mit Auflegen des Jochs auf der Jünger Hälse, welches weder unsere Väter noch wir haben können tragen? Sondern wir glauben, durch die Gnade des Herrn Jesu Christi selig zu werden, gleicherweise wie auch sie.»

Du gehst nicht nur in Christi Nachfolge, Du wetteiferst auch mit Petrus an Klugheit, so wie Du seinen Namen trägst: inständig bitte ich Dich, fordere in der Regel von uns nur ein bescheidenes Maß von äußerlichen Werken, so wie es für unsere weibliche Schwachheit sich empfiehlt, auf daß wir vor allem dem Lobpreis Gottes in seinem Tempel uns widmen können! Gott lehnt alles äußerliche Opferwerk ab und fordert ein Gebetsopfer: «Wo mich hungerte, wollte ich dir nicht davon sagen, denn der Erdboden ist mein und alles, was darinnen ist. Meinest du, daß ich Ochsenfleisch essen wolle oder Bocksblut trinken? Opfere Gott Dank, und bezahle dem Höchsten deine Gelübde! Und rufe mich an in der Not, so will ich dich erretten, so sollst du mich preisen.»

Wir wollen uns mit diesen Worten nicht körperlicher Arbeit überhaupt entziehen, wenn die Not sie fordert: aber wir wollen uns das nicht als etwas Großes aufreden lassen, was dem Körper frommt, aber die gottesdienstliche Feier beeinträchtigt. Es ist apostolischer Wille, daß die frommen Frauen vor allem die Erlaubnis haben sollen, mehr durch die Werkleistung fremder Helfer ihren Unterhalt zu finden als durch eigene Betätigung. Paulus schreibt in diesem Sinn an Timotheus: «So aber ein Gläubiger Witwen hat, der versorge sie und lasse die Gemeinde nicht beschwert werden, auf daß die, so rechte Witwen sind, mögen genug haben.» Rechte Witwen nennt der Apostel die Frauen, die sich Christo geweiht haben, denen nicht nur der Gatte gestorben ist, denen auch die Welt gekreuzigt ist und sie der Welt. Es ist in der Ordnung, daß sie auf Kosten der Kirche erhalten werden, gewissermaßen aus ihres Bräutigams eigenen Einkünften. Das ist auch der Grund, daß der Herr für seine Mutter lieber den Apostel zum Fürsorger bestellt hat als den Mann, und daß die Apostel die sieben Helfer, d. h. die Diener der Kirche eingesetzt haben, den gottgeweihten Frauen zu dienen.

Gewiß, der Apostel hat im Thessalonicherbrief etliche, die ihre Tage in Nichtstun dahinbrachten und in eitlem Gaffen, zurechtgewiesen und also geboten: «So jemand nicht will arbeiten, der soll auch nicht essen.» Ebenso hat der selige Benedikt, vor allem um dem Müßiggang zu steuern, den Mönchen die Handarbeit vorgeschrieben. Aber Maria saß doch müßig da, Christi Rede zuzuhören, und Martha machte sich zu schaffen, ihrer Schwester und dem Herrn zu dienen. Es war so eine Anwandlung von Neid, die Martha etwas murren ließ über die beschauliche Ruhe, mit der ihre Schwester zu Jesu Füßen saß; Martha hatte das Empfinden, als ob sie allein des Tages Last und Hitze zu tragen habe. Auch heute müssen wir es erleben, wie äußerlichem Tun Verhaftete oftmals murren, sollen sie im Irdischen denen zur Hand gehen, die das himmlische Teil erwählet. Was ihnen von den Gewaltigen des Landes geraubt wird, das schmerzt sie oftmals nicht so sehr wie das Opfer, das sie jenen faulen Müßiggängern — den Ausdruck gebrauchen sie — darzubringen haben. Sie sehen zwar, daß diese ‚Müßiggänger' nicht nur Christi Wort hören, sondern auch es zu lesen und zu singen nicht ablassen. Aber es will ihnen nicht einleuchten, trotz der Mahnung des Apostels, daß es ein Kleines ist, ein äußerliches Werk da zu schenken, wo man sich eine innerliche Förderung erwartet; es will ihnen nicht einleuchten, daß es keine Entwürdigung bedeutet, wenn die Irdischgebundenen denen dienen, die das himmlische Teil erwählt haben. Auch Moses Gesetz hat den Dienern der Kirche diese heilsame Freiheit von der Arbeit eingeräumt: der Stamm Levi sollte kein irdisch Erbteil empfangen, um ohne Ablenkung dem Herrn dienen zu können; dafür sollte er aus dem Arbeitsertrag der anderen die Zehnten und Opfer erhalten.

Und nun Fasten und Enthaltsamkeit: Ein Christenmensch sollte seine Ehre mehr darin suchen, sich schlimmer Laster zu enthalten als harmloser Speisen. Wenn Du aber durchaus zu dem durch die kirchlichen Satzungen gebotenen Fasten noch etwas Besonderes hinzutun willst, so verordne es nach weiser Erwägung, was uns wirklich frommt!

Bei der von uns erbetenen Regel richte Deine Aufmerksamkeit vor allem auf das Horensingen und auf die Verteilung der Psalmen auf die einzelnen Gebetszeiten! In diesem Stück nimm uns bitte eine Last ab: wir möchten bei dem wöchentlichen Durchbeten des Psalters nicht immer dieselben Psalmen wiederholen. Gewiß hat der selige Benedikt die Woche so eingeteilt, wie er es für gut hielt, hat aber doch anderen Bewegungsfreiheit lassen wollen; er setzte ja hinzu: wenn jemand einen besseren Plan habe, solle er sich die Psalmen danach einteilen. Benedikt sah, daß im Lauf der Zeit die Kirche in ihrem Glanz zugenommen und daß über dem schlichten Grund sich ein herrlicher Bau erhoben.

Wir bitten Dich vor allem, auch regeln zu wollen, wie wir es mit dem Verlesen des Evangeliums in den nächtlichen Gebetszeiten zu halten haben. Es scheint doch recht bedenklich, Priester oder Diakone vollends um die Nachtzeit zur Verlesung bei uns einzulassen. Wir dürfen doch Männern überhaupt keinen Zutritt gewähren, ja wir dürfen sie nicht einmal zu Gesicht bekommen, um Gott in aller Aufrichtigkeit zu dienen und uns in jedem Fall vor Versuchungen zu bewahren.

Dir fällt die Aufgabe zu, lieber Herre, solange Du das Leben hast, uns eine Regel zu schaffen, die unser Leben für die Dauer bestimmen soll. Denn Du bist nächst Gott der Gründer dieses Heiligtums, Du bist durch Gott der Pfleger unserer Gemeinschaft: sei Du auch mit Gott der Ordner unserer religiösen Sitte! Vielleicht sollen wir nach Dir einen anderen Lehrer haben, der «einen anderen Grund legen» und darauf bauen möchte. Wir bangen davor, er möchte für uns weniger besorgt sein, und es möchte uns nicht so leichtfallen, auf ihn zu hören, wie auf Dich: wenn er auch ein Gleiches will, er wird nicht ein Gleiches zu vollbringen die Kraft haben. «Rede, Herr, denn Deine Mägde hören.»

Leb wohl!

Die Überschrift des sechsten Briefes heißt lateinisch: Domino specialiter, sua singulariter! Die auf Seite 148 stehende Übersetzung ist eine Notlösung, indem Domino (Dem Herrn) auf Abaelard bezogen ist. Gilson (Héloïse et Abélard. 2ᵉ éd. Paris 1948, S. 110, Anm. 4) nimmt die Lösung wieder auf, die Ch. de Rémusat (I, S. 160) für diese Rätselformeln gefunden hatte:

«à Dieu par l'espèce, à lui comme individu», Heloisa
faßt zur bitteren Freude ihres Philosophieprofessors
in diesen zwei Formeln ‚specialiter‘ und ‚singulariter‘
zusammen, was ihr Leben formt. Man könnte aus-
legend übersetzen: Gott verlobt als Ordensfrau, ihm
gehörend als Ehefrau.— Heloisa hätte in klarem Text
sagen können: Deo monialis-Abaelardo coniunx!
[Die auf Rémusat zurückgehende, von Gilson aufge-
griffene Deutung der Inskription Domino specialiter,
sua singulariter *ist allerdings vielfach angegriffen*
worden und scheint kaum haltbar zu sein, da sie dem
lateinischen Text Gewalt antut. Heloisa wendet sich
in ihrer Anrede doch wohl ungeteilt an Abaelard; das
gilt vollends, wenn man der textkritischen Entschei-
dung der neuen Ausgabe des Briefwechsels folgt: Suo
specialiter, sua singulariter, Mediaeval Studies *17,*
1955, S. 241.]

SIEBENTER BRIEF
ABAELARD AN HELOISA

Liebevoll besorgt, teuerste Schwester, hast Du für Dich und Deine geistigen Töchter an mich eine Anfrage gerichtet; sie zu beantworten will ich kurz und knapp sprechen von Eurem Orden und von dem Ursprung des Standes der Nonnen Der Stand der Mönche und Nonnen hat von unserem Herrn Jesus Christus die grundlegende Formung seiner Lebensweise erhalten. Indessen gab es schon vor Christi Menschwerdung einen vorbereitenden Anfang solcher Lebensweise bei Männern und Frauen. Deshalb schreibt der selige Hieronymus an Eustochium: «Die Prophetensöhne, die im Alten Testament wie Mönche geschildert wurden...», und im Evangelium lesen wir von der Witwe Hanna, daß sie nimmer vom Tempel kam und Gott diente Tag und Nacht; darum geschah es nach Verdienst, daß sie und Simeon Weissagungsgabe empfingen, um den Herrn in seinem Tempel zu begrüßen. Da die Zeit erfüllet war, da kam das Ende des Gesetzes, da kam die Vollendung alles Guten mit Christo, auf daß er das angefangene Gute hinausführte und das noch unbekannte Gute ans Licht treten ließe. Wie er kam, beide, Männer und Weiber, zu sich zu rufen und zu erlösen, so hielt er auch beide Geschlechter für würdig, sich im wahren Mönchtum seiner Gemeinschaft zu vereinen. So sollte in Männern wie in Frauen dieser Stand seine Weihe erhalten, und es sollte für alle ein Vorbild in der Lebensführung aufgestellt werden, ihrer Vollkommenheit nachzustreben. Wir lesen von einer Gruppe heiliger Frauen neben den Aposteln und den übrigen Jüngern und neben der Mutter des Herrn, wie sie der Welt entsagten und auf jeglichen eigenen Besitz verzichteten, um allein Christus zu besitzen, nach dem Wort: «Der Herr aber ist mein Gut und mein Teil.» Mit diesem Handeln erfüllten sie in wahrer Gottesfurcht das Wort der Regel unseres Herrn, das Wort, das weihevoll den Schritt von der Welt in die klösterliche Gemeinschaft begleitet: «Der nicht absagt allem, was er hat, kann nicht mein Jünger sein.»

Mit welch frommer Liebe folgten diese seligen Frauen, diese Vorbilder der Nonnen, dem Herrn nach, wie hat Christus mit seinen Aposteln ihr frommes Lieben mit Dank und Anerkennung gelohnt! Die Heiligen Schriften wissen es genau zu berichten: Das Evangelium erzählt es uns, wie der Pharisäer, bei dem der Herr zu Gast war, für sein Murren zurechtgewiesen wurde, wie der Herr die demütige Liebe der Sünderin weit über die Gastfreundschaft des Pharisäers stellte. Ebenso lesen wir: als Lazarus nach seiner Auferweckung mit den anderen zu Tische saß, da mußte seine Schwester Martha allein für das Mahl sorgen. Maria aber nahm ein Pfund köstlicher Narde und goß es über des Herrn Füße und trocknete sie mit ihrem Haar, das Haus aber war voll vom Geruch der köstlichen Salbe; und Judas wurde von der Geldgier erfaßt, daß eine solche Kostbarkeit so nutzlos vertan sei, und auch die anderen Jünger wurden unwillig. Während also Martha sich um die Speisen mühte, sorgte Maria für die Salbe, Martha labte den Herrn mit Speise und Trank, Maria pflegte sein in seiner Müdigkeit.

Nur von Frauen weiß das Evangelium solche dienende Sorge für den Herrn zu berichten. Frauen waren es, die ihr Hab und Gut für sein tägliches Brot dahingaben und ihn zuerst mit des Leibes Notdurft versorgten. Der Herr selbst bediente seine Jünger bei Tisch, der Herr war sich nicht zu gut, ihnen den niedersten Dienst zu tun, ihnen die Füße zu waschen. Wir hören nicht, daß Jesus von einem Jünger

oder überhaupt von einem Mann einen solchen Liebesdienst habe erfahren dürfen; nein, einzig und allein die Frauen, erzählt uns die Schrift, haben in solchen und anderen irdischen Diensten ihren Opferwillen bewiesen. Der Frauen dienende Tat, Marthas Wartung des Tisches und Marias Fußwaschung, haben ihr Abbild in des Herrn Dienen an seinen Jüngern. Eifervoller war die Hingabe Marias bei ihrem Dienen, dieweil sie zuvor so viel gesündigt hatte: der Herr goß Wasser in ein Becken, die Fußwaschung zu verrichten; Maria leistete diesen Dienst mit den Tränen der Zerknirschung, nicht mit gewöhnlichem Wasser. Der Herr trocknete seinen Jüngern die Füße mit einem Tuch; Maria nahm anstatt eines Handtuchs ihre Haare und salbte noch obendrein die Füße mit köstlicher Salbe; vom Herrn lesen wir nichts dergleichen. Ein Weib hat, wer weiß es nicht, im Vertrauen auf Jesu Huld sich unterfangen, auch sein Haupt mit Narde zu salben. Und zwar ließ sie die Salbe aus dem Gefäß nicht sparsam herausträufeln; sie zerbrach das Gefäß und goß die Narde über sein Haupt: ein Gefäß, das bei solchem Liebeswerk gedient, wollte sie, ihre sehnsuchtsvolle Hingabe zu zeigen, hinfort jedem irdischen Gebrauch entziehen. Durch ihr Tun geschah, was Daniel zuvor weissagend von dem Hingeben der Salbe gesprochen: «So wird der Allerheiligste gesalbt werden.»
Siehe, ein Weib ist es, das den Allerheiligsten salbt, ein Weib legt Zeugnis ab durch die Tat, daß dieser es sei, an den sie glaubt, und zugleich der, welchen der Prophet zuvor verkündet. Wie unaussprechlich ist die Güte des Herrn, wie herrlich die Begnadung der Frauen: Haupt und Füße ihm zu salben, betraut der Herr nur die Frauen! Wahrhaft groß ist das Vorrecht des schwächeren Geschlechtes: den Höchsten

der Gesalbten, der gesalbt ist seit seiner Empfängnis durch den Heiligen Geist, den darf eine irdische Frau salben, darf ihn mit irdischem Salböl salben zum König und Priester, darf ihn auch auf Erden zu einem Christus machen, zu einem Gesalbten.

Der Erzvater Jakob hat zuerst eine Salbung vollzogen — die Salbung an dem Stein, um dadurch auf des Herrn Salbung im voraus sinnbildlich hinzuweisen. Auch später verstattete man nur Männern, den König oder den Priester feierlich zu salben, überhaupt eine heilige Weihe durch die Salbung zu vollziehen; nur der Salbung bei der Taufe mochten sich Frauen je und je unterfangen. Den Stein weihte vor Zeiten der Erzvater durch seine Salbung zu einem Heiligtum; auch jetzt noch weiht der Priester durch die Salbung den Altar. Männer spenden die weihende Salbung nur den Spiegelungen der göttlichen Wahrheit, aber ein Weib hat die Salbung an dem Urbild der Wahrheit selber vollzogen, so wie, der die Wahrheit ist, es selbst bezeugt: «Sie hat ein gutes Werk an mir getan.» Der Christus selbst empfängt seine Salbung von einer Frau, Christi Anhänger von Männern: von einer Frau wird gesalbt er, das Haupt; und wir, die Glieder, werden von Männern gesalbt. Auch das hat seinen guten Grund, daß die Frau das Salböl nicht sparsam abträufeln ließ, daß sie es über seinem Haupte ausgegossen; so tat sie nach dem vorausdeutenden Wort ihres Bräutigams im Hohenlied: «Dein Name ist eine ausgeschüttete Salbe.» Die Überfülle dieser Salbe, wie sie vom Haupt bis auf den Saum des Kleides geflossen, deutet der Psalmist sinnbildlich an in seinem Wort: «Wie der köstliche Balsam ist, der vom Haupte Aarons herabfließt in seinen ganzen Bart, der herabfließt in sein Kleid.» Eine dreifache Salbung soll David empfangen haben, wie es auch Hieronymus zum 27. Psalm erwähnt: eine dreifache Salbung hat Christus empfangen, eine dreifache empfangen die Christen. Des Herrn Haupt und des Herrn Füße empfingen ihre Salbung vom Weibe, den toten Leib salbten, so berichtet Johannes, mit Myrrhen und Aloe Josef von Arimathia und Nikodemus. Auch die Christen empfangen eine dreifache Weihe mit heiligem Öl: bei der Taufe, bei der Firmung und bei der Vorbereitung für den letzten Gang.

Wie war die Frau bevorzugt! Zweimal durfte sie den Christus bei seinem Leben salben, an Haupt und Füßen, sie durfte ihn weihen zu einem König und einem Priester! Myrrhen und Aloe, Spezereien, die Leiber der Toten unvergänglich zu machen, sie deuteten voraus auf die künftige Unverweslichkeit des Leibes Christi, eine Gabe, die die Auserwählten in der Auferstehung empfangen. Die vorausgegangenen Salbungen durch das Weib bezeugen Christi einzigartige Würde als König und als Priester; die Salbung des Hauptes deutet hin auf die höhere Würde, auf die niedere die Salbung der Füße. Vom Weibe empfängt der die Salbung der Königsweihe, der die Königskrone ausschlug, da Männer sie ihm darbrachten, und der vor ihrem Zwang, die Krone zu nehmen, sich flüchtete. Das Weib vollzieht die feierliche Salbung des Königs, des himmlischen Königs Salbung, nicht die eines irdischen, des Köngs Salbung, der von sich selbst es hernach sagte: «Mein Reich ist nicht von dieser Welt.»

Bischöfe rühmen sich des, wenn sie in ihren glänzenden, goldstrotzenden Gewändern unter dem Jubel des Volkes irdischen Königen die Salbung geben, wenn sie irdische Menschen zu Priestern weihen, wenn sie oftmals da segnen, wo der Herr verflucht

hat. Und hier, die demütige Frau: sie wechselt nicht
das Kleid, sie braucht keinen großen Pomp, wenn sie
unter dem Murren der Apostel an dem himmlischen
König die Weihehandlung vollzieht: mit dem Recht
der demutsvollen Liebe vollzieht sie die Weihung,
nicht mit dem Anspruch des hohen Amtes. Wie stark
ist die Beharrlichkeit des Glaubens, wie über alles
Denken glutvoll die Liebe: «Sie glaubet alles, sie
hoffet alles, sie duldet alles!» Es murrt im stillen der
Pharisäer, wenn von der Sünderin des Herrn Füße
gesalbt werden; es empören sich unverhohlen die
Jünger, da das Weib auch das Haupt zu salben wagt.
Aber der Glaube der Frau bleibt unerschüttert, sie
traut auf die Güte des Herrn, und der Herr tritt bei
beidem schützend für sie ein. Wie wohlgefällig und
willkommen war die köstliche Narde dem Herrn!
Des zum Zeugnis verlangt er, es solle ihr ein solches
Tun vorbehalten bleiben, und spricht, als Judas sich
entrüstet: «Laß sie mit Frieden, auf daß sie solches
behalte zum Tage meines Begräbnisses!» Damit
wollte der Herr sagen, Judas solle dem Weib diesen
Demutsdienst am Lebendigen nicht wehren, auf
daß er dem Toten nicht diesen letzten Liebesdienst
raube. Gottesfürchtige Frauen haben, das wissen wir,
für des Herrn Begräbnis Spezereien bereitet; Maria
hätte es nicht mehr gewagt, sich mit den anderen
Frauen dabei zu bemühen, wenn sie jetzt zu ihrer
Scham sich hätte abweisen lassen müssen. Und als
die Jünger über die große Keckheit der Frau sich
empörten und, wie bei Markus steht, über sie murrten, da stillte der Herr ihren Zorn durch eine sanft-
mütige Antwort und pries des Weibes freundliche
Tat; mit dem Wunsch, sie möge in das Evangelium
aufgenommen werden, verband er die Prophezeiung,
man werde überall von dieser Frau sagen, wo man

von ihm selber predige. Dies sprach er, um die Frau
im ruhmvollen Gedächtnis zu erhalten, die ihres küh-
nen Tuns wegen zuerst sich zurechtweisen lassen mußte.
Keine andere Liebestat – wer immer sie tun mochte –
hat der Herr mit solcher Feierlichkeit gepriesen und
ihren Lobpreis verewigt. Auch das Scherflein der
armen Witwe stellte der Herr über alle Opfergaben
im Tempel, um auch darin zu zeigen, wie wohlgefällig ihm der Frauen fromme Liebe sei.

Petrus hat es laut zu rühmen gewagt von sich und
seinen Mitaposteln, sie hätten für Christus alles hinter sich gelassen. Und als Zachäus des Herrn ersehnte Ankunft gewahr wurde, da schenkte er die
Hälfte seiner Habe den Armen und ersetzte es vier-
fach, wenn er jemanden betrogen hatte. Auch sonst
haben viele Männer in Christi Namen und um
Christi willen es sich viel kosten lassen, haben weit
größere Werte dem Dienste Christi zugute kommen
lassen oder um Christi willen sie verlassen. Trotzdem dürfen sie alle sich nicht rühmen, vom Herrn so
gepriesen und verherrlicht worden zu sein wie die
Frauen. Der Frauen Liebe zu Jesus hat sich in ihrer
vollen Tiefe bei seinem Tode bewährt: da der Apo-
stelfürst seinen Herrn verleugnete, da auch der floh,
den der Herr liebhatte, da die anderen Apostel alle
sich zerstreuten, – da blieben nur die Frauen unerschüttert, kein Schrecken und keine Verzweiflung
konnten sie von Christo scheiden, weder in seinem
Leiden noch in seinem Tod. Ist es nicht, als ob der
Apostel vor allem für sie das Wort gesprochen:
«Wer will uns scheiden von der Liebe Gottes? Trübsal oder Angst?» So hat auch Matthäus zuerst von
sich und den anderen Jüngern berichtet: «Da verließen ihn alle Jünger und flohen.» Weiter erzählt
er aber von dem treuen Aushalten der Frauen, wie

sie selbst dem Gekreuzigten noch zur Seite standen, solange sie es durften: «Und es waren viele Weiber da, die von ferne zusahen, die da Jesu waren nachgefolgt aus Galiläa und hatten ihm gedient.» Der gleiche Evangelist erzählt es uns, sie hätten getreulich am Grabe des Herrn ausgehalten: «Es waren aber allda Maria Magdalena und die andere Maria, die setzten sich gegen das Grab.» Von diesen Frauen spricht auch Markus mit den Worten: «Und es waren auch Weiber da, die von ferne solches schauten; unter welchen war Maria Magdalena und Maria, Jakobus des Kleinen und des Josef Mutter, und Salome, die ihm auch nachgefolget waren, da er in Galiläa war, und gedient hatten, und viele andere, die mit ihm hinauf gen Jerusalem gegangen waren.»

Die Frauen seien unter dem Kreuz gestanden, erzählt Johannes, und auch er, der zuvor geflohen, sei dazugetreten. Johannes stellt in seinem Bericht das standhafte Aushalten der Frauen voran, wohl um anzudeuten, ihr tapferes Beispiel habe ihn ermutigt und zur Rückkehr bewogen: «Es stand aber bei dem Kreuze Jesu seine Mutter und seiner Mutter Schwester, Maria, des Kleophas Weib, und Maria Magdalena. Da nun Jesus seine Mutter sah und den Jünger dabeistehen...» Daß die heiligen Frauen so getreulich ausharrten und daß die Jünger den Herrn im Stich ließen, das hat der fromme Hiob lange vor dieser Zeit in prophetischen Worten als Christi Stellvertreter angedeutet: «Mein Fleisch ist geschwunden, mein Gebein hanget an meiner Haut, nur die Lippen sind übrig blieben um meine Zähne.» Die Stärke eines Leibes beruht ja auf dem Gebein, das dem Fleisch und der Haut als Stütze dient. In dem Leib Christi, welcher die Kirche ist, hat man unter dem Gebein den festen Grund christlichen

Glaubens zu verstehen oder jene Liebesglut, von der es im Hohenlied heißt, «daß auch viele Wasser nicht mögen die Liebe auslöschen». Von dieser Liebe rühmt es auch der Apostel: «Sie verträgt alles, sie glaubet alles, sie hoffet alles, sie duldet alles.» Im Leib bildet das Fleisch das Innere, die Haut das Äußere. Die Apostel, die durch ihre Predigt auf der Seelen Nahrung bedacht sind, und die Frauen, die für des Lebens Notdurft sorgen, die werden mit dem Fleisch und mit der Haut verglichen. Das Fleisch schwand dahin; darum hing das Gebein nur noch an der Haut; das bedeutet: die Jünger, die das Fleisch sind, nahmen an dem Leiden ihres Herrn Anstoß und gerieten über seinen Tod in Verzweiflung. Die Ergebenheit der frommen Frauen, deren Sinnbild die Haut ist, blieb unerschüttert, und sie trennten sich nicht von dem Gebein Christi, das heißt: sie hielten fest die Beharrlichkeit in Glauben, Hoffnung, Liebe; auch vom toten Christus mochten sie sich nicht trennen, nicht leiblich und nicht geistig. Männer sind von Natur stärker, geistig und leiblich, als die Frauen; so wird mit Recht durch das Fleisch, das dem Gebein näher ist, die Mannesnatur versinnbildlicht, durch die Haut die schwache Weibsnatur. Die Apostel, deren Aufgabe es ist, anderer Leute Abfall scharf zu tadeln, können darum auch als die Zähne des Herrn bezeichnet werden. «Nur die Lippen sind übrig blieben», das bedeutet, den Aposteln sind nur noch die Worte geblieben, aber keine Taten, da sie in ihrer Verzweiflung mehr von Christus sprachen als für Christus handelten.

Solche Leute waren z. B. auch die Jünger, die nach Emmaus gingen. «Sie redeten miteinander von allen diesen Geschichten», und siehe, da erschien Christus und tröstete sie in ihrer Verzweiflung. Und schließlich Petrus und die anderen Jünger: hatten sie etwas anderes als leere Worte, als des Herrn Leiden seinen Anfang nahm und der Herr selbst ihnen voraussagte, sie würden sich an seinem Leiden ärgern? Da rief Petrus aus: «Wenn sie auch alle an dir sich ärgerten, so will ich doch mich nimmermehr ärgern ... Und wenn ich mit dir sterben müßte, so will ich dich nicht verleugnen. Desgleichen sagten auch alle Jünger.» So sagten alle Jünger, ich wiederhole das Wort, aber so handelten sie nicht. Der erste und bedeutendste der Apostel besaß eine solche Standhaftigkeit, daß er sich getraute, zum Herrn zu sagen: «Herr, ich bin bereit, mit dir ins Gefängnis und in den Tod zu gehen.» Der Herr vertraute ihm insbesondere seine Kirche an, da er sprach: «Und wenn du dermaleinst dich bekehrst, so stärke deine Brüder.» Und dieser selbe Petrus schämt sich nicht, auf das Wort einer armseligen Magd hin seinen Herrn zu verleugnen. Und eine Verleugnung ist noch nicht genug: dreimal verleugnet er den Herrn, da dieser noch lebt, und alle Jünger zumal fliehen in einem Augenblick eilends davon, verlassen ihren Herrn. Aber die Frauen mochten sich nicht trennen, auch nicht von ihrem toten Herrn, nicht leiblich und nicht geistig. Jene selige Sünderin sucht den Toten und bekennt sich zu ihm als zu ihrem Herrn mit dem Wort: «Sie haben den Herrn weggenommen aus dem Grabe. ... Hast du ihn weggetragen, so sage mir, wo hast du ihn hingelegt, so will ich ihn holen.» Es fliehen die Widder, es fliehen die Hirten der Herde Christi, es harren mutig aus die zagen Schafe. Die Jünger mußte der Herr verklagen, daß ihr Fleisch so schwach sei, daß sie auch in seiner Leidensnot nicht mit ihm zu wachen vermöchten, nicht eine Stunde. Eine ganze Nacht durch wachten die Frauen

an seinem Grab unter Tränen; und so widerfuhr
ihnen, was sie verdient, da sie den Auferstandenen
in seiner Herrlichkeit zuerst sehen durften. Die
Frauen hielten ihm die Treue bis in seinen Tod und
bewiesen auch da noch durch Werke, nicht durch
Worte, wie groß ihre Liebe zu ihm gewesen bei seinem Leben. Für die Mühe und Sorge, die sie um sein
Leiden und seinen Tod gehabt, durften sie als erste
sich freuen an dem Leben des Auferstandenen.

Nach Johannes' Bericht banden Josef von Arimathia
und Nikodemus den Leichnam Jesu in leinene Tü-
cher mit Spezereien. Markus erzählt von der Teilnahme der Frauen, wie Maria Magdalena und Maria, des Josef Mutter, zuschauten, wo er hingelegt
werde. Auch Lukas meldet von den Frauen: «Es
folgten aber die Weiber nach, die mit ihm gekommen
waren aus Galiläa, und beschauten das Grab und wie
sein Leib gelegt war. Sie kehrten aber um und be-
reiteten Spezereien und Salben.» Nicht genug erschienen den Frauen die Spezereien des Nikodemus,
wenn sie nicht auch die ihren noch hinzugeben durften. «Und den Sabbat über waren sie stille nach dem
Gesetz.» Nach Markus' Bericht kamen, da der Sabbat
vergangen war, sehr früh am Auferstehungstage die
Frauen zum Grabe, Maria Magdalena und Maria,
des Jakobus Mutter, und Salome.

Von der frommen Hingebung der Frauen ist nun genug erzählt; jetzt sollen die Auszeichnungen geschildert werden, deren die Frauen gewürdigt wurden.
Fürs erste: durch eines Engels Erscheinung bekamen
sie die tröstliche Kunde, der Herr sei schon auferstanden. Sodann: die Frauen waren die ersten, die
den Herrn sehen und berühren durften, allen zuvor
Maria Magdalena, dieweil sie den Herrn am innig-
sten liebte; danach sah ihn Maria Magdalena mit den

anderen Frauen zusammen; es heißt von ihnen: nach der Erscheinung des Engels «gingen sie eilend zum Grabe hinaus und liefen, daß sie seinen Jüngern verkündigten die Auferstehung des Herrn. ... Und siehe, da begegnete ihnen Jesus und sprach: Seid gegrüßt! Und sie traten zu ihm, und griffen an seine Füße und fielen vor ihm nieder. Da sprach Jesus zu ihnen: Gehet hin und verkündigt es meinen Brüdern, daß sie gehen nach Galiläa; daselbst werden sie mich sehen.» Davon erzählt auch Lukas: «Es war aber Maria Magdalena und Johanna und Maria, des Jakobus Mutter, und andere mit ihnen, die solches den Aposteln sagten.» Desgleichen erwähnt es Markus, daß die Frauen zuerst von dem Engel zu den Aposteln geschickt wurden, solches zu verkündigen; der Engel spricht: «Er ist auferstanden und ist nicht hier. ... Gehet aber hin und sagt seinen Jüngern und Petrus, daß er vor euch hingehen wird nach Galiläa.» Der Herr selbst sprach bei seiner ersten Erscheinung zu Maria Magdalena: «Gehe aber hin zu meinen Brüdern und sage ihnen: Ich fahre auf zu meinem Vater.» Wie diese Stellen insgesamt uns zeigen, stehen diese frommen Frauen als weibliche Apostel über den männlichen: die Frauen wurden vom Herrn selbst oder von seinen Engeln zu den Aposteln geschickt, die ersehnte Auferstehungsbotschaft allen zur rechten Freude zu verkündigen; durch der Frauen Mund sollten die Apostel zuerst erfahren, was sie selber hernach der ganzen Welt zu predigen hätten. Auch hat der Herr, wie wir aus dem Evangelium schon erwähnten, bei der Begegnung die Frauen gegrüßt; sein Begegnen wie sein Grüßen sollte ihnen seine liebende Fürsorge in ihrer ganzen Größe beweisen. Andere hat er nie gegrüßt, wenigstens erfahren wir es nicht, mit der besonderen Anrede: «Seid gegrüßt!» Im Gegenteil, er verbot, wie es in der Schrift steht, früher seinen Jüngern ausdrücklich zu grüßen: «Und grüßt niemand auf der Straße!» Man sollte meinen, er habe dieses Vorrecht für die Frauen aufgespart, um selber, schon umstrahlt vom Glanze der Unsterblichkeit, die Frauen mit diesem Vorrecht zu belehnen.

Auch in dem Bericht der Apostelgeschichte haben die Frauen ihre Statt. Unmittelbar nach Christi Himmelfahrt kehrten die Apostel vom Ölberg nach Jerusalem zurück. Die Apostelgeschichte entwirft ein genaues Bild von dem religiösen Leben dieser frommen Gemeinschaft und vergißt dabei auch nicht den frommen Eifer der Frauen und ihre Beharrlichkeit im Glauben: «Diese alle waren stets beieinander einmütig mit Beten und Flehen samt den Weibern und Maria, der Mutter Jesu.»

Die jüdischen Frauen kamen also gleich im Anfang zum Glauben, solange der Herr noch im Fleisch wandelte und predigte, und gestalteten so das Urbild Eurer Lebensgemeinschaft. Aber von ihnen können wir jetzt schweigen und wollen der Witwen der Griechen gedenken, die von den Aposteln erst später in die Christengemeinde aufgenommen wurden. Die Apostel haben auch ihnen viel Liebe und Fürsorge gewidmet, bestellten sie doch den ruhmreichen Bannerträger der christlichen Heldenschar, den ersten Märtyrer Stephanus, mit etlichen anderen geisterfüllten Männern, den Witwen der Griechen zu dienen. Die Apostelgeschichte gibt darüber folgenden Bericht: «Da der Jünger viele wurden, erhob sich ein Murmeln unter den Griechen wider die Hebräer, darum, daß ihre Witwen übersehen wurden in der täglichen Handreichung. Da riefen die zwölf Apostel die Menge der Jünger zusammen und spra-

193

chen: ‚Es taugt nicht, daß wir das Wort Gottes unterlassen und zu Tische dienen. Darum, ihr lieben Brüder, sehet unter euch nach sieben Männern, die ein gut Gerücht haben und voll heiligen Geistes und Weisheit sind, welche wir bestellen mögen zu dieser Notdurft; wir aber wollen anhalten am Gebet und am Amt des Wortes.' Und die Rede gefiel der ganzen Menge wohl; und sie erwählten Stephanus, einen Mann voll Glaubens und heiligen Geistes, und Philippus und Prochorus und Nikanor und Timotheus und Parmenas und Nikolaus von Antiochien. Diese stellten sie vor die Apostel und beteten und legten die Hände auf sie.» Diese Bestellung zum Fürsorgedienst für heilige Frauen bedeutete eine hohe Anerkennung für Stephanus' keusche Zurückhaltung. Die Verwaltung dieses Dienstes war eine hohe Ehre und war wohlgefällig vor Gott und den Aposteln. Sie bezeugten dies durch ihr Gebet und durch Auflegen der Hände; dadurch wollten sie die sieben Auserwählten beschwören, ihr Amt getreulich zu verwalten, und sie durch Segen und Gebet dazu stark machen.

Auch Paulus erhebt auf Grund seiner Apostelwürde den Anspruch auf solchen Fürsorgedienst: «Haben wir nicht auch Macht, eine Schwester zum Weibe mit umherzuführen wie die anderen Apostel?» Das soll heißen: ist es uns nicht auch verstattet, einen Kreis von frommen Frauen um uns zu sammeln und auf unsren Evangelisationsreisen mit uns zu führen, so wie es die anderen Apostel tun, auf daß die Frauen während dieser Reisen das Nötige zum Leben aus ihrem Vermögen liefern? In dem Buch ‚Vom Werk der Mönche' sagt Augustinus: «Dazu gingen gläubige Weiber, die Vermögen hatten, mit ihnen und dienten ihnen mit ihrer Habe, auf daß sie nichts zu vermissen brauchten, das zu des Lebens Notdurft gehört.» In einem späteren Kapitel führt Augustinus aus: «Ein jeder, der es nicht glauben will, daß fromme Frauen mitzogen, die Apostel zu begleiten überallhin, wo sie das Evangelium verkündigten, der mag das Evangelium sich anhören; da kann er es vernehmen, daß die Apostel nach des Herrn eigenem Beispiel so handelten. ... Im Evangelium steht nämlich geschrieben: ‚Und es begab sich danach, daß er reiste durch Städte und Märkte und predigte und verkündigte das Evangelium vom Reiche Gottes; und die Zwölf mit ihm, dazu etliche Weiber, die er gesund hatte gemacht von den bösen Geistern und Krankheiten, nämlich Maria, die da Magdalena heißt, und Johanna, das Weib Chusas, des Pflegers des Herodes, und Susanna und viele andere, die ihm Handreichungen taten von ihrer Habe.‘ Diese Stelle zeigt mit aller Deutlichkeit, daß der Herr bei seinen Predigtreisen durch diese dienenden Frauen sich mit des Leibes Notdurft versorgen ließ, und daß diese Frauen mit den Aposteln zusammen seine treue Gefolgschaft bildeten.»

Als dann dieser gottgeweihte Stand an Männern und Frauen immer mehr fand, die ihm anhingen, da bekamen schon in den Anfangszeiten der Kirche beide Geschlechter besondere klösterliche Behausungen. Wie wir in der Kirchengeschichte des Eusebius, Buch II, Kap. 16, lesen, hat der große jüdische Schriftsteller Philo mündlich und schriftlich sich mit hoher Anerkennung über die alexandrinische Kirche unter der Leitung des Markus geäußert: «In vielen Gegenden der Erde leben solche Menschen. ... An jedem dieser Orte trifft man ein Bethaus, das ‚Semneion‘ oder ‚Monasterium‘, d. h. Kloster, genannt wird. ... Sie kennen nicht bloß die geistlichen Lieder der trefflichen alten Dichter, sie dichten auch selber neue zu

Gottes Ehre, und zwar in den verschiedensten Versformen und Melodien, die sie auch lieblich zu singen
wissen.» Nach ausführlicher Schilderung ihrer Enthaltsamkeit und der Art ihres Gottesdienstes heißt
es weiter: «Mit den genannten Männern zusammen
weilen dort auch Frauen, darunter mehrere Jungfrauen schon hoch an Jahren; diese halten ihren Leib
keusch und unberührt, nicht unter irgendwelchem
Zwang, sondern aus Frömmigkeit. Um in die göttliche Weisheit sich recht zu versenken, trachten sie
danach, Seele und Leib zu heiligen; eine Entwürdigung bedeutet es ihnen, der Sinnenlust ein Gefäß zu
opfern, das die höchste Weisheit zu fassen bestimmt
ist, eine Entwürdigung, irdischer Kinder Mütter zu
werden, da sie sich sehnen nach der unvergänglichen,
geheiligten Liebe des Wortes, das Fleisch ward, aus
ihm eine Frucht zu gewinnen trotz Tod und Ver-
gänglichkeit.» Eusebius fährt fort: «Philo schreibt
auch von ihren Gemeinschaften, daß Männer und
Frauen getrennt leben, wenn auch in derselben Gegend, und ihre Vigilien halten, so wie es bei uns jetzt
noch üblich ist.» In denselben Zusammenhang gehört, was die sogenannte ‚Dreigeteilte Geschichte‘,
Buch I, Kap. 11, zu Ehren der christlichen Philosophie
zu berichten weiß, d. h. zu Ehren des Mönchslebens,
dem beide Geschlechter sich widmen: «Die Begründer dieser herrlichen Weisheitslehre waren nach
einigen Schriftstellern der Prophet Elia und Johannes der Täufer. Aber der Pythagoräer Philo erzählt,
zu seiner Zeit hätten sich fromme Hebräer in einem
Landhaus zusammengefunden, das nahe bei dem
Mareotis-See auf einer Anhöhe lag, und hätten dort
als Philosophen gelebt. Ihre Art zu wohnen und sich
zu ernähren und überhaupt ihre Lebensweise, so wie
sie Philo schildert, ist die gleiche, die wir noch heute

bei den ägyptischen Mönchen beobachten. Nach Philos Bericht essen sie erst nach Sonnenuntergang; sie verzichten völlig auf Wein und Fleisch und leben nur von Brot, Salz und Ysop; das Wasser ist ihr einziges Getränk. Mit ihnen zusammen leben alte Frauen, die keusch geblieben und aus Liebe zur Philosophie freiwillig auch auf die Ehe verzichteten.»

Dahin gehört auch, was Hieronymus im 8. Kapitel seines Werkes ‚Berühmte Männer' zur Ehre des Markus und seiner Gemeinde schreibt: «Markus war der erste, der in Alexandria Christum predigte; die Gemeinde, die er dort gründete, zeichnete sich durch rechte Lehre und sittliche Lebensführung so aus, daß sie für alle Christen vorbildlich wurde. Der große jüdische Schriftsteller Philo, der die Gemeinde in Alexandria noch in ihrer ersten judenchristlichen Zeit kennenlernte, schrieb zum Ruhm seines Volkes ein Buch über ihre Lebensweise; und, was Lukas von der Gütergemeinschaft der Gläubigen in Jerusalem zu berichten weiß, das Entsprechende erzählt auch Philo von der alexandrinischen Gemeinde aus der Zeit, da sie unter Markus' Leitung stand.» Im 11. Kapitel fährt Hieronymus fort: «Den Juden Philo, der in Alexandria aus priesterlichem Geschlechte geboren wurde, rechnen wir unter die Kirchenschriftsteller; wir tun dies, weil er ein Buch schrieb über die erste Gemeinde des Evangelisten Markus in Alexandria; in diesem Buch verkündet er das Lob der Christen und erwähnt, sie hielten sich nicht bloß in Alexandria auf, sondern auch noch in vielen anderen Provinzen; und ihre Wohnungen nennt er Monasteria.»

Daraus ergibt sich, daß die Gemeinde der gläubigen Christen zuerst die Verfassung hatte, die noch für die Mönche von heute ihres Lebens Ziel und Vorbild ist: Keiner besaß irgend etwas, das ihm persönlich gehörte, es gab in ihrer Mitte keine Reichen und keine Armen, sie verteilten ihr Hab und Gut unter die Bedürftigen, Gebet- und Psalmensingen wurde ihres Daseins Inhalt, sie lebten dem Wort Gottes und der Heiligung, wie es Lukas von der Urgemeinde in Jerusalem berichtet.

Wenn wir die Geschichte des Alten Testamentes lesen, so finden wir, daß die Frauen, wo es Gott und seinen besonderen Dienst galt, nirgends hinter den Männern zurückstanden. Die heilige Geschichte erzählt ausdrücklich, daß Frauen genauso wie Männer zu Gottes Ehre Lieder gesungen und sogar selbst gedichtet haben. Das erste Lied aus Freude über die Befreiung des Volkes Israel sangen dem Herrn Männer und Frauen zusammen; dadurch bekamen die Frauen alsbald das Recht, beim Gottesdienst in der Gemeinde mitzuwirken. So steht geschrieben: «Und Mirjam, die Prophetin, Aarons Schwester, nahm eine Pauke in ihre Hand, und alle Weiber folgten ihr nach, hinaus mit Pauken und in Reigen, und Mirjam sang ihnen vor: Lasset uns dem Herrn singen, denn er hat eine herrliche Tat getan.» An dieser Stelle wird der Prophet Mose überhaupt nicht erwähnt. Es wird von ihm nicht gesagt, er habe vorgesungen gleich Mirjam, es wird nicht erzählt, daß die Männer gleich den Weibern mit Pauken im Reigen aufgezogen seien. Mirjam, die vorsang, wird als Prophetin bezeichnet; daraus dürfen wir schließen, sie habe dieses Lied nicht selber gedichtet und in Musik gesetzt, sondern sie verdanke es ihrer prophetischen Geisterfüllung. Sie hat den anderen vorgesungen: ein Beweis, wie geordnet und wie harmonisch ihr Spiel gewesen. Sie ließen nicht nur ihre Stimmen erschallen, sie schlugen auch im Reigen die Pauken;

das zeigt ihre große Liebe zu Gott und bedeutet auch sinnbildlich den geistlichen Gesang, der in klösterlichen Niederlassungen geübt wird. Dazu ermahnt uns auch der Psalmist: «Lobet ihn mit Pauken und Reigen», das will sagen, mit Abtötung des Fleisches und mit dieser einträchtigen Liebe, von der es in der Schrift heißt: «Die Menge der Gläubigen war ein Herz und eine Seele.»

Auch das hat sinnbildliche Bedeutung, was die Frauen bei ihrem Gesang taten; in ihrem Tun stellt sich sinnbildlich dar der Jubel der in Gott sich versenkenden Seele; sie erhebt sich zum Himmlischen und verläßt ihre irdische Burg, sie bringt unter höchstem Jubel dem Herrn ein geistiges Lied von der innersten Wonne ihrer mystischen Versenkung.

Im Alten Testament haben wir auch noch Lieder von Debora und Hanna und von der Witwe Judith, so wie im Evangelium ein Lied von Maria, der Mutter des Herrn. Hanna weihte dem Herrn ihren Knaben Samuel; dadurch gab sie den Klöstern die Vollmacht, Kinder aufzunehmen. Deshalb schreibt Isidorus in seinem Brief an die im Kloster des Honorianus lebenden Brüder im 5. Kapitel: «Wer von seinen Eltern ins Kloster gebracht wird, der wisse, daß er dort für Lebenszeit bleiben wird. Denn Hanna weihte Samuel, da er noch ein Knabe war, dem Herrn; auch er blieb im Dienst des Tempels, zu welchem ihn die Mutter bestimmt hatte, und diente bis ans Ende an dem Platz, den man ihm gegeben.»

Die Töchter Aarons waren ebenso wie ihre Brüder dem Heiligtum zugeordnet und hatten am Erbe Levis denselben Anteil wie die Brüder; der Herr ließ ihnen davon ihren Unterhalt geben, wie geschrieben steht in dem Buch ‚Numeri‘, da der Herr zu Aaron spricht: «Alle Hebopfer, die die Kinder Israel heiligen dem Herrn, habe ich dir gegeben und deinen Söhnen und Töchtern samt dir zum ewigen Recht.» Daraus möchte man schließen, daß auch fromme Frauen zum Priesterstand gehörten. Das ist jedenfalls sicher, daß priesterliche Frauen und Männer durch Gleichheit der Bezeichnung verbunden waren, wie auch wir ebensogut von Diakonissen wie von Diakonen reden, als ob wir in diesen beiden Namen Gegenstücke sehen zu Leviten und Levitinnen.

Im selben Buch ist auch zu finden, daß das strenge Gelübde und die Gottesweihe der Nasiräer für Frauen so gut wie für Männer Geltung hatte; der Herr selber spricht also zu Mose: «Sage den Kindern Israel und sprich zu ihnen: Wenn ein Mann oder Weib ein Gelübde tut, sich zu heiligen, und sich Gott weiht, der soll sich Weines und starken Getränks enthalten; Weinessig oder starken Getränks Essig soll er auch nicht trinken, auch nichts, das aus Weinbeeren gemacht wird; er soll weder frische noch dürre Weinbeeren essen, solange solches sein Gelübde währet; auch soll er nichts essen, das man vom Weinstock machet, weder Weinkern noch Hülsen, solange die Zeit solches seines Gelübdes währet.» Unter diesem frommen Gelübde standen, glaub' ich, die Weiber, die an der Tür der Stiftshütte wachten; aus ihren Spiegeln schuf Mose das Becken, in dem Aaron und seine Söhne sich waschen sollten, wie geschrieben steht: «Mose stellte auf das Handfaß von Erz, in dem sich wüschen Aaron und seine Söhne, das er hatte gemacht aus den Spiegeln der Weiber, die vor der Tür der Hütte des Stifts wachten.» Wie liebevoll schildert er ihres frommen Eifers Glut, wie sie sogar zur Zeit, da das Heiligtum verschlossen war, nicht von der Pforte wichen und die Nacht durch wachend die heiligen Gebetszeiten gemeinsam begingen, auch jede für sich ihr besonderes Gebetsopfer darbrachte: die Frauen ließen nicht ab, Gott zu dienen, während die Männer der Ruhe pflegten. Des Heiligtums Tür war ihnen verschlossen: damit wird treffend versinnbildlicht das Leben der Büßerinnen, die abgesondert von der Gemeinschaft der Menschen dem härtesten Bußschmerz sich hingaben. Ein solches Büßerleben heißt mit besonderem Recht ein mönchisches Leben; mit ihm verglichen ist das gewöhnliche Mönchsleben ja nur eine abgeschwächte Form der Buße. Das Heiligtum, an dessen Pforte sie dienend weilten, ist bildlich zu verstehen, wie es auch der Apostel im Hebräerbrief bildlich meint: «Wir haben einen Altar, davon nicht Macht haben zu essen, die der Hütte pflegen.» Das bedeutet: An ihm teilzuhaben sind die nicht wert, die ihrem Leib zur Sinnenlust verhelfen, ihrem Leib, in dem sie hienieden gewissermaßen wie im Feldlager dienen. Die Pforte des Heiligtums bedeutet aber das Ende dieses Lebens, wann die Seele aus dem Leibe fährt, um einzugehen zum künftigen Leben. An dieser Pforte wachen die Menschen, die sich um den Ausgang aus diesem Leben Sorge machen und um den Eingang in das zukünftige. Durch ihre Buße wollen sie diesen Ausgang so gestalten, daß sie jenen Eingang verdienen. Von diesem täglichen Eingang und Ausgang der heiligen Gemeinde redet das Gebetswort des Psalmisten: «Der Herr behüte deinen Eingang und Ausgang von nun an bis in Ewigkeit.» Der Herr behütet dann unseren Eingang zugleich wie unseren Ausgang, wenn wir schon vorher durch die Buße uns haben reinwaschen lassen, so daß wir von hier ausziehen, um dort alsbald Einlaß zu finden. Mit Recht hat der Psalmist den Eingang vor dem Ausgang genannt; er sah dabei nicht so sehr auf die natürliche Reihenfolge wie auf das verschiedene Gewicht dieser beiden Begriffe: Unser Ausgang aus dem menschlichen Leben vollzieht sich unter Schmerzen, der Eingang ins ewige Leben ist eitel Freude und Wonne. Die Spiegel der Frauen versinnbildlichen die äußeren Werke; aus diesen Werken kann man Häßlichkeit oder Schönheit der Seele beurteilen, so wie man aus einem wirklichen Spiegel über ein Menschenantlitz Klarheit gewinnen kann. Aus diesen Spiegeln der Frauen wird ein Becken verfertigt, in dem sich Aaron und seine Söhne waschen sollen; dies bedeutet: die Werke der frommen Frauen und die Glaubensstärke des schwachen Geschlechtes ist ein schwerer Vorwurf für die Glaubenslässigkeit der Priester und Ältesten, so daß diesen die Reuetränen hervorbrechen. Wenn Priester und Älteste, wie es ihnen gebührt, diese Frauen sich angelegen sein lassen, so wirken die guten Werke der Frauen die Sündenvergebung, in der die Priester ihre Sünden abwaschen. Der selige Gregorius hat sich gewiß aus solchen Spiegeln ein Gefäß zur Buße bereitet, als er, des Staunens voll über die Glaubenskraft der frommen Frauen und über die Märtyrerkrone des schwachen Geschlechtes, unter Seufzen fragte: «Womit sollen rauhe Männer sich entschuldigen, da zarte Jungfrauen um Christi willen schwere Leiden ertragen, da im schweren Kampfe das schwache Geschlecht die Siegespalme davonträgt, daß wir es oft die zwiefache Krone der Jungfräulichkeit und der Blutzeugenschaft tragen sehen?»

Ohne Zweifel gehört jene selige Hanna zu diesen Frauen, die an der Pforte der Stiftshütte wachten und gewissermaßen als Nasiräerinnen dem Herrn ihre Witwenschaft zum Opfer darbrachten. Hanna gehört zu ihnen, die zugleich mit dem frommen Simeon den ersten der Nasiräer, unseren Herrn Jesus Christus,

in seinem Tempel begrüßen durfte. Ein Geist über
jedem Prophetengeist ergriff sie, und sie erkannte
zur selbigen Stunde wie Simeon durch des Geistes
Gnade Christus den Herrn, daß sie sein Erscheinen
ansagte und vor aller Ohren es verkündigte. Ihr zum
Ruhme schreibt der Evangelist: «Und es war eine
Prophetin Hanna, eine Tochter Phanuels, vom Geschlechte Asser, die war wohlbetagt und hatte gelebt
sieben Jahre mit ihrem Manne nach ihrer Jungfrauschaft und war nun eine Witwe bei vierundachtzig
Jahren; die kam nimmer vom Tempel, diente Gott
mit Fasten und Beten Tag und Nacht. Die trat auch
hinzu zu derselben Stunde und pries den Herrn und
redete von ihm zu allen, die da auf die Erlösung zu
Jerusalem warteten.»
Beachte bitte jedes einzelne Wort! Wie gibt sich der
Evangelist Mühe, diese Witwe zu rühmen, wie gewählt sind die lobpreisenden Worte für ihre Hoheits-
fülle! Er hat bei Hanna nichts vergessen: die Prophetengabe, mit der sie begnadet war, ihres Vaters
Namen und ihr Geschlecht, die sieben Jahre, die sie
mit ihrem Manne zusammengelebt, und danach ihres
Witwenstandes endlos lange Zeit; wie sie sich in diesem Stande dem Herrn zur Magd weihte, ihr beständiges Weilen im Tempel, ihr Anhalten an Fasten
und Gebet; und dann den Lobpreis ihres Bekenntnisses zum Herrn, den jubelnden Dank an den Herrn
und schließlich die Verkündigung seines Ruhmes, daß
der verheißene Heiland nunmehr geboren. Auch von
Simeon hatte der Evangelist zuvor schon gesprochen,
hatte zwar in warmen Worten von seiner Gerechtigkeit geredet, nicht von seiner Prophetengabe, hatte
bei ihm nicht diese Kraft der Keuschheit und Genüg-
samkeit, nicht diesen Eifer im Dienste des Herrn
hervorgehoben und wußte auch nicht zu berichten,

daß Simeon vor fremden Ohren vom Messias gekündet.

Diesem Stand und dieser Lebensrichtung darf man die wahren Witwen zurechnen, von denen der Apostel an Timotheus schreibt: «Ehre die Witwen, welche rechte Witwen sind. ... Das ist aber eine rechte Witwe, die einsam ist, die ihre Hoffnung auf Gott stellt und bleibt am Gebet und Flehen Tag und Nacht. ... Solches gebiete, auf daß sie untadelig seien.» Ferner heißt es: «So aber ein Gläubiger Witwen hat, der versorge sie und lasse die Gemeinde nicht beschwert werden, auf daß die, so rechte Witwen sind, mögen genug haben.» Als rechte Witwen bezeichnet der Apostel solche, die ihren Witwenstand nicht durch eine zweite Heirat entweihten, oder solche, die mehr aus frommer Ergebung in Gottes Willen als unter dem Zwang der Not in diesem Stande verharrten, um sich Gott zu weihen. Einsam nennt der Apostel die Witwen, weil die einen allen Bindungen absagen, so daß kein irdischer Tröster mehr als Helfer bleibt, und weil die andern von vornherein keinen Fürsorger mehr besaßen. Nach des Apostels Befehl sollen wir solche Witwen ehren und ihnen aus dem Schatz der Kirche ihren Unterhalt gewähren, gewissermaßen aus dem Eigentum ihres himmlischen Bräutigams.

Der Apostel trifft genaue Bestimmungen, welcher Art die Witwen sein müssen, die zum Dienste des Diakonats erwählt werden dürfen: «Laß keine Witwe erwählt werden unter 60 Jahren, und die da gewesen sei *eines* Mannes Weib und die ein Zeugnis habe guter Werke: so sie Kinder aufgezogen hat, so sie gastfrei gewesen ist, so sie der Heiligen Füße gewaschen hat, so sie allem guten Werk nachgekommen ist. Der jungen Witwen aber entschlage dich.»

Zu diesem letzten Punkt sagt der selige Hieronymus erklärend: «Entschlage dich also der jungen Witwen, betraue sie nicht mit dem Diakonatsamte, auf daß nicht statt des guten Beispiels ein böses gegeben werde. Wenn jüngere Frauen zu diesem Amt gewählt werden — sie sind der Versuchung leichter zugänglich, sind von Natur leichtfertiger, haben auch noch kein langes, erfahrungsreiches Leben hinter sich —, dann geben sie wohl denen ein böses Beispiel, denen sie ein ganz besonders gutes geben sollten.» Von diesem bösen Beispiel redet der Apostel ganz offen, da er mit jungen Witwen seine Erfahrungen gesammelt hatte, und gibt seinen guten Rat, wie diese Übelstände gar nicht erst groß werden. Er hatte zuvor gesagt: «Der jungen Witwen aber entschlage dich.» Warum er vor ihnen warnt und wie er hier helfen will, zeigen seine folgenden Worte: «Denn wenn sie geil geworden sind wider Christum, so wollen sie freien und haben ihr Urteil, daß sie den ersten Glauben gebrochen haben. Daneben sind sie faul und lernen umlaufen durch die Häuser; nicht allein aber sind sie faul, sondern auch geschwätzig und vorwitzig und reden, das nicht sein soll. So will ich nun, daß die jungen Witwen freien, Kinder zeugen, haushalten, dem Widersacher keine Ursache geben zu schelten. Denn es sind schon etliche umgewandt dem Satan nach.»

Des Apostels Vorsicht, die Diakonissen auszuwählen, teilt der selige Gregorius; in einem Brief an den Bischof Maximus von Syrakus schreibt er: «Junge Äbtissinnen lehnen wir aufs nachdrücklichste ab. Deine brüderliche Liebe mag den Bischöfen gebieten, nur solchen Jungfrauen den Schleier zu geben, die in sechzig Lebensjahren ihre Sittlichkeit unter Beweis gestellt haben.» Wo wir jetzt den Ausdruck ‚Äbtissin' gebrauchen, da sprach man früher von einer ‚Diakonisse', indem man mehr an das magdliche Dienen als an das mütterliche Leiten dachte. Das Wort ‚Diakonus' heißt verdolmetscht ‚Diener', und die Alten glaubten, es komme mehr auf das Helfen an als auf das Regieren, und gebrauchten deshalb den Ausdruck ‚Diakonissen'. Der Alten Vorbild war darin der Herr, der uns das Dienen im Werk und Wort gelehrt hat: «Der Größte unter euch soll euer Diener sein.» Und an anderer Stelle spricht er: «Denn welcher ist größer, der zu Tische sitzt oder der da dient? ... Ich aber bin unter euch wie ein Diener.» Und wiederum heißt es: «Gleich wie des Menschen Sohn ist nicht gekommen, daß er sich dienen lasse, sondern daß er diene.» Deshalb hat auch Hieronymus den Titel eines Abtes, mit dem er schon damals viele prunken sah, unter Berufung auf den Herrn mit aller Deutlichkeit verworfen; er tut dies in der Auslegung der Stelle aus dem Galaterbrief: ‚Der schreiet: Abba, lieber Vater!' «Abba ist ein hebräisches Wort», sagt Hieronymus, «und bedeutet so viel wie Vater. Da nun Abba im Hebräischen und Syrischen Vater heißt, und da der Herr im Evangelium gebietet, niemanden Vater zu nennen außer Gott, so weiß ich wirklich nicht, wo wir die Dreistigkeit hernehmen, in den Klöstern andere so zu nennen oder von anderen uns so nennen zu lassen. Der dies Gebot ausgesprochen, ist gewiß derselbe, der auch gesagt: Du sollst nicht schwören. Wenn wir nicht schwören dürfen, dann dürfen wir auch nicht irgendeinen fremden Menschen Vater nennen. Wollen wir das Verbot des Vater-Sagens umdeuten, müssen wir auch über das Schwurverbot anders denken.»

Zu diesen Diakonissen gehört bestimmt jene Phoebe, die der Apostel seinen Römern mit herzlicher Fürbitte empfiehlt: «Ich befehle euch aber unsere Schwester Phoebe, welche ist im Dienst der Gemeinde zu Kenchreä, daß ihr sie aufnehmet in dem Herrn, wie sich's ziemt den Heiligen, und tut ihr Beistand in allem Geschäfte, darin sie euer bedarf; denn sie hat auch vielen Beistand getan, auch mir selbst.» Cassiodorus und Claudius legen diese Stelle aus und sagen beide, Phoebe sei in jener Gemeinde Diakonisse gewesen. Bei Cassiodorus heißt es: «Der Apostel bezeichnet Phoebe als eine Diakonisse der Muttergemeinde. Das Diakonissenamt wird bei den Griechen als Kriegsdienst der Frauen für den Herrn aufgefaßt; diese Diakonissen haben sogar in der Gemeinde das Recht zu taufen.» Claudius erklärt: «Diese Stelle lehrt, und das Wort des Apostels verbürgt es, daß auch Frauen im Dienst der Gemeinde Verwendung fanden. Phoebe, von der der Apostel mit warmen Worten der Anerkennung spricht, stand in solchem Dienst bei der Gemeinde in Kenchreä.»

In einem Brief an Timotheus rechnet Paulus solche Frauen unter die Diakone, indem er ihre sittliche Lebensführung entsprechend regelt. An der Stelle, in der er die kirchlichen Amtsträger in ihren verschiedenen Abstufungen bespricht, erwähnt er nach dem Bischof die Diakone: «Desgleichen die Diakone sollen ehrbar sein, nicht zweizüngig, nicht Weinsäufer, nicht unehrliche Hantierung treiben; die das Geheimnis des Glaubens in reinem Gewissen haben. Und diese lasse man zuvor versuchen; danach lasse man sie dienen, wenn sie unsträflich sind. Desgleichen die Weiber sollen ehrbar sein, nicht Lästerinnen, nüchtern, treu in allen Dingen. Die Diakone laß einen jeglichen sein *eines* Weibes Mann, die ihren Kindern wohl vorstehen und ihren eigenen Häusern. Welche aber wohl dienen, die erwerben sich selbst eine gute

Stufe und eine große Freudigkeit im Glauben an Christo Jesu.»

Der Forderung, die Paulus in dieser Stelle an die Diakone richtet, nicht zweizüngig zu sein, entspricht die Forderung an die Diakonissen: Nicht Lästerinnen! Sagt er dort ,nicht Weinsäufer', so sagt er hier ,nüchtern'. Alles, was bei den Diakonen sonst noch gefordert wird, faßt der Apostel bei den Diakonissen kurz zusammen in dem Wort: «Treu in allen Dingen.» Den Bischöfen und Diakonen verbietet der Apostel, eine zweite Ehe einzugehen; ebenso bestimmt er, wie ich schon erwähnte, für die Diakonissen, sie sollen nur *eines* Mannes Weib sein: «Laß keine Witwe erwählt werden unter 60 Jahren, und die da gewesen sei *eines* Mannes Weib, und die ein Zeugnis habe guter Werke: so sie Kinder aufgezogen hat, so sie gastfrei gewesen ist, so sie der Heiligen Füße gewaschen hat, so sie den Trübseligen Handreichungen getan hat, so sie allem guten Werk nachgekommen ist. Der jungen Witwen aber entschlage dich.»

Vergleicht man die vorausgegangenen Auslesevorschriften für Bischöfe und Diakone, dann sieht man erst, wie eingehend der Apostel für die Diakonissen die Voraussetzungen ihres Amtes und seine Führung bespricht. In dem Abschnitt über die Diakone steht kein Wort wie «ein Zeugnis haben guter Werke... gastfrei sein.» Als Voraussetzung für das Diakonissenamt fordert Paulus: «So sie der Heiligen Füße gewaschen hat, so sie den Trübseligen...» An Bischöfe und Diakone werden diese Anforderungen nicht gestellt. Zwar sollen auch Bischöfe und Diakone ,unsträflich' sein; aber von den Diakonissen verlangt der Apostel nicht nur, daß sie ,untadelig' seien, sondern auch, daß sie «allem guten Werk nachgekommen» seien. Bei den Diakonissen schien dem Apostel ein gereiftes Alter erforderlich, auf daß sie in allem ein Ansehen hätten: «Nicht unter 60 Jahren!» Bei den Diakonissen sollte man, so will es der Apostel, ihre sittliche Lebensführung achten und vor ihrem erfahrungsreichen, gereiften Alter Ehrfurcht haben. Mochte der Herr auch für Johannes die größte Liebe hegen, er setzte doch Petrus, dieweil er älter war, über ihn und die anderen Jünger. Ein älterer Mann ist als Vorgesetzter leichter zu ertragen denn ein jüngerer; der Gehorsam gegenüber einem Älteren kommt aus einem freudigeren Herzen, hat ihn doch nicht bloß des Lebens Zufall über uns gesetzt, sondern die naturgegebene Altersabstufung.

Im ersten Buch seiner Schrift ‚Gegen Jovinianus' sagt Hieronymus, als er Petrus' Vorzugsstellung bespricht: «Einer wird erwählt, auf daß ein Haupt da sei und keine Spaltung geschehen könne. Aber warum wurde nicht Johannes erwählt? Jesus gab dem Alter den Vorzug und wählte darum Petrus; sonst wäre ein Jüngling, fast noch ein Knabe, vor Männer vorgerückten Alters getreten. Der gute Meister, der seine Jünger vor jedem Streit bewahren mußte, hätte sonst offenbar Anlaß gegeben zur Mißgunst gegen den Jüngling, den er lieb hatte.»

Das ‚Väterbuch' erzählt von einem frommen Vater, der sich durch Christi Beispiel bestimmen ließ. Zwei Brüder traten nacheinander ins Kloster, der jüngere zuerst, und trotzdem gab er nicht dem jüngeren die Vorzugsstellung, sondern dem älteren, nur um auf das Alter Rücksicht zu nehmen. Er fürchtete wohl, selbst der leibliche Bruder könnte sich mit der Bevorzugung des jüngeren nicht abfinden. Sogar die Apostel hatten sich, wie er aus der Schrift wußte, über die zwei aus ihrer Mitte empört, da sie durch Vermittlung ihrer Mutter bei Christus den Ehrenplatz bekommen wollten; der Jünger Empörung war um so stärker, da der eine, eben Johannes, der jüngste des ganzen Kreises war. Der Apostel bewies seine besondere Sorgfalt nicht nur bei der Auswahl der Diakonissen, er war überhaupt eifrig bemüht um die gottgeweihten Witwen und wollte ihnen offenbar jeden Anlaß zu einer Versuchung benehmen. Die Mahnung: «Ehre die Witwen, welche rechte Witwen sind», ergänzt er alsbald durch die Bestimmung: «So aber eine Witwe Kinder oder Enkel hat, solche laßt zuvor lernen, ihre eigenen Häuser regieren und den Eltern Gleiches vergelten.» Bald hernach folgt die Stelle: «So aber jemand die Seinen, sonderlich seine Hausgenossen, nicht versorgt, der hat den Glauben verleugnet und ist ärger denn ein Heide.»

In diesen Verordnungen läßt der Apostel die Pflichten der Menschlichkeit und die religiösen Pflichten zugleich zu ihrem Rechte kommen. Der Apostel will verhindern, daß man religiöse Verpflichtungen vorschützt und hilflose Kinder im Stich läßt; aber ebensowenig sollte Mitgefühl gegen bedürftige Verwandte eine Witwe in ihrem frommen Vorsatz beirren und sie rückwärts zu sehen nötigen; dabei könnte sie ab und zu sogar zum Kirchenraub sich verführen lassen und widerrechtlich Gemeindeeigentum ihren eigenen Angehörigen zuwenden. So erkennt Paulus nur den Zwang der Verhältnisse an, wenn er für Frauen, die noch mit häuslichen Sorgen belastet sind, seine besonderen Anordnungen trifft. Bevor sie in den rechten Witwenstand eintreten und ganz zu Gottes Mägden werden, sollen sie vorher «den Eltern Gleiches vergelten». Das bedeutet, sie sollen selber ihre Kinder mit der gleichen Liebe aufziehen, die sie zuvor von ihren eigenen Eltern erfahren durften.

Paulus verlangt von den Witwen, um ihr Frommsein zur Vollkommenheit zu bringen, ein Anhalten
am Gebet und Flehen Tag und Nacht. Um ihnen das
zu ermöglichen, trifft er seine Bestimmungen für ihre
Versorgung: «So aber ein Gläubiger Witwen hat,
der versorge sie und lasse die Gemeinde nicht beschwert werden, auf daß die, so rechte Witwen sind,
mögen genug haben.» Damit will Paulus sagen: wenn
eine Witwe noch Verwandte hat, die aus eigenem
Vermögen für deren Unterhalt sorgen können, so
mögen sie das auch tun, auf daß die übrigen zu ernähren die Gemeindekasse imstande sei. Wenn
solche Angehörige gegen die Witwen hartherzig sind,
so sollen sie zur Erfüllung ihrer Pflicht angehalten
werden. Diese Ausdeutung entspricht offensichtlich
Paulus' wirklicher Meinung und darf deshalb auch in
des Apostels Namen ihre Anwendung finden. Paulus
sorgt in dieser Weise für die Lebensnotwendigkeiten
der Witwen; er bedenkt aber auch ihr Ansehen, wenn
er sagt: «Ehret die Witwen, welche rechte Witwen
sind.» Solche rechten Witwen waren sicherlich die
beiden Frauen, deren eine Paulus als ‚Mutter' anredet, um ihrem frommen Stande seine Ehrfurcht zu
bezeigen, während der Evangelist Johannes die
andere ‚Herrin' nennt. Im Römerbrief schreibt Paulus: «Grüßet Rufus, den Auserwählten in dem Herrn,
und seine und meine Mutter.» Der zweite Brief des
Johannes beginnt: «Der Älteste der auserwählten
Herrin und ihren Kindern...» Dieser Herrin Liebe
zu gewinnen, heißt es an späterer Stelle: «Und nun
bitte ich dich, Herrin, daß wir uns untereinander lieben.»
Johannes' Vorbild hat Hieronymus Mut gemacht, die
Jungfrau Eustochium, eine Nonne wie Ihr, als ‚Herrin' anzureden, ohne dabei für seine eigene Ehre zu

fürchten; im Gegenteil, er begründet seine Verpflichtung zu dieser Anrede mit den Worten: «Darum nenne ich Eustochium meine Herrin, weil der Verlobten unseres Herrn Jesu Christi dieser Ehrenname gebührt...» Im gleichen Brief stellt er das Vorrecht dieses heiligen Standes über alle Herrlichkeit irdischen Glückes: «Du sollst keinen Umgang mit Damen haben und sollst nicht in den Häusern der Vornehmen aus und ein gehen; wozu willst Du das immer wieder schauen, auf das Du zugunsten Deines jungfräulichen Standes verzichtet hast? Laß die Ehrgeizigen sich im Vorgemach der Kaiserin drängen, ihre Aufwartung zu machen! Du beleidigst Deinen Gemahl, wolltest Du, eine Braut Christi, zu eines Menschen Gattin eilen. In diesem Stück hast Du es zu lernen, das Stolzsein auf das Heilige; vergiß es nicht, Du stehst höher denn jene!»

An eine andere Gottesbraut schreibt Hieronymus von der himmlischen Seligkeit und der irdischen Würde der gottgeweihten Jungfrauen: «Wie groß ist die Seligkeit der heiligen Jungfrauen im Himmel! Der heiligen Schriften Zeugnisse und die kirchliche Sitte lehrt es uns: Jungfrauen, die eine geistliche Weihe empfangen, erwerben sich dadurch ein besonderes Verdienst im Himmel. Alle Gläubigen sonst empfangen die gleichen Gnadengaben, alle rühmen sich der gleichen Segnungen der Sakramente, aber die frommen Jungfrauen haben vor den übrigen Gläubigen einen Vorzug: Aus der heiligen, unbefleckten Herde der Gemeinde werden sie um ihres verdienstlichen Gelübdes willen vom Heiligen Geiste auserwählt als die heiligsten und reinsten Opfer, auf daß sie durch den Hohenpriester dem Herrn an seinem Altar dargebracht werden. ... Dem jungfräulichen Stand eignet also, was andere nicht haben; eine Gnadengabe ist ihm besonders vorbehalten, und seine Weihe ist mit besonderem Vorrecht ausgestattet. Außer bei drohender Todesgefahr darf die Jungfrauenweihe nur am Erscheinungsfest, am Weißen Sonntag und an den Aposteltagen vollzogen werden. Auch dürfen die Jungfrauen selbst und die Schleiertücher für ihr gottgeweihtes Haupt nur vom Hohenpriester, das ist vom Bischof, geweiht werden.» Die Mönche gehören demselben Beruf an und unterliegen derselben Regel, sie sind Glieder des starken Geschlechts, sie brauchen im Unberührtsein den Jungfrauen nichts nachzugeben: trotz alledem kann ihre Weihung an jedem beliebigen Tage vor sich gehen, sie geschieht für sie selbst und für ihre Kuttengewandung nur durch den Abt. Priester und niedere Kleriker können bekanntlich von jeher während der Quatemberfasten ordiniert werden, die Bischöfe an jedem Sonntag. Die Jungfrauenweihe ist eine seltene Kostbarkeit und darum den besonderen Fest- und Freudentagen vorbehalten. Die ganze Gemeinde freut sich mit an ihrer wundersamen Tugend, so wie es der Psalmist prophetisch verkündet: «Man führet die Jungfrauen zum Könige... man führet sie mit Freuden und Wonne und gehen in des Königs Palast.» Die Liturgie der Jungfrauenweihe soll der Apostel und Evangelist Matthäus selber niedergeschrieben oder doch mündlich gebraucht haben; jedenfalls in seiner Martyriumsgeschichte steht dies zu lesen; dort wird auch erzählt, wie der Apostel für die Heiligung und Verteidigung des Gelübdes der Jungfräulichkeit den Märtyrertod gestorben. Für Kleriker und Mönche haben uns die Apostel keine Segnungsformeln hinterlassen.

Der heilige Stand der Frauen trägt schon in seinem Namen seines Wesens Deutung; sie heißen Sanktimonialen, ein Wort, das abzuleiten ist von sanctimonia oder sanctitas, das ist: heilige Reinheit. Gerade daß das weibliche Geschlecht ein schwaches Geschlecht ist, gerade das macht es bei Gott wohlgefällig und verleiht seiner Tugendkraft die Vollkommenheit; dafür legt der Herr selbst Zeugnis ab, wenn er des Apostels Schwachheit zum Ringen um die Siegeskrone aufruft: «Laß dir an meiner Gnade genügen, denn meine Kraft ist in den Schwachen mächtig.» Der Herr ist es auch, der durch des Apostels Mund in dem gleichen Brief von den Gliedern seines Leibes, welcher ist die Kirche, so redet, als wollte er ganz besonders auf den Wert der schwachen Glieder hinweisen. So steht im Korintherbrief geschrieben: «Sondern vielmehr die Glieder des Leibes, die uns dünken die schwächsten zu sein, sind die nötigsten; und die uns dünken am wenigsten ehrbar zu sein, denen legen wir am meisten Ehre an; und die uns übel anstehen, die schmückt man am meisten. Denn die uns wohl anstehen, die bedürfen's nicht. Aber Gott hat den Leib also vermengt und dem dürftigen Glied am meisten Ehre gegeben, auf daß nicht eine Spaltung im Leibe sei, sondern die Glieder füreinander gleich sorgen.»

Die Fülle der göttlichen Gnade und Nachsicht ist nirgends sonst so reichlich ausgegossen wie über der Frauen schwaches Geschlecht, das durch eigene Schuld und Naturanlage seine Ehre eingebüßt hatte. An jeder einzelnen Abstufung im weiblichen Geschlecht, an Jungfrauen, Witwen und an Ehefrauen, sogar an den verworfensten Dirnen, an ihnen allen siehst Du Christi Gnade mächtig werden, auf daß sich erfülle des Herrn Wort und des Apostels Ausspruch: Also werden die Letzten die Ersten und die Ersten die Letzten sein...

Wo aber die Sünde mächtig geworden ist, da ist doch die Gnade viel mächtiger geworden.» Wir brauchen nur die Gnadengaben und Auszeichnungen noch einmal im Geist an uns vorbeiziehen zu lassen, die seit Erschaffung der Welt der Herr dem weiblichen Geschlechte gespendet: Gleich die Schöpfung des Weibes erbringt uns den Beweis seiner überragenden Würde; denn das Weib wurde im Paradies erschaffen, der Mann außerhalb des Paradieses. Diese Tatsache kann es den Frauen besonders eindringlich machen, daß das Paradies ihr natürliches Vaterland ist, und daß es ihnen besonders wohl ansteht, das Unschuldsleben des Paradieses zu erneuern. In seinem Buch ‚Vom Paradiese' sagt deshalb Ambrosius: «Und Gott ergriff den Menschen, welchen er geschaffen, und versetzte ihn ins Paradies.» Du siehst, er nahm den Mann, der schon Sein und Wesen hatte, und setzte ihn ins Paradies, also ist der Mann schon außerhalb geschaffen, das Weib dagegen erst im Paradies. Am schlechteren Ort entstanden, wird der Mann als der bessere erfunden, am besseren Ort erschaffen, erweist sich die Frau als die schlechtere. Was Eva als Mutter aller Sünde gefehlt, das ließ der Herr zuerst wiedergutmachen durch Maria; dann erst hat er Adams Fehl in Christo gesühnt. Wie die Schuld, so hat auch die Gnade von einer Frau ihren Anfang genommen, und die paradiesische Unschuld hat eine neue Blüte erlebt. In Hanna und Maria wurde für die Witwen und Jungfrauen zuerst das gottgeweihte Leben vorgebildet, ehe noch Johannes und die Apostel für die Männer das Urbild mönchischen Lebens formen durften.

Nach Eva kamen Debora, Judith, Esther: ihre Tugendkraft muß dem betrachtenden Mann die Schamröte aufsteigen lassen über sein eigenes Geschlecht, das sich das starke nennt. Debora kämpfte, eine Richterin in Israel, da die Männer sich dem Kampfe entzogen; nachdem sie die Feinde geschlagen und dem Volke des Herrn die Freiheit geschenkt, da stimmte sie ein gewaltig Siegeslied an. Judith ging waffenlos mit ihrer Dienerin Abra unter das schreckliche Heer und hieb Holofernes mit seinem eigenen Schwert das Haupt ab; sie schlug ganz allein der Feinde große Macht und befreite ihr verzweifelndes Volk. Gegen des Gesetzes Gebot ward Esther durch geheimnisvolles Wirken des Heiligen Geistes einem heidnischen König vermählt; so vermochte sie den Ratschlag des gottlosen Haman zunichte zu machen und des Königs grausames Gebot, so hat sie in einem Augenblick den feierlichen Beschluß des königlichen Rates in sein Gegenteil verwandelt.

Man macht viel Wesens davon, daß David mit Schleuder und Stein sich an Goliath wagte und seiner Herr geworden. Aber die Witwe Judith ging zum feindlichen Heer sogar ohne Schleuder und Stein, bereit, ohne Waffen den Kampf zu kämpfen. Und Esther befreit ihr Volk einzig mit ihrem Wort, es wendet sich der Todesbeschluß gegen die Feinde, es verfangen sich im Netz, die es selber gespannt. Diese Heldentat verdient es, daß ihr Gedächtnis bei den Juden alljährlich mit einem großen Freudenfest begangen wird. Mochten Männertaten noch so glänzend sein, sie erfahren doch nicht eine solche Verherrlichung. Und die unvergleichliche Standhaftigkeit der Heldenmutter und ihrer sieben Söhne! Des Staunens voll lesen wir es im Buch der Makkabäer, wie die Söhne zusammen mit ihrer Mutter in Antiochus' Gefangenschaft gerieten, und wie der gottlose König sie nicht zu zwingen vermochte, Schweinefleisch zu essen gegen das Gesetz. Diese Mutter vergaß ihre Natur und vergaß menschliches Fühlen; nur den Herrn vor Augen, machte sie ihre Söhne stark auszuhalten und vorauszugehen, siebenfältig die Krone des Lebens zu empfangen; und siebenfältig schmückte die Märtyrerkrone der Mutter Haupt, bis zuletzt eigener Martertod ihr Leben krönte.

Wenn wir auch das ganze Alte Testament durchlesen, wir finden nichts, das dem standhaften Mut dieses Weibes gleichkäme. Der erbarmungslose Versucher des seligen Hiob sagt, da er die Schwachheit der menschlichen Natur gegen den Tod erwägt: «Haut für Haut; und alles, was ein Mann hat, läßt er für sein Leben.» Die Angst vor den Schrecken des Todes ist uns allen angeboren, und oft setzen wir das eine Glied daran, um das andere zu retten, und scheuen kein Ungemach, wenn wir nur unser armseliges Leben erhalten. Aber die Mutter der Makkabäer brachte es über sich, ihr Hab und Gut zu opfern, sie brachte es über sich, ihrer aller Leben zu opfern, nur um einen einzigen Verstoß gegen das Gesetz zu meiden. Was war es denn schon Großes, wozu man sie zwingen wollte? Sollte sie etwa ihrem Gott abschwören, sollte sie den Götzen Weihrauch streuen? Dergleichen keines wurde von ihr verlangt, nur sollte sie von dem Fleisch essen, das im Gesetz verboten war. O meine Brüder, Ihr Genossen in der Klostereinsamkeit, was wollt Ihr vor dem beharrlichen Mute dieses Weibes sagen? Schamlos giert Ihr Tag für Tag gegen alle Satzungen und gegen unser Gelübde nach Fleisch! Seid Ihr schon so bar jeder Scham, daß Ihr diese Geschichte anhören könnt, ohne zu erröten? Vergeßt nicht, meine Brüder, was der Herr von der Königin des Mittags den Ungläubigen drohend verkündigt: «Die Königin von Mittag wird auftreten am Jüngsten Gericht mit diesem Geschlecht und wird

es verdammen.» Die standhafte Tat der Makkabäer-
muttter muß Euch noch viel mehr in der Seele brennen, denn sie hat weit Größeres getan als Ihr,
die das eigene Gelübde zur strengen Befolgung des
göttlichen Gebotes verpflichtete.

Für ihr heldenmütiges Ausharren hat die Mutter der
Makkabäer in unserer Kirche eine besondere Ehrung
erhalten: ihres Martertodes wird in feierlicher
Schriftlesung und eigener Messe gedacht, eine Auszeichnung, die keinem der Frommen des Alten Testaments zuteil geworden, die vor des Herrn Ankunft
starben. Dabei lesen wir gerade in der Geschichte der
Makkabäer von dem ehrwürdigen alten Eleazar, der
der vornehmsten Schriftgelehrten einer war, daß er
um derselben Ursache willen zuvor schon den Martertod erlitten. Aber wenn das von Natur schwächere
Geschlecht seine Tugendkraft bewährt, so ist eine
solche Bewährung vor Gott besonders wohlgefällig
und verdient besondere Ehre. Das Martyrium des
Eleazar, an dem ja eine Frau nicht beteiligt war, erfuhr keine besondere Verherrlichung in einer Festfeier; denn es hatte nicht viel zu bedeuten, wenn
einer vom stärkeren Geschlecht sich auch im Leiden
stärker zeigte. Darum rühmt auch die Heilige Schrift
die Makkabäermutter in hohen Worten: «Es war
aber ein groß Wunder an der Mutter, und ist ein
Exempel, das wohl wert ist, daß man es von ihr
schreibe. Denn sie sah ihre Söhne alle sieben auf einen
Tag nacheinander gemartert werden, und litt es mit
großer Geduld um der Hoffnung willen, die sie zu
Gott hatte. Dadurch ward sie so mutig, daß sie einen
Sohn nach dem anderen auf ihre Sprache tröstete
und fassete ein männlich Herz.»

Wenn es Jungfräulichkeit zu preisen gilt, wer möchte
Jephtas einzige Tochter vergessen? Da der Vater als

Sieger heimkam, redete sie ihm selbst zu, wider ihren Nacken das Schwert zu zücken. Der Vater sollte sein Gelübde nicht brechen müssen, wenn es auch ohne Überlegung getan war, und dem gnädigen Gott sollte das versprochene Opfer nicht entzogen werden. Wie hätte Jephtas Tochter im Martyrium sich als Heldin gezeigt, wenn die Ungläubigen sie zur Gottesverleugnung und zum Abfall hätten zwingen wollen? Wäre Jephtas Tochter wegen Christus gefragt worden, sie hätte nicht mit dem Apostelfürsten geantwortet: «Ich kenne den Menschen nicht!» Zwei Monate der Freiheit erbat sie sich von ihrem Vater, und da die Frist zu Ende war, kehrte sie heim, sich opfern zu lassen. Freiwillig geht sie in den Tod, kaum daß sie ihn fürchtet, sie ruft den Tod sogar heran. Was der Vater so töricht gelobt, das büßt sie mit ihrem Leben und löst des Vaters Versprechen ein, um der Wahrhaftigkeit vor allem ihr Recht werden zu lassen. Daß ihr Vater sein Gelübde brechen sollte, war ihr ein unerträglicher Gedanke; selber ein Gelübde zu brechen, widerspräche ihrer innersten Natur. Die Liebe dieser Jungfrau erglüht stark für den irdischen wie für den himmlischen Vater; durch ihren Tod wollte sie den irdischen Vater vor einer Lüge bewahren und dem himmlischen Vater halten, was ihm gelobet war. Diese hochgemute Jungfrau hat die hohe Auszeichnung wohl verdient, daß die Töchter Israels alljährlich sich versammeln und mit festlichen Gesängen den Erinnerungstag begehen und in frommen Klageliedern trauern um das bittere Leiden der Geopferten.

Aber lassen wir das: hätte uns nicht das weibliche Geschlecht den Erlöser selber geboren, wo bliebe unsere Erlösung, wo bliebe das Heil der ganzen Welt? In die Zelle des seligen Hilarion wagte eine

Frau einzudringen; Hilarion wehrte ihr mit verwunderter Frage; da erinnerte sie ihn an den einzigartigen Ruhmesglanz ihres Geschlechtes: «Warum wendest Du Deine Augen ab? Warum entziehst Du Dich meiner Bitte? Du hast in mir nicht das Weib zu sehen, sondern die Unglückliche? Mein Geschlecht hat den Heiland geboren.»

Nichts ist der Herrlichkeit zu vergleichen, von der dies Geschlecht umstrahlt ist, seit der Herr Mensch geworden. Wenn unser Erlöser gewollt hätte, er hätte gewiß auch von einem Manne seine Leiblichkeit annehmen können, genau so, wie er die erste Frau aus des Mannes Leibe gebildet. Aber mit dieser besonderen Gnadengabe seiner Erniedrigung wollte er gerade das schwache Geschlecht besonders ehren. Er konnte auch aus einem anderen, würdigeren Teile des weiblichen Leibes geboren werden, er brauchte nicht aus dem verächtlichen Organ zu kommen, durch das die anderen Menschen zugleich empfangen und zur Welt gebracht werden. Aber um dem schwachen Leib des Weibes die unvergleichliche Ehre zu gönnen, heiligte er durch seine Geburt des Weibes Schoß so hoch, wie die Beschneidung dem Manne es nicht vergönnte.

Von der ganz besonderen Ehrung, wie sie nur Jungfrauen zukommt, will ich jetzt schweigen, um auch der anderen Frauen gedenken zu können. Welch große Gnade hat gleich die Ankunft Christi für Elisabeth, die Ehefrau, und für Hanna, die Witwe, gebracht! Elisabeths Mann, der Hohepriester Zacharias, blieb noch stumm zur Strafe für seinen Unglauben, als schon Elisabeth bei dem Besuch und dem Gruß Marias, vom Heiligen Geist erfüllt, selber verspürte, wie das Kind in ihrem Leibe hüpfte; der Hohepriester blieb noch stumm, aber Elisabeth, eine Prophe-

tin über alle Propheten, durfte zuerst Marias Empfängnis im prophetischen Wort verkünden. Elisabeth
durfte verkünden, daß die Jungfrau schon empfangen, und rief so die Mutter Gottes selbst auf, darob
dem Herrn ein Jubellied anzustimmen. Die Prophetengabe hat in Elisabeth ihren Gipfel erreicht,
dieweil sie alsbald schon die Empfängnis des
Gottessohnes erkannte; Johannes' Prophetengabe
brauchte sich nur zu bewähren im Hinweis auf den
längst Geborenen. Wie wir Maria Magdalena eine
Jüngerin vor allen Jüngern heißen, so dürfen wir
Elisabeth oder die fromme Witwe Hanna, von der
wir zuvor schon so viel erzählten, ohne Scheu eine
Prophetin über alle Propheten nennen.

Auch die Heiden haben ihre begnadeten Propheten
gehabt: Die Seherin Sibylle mag hervortreten und
verkünden, was der Geist ihr von Christus geoffenbart. Messen wir an ihr die Propheten alle zusammen, selbst den Jesaja — er ist nach Hieronymus'
Wort mehr ein Künder der Erfüllung als nur ein
Seher des Kommenden — diese Prophetin ist so begnadet, wie kein Prophet je begnadet wurde. In seinem Buch ‚Wider die Ketzereien' legt Augustinus
von ihr Zeugnis ab: «Hören wir, was Sibylle, der
Heiden Prophetin, von demselbigen sagt: ‚Einen anderen gab der Herr seinen Gläubigen zu verehren. ...
Erkennt euren Herrn, daß er Gottes Sohn sei.' An
anderer Stelle nennt die Sibylle den Sohn einen
‚Symbulos' Gottes, das ist: einen Berater, und der
Prophet sagt: Sein Name ist Wunderbar-Rat.» Im
18. Buch des Werkes ‚Vom Gottesstaat' erzählt
Augustinus von der Sibylle: «In jener Zeit soll nach
einigen Berichten die erythräische Sibylle — manche
neigen mehr der Ansicht zu, es sei die Sibylle von
Cumä gewesen — geweissagt haben.» Man hat von

ihr siebenundzwanzig Verse; Augustinus gibt sie in einer lateinischen Übersetzung, und sie lauten also:

«Erde mit Schweiß bedeckt verkündet die Nähe des
Richters,
Und vom Himmel herab naht, ewig zu herrschen,
ein König,
Im leibhaftigen Fleisch erscheint er, zu richten den
Erdkreis...»

Wenn im griechischen Text die Anfangsbuchstaben aller siebenundzwanzig Verse hintereinander gelesen werden, so ergeben sie die Worte: «Jesus Christus. Sohn Gottes. Heiland.»

Auch Lactantius erwähnt messianische Weissagungen der Sibylle: «Er wird hernach in die Hände der Ungläubigen fallen. Sie werden mit ruchlosen Händen dem Gott Backenstreiche geben, und aus ihrem unreinen Munde werden sie ihn mit Geifer bespeien. Demütig wird er den heiligen Rücken den Geißelhieben hingeben und wird schweigend sich ins Angesicht mit der Faust schlagen lassen, auf daß niemand erkenne und den Geistern der Hölle sage, welches dies Wort sei und woher es gekommen. Mit einer Dornenkrone wird er gekrönt werden; zur Speise haben sie ihm Galle gegeben und Essig zu trinken; also gastfreundlich werden sie ihn bewirten. Du aber, du verblendetes Volk, hast deinen Herrn nicht erkannt, den aller Sterblichen Geister preisen sollen, mit Dornen hast du ihn gekrönt, und Galle hast du ihm gemischt. Der Vorhang im Tempel wird zerreißen, mitten am Tag wird es Nacht sein bei drei Stunden, und er wird sterben. Drei Tage lang umfängt ihn der Schlaf, alsdann wird er von den Toten wieder ans Licht kommen als Erstling der Auferstehung.»

Dieses weissagende Wort der Sibylle dürfte Vergilius, der größte unserer Dichter, gehört und im Sinn gehabt haben, da er in der vierten Ekloge in prophetischen Worten verkündet, es werde demnächst unter der Herrschaft des Cäsar Augustus und unter dem Konsulat des Pollio ein Knabe wunderbar geboren, ein Knabe vom Himmel auf die Erde gesandt, um der Welt Sünden zu tragen und eine neue Weltzeit wunderbar anheben zu lassen. Die Anregung zum Lied hat er nach seinen eigenen Worten durch den cumäischen Sang erhalten, das ist: durch das Lied der cumäischen Sibylle. Des Dichters Ton ist so jubelnd, als wollte er alle Welt auffordern, mit ihm sich zu freuen, mit ihm zu singen und zu sagen von der Geburt dieses Knaben. Unwichtig und gemein erscheint dem Sänger, was er sonst wohl gedichtet, und er hebt also an:

«Laßt mich ein höheres Lied anstimmen, Sizilische
Musen!
Denn nicht jeden erfreut Gestrüpp und niedriges
Buschwerk.
. . . .
Schon bricht an des cumäischen Liedes äußerstes
Alter,
Und von neuem beginnt gewaltiger Umschwung der
Zeiten.
Nun kehrt die Jungfrau zurück, Saturn beginnt wieder zu herrschen,
Und ein neues Geschlecht wird aus himmlischen
Höhen gesendet.

Sieh Dir die einzelnen Worte der Seherin genau an und lasse es Dir zu Herzen gehen, wie rein und klar die Sibylle unseres Glaubens ganzes Wissen von Christus zusammenfaßt! Im weissagenden Wort und im prophetischen Sang hat sie nichts vergessen, nicht seine göttliche Natur, nicht seine menschliche, nicht sein zwiefaches Kommen und nicht sein zwiefaches Gericht; durch das erste Gericht war er selbst ungerecht gerichtet in seinem Leiden, durch das zweite wird er selbst, ein gerechter Richter, in seiner Herrlichkeit die Welt richten. Die Sibylle hat, ich wiederhole es, nichts vergessen, nicht das ,Niedergefahren zur Hölle', nicht das ,Aufgefahren gen Himmel'; sie steht damit über den Propheten, ja sogar über den Evangelisten, da auch diese nicht kennen das ,Niedergefahren zur Hölle'.

Wie lang und wie vertraulich redet Christus, uns zum Staunen, mit der samaritanischen Heidin! Bei ihr allein läßt er sich herab, sie unter vier Augen zu belehren, worüber auch seine Jünger sich gar sehr erstaunen. Von dieser Ungläubigen, die obendrein noch wegen ihrer vielen Männer schweren Tadel erfuhr, von dieser begehrte zu trinken, der sonst niemanden, soweit wir wissen, um Speise gebeten. Seine Jünger kommen dazu und bieten ihm die gekauften Speisen an mit dem Wort: «Rabbi, iß!» Aber der Herr nimmt nicht an, was sie ihm bieten, und spricht gleichsam entschuldigend zu ihnen: «Ich habe eine Speise zu essen, von der ihr nicht wisset.» Von dem Weib aber verlangt er selber zu trinken. Als wollte sie ihm diese Freundlichkeit versagen, spricht sie: «Wie bittest du von mir zu trinken, so du ein Jude bist und ich ein samaritisch Weib. Denn die Juden haben keine Gemeinschaft mit den Samaritern. ... Hast du doch nichts, womit du schöpfest, und der Brunnen ist tief.» Die Speise, die seine Jünger ihm boten, rührte er nicht an, von der Heidin, die es ihm weigert, begehrt er zu trinken. Welche Gnade gewährt er damit dem schwachen Geschlecht: von einem

Weibe begehrt Wasser, der allen das Leben geschenkt! Das kann er doch nur getan haben, um ganz deutlich zu machen, wie wohlgefällig ihm die Tugendkraft gerade im schwachen weiblichen Geschlechte sei, und wie er dies zu erlösen um so mehr dürste, je wunderbarer sich seine Kraft bewähre. Darum begehrt er den Trunk auch gerade von einem Weibe, um auszudrücken, daß er besonders durch die Rettung weiblicher Seelen seinen Durst stillen wolle. Von diesem Trunk gebrauchte er auch das Wort ‚Speise‘: «Ich habe eine Speise zu essen, von der ihr nichts wisset.» Was er unter dieser Speise versteht, das besagen seine Worte: «Meine Speise ist die, daß ich tue den Willen meines Vaters.» Mit diesem Ausspruch deutet er an: da erfülle sich des Vaters Wille ganz besonders, wo es sich um das Heil des schwachen Geschlechtes handle. Der Herr hat, wie wir lesen, auch mit Nikodemus, der Juden Obersten, ein vertrautes Gespräch geführt; Nikodemus war insgeheim zum Herrn gekommen, über sein Seelenheil sich zu belehren, aber von einer Frucht dieser Unterredung erfahren wir nichts. Die Samariterin wurde vom prophetischen Geist erfüllt; er ließ sie es aussprechen, der Messias sei zu den Juden schon gekommen und werde zu den Heiden noch kommen: «Ich weiß, daß der Messias kommt, der da Christus heißt. Wenn derselbe kommen wird, so wird er's uns alles verkündigen.» Und viele aus jener Stadt, so heißt es, liefen auf des Weibes Wort zu Christus hinaus und glaubten an ihn und durften zwei Tage bei sich behalten den, der doch anderwärts zu seinen Jüngern sprach: «Gehet nicht auf der Heiden Straßen und ziehet nicht in der Samariter Städte.»
Johannes erzählt ebenfalls, aber an anderer Stelle, es hätten etliche der Heiden, die nach Jerusalem hin-

aufgekommen waren, am Feste anzubeten, durch Philippus und Andreas den Herrn wissen lassen, sie möchten ihn gerne sehen. Johannes kann aber nichts davon berichten, daß sie wirklich zugelassen wurden und auf ihr dringendes Verlangen so reichlich Gelegenheit gefunden, Christum zu sprechen, wie diese Samariterin, die gar nicht danach verlangte. Mit der Samariterin hat offenbar des Herrn Predigt im Heidenland ihren Anfang genommen; er hat nicht allein das samaritische Weib bekehrt, sondern um ihretwillen, wie es heißt, noch viele gewinnen können. Die Weisen aus dem Morgenlande, die durch Christi Stern erleuchtet und zu Christus geführt wurden, sollen noch viele andere Menschen durch Mahnung und Predigt zu ihm gezogen haben; aber sie allein waren es, die auch Zutritt zum Herrn fanden. Auch daran erkennen wir die hohe Gnade, die das Weib aus dem Heidenlande bei Christo gewinnen durfte: sie eilte voraus und meldete der Stadt Christi Ankunft und verkündigte alles, was sie gehört hatte; so gewann sie gar schnell viele ihres Volkes für Christus.

Im Alten wie im Neuen Testament können wir es lesen: die göttliche Gnade habe vor allem den Frauen dieses höchste Geschenk zuteil werden lassen, die Auferweckung eines Toten, und nur an ihnen und ihnen zuliebe sei dieses Wunder geschehen. So lesen wir fürs erste, durch Elia und Elisa seien auf der Mutter Fürbitte Söhne auferweckt und den Müttern wiedergeschenkt worden. Der Herr selbst wendet diese unermeßliche Wundergnade vor allem den Frauen zu, er erweckt den Sohn einer Witwe, er erweckt das Töchterlein des Obersten der Schule und auf die Fürbitte seiner Schwestern den Lazarus. Darum schreibt auch der Apostel im Hebräerbrief: «Weiber haben ihre Toten durch Auferstehung wiederbekommen.» Das erweckte Mädchen empfing seinen toten Leib, und die anderen Frauen empfingen die Toten wieder, die sie beweinten, und alle gingen getröstet von dannen. Erkennen wir es nicht, wie der Herr die Frauen immer besonders begnadet? Freude und Wonne brachte er ihnen, da er sie und die Ihrigen auferweckte; und die höchste Auszeichnung, bei seiner Auferstehung erschien er zuerst den Frauen. Diese Bevorzugung hat das weibliche Geschlecht auch offenbar verdient; denn inmitten einer feindseligen Menge verbargen die Frauen das Mitleid nicht, das in ihrem Herzen lebte. Nach Lukas' Bericht führten die Männer den Herrn zur Richtstätte, ihre Weiber aber folgten dem Herrn nach unter Wehklagen und Weinen. Und der Herr wandte sich zu ihnen um, als wollte er in seiner Barmherzigkeit den Dank für diese fromme Liebe noch auf seinem Leidenswege ihnen schenken; er verkündete ihnen, was da kommen sollte, auf daß sie dem Verderben entgingen: «Ihr Töchter von Jerusalem, weinet nicht über mich, sondern weinet über euch selbst und über eure Kinder; denn siehe, es wird die Zeit kommen, in welcher man sagen wird: Selig sind die Unfruchtbaren und die Leiber, die nicht geboren haben.»

Schon zuvor hatte die Frau des ungerechten Richters, wie Matthäus erzählt, sich um des Herrn Befreiung treulich bemüht: «Und da er auf dem Richtstuhl saß, schickte sein Weib zu ihm und ließ ihm sagen: Habe du nichts zu schaffen mit diesem Gerechten; ich habe heute viel erlitten im Traum von seinetwegen.» Und zu der Zeit, da der Herr noch predigte, hat in der ganzen Schar allein eine Frau ihre Stimme erhoben, den Herrn zu preisen und auszurufen: «Selig ist der Leib, der dich getragen hat, und die Brüste, die du gesogen hast.» Und alsbald wies sie der Herr sanft zurecht ob ihres Bekenntnisses, so richtig es war, und gab ihr zu hören: «Ja selig sind, die das Wort Gottes hören und bewahren.»

Johannes war unter Christi Jüngern der einzig Bevorzugte, von dem es heißt: Der Jünger, den der Herr liebhatte. Von Maria und Martha schreibt Johannes: «Jesus aber hatte Martha lieb und ihre Schwester Maria und Lazarus.» Der gleiche Jünger, der sich auf Grund seiner Bevorzugung als den Lieblingsjünger des Herrn bezeichnen darf, der gibt zu ihrem Ruhm auch den Frauen dies Vorrecht, das er keinem anderen der Apostel zu geben brauchte. Er läßt zwar auch ihren Bruder Lazarus an dieser Ehre teilhaben, aber er nennt die Schwestern zuerst, weil sie auch in der Liebe Christi die ersten gewesen.

Um auf die christlichen Frauen zurückzukommen: die göttliche Barmherzigkeit erbarmt sich auch der verworfensten Dirnen, daß wir nur staunend es verkündigen mögen und verkündigend staunen. Es läßt sich nichts Abscheulicheres denken, als das Leben, das Maria Magdalena oder Maria Ägyptiaka führten, bevor sie den Weg zum Herrn fanden. Und doch, wen hat die himmlische Gnade hernach zu höheren Ehren und Würden erhoben als sie? Maria Magdalena blieb, wie wir schon oben schrieben, beständig in der Gemeinschaft mit den Aposteln; Maria Ägyptiaka kämpfte nach dem Bericht der Legende in der Einsiedelei den Kampf der Versuchung mit übermenschlicher Kraft. Der Tugendstärke dieser heiligen Frauen gebührt die erste Stelle vor den Mönchen und Nonnen, die nach ihrem Gelübde leben. Das Wort, das der Herr den Ungläubigen zuruft: «Die Huren mögen wohl eher ins Himmelreich kommen denn ihr», darf man anscheinend sogar gläubigen Männern vorhalten, und es mögen wohl, die ihrem

Geschlecht und Wandel nach die Letzten waren, die Ersten werden, aber die Letzten, welche die Ersten waren. Frauen waren es, die durch Jesu Mahnworte und der Apostel guten Rat zu heiligem Eifer für die Keuschheit sich entflammen ließen: um Leib und Seele zugleich rein zu bewahren, brachten sie Gott im Martertod ihren Leib als Brandopfer dar, freudig bereit, im Schmuck ihrer zwiefachen Krone dem Lamm, dem himmlischen Bräutigam der Jungfrauen, auf allen Wegen getreulich nachzueilen. Diese Vollkommenheit der Kraft sehen wir selten bei Männern, doch oft bei Frauen. Einige Frauen waren, wie man uns erzählt, so eifrig besorgt für ihres Fleisches Reinheit, daß sie ohne Zagen selbst Hand an sich legten, um ihre Gott geweihte Jungfräulichkeit nicht zu verlieren und als Jungfrauen zum jungfräulichen Bräutigam zu kommen.

Der Herr hat das Wohlgefallen auch zu erkennen gegeben, das er an dem frommen Walten der heiligen Jungfrauen hat: bei einem Ausbruch des Ätna kam die ganze Menge des heidnischen Volkes hilfesuchend zur seligen Agatha gelaufen; da hielt Agatha ihren Schleier den furchtbaren Feuerwogen beschwörend entgegen und bewahrte so die Menge davor, im Feuer Seele und Leib zu verlieren. Es wird uns nirgends berichtet, daß ein Mönch an seinem Gewand solch helfende Gnade erfahren durfte: gewiß steht in der Schrift zu lesen, Elia habe mit seinem Mantel ins Wasser des Jordan geschlagen: «das teilete sich auf beiden Seiten, daß die beiden trocken hindurch gingen». Aber durch Agathas Schleier wird eine große Menge Volkes, das noch nicht gläubig geworden, an Leib und Seele gerettet; sie lassen sich dadurch bekehren und finden den Weg zum Himmel gebahnt. Zum Beweis für die Würde

der heiligen Frauen können wir auch die Weihungs-
formel anführen, in der sie selber also sprechen:
«Durch seinen Ring hat er mich erworben, ihm bin
ich anverlobt.» Mit diesen Worten der seligen Agnes
vermählen sich die Jungfrauen, die ihr Gelübde ablegen, dem himmlischen Bräutigam.

Auch bei den Heiden darf man sich umsehen, um
für die Geschichte Eures heiligen Standes zu lernen,
aus der Heidenzeit darf man Euch zu mahnen einige
Beispiele heranziehen. Es bedarf keiner schwierigen
Forschungen, um bei den Heiden Einrichtungen zu entdecken, die dem klösterlichen Leben ähneln, nur daß
der rechte Glaube noch fehlte. Viele Bräuche der heiligen Kirche stammen aus dem Heidentum oder Judentum, und die Kirche brauchte sie nur in edlere
Form umzugießen. Die ganze Stufenleiter des geistlichen Standes vom Türhüter bis zum Bischof, die
Verpflichtung zur Tonsur für alle Diener der Kirche,
die Quatemberfasten, das Fest der süßen Brote, ja
sogar der Schmuck des priesterlichen Ornates, einige
Weihehandlungen und sonstige heilige Gebräuche,
all das hat bekanntlich die Kirche von der Synagoge
übernommen. Ebenso hat die Kirche in kluger Anpassung das ganze weltliche Regiment mit seinen
Abstufungen, mit Königen und sonstigen Regenten
beibehalten, hat eine Reihe Gesetzesbestimmungen
und Regelungen einer philosophisch bestimmten
Ethik bei den Heiden auch nach ihrer Bekehrung bestehen lassen. Die Kirche ging noch weiter und hat
sogar einige Stufen kirchlicher Würden, die Gestal-
tung der Enthaltsamkeitsvorschriften und der Vorschriften für leibliche Reinheit aus dem Heidentum
übernommen. Das ist jedenfalls sicher: es amtieren
jetzt Bischöfe und Erzbischöfe, wo es bei den Heiden
Flamines und Archiflamines taten, und Tempel wur-

den dem Herrn geweiht und mit Reliquien der Heiligen ausgestattet, in denen ursprünglich heidnische Götzen verehrt wurden.

Bei den Heiden genoß der jungfräuliche Stand bekanntermaßen hohes Ansehen, während die Juden durch das Gesetz zur Ehe gezwungen wurden. Heidnische Völker erwiesen der Keuschheit solche Schätzung, daß in ihren Tempeln ganze Genossenschaften von Frauen dem ehelosen Stande sich weihten. Deshalb sagt auch Hieronymus im dritten Buch seiner Auslegung des Galaterbriefes: «Wie sollen wir uns rechtfertigen? Uns zur Beschämung hat Juno ihre Frauen, *eines* Mannes Weiber, hat Vesta ihre Jungfrauen, haben andere Götzen ihre keusch lebenden Verehrer.» Hieronymus unterscheidet an dieser Stelle Frauen, die nur einem angehört hatten und jetzt als Witwen lebten, von den Jungfrauen, die sich noch nie einem Manne geschenkt hatten. Wenn wir von Monachus oder Monacha reden, das bedeutet: Einsiedler und Einsiedlerin, so sind diese Wörter von dem griechischen Wort monos, d. h. ‚eins‘, abzuleiten.

Im ersten Buch seiner Schrift gegen Jovinianus hatte Hieronymus viele Beispiele für die Keuschheit und Enthaltsamkeit heidnischer Frauen angeführt und setzt nun hinzu: «Gewiß, ich bin bei der Aufzählung dieser Frauen recht ausführlich gewesen; vielleicht haben manche Lust, die Keuschheit wenigstens von den Heiden zu lernen, wenn ihnen schon die Reinheit kein Anliegen ihres Christenglaubens ist.» Im gleichen Buch findet sich zuvor eine Stelle, an der Hieronymus die Kraft zur Keuschheit besonders anerkennt; danach hat Gott an der Reinheit des Fleisches in allem Volk sein besonderes Wohlgefallen und hat auch bei den Ungläubigen die Keuschheit

nach Verdienst gelohnt oder sogar durch Wundertaten verherrlicht. Er fährt fort: «Was soll ich die
erythräische Sibylle erwähnen und die von Cumä und
— Varro kennt ja ihrer zehn — die acht anderen? Der
Sibyllen besonderes Merkmal ist ihre Jungfräulichkeit und, der Keuschheit Lohn, ihre Prophetengabe. ... Als die Vestalin Claudia der Unzucht verdächtigt wurde, da brachte sie, so erzählt man, mit
ihrem Gürtel ein Schiff von der Stelle, das Tausende
von Menschen nicht hatten flottmachen können.» Und
Bischof Sidonius von Clermont sagt in dem Geleit-
wort seines Büchleins:

«So war Tanaquil nicht, auch nicht die Tochter,
Vater Tricipitinus, dir geboren,
Nicht der phrygischen Vesta heil'ge Jungfrau,
Die durch schäumende hohe Tiberwellen
Mit jungfräulichem Haar das Floß gezogen.»

Im 22. Buche ,Vom Gottesstaate' schreibt Augustinus: «Um nun zu ihren Wundertaten zu kommen,
die sie als Leistungen ihrer Götter mit den Taten
unserer Märtyrer zu vergleichen wagen, — auch diese
heidnischen Wunder ergreifen offenbar unsere Partei und fördern unsere Zwecke. Unter den großen
Wundertaten ihrer Götter, von denen Varro zu erzählen weiß, ist dies das Glanzstück: Eine vestalische
Jungfrau wurde fälschlich der Unzucht verdächtigt;
sie füllte am Tiber ein Sieb mit Wasser und trug
es vor ihre Richter, ohne daß nur ein Tropfen ver-
lorenging. So erzählt Varro. Wer hat des Wassers
Gewicht stillestehen heißen trotz der vielen Öffnungen, die ihm einen Ausweg boten? Wer anders
als Gott, der in seiner Allmacht einem irdischen
Stoff seine Schwere genommen und lebenerfüllte
Einheit verliehen hat demselben Element, in dem

der lebenschaffende Geist nach seinem Willen wirken soll?»

Wir brauchen nicht zu staunen, wenn unser Gott durch diese und ähnliche Wunder auch der Heiden Keuschheit zu Ehren brachte oder sie durch die Wirksamkeit der Götzen zu Ehren bringen ließ. Um die Gläubigen erst recht für die Keuschheit zu begeistern, läßt Gott sie erkennen, in welcher Achtung diese Tugend sogar bei den Ungläubigen steht. Bekanntlich war auch dem Kaiphas nur auf Grund seiner Hohenpriesterwürde, nicht um seiner Person willen, die Gabe der Weissagung geschenkt. Ja, es durften bisweilen Lügenapostel glänzende Wundertaten vollbringen: auch das war nicht ihrer Person, sondern nur ihrem Amte verstattet. Es ist also nichts Außergewöhnliches, wenn der Herr, die Unschuld einer Jungfrau ans Licht zu bringen und eine ruchlose Verleumdung zunichte zu machen, solche Wunder geschehen ließ; Gott wollte damit nicht die ungläubigen Frauen ehren, sondern die Kraft der Keuschheit verherrlichen.

Die Enthaltsamkeit ist also auch unter den Heiden ein hochgeschätztes Gut, wie jeder erkennen mag, und Gott hat in allen Völkern den sehnlichen Wunsch wachgerufen, den ehelichen Bund streng zu bewahren. Es braucht also niemand zu erstaunen, daß Gott seine Gnadengaben zu Ehren bringt durch diese Wundertaten, die er bei den Heiden und nicht unter den Gläubigen geschehen läßt, daß Gott seine Gnadengaben zu Ehren bringt, aber nicht den heidnischen Irrtum; es braucht uns das vollends nicht zu erstaunen, wenn Gott durch diese Wunder in der Heidenwelt die Unschuld rettet und die Verworfenheit vereitelt und durch diese Verherrlichung der Unschuld die Menschen zur Unschuld aufruft; auch in der Heidenwelt bedeutet der Verzicht auf des Fleisches Lust eine Verringerung der Laster.

Mit vielen anderen Kirchenvätern kämpft auch Hieronymus gegen den Ketzer Jovinianus und seine laxe Moral. Treffend weist er darauf hin auf die vielen Beispiele aus dem Heidentum, die wir eben hörten. Jovinian möge bei den Heiden die Tugenden finden und darob schamrot werden, die er bei den Christen verwerfe. Der ungläubigen Regenten Herrschergewalt, selbst wenn sie mißbraucht wird, ihre Gerechtigkeitsliebe, die Milde, die sie auf Grund des natürlichen Rechtes walten lassen, kurz alle Eigenschaften, die einen Herrscher schmücken, besitzen auch die ungläubigen Regenten als unbestreitbare Gnadengaben unseres Gottes. Hört das Gute auf, gut zu sein, weil es mit Schlechtem untermengt ist? Gewiß nicht, zumal das Böse überhaupt nur in einer sonst guten Natur vorkommen kann, wie es der selige Augustinus behauptet und wie es der gesunde Menschenverstand bezeugt. Wer möchte dem Wort des Dichters widersprechen:

> «Gute vermeiden das Laster. Warum?
> Aus Liebe zur Tugend.»

Sueton erzählt ein Wunder, das Vespasianus wirkte, ehe er auf den Thron kam, nämlich die Heilung eines Blinden und eines Lahmen. Sollen wir dies Wunder leugnen? Sollen wir es nicht eher anerkennen, so gut wie das, was der selige Gregor an der Seele Trajans getan hat? Beide Beispiele mögen die Fürsten bewegen, diese Tugendkraft anzustreben.

Die Menschen wissen im Kot die Perle zu finden und die Spreu vom Weizen zu sondern; ebenso kennt Gott seine Gnadengaben an das Heidentum gar wohl und kann nichts von dem hassen, was er einmal geschaffen. Je heller diese Wunderwerke strahlen, desto mehr beweisen sie ihre Herkunft aus Gottes Hand; auch der Menschen Schlechtigkeit kann nicht verderben, was Gottes ist. Wie herrlich werden die Gläubigen Gott schauen dürfen, der schon den Ungläubigen seine machtvolle Liebe beweist! Bei den Heiden standen die Frauen in hohem Ansehen, die ihre Keuschheit dem Dienste Gottes geweiht hatten. Wir sehen das auch an der strengen Strafe für den Bruch des Keuschheitsgelübdes. Juvenal erwähnt diese Strafe in der vierten Satire gegen Crispinus:

> «Mit dem vor kurzem noch buhlte
> Vestas Priesterin, wert begraben zu werden,
> lebendig!»

Und im dritten Buche ,Vom Gottesstaat' schreibt Augustin: «Wenn die alten Römer Priesterinnen der Vesta entdeckten, die ihr Keuschheitsgelübde brachen, so wurden sie lebendig begraben; ehebrecherische Frauen gingen auch nicht straflos aus, aber büßten doch nicht mit dem Tode.» Wenn das Gottesverlöbnis gebrochen wurde, forderte das eine weit strengere Ahndung als die Zerstörung einer menschlichen Ehe. Bei uns lassen sich christliche Fürsten den Schutz der keuschen Nonnen besonders angelegen sein, da ihre Heiligkeit ohne Zweifel die der heidnischen Priesterinnen übertrifft. Deshalb bestimmt der Kaiser Justinianus: «Wer es wagen sollte, gottgeweihte Jungfrauen, ich will nicht sagen zu rauben, sondern nur anzugreifen, um sich ihnen ehelich zu verbinden, der soll mit dem Tode bestraft werden.» Auch die Kirchenzucht, die ja den Sünder zur Buße leiten will, aber nicht sein Leben begehrt, zeigt in ihren strengen Bestimmungen, wie sie Verfehlungen von Eurer Seite verhüten will. So ist die Verordnung des Papstes Innocentius an den Bischof Victricius von Rouen zu verstehen; in ihrem 13. Kapitel heißt es: «Wenn Frauen Gottesbräute geworden sind und aus des Priesters Hand den Schleier genommen haben, später aber eine richtige Ehe eingingen oder auch sich insgeheim entehren ließen, solche Frauen dürfen zur Kirchenbuße nicht zugelassen werden, bis der gestorben ist, mit dem sie diese Verbindung eingegangen.» Waren sie noch nicht eingekleidet, hatten aber wiederholt erklärt, im jungfräulichen Stande verbleiben zu wollen, so sollten sie eine bestimmte Zeit lang Buße tun: der Herr hatte ihr Gelübde schon angenommen, auch wenn ihre förmliche Einkleidung noch nicht erfolgt war. Wenn schon unter Menschen ein auf Treu und Glauben abgeschlossener Vertrag unter keinerlei Vorwand aufgehoben werden darf, so darf man ein Versprechen, das dem Herrn gegeben, vollends nicht ohne Sühneleistung zurücknehmen. Der Apostel Paulus sagt von den Frauen, die den Witwenstand aufgegeben: «Sie haben ihr Urteil, daß sie den ersten Glauben gebrochen haben.» Was soll man gar von Jungfrauen sagen, die ihr erstes Wort gebrochen haben? Darum schreibt auch der berühmte Pelagius an die Tochter des Mauritius: «Wer dem himmlischen Bräutigam die Ehe bricht, lädt schwerere Schuld auf sich, als wer eine irdische Ehe bricht.» Darum hat die römische Kirche vor kurzem erst mit vollem Recht die strenge Bestimmung getroffen, es seien Frauen nicht einmal zur Kirchenbuße zuzulassen, die ihren gottgeweihten Leib schändlich befleckten.

Wir wollen nun erforschen, welchen Eifer und welch fürsorgende Liebe die heiligen Kirchenväter den frommen Frauen widmeten. Durch das Vorbild unseres Herrn und seiner Jünger ließen sie sich dabei leiten; sie stützten und ermutigten die Frauen mit liebevollem Eifer in ihren religiösen Bestrebungen und legten den größten Wert darauf, durch vielfältige Mahnung und Belehrung die frommen Frauen in ihrem Beruf allezeit zu bilden und zu fördern. Ich kann hier nicht alle Namen nennen, ich will nur die bedeutendsten Kirchenväter anführen, einen Origenes, Ambrosius und Hieronymus. Origenes, der größte der christlichen Philosophen, hat sich in seinem Eifer, das religiöse Leben der Frauen zu fördern, mit eigener Hand verstümmelt, wie Eusebius berichtet, um ohne üble Nachrede den Frauen seine Belehrung und Mahnung widmen zu können. Und Hieronymus: wie reich ist die Ernte an religiösen Werken, die er auf Bitten der Paula und ihrer Tochter Eustochium unserer Kirche hinterließ! Er schrieb für sie unter anderem eine Predigt auf Mariä Himmelfahrt, und zwar, wie er selbst gesteht, auf ihre ausdrückliche Bitte: «Meine Liebe zu euch ist zu groß, als daß ich euch irgendeine Bitte abschlagen könnte; ich will darum auch diesmal versuchen, euern Wunsch zu erfüllen.» Einige der größten Kirchenlehrer haben ab und an aus der Ferne an Hieronymus geschrieben und ihn um eine kurze Auskunft gebeten; aber weder ihre hohe Stellung in der Kirche noch ihre vorbildliche Lebensführung hat ihnen immer zu einer Antwort verholfen. Wir lesen zum Beispiel im 2. Buch der ‚Retractationes‘ des seligen Augustinus: «Ich schickte auch zwei Schriften an den Presbyter Hieronymus nach Bethlehem, die eine ‚Über den Ursprung der Seele‘, die andere ‚Über das Wort des Apostels Jacobus: So jemand das ganze Gesetz hält und sündigt an Einem, der ist ganz schuldig‘. Über beide Schriften erbat ich sein Urteil. In der ersten hatte ich eine Frage aufgeworfen, aber selber keinen Lösungsversuch gegeben; in der zweiten Schrift verschwieg ich meine eigene Meinung nicht, bat aber um sein Ja oder Nein. Ich bekam eine Antwort; er fand es anerkennenswert, daß ich ihm die Fragen vorlegte, aber er habe noch keine Zeit, sie zu beantworten. Solange Hieronymus noch lebte, hielt ich diese Schriften zurück, in der Hoffnung, doch noch eine Antwort zu bekommen und sie mit ihnen zusammen veröffentlichen zu können. So ist es zu erklären, daß ich meine beiden Schriften erst nach Hieronymus' Tode herausgab.» Was ist das für ein bedeutender Mann, und wie lange hat er auf ein paar Antwortzeilen von Hieronymus gewartet, und dann noch umsonst! Und dabei ist es derselbe Hieronymus, der auf die Bitten der beiden Frauen hin viele umfängliche Werke im Schweiße seines Angesichts übersetzte oder sogar verfaßte: die Frauen erfuhren wahrlich mehr Rücksicht als der Bischof! Hieronymus war also eifervoll bemüht, die Frauen in ihrem Tugendleben zu fördern, und brachte es nicht übers Herz, ihnen wehe zu tun, vielleicht, weil er es nicht vergessen konnte, schwache Frauen vor sich zu haben. In seinem Eifer, den frommen Frauen gefällig zu sein, geht er manchmal offenkundig zu weit und weicht bei seinen Lobeserhebungen ein wenig vom Pfad der Wahrheit ab; es könnte aus eigenem Erleben stammen, was wir bei ihm lesen: «Die Liebe kennet kein Maß!» Sagt er doch gleich am Eingang seiner ,Lebensbeschreibung der heiligen Paula', wohl um die Spannung seiner Leser zu erhöhen: «Wenn alle Teile meines Leibes sich in Zungen verwandelten und alle Glieder menschliche Sprache bekämen, meine Worte wären doch zu schwach, die heilige, verehrungswürdige Paula so zu preisen, wie ihrer Tugend Fülle es verdient.»

Hieronymus verdanken wir auch Lebensbilder ehrwürdiger Kirchenväter, die herrliche Wundertaten wirkten, Erzählungen voll stärksten Wunderglanzes. Und doch: so überschwenglich wie im Leben der Paula ist der Lobpreis in keinem dieser Lebensbilder. Auch im Brief an die Jungfrau Demetrias fängt Hieronymus mit den stärksten Ruhmesworten an; man möchte beinahe von übertriebener Schmeichelei sprechen: «Der Stoff, den ich jetzt behandle, ist der schwierigste, über den ich jemals, von meiner frühesten Jugend bis in mein jetziges Alter, geschrieben habe, ob das nun mit eigener Hand geschah oder ob ich einem Schreiber diktierte. Es ist der schwierigste Stoff; denn ich setze die Feder an, an Demetrias zu schreiben, an die Braut Christi, die sogar in Rom an Seelenadel und Reichtum nicht ihresgleichen hat. Wenn ich ihre Tugenden preise, wie ich sie preisen muß, werden sie mich einen Schmeichler schelten.» Es war für den heiligen Mann eine herzerfreuende Aufgabe, mit allen Mitteln der Rhetorik das schwache Geschlecht auf dem steilen Tugendpfad vorwärtszubringen. Aber Taten beweisen mehr als Worte; so ließ er es nicht bei den prunkenden Worten bewenden, sondern betreute die Frauen mit tätiger Liebe. Seine fromme Aufopferung für sie ging so weit, daß ihm üble Nachrede nicht erspart blieb. In einem Brief an Asella, der die falschen Freunde und die offenen Neider zum Gegenstand hat, schreibt er unter anderem über diese üble Nachrede: «Mögen sie mich für einen verworfenen Menschen halten, der unter der Last seiner Schändlichkeiten geradezu keucht! Du tust dennoch gut daran, Dich auf Deines Herzens Stimme zu verlassen und auch die Schlechten für gut zu halten. Es ist gefährlich, über eines anderen Knecht zu urteilen, und wer guten Menschen

Böses nachsagt, dem verzeiht man ungern. Ich kenne Leute, die mir die Hände küßten und mich zugleich mit ihrem Schlangengift besudelten. Mit ihren Lippen bedauerten sie mich, in ihren Herzen triumphierten sie. Sie mögen selbst sagen, ob sie jemals an mir etwas entdeckten, dessen sich ein Christ zu schämen hätte. Mein Geschlecht ist es einzig und allein, das man mir zum Vorwurf macht, und auch das unterbliebe, wenn nicht Paula nach Jerusalem gereist käme.... Bevor ich das Haus der heiligen Paula betrat, war die ganze Stadt des Lobes voll über mich, es war das einhellige Urteil, ich sei der gegebene Mann für das höchste Priestertum. Aber kaum hatte ich angefangen, Paula so zu schätzen, zu verehren, mich ihrer anzunehmen, wie sie es bei ihrer Heiligkeit verdiente, da war ich auf einmal von allen meinen früheren Tugenden verlassen. ... Grüße Paula und Eustochium, sie sind − die Leute mögen reden, was sie wollen − meine Lieben in Christo.»

Vom Herrn selbst lesen wir, wie gütig und freundlich er mit der frommen Sünderin gewesen. Der Pharisäer, bei dem er zu Tische saß, wurde darob an ihm irre und sprach bei sich: «Wenn dieser ein Prophet wäre, so wüßte er, wer und welch ein Weib das ist, die ihn anrührt.» Brauchen wir uns da zu wundern, wenn auch die Glieder Christi, seinem Beispiel folgend, den Verlust ihres guten Namens nicht fürchten, wenn solche Seelen zu gewinnen sind? Um dieser Gefahr zu entgehen, hat Origenes, wie ich schon erzählte, sich nicht gescheut, sich selbst schwer zu verstümmeln.

Die heiligen Väter haben ihre wunderbare Liebe gezeigt, wenn es galt, die Frauen zu belehren; sie haben sie auch gezeigt, wenn es galt, sie zu ermahnen. Man hat fast den Eindruck, daß bei diesen

Trostversuchen ihr staunenswertes Mitgefühl sie manches Mal Hoffnungen erregen ließ, die mit dem christlichen Glauben nicht zu vereinen waren. So wagte z. B. nach dem Tode des Kaisers Valentinianus der selige Ambrosius, in einem Trostbrief an des Kaisers Schwestern von der sicheren Tatsache zu sprechen, daß ihr Bruder zur ewigen Seligkeit eingegangen. Dabei war Valentinianus als Katechumene gestorben, so daß Ambrosius' Behauptung offenkundig im Widerspruch steht zur kirchlichen Lehre und zu der Wahrheit aus dem Evangelium.

Die heiligen Väter vergaßen es nie, wie wohlgefällig allezeit vor Gott das Tugendleben des schwächeren Geschlechtes gewesen. Eine unübersehbare Schar von Jungfrauen sehen wir dem herrlichen Beispiel der Mutter Gottes folgen; aber wir kennen nur wenige Männer, denen die Gnadenkraft zuteil wurde, dem Lamm auf allen seinen Wegen getreulich nachzueilen. Im Eifer um diese Tugend legten wohl manche Frauen selbst Hand an sich, um auch des Leibes Keuschheit dem Herrn zu erhalten, dem sie gelobt war. Ihr freiwilliger Opfertod trug ihnen keinen Tadel ein, im Gegenteil, vielerorts wurden dafür Kirchen nach ihrem Namen genannt. Wenn verlobte Jungfrauen vor der Vollziehung ihrer Ehe den Entschluß faßten, ins Kloster zu gehen, dem irdischen Bräutigam den Abschied zu geben und sich dem himmlischen Bräutigam zu vermählen, so ist ihnen das rechtlich möglich, während den Männern diese Freiheit nicht zusteht.

Manche Frauen waren so eifervoll um ihre Keuschheit besorgt, daß sie diese zu bewahren wider das Gesetz Männerkleidung anlegten. Nicht genug damit, sie übertrafen die Mönche, unter denen sie lebten, in Tugenden aller Art, daß sie sogar den Abtstuhl besteigen durften. So lesen wir von der seligen Eugenia, sie habe mit Wissen, ja auf den Wunsch des frommen Bischofs Helenus Männerkleidung angelegt, sei von ihm getauft und in die Mönchsgemeinschaft aufgenommen worden.

In Christo geliebte Schwester! Deine erste Anfrage galt der schriftgemäßen Grundlegung Eures heiligen Standes und der würdevollen Hoheit, die diesem Stande eignet. Ich glaube, ich habe diese erste Frage entsprechend beantwortet. Nachdem Ihr nun die Herrlichkeit Eures Berufes in breiter Darstellung habt kennenlernen, mögt Ihr mit verdoppeltem Eifer Eurem Gelübde nachleben. Für Euer verdienstliches Leben und für Eure Gebete möge mir Gott die Kraft schenken, auch Deine zweite Frage zu beantworten!

Lebe wohl!

ACHTER BRIEF
ABAELARD AN HELOISA

Zu einem Teil habe ich Deine Anfrage, soweit es ging, schon erledigt; es bleibt mir noch, mit Gottes Beistand auch die zweite unerledigte Frage zu beantworten und Deinen und Deiner geistlichen Töchter Wünschen zu dienen. Der zweite noch unerfüllte Wunsch war die Zusendung einer Ordensregel. Ich sollte eine für Eure besonderen Anliegen passende Satzung entwerfen, nach der Ihr Euer Ordensleben regeln könnt. Ihr wollt an dem geschriebenen Wort einen zuverlässigen Führer für Euer ganzes Handeln finden als in dem bloßen Herkommen. Ich habe mir nun vorgenommen, altbewährte Satzungen, Zeugnisse der Heiligen Schrift und die Forderungen des gesunden Menschenverstandes zu einem Ganzen zu vereinen; ich will den geistlichen Tempel Gottes, der Ihr seid, damit ausschmücken, als ob es schöne Gemälde wären, und will aus unzusammenhängenden Teilen eine Einheit schaffen. Der Maler Zeuxis soll mein Vorbild sein: ich will bei der Ausschmückung des geistlichen Tempels so verfahren, wie er es beim steinernen getan hat. Cicero erzählt in seinen ‚Rhetorica‘, wie die Bürger von Kroton den Zeuxis beriefen, um einen Tempel mit wunderschönen Gemälden ausschmücken zu lassen, der ihnen besonders wert war. Um Zeuxis die Möglichkeit zu geben, seinen Auftrag meisterhaft auszuführen, ließen sie ihn fünf der schönsten Mädchen aus der Bevölkerung der Stadt auswählen; sie sollten ihm für seine Arbeit Modell stehen. Daß die Sache sich so zugetragen, ist aus einem und dem anderen Grunde wohl glaublich: fürs erste besaß Zeuxis eine besondere Meisterschaft im Porträtieren von Frauen, und außerdem gilt die weibliche Form für anmutiger und zierlicher als die männliche Gestalt. Zeuxis habe sich nicht mit einem Modell begnügt, so erzählt Cicero, weil er es für unmöglich hielt, ein Mädchen zu finden, bei dem alles gleichmäßig schön ausgebildet war. Die Natur könne keinem Geschöpf eine solche Anmut mitgeben, daß es nur schöne Körperteile aufzuweisen habe. Die Natur, war seine Meinung, bilde überhaupt in der Körperwelt nichts schlechthin Vollendetes aus, sie wolle nicht alle ihre Gaben an ein Geschöpf verschwenden, um dann nachher vor den anderen mit leeren Händen zu stehen.

Nach Zeuxis' Beispiel will auch ich verfahren: ich will versuchen, der Seele Schönheit zu malen, ich will die Vollkommenheit der Braut Christi abzeichnen. In meinem Werk sollt Ihr, wie in einem Spiegel, die geisterfüllte Jungfrau immer vor Augen haben und in diesem Spiegel Eure Schönheit oder Häßlichkeit erkennen. Ich will also aus einer Menge Schriften der Kirchenväter und an Hand der besten Regeln mönchischen Lebens Euer zukünftiges Leben gestalten; all die Blüten, die mir bei einem Gang durch die Literatur begegnen, will ich abpflücken und gewissermaßen zu einem Strauß binden; in diesen Strauß soll alles kommen, wovon ich mir für Euren heiligen Beruf Förderung verspreche, auch wenn diese Blumen in einem Mönchskloster gewachsen sind. Euch verbindet mit uns derselbe Name und das gleiche Gelübde der Keuschheit; so treffen also fast alle Bestimmungen, die für uns Mönche erlassen sind, auch auf Euch Nonnen zu. Daraus will ich gewissermaßen einen großen Blumenstrauß zusammenstellen. Ich will den Liliengarten Eurer Keuschheit damit auszieren und auf das Bild der Braut Christi noch weit mehr Fleiß verwenden als Zeuxis auf sein Götzenbild. Er meinte, an fünf Jungfrauen genug zu haben, wenn es ihm gelänge, ihre Schönheit nachzubilden. Wir verfügen über den ganzen Reichtum der Väterschriften und getrösten uns mit der Hilfe Gottes, Euch ein vollkommeneres Werk zu hinterlassen, als es jener heidnische Maler getan: unser Werk kann Euch vorbereiten für das Lebenslos und die Nachfolge der fünf klugen Jungfrauen, die uns der Herr im Evangelium als Vorbild christlicher Jungfräulichkeit hinstellt. Möchte auf Grund Eurer Gebete meinem Wollen auch das Vollbringen beschieden sein! Lebt wohl in Christo, Ihr Bräute Christi!

Ich habe mir vorgenommen, in drei Abschnitte die Abhandlung einzuteilen, die Eurer Belehrung dienen soll: ich will den Inhalt Eures heiligen Gelübdes beschreiben, will Euch in Eurem Eifer bestärken und will die gottesdienstliche Feier regeln. Das mönchische Leben hat als Inbegriff und Ziel die drei Stücke: Keuschheit, Besitzlosigkeit, Schweigsamkeit, oder anders gesagt nach der Vorschrift, die der Herr im Evangelium aufstellt: «Lasset eure Lenden umgürtet sein, sagt ab allem, was ihr habt, lasset kein unnütz Wort aus eurem Munde gehen!» Was unter Keuschheit zu verstehen ist, zeigt uns des Apostels Rat: «Eine Jungfrau, welche nicht freiet, die sorgt, was dem Herrn angehöret, daß sie heilig sei am Leib und auch am Geist.» Am Leib, sagt der Apostel, am ganzen Leib, nicht nur an einem Glied; weder im Wort noch im Werk soll irgendein Glied sich in Unreinheit verlieren. Heilig an Geist ist sie dann, wenn ihr Herz an keinem bösen Gedanken krankt und wenn die Hoffart sie nicht aufbläht. So stand es mit den fünf törichten Jungfrauen, die zurückliefen, Öl zu kaufen, und vor der Türe bleiben mußten. Mochten sie noch so stark an die verschlossene Pforte klopfen und noch so laut rufen: «Herr, Herr, tu uns auf», – ihr Schreien war umsonst, und furchtbar erklang ihnen des Bräutigams Antwort: «Wahrlich, ich sage euch, ich kenne euch nicht!»

Wir lassen alles hinter uns; so wie Christus alles hinter sich gelassen hat und nackt und bloß von dannen zog, so gehen wir in seiner Nachfolge, wie es auch die heiligen Apostel getan. Ihm zuliebe lassen wir irdischen Besitz, die Herzensbindungen des Blutes, ihm zuliebe opfern wir unser eigen Wollen; wir dürfen nicht mehr nach unserem Gutdünken leben, wir haben uns leiten zu lassen durch den unbeugsamen Befehl unseres Oberen, wir haben uns ihm, der an Christi Statt unser Meister ist, um Christi willen völlig zu ergeben, wie unserem Herrn Christus selbst. Von den Vorgesetzten spricht der Herr selbst: «Wer euch höret, der höret mich; und wer euch verachtet, der verachtet mich.» Selbst wenn der Vorgesetzte, Gott verhüte es, einen üblen Lebenswandel führt — Hauptsache ist, er ist ein guter Vorgesetzter. Gottes Wille wird nicht dadurch verächtlich, daß sein Vollstrecker ein sündiger Mensch ist; darüber spricht der Herr: «Alles nun, was sie euch sagen, daß ihr halten sollet, das haltet und tut's; aber nach ihren Werken sollt ihr nicht tun!» Was bedeutet das, von der Welt sich zu Gott bekehren? Der Herr beantwortet diese Frage: «Ein jeglicher unter euch, der nicht absagt allem, was er hat, kann nicht mein Jünger sein.» Und wiederum spricht der Herr: «So jemand zu mir kommt und hasset nicht seinen Vater, Mutter, Weib, Kinder, Brüder, Schwestern, auch dazu sein eigen Leben, der kann nicht mein Jünger sein.» Vater und Mutter hassen, das bedeutet: sich nicht leiten lassen durch die Bindungen der Sippe; entsprechend bedeutet ,sein eigen Leben hassen' den Verzicht auf den eigenen Willen.

Von diesem Willensverzicht spricht der Herr an

anderer Stelle: «Wer mir nachfolgen will, der verleugne sich selbst und nehme sein Kreuz auf sich und folge mir nach.» Also gehen wir dicht hinter ihm drein, also stehen wir in der Nachfolge dessen, der da spricht: «Ich bin nicht gekommen, daß ich meinen Willen tue, sondern den Willen dessen, der mich gesandt hat.» Es ist, als wenn er sagen wollte: Tut alles im Gehorsam! ‚Sich selbst verleugnen‘ heißt doch nichts anderes als der Blutsbindung und der eigenen Willensrichtung entsagen, um statt der Eigenherrschaft freiwillig die Fremdherrschaft zu wählen. So läßt, der Christo nachfolgen will, sich sein Kreuz nicht von einem anderen auflegen, so nimmt er es selbst auf sich. Durch dieses Kreuz ist ihm die Welt gekreuzigt und er der Welt, wenn er in freiwilligem Entschluß allem irdisch weltlichen Wollen entsagt, d. h. auf seinen eigenen Willen verzichtet. Die Stimmen, die vom Blute kommen, rufen doch nur auf, ihren Willen zu tun, und was irdische Lust heißt, das ist nichts anderes als Befriedigung des eigenen Willens, selbst um den Kaufpreis höchster Mühsal und Gefahr. Dagegen das Kreuz tragen, d. h. eine Marter aushalten, heißt etwas geschehen lassen, was gegen unseren Willen ist, es auch dann geschehen lassen, wenn die Durchsetzung mühelos und gefahrlos erfolgte. Darum spricht ein anderer Jesus, der freilich mit dem wahren Jesus nicht in einem Atem genannt werden darf, in dem Buch Sirach: «Folge nicht deinen bösen Lüsten, sondern brich deinen Willen. Denn wo du deinen bösen Lüsten folgest, so wirst du dich deinen Feinden selbst zum Spott machen.» Wenn wir so unserm Hab und Gut und uns selbst gänzlich entsagen, dann führen wir in Wahrheit das Leben aus der Urchristenheit, da alles allen gemein war und ein jeder seinen Eigenbesitz geopfert hat, wie es in der Schrift geschildert wird: «Die Menge aber der Gläubigen war *ein* Herz und *eine* Seele; auch keiner sagte von seinen Gütern, daß sie sein wären, sondern es war ihnen alles gemein... und man gab einem jeglichen, was ihm not war.» Nicht alle hatten die gleichen Bedürfnisse; deshalb gab man nicht allen ein Gleiches, sondern «einem jeglichen, was ihm not war.» ‚Ein Herz', nämlich ein Herz im Glauben, dieweil man mit dem Herzen glaubet, ‚eine Seele', nämlich eine Seele in der Liebe, in der sie einer des andern Willen erfüllten: keiner suchte das Seine, sondern, das seines Nächsten war, und ein jeder dachte nur an das, was der Gemeinde frommte. Ein jeder suchte nicht und erstrebte nicht, was sein war, sondern jeder suchte und erstrebte, was Christum trieb. Nur bei solcher Selbstentäußerung im Geiste Christi ist ein Leben möglich ohne persönliches Eigentum.

Beim Eigenbesitz ist die Tatsache des Besitzes schlechthin weit weniger betont als die Tatsache des Ichs. Ein überflüssiges, müßiges Wort ist auch nicht besser als Schwatzhaftigkeit. Im 1. Buch der ‚Retractationes' sagt Augustin: «Es sei ferne von mir, dann geringschätzig von Geschwätz zu reden, wenn Notwendiges geredet wird, auch wenn es mit großer Wortfülle und Ausführlichkeit geschieht.» Andererseits heißt es in den Sprüchen: «Wo viele Worte sind, da geht es ohne Sünde nicht ab; wer aber seine Lippen hält, der ist klug.» Wir müssen uns also in unserem Reden gewaltig in acht nehmen, da es leicht zur Sünde führen kann; bei der Krankheit des Wortemachens muß man deshalb besondere Vorsichtsmaßregeln ergreifen, weil es eine gefährliche, ansteckende Krankheit ist. Darum sagt auch der selige Benedikt: «Allzeit sollen sich die Mönche des Schweigens befleißigen.» Sich des Schweigens befleißigen, das bedeutet sicher mehr als bloß schweigsam sein; sich befleißigen heißt, mit bewußtem Willensentschluß etwas tun; es gibt vieles, das wir ohne Aufmerksamkeit unbewußt tun, aber wenn wir uns befleißigen, müssen Wille und Aufmerksamkeit angespannt werden.

Es ist sehr schwer, seine Zunge im Zaum zu halten, aber auch ebenso ersprießlich. Von dieser Erfahrung redet der Apostel Jakobus: «Denn wir fehlen alle mannigfaltig. Wer aber auch in keinem Wort fehlt, der ist ein vollkommener Mann... Alle Natur der Tiere und der Vögel und der Schlangen und der Meerwunder wird gezähmt und ist gezähmt von der menschlichen Natur.» Jakobus weiß aber auch, wie die Zunge so viel Übles schaffen und so viel Gutes zerstören kann: «Also ist auch die Zunge ein kleines Glied, siehe ein kleines Feuer, welch einen Wald zündet es an!... Eine Welt voll Ungerechtigkeit, das unruhige Übel voll tödlichen Giftes.» Was ist aber gefährlicher als Gift und verlangt größere Vorsicht? So wie das Gift das Leben vernichtet, so zerstört die Geschwätzigkeit alles wirkliche religiöse Leben. Darum heißt es auch bei Jakobus: «So sich jemand unter euch läßt dünken, er diene Gott, und hält seine Zunge nicht im Zaum, sondern täuscht sein Herz, des Gottesdienst ist eitel.» Im selben Sinn heißt es auch in den Sprüchen: «Ein Mann, der im Reden seinen Geist nicht halten kann, ist wie eine offene Stadt ohne Mauern.» An dies Wort aus den Sprüchen dachte auch der alte Mann, dem sich unterwegs ein paar geschwätzige Brüder angeschlossen hatten; Antonius sagte zu ihm: «Du hast brave Brüder angetroffen, mein Vater; «da antwortete der alte Mann: «Ja, sie sind brav, aber ihr Haus hat keine Tür. Jeder kann in den Stall hineingehen und den Esel losbinden.» Unsere Seele, so meint es dies Wort, ist gewisser-

maßen an die Krippe des Herrn angebunden; sie
nährt sich an ihr und schöpft immer von neuem Kraft
aus der Speise des göttlichen Wortes. Von dieser
Krippe wird sie losgebunden und flattert mit ihren
Gedanken überall herum, wenn die Schranke des
Schweigens sie nicht mehr zurückhält. Worte vermitteln der Seele das Verständnis, sie richtet ihr Augen-
merk auf das, was sie erfaßt, und klammert sich gewissermaßen mit dem Denken daran fest. Zu Gott
sprechen wir in unserem Denken, während wir zu
den Menschen mit unseren Worten reden. Indem nun
die Worte unsere Aufmerksamkeit in Anspruch nehmen, die wir zu den Menschen sprechen, ist es unver-
meidlich, daß wir in unserem Gespräch mit Gott gehindert werden; denn wir können nicht Gott unsere
Gedanken und zu gleicher Zeit den Menschen unsere
Worte schenken. Wir sollen nicht bloß müßige Worte
meiden, man muß auch auf die Worte verzichten, die
anscheinend nicht ganz ohne Nutzen sind; sonst
kommt man leicht vom Notwendigen aufs Müßige
und vom Müßigen aufs Schädliche; es gilt, was Jakobus sagt: «Die Zunge ist ein unruhiges Übel.» Sie
ist kleiner und feiner als die übrigen Glieder, dafür
ist sie aber beweglicher; während die anderen Glieder durch Bewegung müde werden, wird sie müde,
wenn sie nicht in Bewegung gesetzt wird, und ihr
fällt es gerade schwer zu ruhen. Die Zunge ist das
feinste und schmiegsamste Glied unseres Leibes, deshalb ist sie auch das behendeste; sie ist immer bereit
zu sprechen, und sie ist bekanntlich eine Pflanzstätte
alles Bösen. Der Apostel beobachtete, daß die Schwatzhaftigkeit vor allem Eurem Geschlechte eignet; deshalb verbietet er den Frauen das Reden in der Gemeinde überhaupt; sie dürfen auch religiöse Fragen
sich nur von ihren Männern, und zwar nur zu Hause

beantworten lassen. Auch wenn sie diese Belehrungen empfangen, und überhaupt bei jeglichem Tun legt ihnen der Apostel ein Schweigegebot auf, indem er darüber an Timotheus schreibt: «Ein Weib lerne in der Stille mit aller Untertänigkeit. Einem Weibe aber gestatte ich nicht, daß sie lehre, auch nicht, daß sie des Mannes Herr sei, sondern stille sei.» Wenn der Apostel verheirateten Frauen aus dem Laienstande dieses Schweigegebot gibt, was ist dann wohl Eure Pflicht?

Der Apostel will mit diesen Vorschriften, die er dem Timotheus gibt, zum Ausdruck bringen, die Frauen machen viele Worte und fühlen sich verpflichtet, auch da ihren Mund aufzumachen, wo es nicht am Platze ist. Wir müssen diese Seuche etwas bekämpfen; darum bestimmen wir, daß wenigstens an folgenden Orten und zu folgenden Zeiten völliges Schweigen zu herrschen hat: in der Kirche, im Klosterhof, im Schlafsaal, im Speisesaal, bei jedem Essen und in der Küche, und zwar muß dieses Schweigen ganz besonders nach dem Nachtgebet herrschen. Soweit es unbedingt nötig ist, darf man an den genannten Orten und zu den genannten Zeiten sich der Zeichensprache bedienen. Auf das Lehren und Lernen dieser Zeichen ist großer Wert zu legen. Durch diese Zeichen kann man einander, wenn eine Besprechung erforderlich ist, in einen Raum bestellen, der dafür geeignet und dazu bestimmt ist. Bei einer solchen Besprechung hat man sich so kurz wie möglich zu fassen; dann gehe man zu der Beschäftigung zurück, von der man weggegangen ist, oder an die Beschäftigung, die für diese Zeit vorgeschrieben ist. Jedes Übermaß von Worten und Zeichen muß scharf gerügt werden, aber vor allem ein Übermaß von Worten, bei denen die Gefahr des Mißbrauchs besonders groß ist.

In dem lebhaften Wunsch, dieser schweren, vielfach drohenden Gefahr zu steuern, rät der selige Gregor im 8. Buch seiner ‚Moralia‘: «Unterlassen wir es, uns vor müßigen Worten in acht zu nehmen, so kommen wir bald zu den wirklich gefährlichen. Das führt zu Zwistigkeiten und dann zu Zankereien; der aufgespeicherte Haß gerät in Flammen, und mit dem Frieden der Herzen ist es aus und vorbei. In den Sprüchen Salomos steht das treffende Wort: ‚Wer Hader anfängt, ist gleich als einer, der dem Wasser den Damm aufreißt.‘ Dem Wasser den Damm aufreißen, das bedeutet: seinen Mund einfach in den Tag hineinreden lassen. Im lobenden Sinn ist es gemeint, wenn Salomo sagt: ‚Die Worte in eines Mannes Munde sind wie tiefe Wasser.‘ Noch einmal sei es gesagt: ‚Wer Hader anfängt, ist gleich als einer, der dem Wasser den Damm aufreißt.‘ Wer seine Zunge nicht im Zaum hält, der verjagt den Frieden. ‚Wer einem Narren Schweigen gebietet, der lindert den Zorn‘ steht darum auch in der Schrift.»

Wir wollen uns diese klare Mahnung gesagt sein lassen und wollen mit den allerschärfsten Maßnahmen besonders gegen das Laster der Schwatzhaftigkeit vorgehen; ein abwartendes Verhalten ist gerade dabei nicht am Platze, weil es die fromme Lebensrichtung schwer gefährdet. Dieses Laster führt zu Verleumdungen, Zank und Streit, es gibt manchmal Anlaß zu geheimen Verabredungen und förmlichen Verschwörungen, so daß der ganze Bau eines solchen Gottesstaates ins Wanken gerät, ja sogar einstürzt. Rotten wir dieses Laster mit der Wurzel aus, so bleiben zwar die bösen Gedanken vielleicht noch bestehen, aber wir brauchen wenigstens für die anderen keine Ansteckung mehr zu befürchten.

Der Heilige Vater Macarius glaubte offenbar, es genüge schon, dies eine Laster zu meiden, um ein frommer Mensch zu werden, und hörte nicht auf, gerade davor zu warnen. Man erzählt folgende kleine Geschichte: «Der Heilige Vater Macarius in der Sketischen Wüste riet seinen Mönchen wiederholt: ,Nach der Messe vermeidet ein Zusammensein, liebe Brüder!' Einer seiner Mönche fragte: ,Vater, wo können wir eine Einsamkeit finden, die unsere Einsamkeit übertrifft?' Da legte Macarius den Finger auf seine Lippen und sagte: ,Das ist es, was ihr vermeiden sollt.' Mit diesen Worten betrat er seine Zelle und schloß die Tür hinter sich zu, um allein zu bleiben.» Diese Leistung des Schweigens macht den Menschen vollkommen, um mit dem Apostel Jakobus zu sprechen, oder wie Jesaja sagt: «Der Gerechtigkeit Nutzen wird ewige Stille sein.» In diesem Schweigen übten sich die Heiligen Väter mit dem größten Eifer; der Vater Agatho trug z. B. drei Jahre lang einen Stein in seinem Munde, bis ihm die Schweigsamkeit zur anderen Natur geworden war.

Gewiß entscheidet nicht der Aufenthaltsort über unsere Seligkeit; aber seine Art kann doch recht förderlich sein, die Frömmigkeit ungezwungen zu bewahren und ihr eine ruhige Sicherheit zu geben; er kann unsere Frömmigkeit aber auch erheblich beeinträchtigen. Darum zogen sich die Prophetensöhne, in denen wir nach Hieronymus' Wort die Mönche des Alten Bundes zu erblicken haben, in die Abgeschiedenheit der Wüste zurück und bauten sich kleine Hütten am Jordanufer. Auch Johannes der Täufer und seine Jünger, die Begründer unseres mönchischen Standes, und St. Paulus, Antonius, Macarius und überhaupt alle unsere Lebensvorbilder flüchteten sich aus dem unruhigen Weltleben mit all seinen Versuchungen in die Einsamkeit, um dort in ungestörter

Ruhe für ihre Versenkung eine Stätte zu finden und ohne Ablenkung dem Herrn zu dienen.

Auch unser Herr hilft uns hier mit seinem Vorbild. Gewiß, keine Versuchung vermochte ihn anzurühren; aber er ging doch gern in die Einsamkeit und entzog sich dem Gewühl des Volkes, wenn große Entscheidungen bevorstanden. Durch sein vierzigtägiges Fasten heiligte der Herr für uns die Wüsteneinsamkeit, er speiste die Menge in der Wüste und, um ganz ungestört beten zu können, flüchtete er sich sogar vor seinen Jüngern, nicht nur vor dem Volkshaufen, in die Einsamkeit. Auch seinen Jüngern gab er auf einem Berge, fern vom Volke, die besonderen Belehrungen und setzte sie in ihr Amt ein. Der Strahlenglanz seiner Verklärung blieb der Einöde vorbehalten, der Auferstandene zeigte sich seinen Jüngern insgemein zur Freude auf dem Berge, von dem Berge fuhr er gen Himmel; ebenso wirkte er sonst gar manches mächtige Wunder gerade in der Einsamkeit und in der Einöde.

Auch durch die Wundertaten im Alten Bunde zeigt der alleinige Gott, wie er die Einsamkeit liebt um unsretwillen, auf daß wir ganz unabgelenkt ihm dienen können: auch dem Mose und den alten Vätern zeigte sich Gott in der Wüste, durch die Wüste führte er sein Volk zum gelobten Lande, in der Wüste hat er es lange Zeit festgehalten, ihm sein Gesetz zu geben, in der Wüste hat er Manna regnen und Wasser aus dem Felsen schlagen lassen, in der Wüste ist er seinem Volke oftmals erschienen, es zu trösten, in der Wüste wirkte er seiner Wunder Fülle.

In dem Bild des Wildesels, der die Einsamkeit sucht, rühmt der Herr die Liebe zur Einsamkeit, indem er zum seligen Hiob spricht: «Wer hat den Wildesel so frei lassen gehn, wer hat seine Bande aufgelöst, dem

ich das Feld zum Hause gegeben habe und die Wüste
zur Wohnung? Er verlachet das Getümmel der Stadt,
das Pochen des Treibers höret er nicht. Er schauet
nach den Bergen, da seine Weide ist, und suchet, wo
es grün ist.» Diese Hiobstelle läßt sich zusammenfas-
sen in der Frage: Wer hat das so eingerichtet? Wer
anders als ICH?

Der Onager, den wir Wildesel nennen, ist das Sinnbild für den Mönch: er hatte alles abgeworfen, was
ihn an die Welt binden könnte, und hat die ruhe-
volle Freiheit des Einsiedlerlebens gewählt. Er ist aus
der Welt geflohen, um nicht in ihrem Geiste zu versinken. Er wohnt in der Wüste: seine Glieder sind
abgemagert und ausgedörrt durch das Fasten. Er hört
nur die Stimme des Treibers, aber nicht sein Pochen:
er bietet seinem Magen nur das Notwendigste an,
ohne ihn zu überladen. Der Magen, der keinen Tag
ausläßt, ist doch gewiß der ungestümste Treiber. Er
erhebt ein Geschrei, das bedeutet: er ist unersättlich
in seiner Gier nach überflüssiger, leckerer Kost, worin
er aber kein Gehör verdient. Die ‚Berge, da seine
Weide ist‘, sind für den Mönch die Bücher vom Leben und Lehren der Heiligen Väter; unsere Speise
ist es, sie zu lesen und in unserem Herzen zu über-
denken. Unter dem Grünen, das er suchet, sind alle
die Schriften zu verstehen, in denen wir den gebahn-
ten Weg zum himmlischen Leben der Unvergäng-
lichkeit finden.

Der selige Hieronymus richtet an den Mönch Heliodorus eine Mahnung, die auch wir uns zu Herzen nehmen dürfen: «Deute das Wort ‚Mönch‘, d. h. Deine
Standesbezeichnung! Was tust Du unter der Menge,
der Du Deinem Namen nach in die Einsamkeit ge-
hörst?» In einem Brief an den Presbyter Paulus bestimmt Hieronymus den Unterschied der mönchischen

Lebensordnung und der des Weltklerus: «Wenn Du das Amt eines Presbyters wahrnehmen willst, wenn Du Gefallen findest an der Würde oder Bürde des Bischofsamtes, dann mußt Du in Städten und festen Plätzen wohnen und Dein Heil suchen in der Rettung anderer. Willst Du aber sein, wie Du heißest, ein monachus, d. h. ein Einsiedler, was tust Du dann in den Städten, die in jedem Fall kein Aufenthalt für Einsiedler sind, sondern doch nur für Leute, denen es erst im dichtesten Gewühl recht wohl ist? Eine jede Lebensrichtung hat ihre Ideale... Um von uns Mönchen zu reden: Bischöfe und Presbyter mögen sich die Apostel und die Apostolischen Väter zum Vorbild nehmen und es sich angelegen sein lassen, nicht bloß deren Rang zu haben, sondern auch ihre Tugend. Wir haben als unsere Vorbilder Männer wie Paulus, Antonius, Hilarion und Macarius. Wir wollen auf die Heilige Schrift zurückgehen: Die Begründer unseres Standes sind Elia und Elisa, unsere Führer sind die Söhne der Propheten, die weit draußen in der Einsamkeit hausten und sich am Jordanufer Hütten bauten. Zu unsern Führern gehören auch jene Söhne des Rechab, die Wein und gegorenes Getränk nicht tranken, in Zelten wohnten, und von denen Gottes Stimme aus dem Munde des Jeremia rühmt: «es solle Rechabs Geschlechte nimmer fehlen, es solle jemand von den Seinen allezeit vor dem Herrn stehen.» Auch wir sollen unsre Hütten in der Einsamkeit aufrichten, um vor dem Herrn zu stehen und seinem Dienste noch besser uns zu widmen. In der Einsamkeit mag kein Zulauf von Menschen unsere Versenkung unterbrechen, den Frieden unserer Seele stören, mit Versuchungen uns überhäufen und unser Herz von seiner frommen Lebensrichtung ablenken.

Der Herr hat den seligen Arsenius zu dieser Freiheit eines Lebens der Versenkung geführt; er kann uns ein leuchtendes Vorbild sein; von ihm lesen wir: «Da der Vater Arsenius noch in seinem Palaste lebte, da richtete er an den Herrn das Gebet: ‚Herr Gott, führe mich auf den Weg des Heils!' Da erscholl eine Stimme und sprach: ‚Arsenius, fliehe die Menschen, und Du wirst gesunden.' Arsenius wurde nun Mönch und betete wieder einmal den gleichen Spruch: ‚Herr Gott, führe mich auf den Weg des Heils!' Und da hörte er eine Stimme, die da sprach: ‚Arsenius, vor den Menschen fliehen, in Schweigsamkeit verharren, sich versenken, diese dreie sind die Wurzeln der Sündlosigkeit.' So hatte Gott ihn seine Regel gelehrt, und Arsenius floh vor den Menschen, brachte es aber auch dahin, daß sie vor ihm flohen. Sein Erzbischof kam eines Tages mit einem hohen Beamten zu ihm; sie wünschten sich von ihm eine erbauliche Ansprache. Da sagte Arsenius: ‚Und wenn ich Euern Wunsch erfülle, werdet Ihr Euch danach richten?' Die beiden versprachen ihm das; da sagte Arsenius: ‚Geht nicht zu nahe hin, wenn ihr hört, Arsenius sei da!' Der Erzbischof wollte ein andermal wieder einen Besuch wagen, schickte aber vorher jemand hin, um nachzusehen, ob Arsenius ihm öffnen wolle. Arsenius ließ dem Erzbischof sagen: ‚Wenn Du kommst, öffne ich Dir; aber wenn ich Dir öffne, öffne ich allen, und dann kann ich hier nicht mehr bleiben.' Daraufhin sagte der Erzbischof: ‚Wenn mein Besuch nur den Erfolg hat, den Heiligen zu verjagen, will ich gar nicht mehr hingehen.' Eine römische Dame war gekommen, um dem Heiligen einen Huldigungsbesuch zu machen; Arsenius fuhr sie an: ‚Wie hast Du Dir das nur einfallen lassen können, so eine weite Reise zu machen? Weißt Du denn nicht, daß Du eine Frau bist und Dich nicht herumtreiben darfst? Du willst gewiß in Rom vor anderen Weibern Dich damit groß tun, Du habest Arsenius gesehen, und dann hat das Meer nichts anderes zu tun, als Weiber zu mir herzubefördern!' Da sagte die Dame: ,Wenn ich mit Gottes Hilfe wieder im Rom bin, dann sorge ich schon dafür, daß niemand herkommt. Aber bete für mich und gedenke meiner allzeit in Deinem Gebet!' Arsenius antwortete ihr: ,Ich bete zu Gott, er möchte die Erinnerung an Dich in meinem Herzen tilgen.' Als die Dame dies hörte, war sie doch verblüfft und entfernte sich. Ein andermal wurde Arsenius von dem Abt Marcus gefragt, warum er denn so den Menschen aus dem Wege gehe; Arsenius erwiderte: Gott weiß, daß ich die Menschen liebe, aber ich kann nicht zugleich mit Gott und mit den Menschen umgehen.» Die Heiligen Väter hatten den größten Abscheu davor, mit Menschen zu verkehren, ja nur Bekanntschaft mit ihnen zu schließen. Um die Leute gründlich loszuwerden, stellten sich einige verrückt und — man traut sich's fast gar nicht zu erzählen — bezeichneten sich sogar selbst als Ketzer. Wer Lust hat, kann es im ,Väterbuch' lesen, wie sich der Abt Simon für den Besuch des Provinzialstatthalters vorbereitete: er hüllte sich in einen Sack, nahm ein Stück Brot und Käse in seine Faust, setzte sich vor seine Zelle und fing an zu essen. Dort steht auch die Geschichte von einem Eremiten: er hörte, Leute mit Fackeln kämen zu ihm; da zog er sich aus, warf seine Kleider ins Wasser und machte sich daran, nackt wie er war, sie zu waschen. Sein Helfer, der dies sah, wurde über und über rot und sagte zu den Besuchern: «Bitte kehrt um, mein guter Alter hat den Verstand verloren.» Dann ging er zu seinem Herrn und sagte zu ihm: «Da hast Du was Schönes angerichtet, Heiliger Va-

ter! Jetzt sagen alle, die Dich so gesehen: Der Alte
ist verrückt!» Da meinte sein Einsiedler: «Das wollte
ich ja gerade hören.»

Auch von dem Abt Moses können wir im ‚Väterbuch'
lesen, wie er sich dem Besuch des Statthalters durchaus entziehen wollte. Er machte sich auf und flüchtete
sich in einen Sumpf. Da kam ihm der Statthalter mit
seinem Gefolge in die Quere; der rief ihn an: «Heda,
guter Alter, wo ist die Zelle des Moses?» Moses gab
zur Antwort: «Was wollt Ihr Euch die Mühe machen
und den dummen Kerl besuchen? Ein Ketzer ist er
auch noch!» Und der Vater Pastor! Auch er lehnte
den Besuch des Statthalters ab; und dabei bat ihn
seine Schwester flehentlich, diese Gelegenheit doch ja
zu nützen, ihren Sohn aus dem Gefängnis freizube-
kommen. Die Großen dieser Erde kommen in tiefer
Demut und voll Verehrung an, die Heiligen Männer
zu sehen, und diese wollen um die Welt nicht besucht sein, selbst auf die Gefahr hin, für Narren zu
gelten.

Auch Euer Geschlecht besitzt diese gute Eigenschaft,
wie Ihr jetzt hören mögt. Wer weiß genug zu sagen
zum Lob und Preis der Jungfrau, die den Besuch des
heiligen Martin ablehnte, um nicht in ihrer Versenkung gestört zu werden? Hieronymus erzählt die Geschichte im Brief an den Mönch Oceanus: «Nach dem
‚Leben des Heiligen Martin' hat Sulpizius berichtet,
der heilige Martin habe auf einer Reise eine Klausnerin besuchen wollen, die an Sittenstrenge und keu-
scher Zurückhaltung ihresgleichen nicht hatte. Aber
sie verbat sich den Besuch; sie ließ Martin ein Geschenk überreichen und rief ihm durch das Fenster
ihrer Klause zu: ‚Bete dort, mein Vater; ich habe
noch nie von einem Manne einen Besuch angenommen!' Da dankte der heilige Martin dem Herrn da-

für, daß er ihr eine so starke Tugend geschenkt habe, ihre Keuschheit zu bewahren; er segnete die Klausnerin und zog fröhlich seine Straße.» Diese Klausnerin hielt es für unter ihrer Würde und scheute sich, ihre frommen Betrachtungen zu unterbrechen; sie war geneigt, dem Freunde, der an ihre Tür pochte, zuzurufen: «Ich habe meine Füße gewaschen, wie soll ich sie wieder besudeln?» Wenn so etwas Bischöfen und Prälaten unserer Zeit widerführe, wenn Arsenius oder diese Klausnerin sie so schroff abgewiesen hätten, ich glaube, sie faßten das als unerhörte Kränkung auf. Die Mönche, die heute noch ihrem Namen Ehre machen und in der Einsamkeit hausen, mögen erröten ob solcher Beispiele: wenn des Bischofs Besuch in Aussicht steht, dann wissen sie sich vor Freude nicht zu lassen: sie bauen besondere Häuser, solche hohen Herren aufzunehmen; sie denken gar nicht daran, die Mächtigen dieser Welt zu meiden, die doch gewöhnlich mit großem Gefolge ankommen und außerdem noch einen Schwarm ungebetener Gäste mitbringen; sie denken nicht daran, im Gegenteil, sie laden sie noch besonders ein, sie bauen ein Gästehaus nach dem anderen — «man muß doch gastfrei sein!» — und bringen es fertig, in der selbstgewählten Einsamkeit eine belebte Stadt erstehen zu lassen. Hier sehen wir ganz sicher den alten, listigen Versucher am Werk: fast alle Klöster von heute wurden vordem in der tiefsten Abgeschiedenheit gegründet, weil man vor den Menschen flüchten wollte; da hernach die Glut der Gottesliebe erkaltete, da luden sie die Menschen zu sich ein, sie brauchten Knechte und Mägde in großer Zahl und mußten nun Riesenbaulichkeiten in ihrer Klausnerei aufführen lassen; und so kehrten sie in die Welt zurück, nein, sie holten mit aller Gewalt die Welt zu sich in ihre stille Einsamkeit. Sie wollten als Müßiggänger von fremder Arbeit leben; dadurch stürzten sie sich in Elend über Elend, sie gerieten in sklavische Abhängigkeit von geistlichen und weltlichen Gewalten und gaben dadurch mit dem Namen auch das Wesen des Mönchtums preis. Was ist die Folge? Sie haben oftmals die größten Schwierigkeiten und büßen ihr eigen Hab und Gut ein, um ihrer Untertanen Leib und Seele zu schützen. Wie oft kommt es vor, daß in den vielen Nebengebäuden Feuer ausbricht und damit das Kloster selbst in Flammen aufgeht! Aber auch eine solche Warnung vermag ihre Hoffart nicht mehr zu bändigen.

Die durch das Klosterleben gezogenen Grenzen, sie mögen so eng oder so weit sein, wie sie wollen, binden Mönche von heute nicht mehr: zu zweien, zu dreien, zum Hohn auf jede Regel sogar ganz allein, streifen sie umher in Dörfern, auf Schlössern, in Städten. Ihr sittlicher Wert hält keinen Vergleich mehr aus mit dem der Weltmenschen, sind sie doch Verräter an ihrem Gelübde. Solchen Menschen ist nichts mehr heilig: so wie sie nur zum Hohn noch Mönche heißen, so heißen auch ihre Häuser nur noch zum Hohn ,Oboedientien', das bedeutet: Stätten des Gehorsams; sie heißen noch Stätten des Gehorsams, in ihnen gehorcht man nur noch dem Bauch und dem Fleisch. Dort hausen sie mit ihren Verwandten, mit ihren guten Freunden; ohne irgendwelche Gewissensbisse frönen sie frank und frei nur noch ihrem Eigenwillen. Ausschweifungen, die bei den Menschen der Welt läßliche Sünden darstellen, können bei schamlosen Verrätern ihres Schlages nur als Verbrechen gelten.

Für das schwache Geschlecht ist die Einsamkeit besonders nötig: in der Einsamkeit erliegen wir den

Versuchungen des Fleisches weniger leicht, und unseren Sinnen fehlt die rechte Gelegenheit, uns ins Fleischliche hinabzuziehen. Darum sagt auch der selige Antonius: «Wer in der Einsamkeit sich der Versenkung weiht, der braucht auf drei Schlachtfeldern nicht zu kämpfen: er braucht nicht zu kämpfen mit seinem Gehör, mit seiner Zunge und mit seinen Augen; er hat nur noch einen einzigen Feind zu bekämpfen, sein eigen Herz.» All diese Vorzüge des Eremitendaseins konnten einem großen Kirchenlehrer wie Hieronymus nicht entgehen; eindringlich weist er den Mönch Heliodorus darauf hin: «Du schöne Einsamkeit, in der wir Gottes Hausgenossen werden dürfen! Lieber Bruder, was stehst Du in der Welt? Als Mönch bist Du über die Welt erhaben.»

Die Frage, an welchem Ort ein Kloster wesensgemäß gegründet werden darf, habe ich ausführlich genug behandelt; ich will noch zeigen, worauf es bei der Anlage eines Klosters ankommt. Gleich bei der Klostergründung soll man sich möglichst an den Rat des seligen Benedikts halten: um jeden Vorwand zum Herumtreiben außerhalb des Klosters zu benehmen, soll durch den eigentlichen Klosterbezirk alles umfaßt werden, was für ein Kloster lebenswichtig ist, also Garten, Brunnen, Mühle, Backhaus mit Backofen und Arbeitsräume für die tagtäglichen Arbeitspflichten der Schwestern.

Für das Heerlager des Herrn, d. h. für die Gemeinschaften der mönchisch Lebenden, gilt das gleiche wie für ein weltliches Heerlager: ein Oberhaupt muß bestellt werden, um die anderen zu leiten. Im weltlichen Heer steht ein Feldhauptmann an der Spitze des Ganzen, und nach seinem Willen hat alles zu geschehen. Weil das Heer zu groß ist, und weil er zu viel Pflichten auf einmal wahrzunehmen hat, legt er einen Teil seiner Last auf andere Schultern; er setzt deshalb Hauptleute ein, jeden Heerhaufen zu führen und jeden Dienst zu überwachen. So muß es auch in Euren Klöstern gehalten werden. Eine würdige Schwester leitet das Ganze. Sie hat zu erwägen und zu entscheiden, alle andern haben jede ihrer Weisungen auszuführen, und keine soll es sich einfallen lassen, sich irgend einem Gebot zu widersetzen oder auch nur dawider zu murren. Keine menschliche Gemeinschaft, nicht einmal die kleinste, die Familie, kann Bestand haben, wenn nicht ein Geist in ihr herrscht. Das ganze Regiment muß in einer einzigen Hand liegen. Darum hatte auch die Arche, die ja das Urbild der Kirche ist, zuhöchst die eine Elle als krönendes Maß, wie viele sie ihrer auch die Länge und Breite hatte. In den Sprüchen steht: «Um des Landes Sünde willen ist groß die Zahl seiner Herren.» Als nach Alexanders Tode der Könige viel wurden, da wurden auch der Mißstände viel, und als Rom sich vielen Herren ausgeliefert sah, da floh der Friede.

Darum dichtete Lukan im 1. Buch also:

«In dir ist die Quelle der Übel,
Rom, da über dich nun drei Mächtige herrschen
                                gemeinsam,
Sich in das Königtum, das stets unteilbare, teilen.
. . . .
Aber solange das Meer von der Erde, die Erde vom
                                Luftkreis
Wird getragen, solang' Titan vollendet den Umlauf,
Nacht dem Tag durch die nämlichen Zeichen am
                                Himmel wird folgen,
Ist Untreu' in der Könige Bund, denn jegliche
                                Herrschaft
Stößt den Genossen zurück.»

Derartige Leute waren sicher auch des frommen Vaters Frontonius Jünger; er hatte ihrer in seiner Geburtsstadt gegen siebzig um sich versammelt und hatte vor Gott und den Menschen große Gnade gefunden. Unerwartet verließ er den Klosterbezirk in der Stadt mit aller Fahrnis, so daß seine Jünger ganz besitzlos wurden. Er führte sie in die Wüste; dort taten sie, wie das Volk Israel gegen Mose getan: sie murrten, daß er sie auch von den Fleischtöpfen Ägyptens und von dem Überfluß des Landes in die Wüste geführt habe. Unter müßigem Murren sprachen sie: «Gibt es in der Wüste eine besondere Art Keuschheit, die in den Städten nicht beheimatet ist? Warum kehren wir nicht um in die Stadt, die wir nur für kurze Zeit zu verlassen gedachten? Erhört Gott Gebete nur in der Wüste? Wer kann von der Speise der Engel leben? Hat jemand Freude daran, nur noch die Tiere der Wildnis zu Genossen zu haben? Müssen wir denn hier bleiben? Warum kehren wir nicht zurück an den Ort, da wir geboren, um dort dem Herrn unsern Lobpreis darzubringen?»

Darum mahnt der Apostel Jakobus auch uns: «Lieben Brüder, unterwinde sich nicht jedermann, Lehrer zu sein, und wisset, daß wir desto mehr Urteil empfangen werden.» Hieronymus schreibt in der ‚Anweisung zur Lebensführung‘ an den Mönch Rustikus: «Nichts lernt sich ohne Lehrer; auch die unvernünftigen Tiere und die Rudel des Wildes folgen ihren Leittieren. Wenn die Bienen schwärmen, fliegt eine voraus, die anderen ihr nach; die Kraniche fliegen ihrem Führer nach und zwar dicht aufgeschlossen, so daß ein Buchstabe entsteht. Im ganzen Reich gibt es nur einen einzigen Kaiser, in jeder Provinz nur einen einzigen Statthalter. Rom war kaum gegründet, da vermochte es die beiden Brüder nicht zugleich als Herrscher zu tragen, und die neue Stadt wurde mit Bruderblut geweiht. Esau und Jakob kämpften schon in Rebekkas Schoß mit einander. In der Kirche gibt es nur einen einzigen Bischof, nur einen einzigen Erzpriester, nur einen einzigen Erzdiakon; der ganze geistliche Stand gründet sich auf die einzelnen Führer. Auf dem Schiff gibt es den einen Steuermann, im Haus den einen Hausherrn, in einem Heer, sei es noch so groß, gibt ein einziger den entscheidenden Befehl. Mit all diesen Beispielen will ich Dir das eine klar machen, daß Du im Kloster Dich nicht Deinem eigenen Willen hingeben darfst, sondern unter der erziehenden Leitung eines Vaters zu leben hast und in der Gemeinschaft mit vielen gleichgestellten Genossen.»

Einigkeit in allem ist das Hauptziel; dies zu erreichen, muß eine einzige Schwester über allen stehen, und alle andern müssen ihr in allem gehorchen. Unter dieser leitenden Schwester sollen andere gewissermaßen als Beauftragte stehen, deren Auswahl und Einsetzung der Leiterin obliegt. Diese Beauftragten sollen nun die Pflichten übernehmen, die ihnen die Oberin überträgt, und soweit die Oberin als Feldhauptmann im Heere des Herrn sie ihnen überträgt; sie selbst sind dann die Hauptleute und Mitglieder des Kriegsrates. Alle übrigen Schwestern, gewissermaßen die Ritter und Kriegsknechte Christi, mögen unter der Leitung ihrer Führerinnen gegen den bösen Feind und sein Gefolge ohne Zagen angehen.

Die gesamte Verwaltung des Klosters erfordert meiner Meinung nach sieben Schwestern, nicht mehr, aber auch nicht weniger: eine Pförtnerin, eine Verwalterin, eine Kleiderbewahrerin, eine Krankenschwester, eine Vorsängerin und eine Hausmeisterin, schließlich die Diakonisse, die man jetzt Äbtissin nennt. Diese Diakonisse ist unumschränkte Führerin, die in allem von allen Gehorsam erwarten muß; sie steht an der Spitze dieses geistigen Heerlagers und des Heervolkes des Herrn, wie geschrieben steht: «Des Menschen Leben auf Erden ist ein beständiges Kämpfen», und an anderer Stelle heißt es: «Furchtbar wie Kriegerscharen». Die sechs weiteren Schwestern, die unter ihr stehen, und die wir Offizialen, d. i. Beamte, nennen, bekleiden den Rang von Hauptleuten und Ratgebern. Alle andern Nonnen, die wir Klausnerinnen nennen, führen den Kampf, ein allzeit schlagfertiges Heer des Herrn. Die Laienschwestern, die gleichfalls der Welt entsagten und sich feierlich zum Gehorsam wie die Nonnen verpflichteten, nehmen eine untergeordnetere Stellung ein, gewissermaßen als einfache Kriegsknechte. Auch sie haben ein frommes Leben zu führen, obgleich die Forderungen an die Nonnen bei ihnen nicht mit der vollen Strenge durchgeführt werden. Es bleibt nun die Aufgabe, mit Gottes Hilfe den Pflichtenkreis der einzelnen Stufen dieses Gottesheeres zu umschreiben, auf daß von ihnen mit vollem Recht das Wort gelte: «Furchtbar wie Kriegerscharen.»

Wenn ich jetzt die eigentliche Regel aufstelle, so fange ich gebührenderweise mit dem Oberhaupt an, das ich Diakonisse nenne. Der Diakonisse gelten mit Recht meine ersten Anordnungen, hat sie doch wiederum alles andere anzuordnen. Schon in meinem vorausgehenden Schreiben habe ich mit den Worten des Apostels Paulus an Timotheus geschildert, welche Anforderungen an ihre Frömmigkeit zu stellen sind, wie sie ganz besonders ausgezeichnet und bewährt zu sein hat: «Laß keine Witwe erwählt werden unter sechzig Jahren, und die da gewesen sei *eines* Mannes Weib, und die ein Zeugnis habe guter Werke: so sie

Kinder aufgezogen hat, so sie gastfrei gewesen ist, so sie der Heiligen Füße gewaschen hat, so sie den Trübseligen Handreichung getan hat, so sie allem guten Werk nachgekommen ist. Der jungen Witwen aber entschlage dich!» Bei der Aufstellung der Regel für Diakone sagt Paulus von den Diakonissen: «Desgleichen ihre Weiber sollen ehrbar sein, nicht Lästerinnen, nüchtern, treu in allen Dingen.» Zweck und Absicht dieser Bestimmungen des Apostels dürfte ich in dem vorausgegangenen Brief ausreichend besprochen haben, besonders auch die Frage, weshalb nach Paulus' Willen die Diakonisse *eines* Mannes Weib sein soll und vorgerückten Alters. Es befremdet mich deshalb stark, daß sich überhaupt in der Kirche der Brauch hat einbürgern können, und zwar zum schweren Schaden der ganzen Einrichtung, für dies Amt lieber Jungfrauen als Witwen zu erwählen und oftmals jüngere den älteren vorzuziehen. Dies befremdet; sagt doch der Prediger: «Wehe dem Land, des König ein Kind ist.» Wir sind doch auch alle einverstanden mit dem Wort des seligen Hiob: «Bei den Großvätern ist die Weisheit, und der Verstand bei den Alten.» Auch in den Sprüchen Salomos steht also geschrieben: «Graue Haare sind eine Krone der Ehren, die auf dem Wege der Gerechtigkeit gefunden werden.» Wir kennen auch die Stelle im Buch Sirach: «O wie fein stehet es, wenn die grauen Häupter weise und die Alten klug und die Herren vernünftig und vorsichtig sind! Das ist der Alten Krone, wenn sie viel erfahren haben; und ihre Ehre ist, wenn sie Gott fürchten. ... Der Älteste soll reden, denn es gebühret ihm ... ein Jüngling mag auch wohl reden einmal oder zwei, wenns not ist; und wenn man ihn fragt, soll er es kurz machen und sich halten, als der nicht viel wisse und lieber schweige. Und soll sich nicht

269

den Herren gleich achten, und wenn ein Alter redet, nicht darein waschen.» Darum heißen auch die Priester, die in der Gemeinde vor dem Volke stehen, die Ältesten, auf daß schon ihr Name ausdrücke, welchen Anforderungen sie zu genügen haben. Die Männer, die der Heiligen Leben und Leiden schilderten, gebrauchten die ehrende Bezeichnung ,Alte' da, wo wir jetzt von Äbten sprechen.

Bei der Wahl und der Weihe der Diakonisse kommt es also vor allem darauf an, daß man den Rat des Apostels nicht mißachtet, sondern eine Schwester wählt, die in der Lebensführung und an Wissen die andern übertrifft: sie soll gereiften Alters sein, daß man auf ihre sittliche Zuverlässigkeit bauen darf, sie soll vorher gehorcht haben, um jetzt befehlen zu können, die Regel soll ihr fester Besitz geworden sein durch tätige Übung, nicht nur durch das bloße Anhören. Wenn sie keine große Gelehrte ist — sie lasse es sich zum Trost gesagt sein: sie ist nicht berufen, philosophische Vorlesungen zu halten und Übungen in der Logik zu veranstalten; ihre Aufgabe ist es, das regelmäßige Leben und die Ausübung der guten Werke zu ihrem Studium zu machen. Es steht ja auch vom Herrn geschrieben: «Da Jesus anfing beides, zu tun und zu lehren», wobei das Tun zuerst kommt und dann das Lehren. Handeln können ist besser und vollkommener als reden können, die Tat steht über dem Wort. Das Wort des Vaters Ipicius: «Der wahre Weise rechtfertigt seinen Namen, indem er andere durch Taten belehrt, nicht durch Worte», wollen wir uns gesagt sein lassen, um starken Trost und Zuversicht zu gewinnen. Der selige Antonius mußte sich einmal gegen solche hochweisen Wortkünstler zur Wehr setzen; sie spotteten über seine Art zu lehren: so mache es nur ein ungebildeter Stümper. Da gab er ihnen eine Belehrung, die auch wir uns merken wollen: «Sagt einmal, was ist zuerst, der gesunde Menschenverstand oder die Wissenschaft? Ist der Verstand aus der Gelehrsamkeit entstanden oder die Gelehrsamkeit aus dem Verstand?» Sie gaben zu, der Verstand sei der Begründer und Erfinder der Gelehrsamkeit. «Also», schloß Antonius, «braucht man nach den Wissenschaften nichts zu fragen, wenn man seine fünf Sinne noch richtig beieinander hat.»

Das Wort des Apostels, das wir vernehmen, mag uns im Herrn stärken: «Hat nicht Gott die Weisheit dieser Welt zur Torheit gemacht? ... Was töricht ist vor der Welt, das hat Gott erwählt, daß er die Weisen zu Schanden mache; und was schwach ist vor der Welt, das hat Gott erwählt, daß er zu Schanden mache, was stark ist; und das Unedle vor der Welt und das Verachtete hat Gott erwählt, und das da nichts ist, daß er zunichte mache, was etwas ist auf daß sich vor ihm kein Fleisch rühme. ... Denn das Reich Gottes steht nicht in Worten, sondern in Kraft.» Das ist eine Wahrheit, die uns der Apostel im selben Brief etwas später einschärft.

Muß auf die Heilige Schrift zurückgegriffen werden, um dies oder jenes besser zu verstehen, so mag die Äbtissin, ohne sich dessen zu schämen, Schriftkenner danach fragen und so Neues lernen; sie darf die Zeugnisse, die ihr die Wissenschaft an die Hand gibt, nicht in dummem Stolz beiseite schieben, sondern soll sie in aller Bescheidenheit und Gewissenhaftigkeit sich aneignen. Sogar der Fürst der Apostel hat eine Zurechtweisung, die ihm sein Mitapostel Paulus vor der Gemeinde erteilte, sich zu Herzen gehen lassen; und beim seligen Benedikt steht zu lesen, daß der Herr oft einem jüngeren den besten Gedanken ins Herz gibt.

Auf daß dem Willen des Herrn, wie er aus des Apostels Munde zu uns sprach, die volle Genüge werde. so soll man die Äbtissin nur im äußersten Notfall, und wenn besonders triftige Gründe dafür sprechen, aus den Vornehmen und Mächtigen dieser Welt nehmen. Frauen solcher Herkunft werden im Vertrauen auf ihre adelige Geburt leicht ruhmredig, anspruchsvoll und hoffärtig; wenn eine Schwester vollends aus einer eingesessenen vornehmen Familie stammt, kann ihre Wahl dem Kloster nur Verderben bringen: weil sie ihre Verwandten so nahe hat, erlaubt sie sich alles mögliche; auch schädigen die häufigen Besuche ihrer Verwandtschaft das Kloster wirtschaftlich und zerstören durch das Weltgetriebe den klösterlichen Frieden. Die Befürchtung ist nur zu berechtigt, sie möchte entweder durch ihre Angehörigen den frommen Wandel zerstören oder die ihr gebührende Achtung verlieren, nach dem Wort der Wahrheit: «Ein Prophet gilt nirgend weniger denn in seinem Vaterlande.»

Diese Gefahr verkannte auch Hieronymus nicht; in seinem Brief an Heliodorus zählt er alles auf, was Mönchen schaden kann, die in ihrem Vaterlande verbleiben; er schließt mit den Worten: «Wenn wir diese einzelnen Posten aufrechnen, so ergibt sich als Resultat, daß ein Mönch in seinem Vaterlande nicht vollkommen sein kann. Tust Du aber nicht alles, um vollkommen zu sein, so begehst Du Sünde.» Es bedeutet eine schwere Gefahr für das Seelenheil der Gesamtheit, wenn ihr religiöses Leben von einer Schwester gestaltet wird, der die religiösen Pflichten selber kein ernstes Herzensanliegen sind. Für jede einzelne aus der Masse des geistlichen Heeres genügt es, in dieser oder jener Tugend zu glänzen; die Führerin muß in sich alle Tugenden vorbildlich vereinen.

Es darf nicht dahin kommen, daß ihr eigner Lebenswandel ein Hohn ist auf ihre guten Lehren, daß sie
mit ihrem Tun niederreißt, was sie mit ihrem Wort
aufbaut, daß das Wort der Zurechtweisung ihr vor
Scham im Munde steckenbleibt, wenn sie an anderen
rügen müßte, was sie selbst offenkundig begeht.

Der Psalmist bat den Herrn, ihn vor diesem Fehler
zu bewahren: «Und nimm ja nicht von meinem
Munde das Wort der Wahrheit.» Ihm klang ja in
den Ohren das strenge Drohwort des Herrn, dessen
er in einem anderen Psalm gedenkt: «Aber zu den
Gottlosen spricht Gott: Was verkündigst du meine
Rechte und nimmst meinen Bund in deinen Mund, so
du doch Zucht hassest und wirfst meine Worte hinter
dich?» Auch dem Apostel liegt viel daran, diesen
Fehler zu meiden: «Ich betäube meinen Leib und
zähme ihn, daß ich nicht den anderen predige und
selbst verwerflich werde.» Wenn die Lebensführung
erst verachtet ist, gehen Predigt und Lehre bald denselben Weg; und wer einen anderen heilen will, aber
selber an der gleichen Krankheit leidet, dem darf der
Kranke mit Recht vorhalten: «Arzt, hilf dir selber!»

Ein jeder, der in der Kirche zur Leitung berufen ist,
vergesse nie, welch schwere Folgen sein eigenes Fallen nach sich zieht! Stürzt er selber ab, so reißt er
alle mit in den Abgrund, die unter ihm stehen. Also
spricht, der die Wahrheit ist: «Wer nun eines von
diesen kleinsten Geboten auflöst und lehrt die Leute
also, der wird der Kleinste heißen im Himmelreich.»
Ein Gebot löst der auf, der es durch Zuwiderhan-
deln zerbricht; wer durch böses Beispiel anderer Seelen vergiftet, sitzt, da die Lehrer der Verdammnis
sitzen. Wenn ein jeder schon für solches Verschulden
wird der Kleinste heißen im Himmelreich, wie tief
steht dann erst der schlechte geistliche Führer: für

seine Pflichtvergessenheit wird der Herr von ihm das Blut seiner eigenen Seele, er wird das Blut aller Seelen von ihm fordern, die ihm anvertraut waren.

Solchen Menschen droht die Weisheit Salomonis also: «Denn euch ist die Obrigkeit gegeben vom Herrn und die Gewalt vom Höchsten, welcher wird fragen, wie ihr handelt, und forschen, was ihr ordnet. Denn ihr seid seines Reiches Amtleute; aber ihr führet euer Amt nicht fein und haltet kein Recht und tut nicht nach dem, da es der Herr geordnet hat. Er wird gar greulich und kurz über euch kommen, und es wird gar ein scharf Gericht gehen über die Oberherren, denn den Geringen widerfährt Gnade; aber die Gewaltigen werden gewaltiglich gestraft werden; über die Mächtigen aber wird ein stark Gericht gehalten werden.»

Jede Deiner Schwestern darf sich damit genügen lassen, ihre eigene Seele von Schuld und Fehle rein zu halten; den Vorgesetzten droht der Tod auch bei fremden Sünden. Wem ein großes Pfund, damit zu wuchern, anvertraut ist, der muß auch über ein großes Rechnung legen, und wem viel gegeben ist, von dem wird man viel fordern. Vor dieser Gefahr, die einem Vorgesetzten droht, warnt uns Salomo aufs eindringlichste in den Sprüchen, da er sagt: «Mein Kind, wirst du Bürge für deinen Freund und hast deine Hand bei einem Fremden verhaftet, so bist du verknüpft mit der Rede deines Mundes und gefangen mit den Worten deines Mundes. So tue doch, mein Kind, also und errette dich, denn du bist deinem Nächsten in die Hände gekommen. Eile, dränge und treibe deinen Freund. Laß deine Augen nicht schlafen noch deine Augenlider schlummern.» Wir werden Bürge für einen Freund, wenn wir irgend jemand liebevoll in unsere Lebensgemeinschaft aufnehmen. Wir versprechen ihm von ganzem Herzen unsere Fürsorge, so wie er uns seinen Gehorsam verspricht. Wir ,verhaften unsere Hand bei ihm', wenn wir unser Liebesversprechen an ihm zur Tat werden lassen. Wir sind ihm ,in die Hände gekommen'; das bedeutet: wir müssen uns vor ihm in acht nehmen, auf daß er nicht zum Mörder unserer Seele werde. Dieser Gefahr zu begegnen rät das Schriftwort: «Eile, dränge und treibe...!»

Die Äbtissin soll überall die Runde machen, wie es ein kluger, unermüdlicher Feldhauptmann tut, sie soll in ihrem geistlichen Heer mit aller Tatkraft darüber wachen, daß nicht ein Versäumnis dem ein Tor offen lasse, der umhergeht wie ein brüllender Löwe und sucht, wen er verschlinge. Sie muß die erste sein, die Fehler in ihrem Haus bemerkt, sie muß die Fehler gutmachen, ehe die andern sie überhaupt wahrnehmen und sich verführen lassen. Sonst erlebt sie, was der selige Hieronymus an nachlässigen Toren zu rügen hat: «Was im eigenen Hause Schlimmes vorgeht, erfahren wir selber als die Letzten und sind noch ahnungslos, wenn die ganze Nachbarschaft schon über unsere Kinder und Frauen klatscht.»

Die Äbtissin soll nie vergessen, daß auf ihr die Verantwortung für Leib und Seele der Schwestern liegt. Im Buch Sirach heißt es von der Obhut, die der Leib erfordert: «Hast du Töchter, so bewahre ihren Leib und verwöhne sie nicht.» Ferner lesen wir bei Sirach: «Eine Tochter macht dem Vater viel Wachens, das den Augen der Menschen verborgen ist, und das Sorgen für sie nimmt ihm viel Schlaf, da sie möchte geschändet werden.» Wir schänden unsern Leib nicht nur durch Unzucht; unter den Begriff der Schändung fällt überhaupt jedes unschickliche Tun, ob wir nun mit der Zunge, mit einem anderen Gliede oder überhaupt mit irgendeinem Teil unseres Leibes unseren Sinnen Vorschub leisten für irgendeinen eitlen Genuß. Es steht geschrieben: «Der Tod ist zu unsern Fenstern hereingefallen», das bedeutet: die Sünde benutzt unsere fünf Sinne als Weg, in unser Herz einzudringen. Das schrecklichste Sterben ist das Sterben der Seele; sie davor zu bewahren ist zugleich besonders schwer. Es spricht, der die Wahrheit ist: «Fürchtet euch nicht vor denen, die den Leib töten und die Seele nicht können töten.» Und doch: so viele diese Mahnung des Herrn hören, ein jeder fürchtet mehr des Leibes Tod als den der Seele. Wem beut das Schwert nicht mehr Schrecken als die Lüge? Und dabei steht geschrieben: «Denn der Mund, so da lüget, tötet die Seele.» Was ist so leicht zu töten wie die Seele? Welcher Pfeil ist so schnell gespitzt wie die Sünde? Wer kann wenigstens seine Gedanken hüten? Wer kann auch nur sich selbst vor Sünden hüten, geschweige denn fremde Menschen? Welcher Mensch, dem das Hirtenamt anvertraut ist, vermag die Seelen seiner geistlichen Schafe vor den geistlichen Wölfen zu hüten, die unsichtbare Herde vor dem unsichtbaren Feind? Wen ängstigt nicht der Bösewicht, der nicht abläßt uns anzufeinden? Keine Mauer vermag ihn fernzuhalten, kein Schwert zu töten oder wenigstens zu verwunden. Ohn' Ermatten lauert er uns auf und verfolgt besonders die Frommen nach dem Wort des Propheten Habakuk: «Sein Köder ist auserlesen.» Vor diesem Bösewicht warnt uns der Apostel Petrus: «Euer Widersacher, der Teufel, geht umher wie ein brüllender Löwe und suchet, welchen er verschlinge.» Der Herr selbst weist den frommen Hiob warnend darauf hin, wie sicher der Versucher wähnt, uns zu verschlingen: «Er schluckt in sich den Strom und achtet es nicht groß, läßt sich dünken, er wolle den

Jordan mit seinem Munde ausschöpfen.» An was sollte sich der nicht mit seinen Angriffen wagen, der sich nicht gescheut hat, den Herrn selbst zu versuchen? Der schon unsere Stammeltern im Paradies zu fangen wußte und sogar aus der Jünger Kreis einen raubte, welchen der Herr selbst auserwählt hatte, vor dem ist kein fester Platz sicher, kein Schloß gibt es, das er nicht zu sprengen sich getraute. Seine List ist zu stark, und seine Macht ist zu groß, als daß ein Mensch ihr zu widerstehen vermöchte.

Der böse Feind ist es, der nur einmal auf die vier Ecken des Hauses des frommen Hiob stieß, und warf es auf die unschuldigen Söhne und Töchter, daß sie starben. Was wird vollends das schwache Geschlecht gegen den Versucher ausrichten? Vor seinen Verführungskünsten muß sich niemand mehr fürchten als die Frauen. Die Frau hat er zuerst verführt und durch sie den Mann und hat so die ganze Nachkommenschaft für sich gewonnen. Das Weib war voll Gier, des Guten noch mehr zu haben, und verlor so noch das Wenige. Mit diesen Kunstgriffen wird der Versucher das Weib auch jetzt noch gar leicht verführen, will es doch lieber herrschen als dienen und ist bei seiner Habsucht und seinem Ehrgeiz leicht zu packen. Das böse Ende enthüllt, was der Frauen Tun zuvor bestimmte. Wenn die Oberin ein üppigeres Leben führt als ihre Untergebenen, wenn sie sich etwas leistet, das über des Lebens Notdurft hinausgeht, hat sie ohne Zweifel von vornherein danach gegiert. Sie trachtet nach kostbarerem Schmuck als sie zuvor hatte: da muß ihr Herz doch von eitlem Stolz geschwellt sein. Was zuvor schon im Dunkel ihres Herzens schlummerte, drängt später ans Licht. Ob ihr früheres Wesen echte Tugend war oder bloße Heuchelei, das zeigt sie in ihrer neuen Würde, Sie soll sich auf den Abtstuhl eher mit Gewalt ziehen lassen, als daß sie freiwillig zu ihm hinaufsteige, nach dem Wort des Herrn: «Alle, die vor mir gekommen sind, die sind Diebe und Mörder», oder wie Hieronymus sagt: «Es sind gekommen, die nicht gesandt waren.» Man soll sich eine Ehrenkrone lieber mit Gewalt aufsetzen lassen, als daß man selber nach ihr griffe. «Denn niemand», sagt der Apostel, «nimmt sich selbst die Ehre, sondern er wird berufen von Gott gleich wie Aaron.» Wenn eine Schwester zur Leiterin berufen wird, die gehe, als ob sie zum Tode geführt würde; die aber nicht gewählt wird, die freue sich, als sei ihr das Leben neu geschenkt.

Wenn wir uns durch Worte anderen überlegen zeigen, erröten wir; aber wenn bei unserer Wahl diese Vorzugsstellung zur Wirklichkeit wird, dann schämen wir uns nicht, ohne Scham zu sein. Und dabei weiß doch jeder, daß nur die Besten diesen Vorzug verdienen. Darum sagt auch Gregor im 24. Buch seiner ‚Moralia‘: «Wer die Menschen nicht gut zu vermahnen und zurechtzuweisen versteht, der soll auch nicht ihre Führung übernehmen. Wer dazu auserwählt wird, anderer Fehler zu verbessern, darf nicht sich selber zu Schulden kommen lassen, was er ausrotten soll.» Wenn wir bei einer solchen Wahl anscheinend unter Zagen die uns angesonnene Unbescheidenheit ablehnen, in Wirklichkeit aber unsere Ablehnung der angebotenen Würde in den Wind zu schreiben ist, dann kann man uns ganz bestimmt den Vorwurf machen, wir wollten dadurch nur den Eindruck besonderer Tugend und Würdigkeit hervorrufen. Wie viele sahen wir bei ihrer Wahl äußerlich weinen und innerlich lachen! Sie klagen sich selbst an, sie seien der hohen Ehre nicht würdig: es geschieht nur, um noch mehr nach Beifall und Gunst der Menge zu haschen. Sie denken natürlich an das Schriftwort: «Der Gerechte klagt zuvor sich selbst an.» Kommt es später einmal zu einer wirklichen Anklage, bietet sich ihnen die Gelegenheit, von ihrem Thron herabzusteigen, dann klammern sie sich an ihm so ungehörig und unbescheiden wie möglich fest; dabei hatten sie zuvor unter verlogenen Tränen und mit nur zu wahren Selbstanklagen es jeden merken lassen, wie es ihrer innersten Natur widerspreche, über ihre Brüder sich zu erheben.

Wie oft habe ich es in den Kirchen mitangesehen, daß Kanoniker sich ihren Bischöfen widersetzten, wenn sie die heiligen Weihen erhalten sollten, daß sie laut erklärten, sie seien unwürdig, dies heilige Amt zu führen; ihr Gewissen ließe ihnen keine Ruhe, wenn sie es annähmen! Wollte der Klerus später dieselben Leute zum Bischof wählen, verspürte er höchstens noch einen ganz oberflächlichen Widerstand. Gestern wollten sie noch um ihrer Seelen Seligkeit willen das Diakonat ablehnen; schon eine einzige Nacht genügte, sie zu Gerechten zu machen, und das Schwindelgefühl stellte sich sogar bei einer höheren Stellung nicht mehr ein. Das sind die Menschen, von denen in den ‚Sprüchen‘ geschrieben steht: «Ein Tor klatscht in die Hände, wann er für seinen Freund Bürge geworden ist.» Der Arme freut sich da, wo er eher Anlaß hätte zu trauern: er freut sich, wenn er anderen zum Führer bestellt wird, wenn er sich feierlich verpflichtet, für Untergebene Sorge zu tragen, die ihn mehr lieben als fürchten sollten. Um die ansteckende Krankheit des Ehrgeizes nach Möglichkeit zu bekämpfen, verbieten wir der Äbtissin kurzweg, ein besseres, gemächlicheres Leben zu führen als ihre untergebenen Schwestern. Weder beim Essen noch beim Schlafen soll sie sich von ihren Schwestern absondern, vielmehr mit der ihr anvertrauten Herde alles teilen; das beständige Beisammensein erleichtert ihre Aufsichtspflichten. Dem seligen Benedikt lagen Pilger und Gäste immer besonders am Herzen; darum gestattete er bekanntlich dem Abt, mit ihnen am besonderen Tische zu speisen. Diese Bestimmung hat Benedikt damals in gutem Glauben getroffen; später hat man sie zugunsten eines ordnungsgemäßen Ablaufs des klösterlichen Lebens abgeändert: der Abt bleibt jetzt im Kreise seiner Mönche, und ein zuverlässiger Verwalter vertritt ihn in der Betreuung der Fremden: gerade während der Mahlzeiten wird besonders leicht gegen die Regel verstoßen; deshalb tut eine strenge Aufsicht dabei um so mehr not. Es kommt ja auch vor, daß für manche ein fremder Besuch nur der Vorwand ist, um sich dabei vor allem selber etwas Gutes zu gönnen; die nicht an der Gästetafel sitzen dürfen, vermuten das Schlimmste und führen schnöde Reden.

Ein Vorgesetzter, der seinen Untergebenen in die eigene Lebensführung keinen Einblick gibt, benimmt seinen Anordnungen die Vorbildlichkeit. Auch die stärksten Entbehrungen erscheinen jedem tragbar, wenn alle gleichmäßig von ihnen betroffen werden, insbesondere die Vorgesetzten. Das können wir vom alten Cato lernen: als sein Kriegsvolk Durst litt und er mit ihm, da bot ihm ein Soldat etwas Wasser an, aber Cato dankte und goß es aus; damit hatte er alle zufriedengestellt.

Vorgesetzten tut vor allem Mäßigkeit not: sie müssen sich selbst in ihren Ansprüchen beschränken, da sie auch noch für die anderen zu sorgen haben. Ihr hohes Amt ist ein Gnadengeschenk des Herrn; sie sollen es nicht hoffärtig mißbrauchen und besonders ihre Untergebenen dadurch vor den Kopf stoßen, vielmehr auf das Wort der Heiligen Schrift hören: «Sei nicht ein Löwe in deinem Hause und nicht ein Wüterich gegen dein Gesinde und nicht ein Tyrann gegen deine Untertanen! Den Hoffärtigen ist beides, Gott und die Welt, feind. Gott hat die hoffärtigen Fürsten vom Stuhl heruntergeworfen und demütige daraufgesetzt. Hat man dich zum Obersten eingesetzt, so sei nicht anmaßend, halte dich gleich wie sie und richte dich nach ihnen!» Auch der Apostel gibt seine Anweisungen, wie man Untergebene behandeln soll; er schreibt an Timotheus: «Einen Alten schilt nicht, sondern ermahne ihn als einen Vater, die Jungen als Brüder, die alten Weiber als Mütter, die jungen als Schwestern.» Also spricht der Herr: «Ihr habt mich nicht erwählt, sondern ich habe euch erwählet.» Alle anderen Vorgesetzten außer dem Herrn werden von ihren Untergebenen gewählt, ernannt und eingesetzt; sie sollen ja nicht unverantwortliche Herren werden, sondern die ersten Diener. Gott allein ist in Wahrheit der Herr und kann, ihm zu dienen, auswählen, wen er will. Aber auch der Herr hat nicht sein Herrentum betont, sondern seine Dienstbarkeit; als die Seinigen nach der höchsten Ehre trachteten, da beschämte er sie durch sein Vorbild: «Die weltlichen Fürsten herrschen und die Oberherren haben Gewalt. So soll es nicht sein unter euch.»

Durch das Vorbild der irdischen Könige lassen sich alle leiten, die in sich nur die Herren ihrer Untertanen sehen wollen und nicht die Diener; wer so denkt, der will eher Furcht denn Liebe ernten. Von ihresgleichen sagt der Herr: «Sie sitzen gern obenan über Tisch und in den Schulen und haben's gerne, daß sie gegrüßt werden auf dem Markt und von den Menschen ‚Rabbi' genannt werden.» Diesen Ehrentitel meint der Herr, da er gebietet, nicht mit Titeln zu prunken, sondern in allem die Demut zu bewahren: «Aber ihr sollt euch nicht Rabbi nennen lassen und sollt niemand Vater heißen auf Erden.» Schließlich erklärt er, um alles Rühmen zu ersticken: «Wer sich selbst erhöhet, der wird erniedrigt werden.»

Vor einer weiteren Gefahr muß die Herde bewahrt bleiben: der Hirte darf sie nicht sorglos verlassen. Wenn die Vorgesetzten draußen herumziehen, dann wird drinnen das Band der Regel locker. Daher bestimmen wir, daß die Äbtissin für die geistlichen Anliegen ihrer Schwestern mehr besorgt ist als für die leiblichen; sie soll kein Geschäft vorschützen, um den Klosterbezirk verlassen zu können. Ihre erste Pflicht, die Seelsorge an ihren Schwestern, erfüllt sie am besten, wenn sie die Klausur überhaupt nicht verläßt; auch den Weltmenschen ist eine Äbtissin besonders verehrungswürdig, wenn sie sich nur selten unter ihnen sehen läßt, wie geschrieben steht: «Wenn dich ein Gewaltiger will zu sich ziehen, so weigere dich; so wird er dich desto mehr zu sich ziehen.» Wenn es Eurem Kloster not ist, an fremdem Ort eine Verhandlung zu führen, so mögen dies Mönche oder Laienbrüder aus einem Mönchskloster erledigen; die Männer müssen ja immerdar für die dringendsten Lebenserfordernisse der Frau sorgen. Gerade wenn es den Frauen mit ihren religiösen Pflichten wirklich ernst ist und wenn sie auf den Gottesdienst ein gut Teil Zeit verwenden, brauchen sie erst recht die Unterstützung der Männer. Darum wird auch Josef von dem Engel des Herrn gemahnt, der Mutter Gottes sich anzunehmen, ob er sie schon nicht erkennen durfte. Der Herr selbst hat noch in seinem Todeskampfe seiner Mutter einen neuen Sohn geschenkt, die Sorgen dieser Welt ihr abzunehmen. Die tätige

Fürsorge der Apostel für die frommen Frauen ist allen bekannt, auch habe ich ihrer schon früher gedacht. Um den Frauen zu dienen, setzten die Apostel die sieben Armenpfleger ein. Diese Vorbilder leiten uns, und außerdem erfordert es die Natur der Sache; so bestimmen wir, daß Mönche und Laienbrüder nach der Art der Apostel und Armenpfleger den Frauenklöstern die ganze äußere Verwaltung abnehmen: die Mönche sind für ein Frauenkloster vor allem unentbehrlich, die Messen zu lesen, und die Laienbrüder sind für alle Außenarbeit erforderlich. Es muß demnach bei uns wieder so werden, wie es in Alexandria unter dem Evangelisten Markus gehalten wurde, in der Zeit, da sich die Kirche bildete: Männerklöster müssen den Frauenklöstern zur Seite stehen, und alle Geschäfte der äußeren Verwaltung müssen den Frauen von den Mönchen abgenommen werden. Ich denke, die Frauenklöster erfüllen ihre Ordenspflichten in der vollen Strenge, wenn sie unter der gewissenhaften Leitung geistlicher Männer stehen, wenn für die Schafe wie für die Widder ein einziger Hirte bestellt ist; der die Männer leitet, soll es auch bei den Frauen tun, und es soll die apostolische Verordnung in Kraft bleiben: «Der Mann aber ist des Weibes Haupt. Christus ist eines jeglichen Mannes Haupt. Gott aber ist Christi Haupt.» Das Kloster der seligen Scholastika lag auf Grund und Boden, der einem Mönchskloster gehörte. Ihr Bruder betreute auch das Frauenkloster; er selbst und andere Brüder besuchten es häufig, um den frommen Frauen mit Belehrung und Trost zu dienen. Die Regel des seligen Basilius ordnet eine derartige Oberleitung folgendermaßen: «Frage: Darf auch der Abt eines Mönchsklosters unter Übergehung der Äbtissin mit den Nonnen erbauliche Gespräche führen? Antwort:

«Ja, insoweit es in der Mahnung des Apostels geht: Lasset alles ehrbarlich und ordentlich zugehen.» Ebenso im folgenden Abschnitt? «Frage: Darf ein Abt mit einer Äbtissin häufig Besprechungen haben, vor allem dann, wenn einige Brüder daran Anstoß nehmen? Antwort: Der Apostel sagt zwar: ‚Denn warum sollte ich meine Freiheit lassen richten von eines anderen Gewissen', aber es ist dennoch gut, die folgenden Worte zur Richtschnur zu nehmen: ‚Aber wir haben solche Macht nicht gebrauchen mögen, daß wir nicht dem Evangelium Christi ein Hindernis machen'. Die Besuche bei den Schwestern sind möglichst einzuschränken, und in der Besprechung hat man sich kurz zu fassen.»

Das Konzil von Hispalis hat darüber folgenden Beschluß gefaßt: «Einstimmig haben wir beschlossen, daß bei den Nonnenklöstern in der Provinz Bätika die Verwaltung und Leitung den Mönchen zusteht. Für die Christo geweihten Jungfrauen ist es heilsam, wenn wir geistliche Väter für sie erwählen, auf daß diese die Jungfrauen unter ihre schützende Leitung nehmen und ihnen erbauliche Belehrung spenden. Was die Mönche angeht, so machen wir den Vorbehalt, daß sie sich jeder persönlichen Beziehung zu den Nonnen enthalten und im Vorraum des Klosters nicht aus- und eingehen. Der Abt, oder wer sonst die Oberaufsicht des Frauenklosters führt, darf nicht unter Umgehung der Äbtissin den Nonnen Mahnungen wegen ihrer sittlichen Lebensführung zukommen lassen. Mit der Äbtissin soll er nicht zu oft und nicht unter vier Augen verhandeln, sondern in Gegenwart zweier oder dreier Schwestern; er komme selten und fasse sich kurz.» Die männliche Oberleitung darf unter keinen Umständen zur Folge haben — schon der Gedanke daran ist eine Sünde —, daß Mönche mit den Christo geweihten Jungfrauen vertraut werden; es verbleibt bei den Ordensregeln und den Satzungen der Kirche, und sie haben in strengster Abgeschiedenheit voneinander zu leben. Die Frauenklöster unterstellen wir nur männlicher Leitung: aus den Mönchen werde ein besonders bewährter Mann erwählt, zu dessen Aufgabenkreis es gehört, ihren Grundbesitz in Stadt und Land zu betreuen, die Bauten ausführen zu lassen und überhaupt für des Klosters Lebensnotdurft zu sorgen; dann brauchen Christi Mägde sich nur um das zu sorgen, was ihrer Seele ersprießlich ist, und mögen allein dem Dienste des Herrn leben und die ihnen obliegenden Arbeiten verrichten. Wer von seinem Abt für die Oberleitung eines solchen Klosters ausersehen wird, bedarf der Bestätigung durch den zuständigen Bischof. Die Nonnen sollen für die Mönche des Klosters, in dessen Schutz sie stehen, die Kleider anfertigen; zum Entgelt soll man ihnen vom Ertrag des Ackers spenden und ihnen überhaupt alle erdenkliche Unterstützung zuteil werden lassen.

Im Anschluß an diese weise Fürsorge bestimmen wir, daß Frauenklöster Männerklöstern unterstellt werden: die Brüder sollen für die Schwestern sorgen, *ein* einziger geistlicher Vater soll sie beide leiten und regieren. Beide Klöster sollen sich nach seinen Weisungen richten, auf daß eine Herde und ein Hirte im Herrn sei. Eine solche geistige Gemeinschaft der Bruderliebe wird vor Gott und Menschen wohlgefällig sein, da sie es den Brüdern wie den Schwestern ermöglicht, ihre mönchische Lebensform vollkommen zu machen. Die Mönche mögen den Männern Gastfreundschaft erweisen, die Nonnen den Frauen; so kann die heilige Gemeinschaft sich jeder Seele annehmen, die um ihr Heil bekümmert ist. Wer mit seiner Mutter, seiner Schwester, seiner Tochter oder überhaupt mit einem nahestehenden Menschen zusammen der Welt entsagen will, der vermag in einer solchen Gemeinschaft den vollen Frieden zu finden. Frauen- und Männerklöster solcher Art sind durch ein enges Liebesband verbunden, und ihre gegenseitige fürsorgende Liebe findet kein Ende, wenn zwischen ihren Insassen noch obendrein Bande der Verwandtschaft und Freundschaft bestehen.

Der Vorgesetzte der Mönche, den man Abt nennt, soll sein Aufsichtsamt über ein Frauenkloster so auffassen, daß er als Gottesdiener in diesen Gottesbräuten seine Herrinnen sieht; er erblicke seine Aufgabe nur darin, ihnen zu helfen, und versage es sich, ihnen zu gebieten. Er walte seines Amtes wie der Kämmerer im Palast der Königin: er betreut seine Herrin aufs liebevollste, ohne sie durch Bevormundung zu belästigen; wessen sie wirklich bedarf, das braucht sie kaum zu wünschen; wenn ihre Wünsche fehlgehen, wird er sie überhören; er wird jeden Außendienst wahrnehmen, ihre geheimen Gemächer wird er nur auf besondere Aufforderung betreten. Auf diesem Wege mag der Knecht Christi den Bräuten Christi dienen und mag in Christi Vertretung getreulich für sie sorgen; alles Erforderliche bespreche er mit der Äbtissin und treffe, ohne Beratung mit ihr, keine Bestimmung, die die Mägde Christi selbst oder das Ihrige angeht; nur durch Vermittlung der Äbtissin darf er einer Schwester etwas befehlen oder auch nur mit ihr verhandeln. So oft ihn die Äbtissin zu sich bittet, komme er unverzüglich; jedes Anliegen der Leiterin oder ihrer Untergebenen erledige er so gut und schnell wie möglich. In jedem Fall spreche er bei solchem Anlaß mit der Äbtissin nicht in verschlossenem Raum und nur vor bewährten Schwestern, er halte sich dabei in achtungsvoller Entfernung und versäume sie nicht mit vielen Worten.

Vorräte an Lebensmitteln, Kleidern, allenfalls auch an Geld sollen samt und sonders bei den Mägden Christi gesammelt und aufbewahrt werden; aus diesen Vorräten soll den Brüdern zur Lebensnotdurft gereicht werden, was über den Bedarf der Schwestern hinausgeht. Die ganze Außenarbeit werden die Brüder leisten, die Schwestern nur das, was drinnen Frauen zu tun geziemt: sie werden die Kleider der Brüder nähen und waschen, sie werden den Brotteig machen, im Backhaus abliefern und die fertigen Brote dort wieder abholen. Sie werden melken und Butter und Käse bereiten, Hühner und Gänse füttern, kurz, sie werden alles tun, was für Frauen besser paßt als für Männer.

Der Leiter dieser Gesamtgemeinschaft soll nach seiner Einsetzung in Gegenwart des Bischofs und der Schwestern schwören, ihnen ein treuer Haushalter im Herrn zu sein und sie vor aller fleischlichen Befleckung sorgsam zu behüten. Wird er, was Gott verhüten möge, vom Bischof dabei betroffen, daß er seinen Pflichten nicht nachkommt, so soll ihn der Bischof alsbald wegen Meineids absetzen. Wenn die Brüder ihr feierliches Gelübde ablegen, sollen sie darin sich den Schwestern gegenüber eidlich binden, in keine Bedrückung der Schwestern zu willigen und für ihre fleischliche Reinheit nach bestem Können zu sorgen.

Kein Mönch soll ohne Genehmigung des Oberen sich bei den Schwestern einführen; andererseits muß alles, was die Schwestern den Brüdern zu senden haben, durch die Hand des Vorgesetzten gehen. Keine Schwester darf jemals die Umfriedung des Klosters verlassen; jede Außenarbeit nehmen, wie gesagt, die Brüder den Schwestern ab, und das starke

287

Geschlecht wird sich mit der schweren Arbeit abmühen. Kein Bruder darf jemals den Bereich des Frauenklosters betreten, außer er habe ein ehrbares Geschäft, das keinen Aufschub duldet, aber auch dann nur mit ausdrücklicher Genehmigung des Abtes und der Äbtissin. Wer die Stirn besitzt, gegen dieses Gebot sich zu vergehen, soll ohne Verzug aus dem Kloster gejagt werden.

Die Mönche könnten auf den Gedanken kommen, ihre Überlegenheit zu Bedrückungen der Frauen zu mißbrauchen; darum, bestimmen wir, dürfen sie nichts gegen den Willen der Äbtissin unternehmen, sondern sollen ihr nur in allem zu Willen sein. Alle, die Brüder wie die Schwestern, sollen in Gegenwart der Äbtissin sich zum Gehorsam verpflichten. Die Dauer des Friedens und die Festigkeit der Eintracht bleiben ungefährdet, wenn dem starken Geschlechte keine Freiheiten verstattet werden. Da die Starken von den Schwachen keine Gewalttätigkeiten zu fürchten haben, so bedeutet es für sie keine Beschwerung, den Schwachen sich zu fügen: wer sich hier vor Gott erniedrigt, wird um so gewisser in jener Welt erhöhet werden.

Mit den Bestimmungen für die Äbtissin mag es damit sein Bewenden haben, und ich kann mich nun den anderen Ämtern zuwenden. Die *Mesnerin*, die zugleich auch Schatzmeisterin ist, wird über das Gotteshaus die Aufsicht führen; sie hat alle Schlüssel zu ihm in Verwahrung und überhaupt alles, was zum Gottesdienst gebraucht wird. Die anfallenden Opfergaben nimmt sie in Empfang; sie hat die Verantwortung für alles, was im Gotteshaus neu geschaffen oder wiederhergestellt werden soll. Auch die gesamte Ausschmückung der Kirche gehört zu ihren Obliegenheiten. Sie hat zu sorgen für die Hostien, die Gefäße, die Bücher auf dem Altar und überhaupt für den Altarschmuck, ferner für die Reliquien, den Weihrauch, für die Kerzen, die Uhr und für das Glockenläuten. Die Hostien sollen die Jungfrauen womöglich selbst bereiten und das Mehl dazu besonders sieben, die Altardecken sollen sie rein halten; weder die Mesnerin noch sonst eine Nonne soll die Reliquien oder die Altargefäße oder die Altardecken berühren dürfen, außer sie sind ihnen zur Reinigung übergeben. Zu dieser Arbeit soll man Mönche oder Laienbrüder aus dem Männerkloster bestellen und mit der Arbeit erst anfangen, wenn sie zur Stelle sind. Wenn es unbedingt erforderlich ist, sollen unter Leitung der Mesnerin einige von ihnen mit diesem Werk betraut werden, soweit sie würdig sind, das Heilige zu berühren. Die Mesnerin soll die Schränke öffnen, die Mönche werden die heiligen Gefäße aus den Schränken nehmen und sie wieder einstellen. Da die Mesnerin die Aufsicht über das Heiligtum hat, muß die Reinheit ihres Wandels hell leuchten; sie soll an Leib und Seele, so weit das überhaupt in eines Menschen Kraft steht, unberührt sein und in der Enthaltsamkeit und Keuschheit erprobt. Sie muß in der Berechnung des Mondlaufs Sicherheit besitzen, um den Gottesdienst den verschiedenen Zeiten entsprechend richtig anzusetzen.

Die *Vorsängerin* leitet den ganzen Chor. Sie sorgt für die musikalische Ausgestaltung der Gottesdienste und gibt die Singestunden; sie lehrt Noten lesen, schreiben und diktieren. Ihr untersteht auch die Bücherei; sie gibt die Bücher aus und zieht sie wieder ein, sie kümmert sich um das Schreiben und Ausmalen der Bücher. Sie ordnet an, auf welcher Seite jede Schwester im Chor sitzt, und verteilt die Plätze. Sie bestimmt die Schwestern, die vorzulesen und zu

singen haben, und wird die Liste führen, die an jedem Sonnabend beim Kapitel verlesen wird, und in
der alle Schwestern vom Wochendienst aufgeführt
werden. Sie muß im Schreiben wohl bewandert sein
und vor allem gute Kenntnisse in der Musik haben.
Nächst der Äbtissin ist sie für die Aufrechterhaltung
der Klosterzucht verantwortlich und wird diese überhaupt vertreten, wenn sie sonst in Anspruch genommen ist.

Die *Krankenschwester* hat den Dienst an den Kranken. Sie wird diese vor seelischer wie vor leiblicher
Not zu bewahren wissen. Was Kranke nötig haben
an Speise, Bädern und Sonstigem, das wird sie ihnen geben. In solchen Fällen gilt das bekannte Sprich-
wort: Not kennt kein Gebot. Die Kranken dürfen
Fleisch essen, nur nicht am Freitag, an den Vortagen
der Hauptfeste, an den Quatemberfasten und an den
Osterfasten. Vor Versündigung müssen die Kranken
besonders bewahrt werden, da sie mehr als die andern an ihr Ende denken sollen. In der Krankenstube soll es mit dem Schweigegebot besonders ernst
genommen werden, gegen das gerade dort am meisten verstoßen wird, und sie sollen anhalten am Gebet. «Mein Kind, wenn du krank bist, so verachte dies
nicht, sondern bitte den Herrn, so wird er dich gesund machen. Laß von der Sünde und mache deine
Hände unsträflich und reinige dein Herz von aller
Missetat.» Für die Kranken muß eine ständige
Wache da sein, die im Notfall sofort hilft; das Haus
muß mit allem versehen sein, was für die Kranken-
pflege nötig ist. Von den Heilmitteln soll die Krankenschwester im Einzelfall das Entsprechende anwenden, soweit die Lage des Klosters ihre Beschaffung ermöglicht. Deshalb soll sie sich etwas auf die
Heilkunde verstehen, um hier den richtigen Weg

einzuschlagen. Sie wird sich um Mittel bemühen, Blutungen zum Stehen zu bringen; aber ebenso muß sie zur Ader lassen können, damit kein Mann zu dem Zweck in das Kloster zu kommen braucht. Die Krankenschwester sorgt auch dafür, daß in der Krankenstube die Gebetszeiten eingehalten werden und die Kranken regelmäßig kommunizieren; wenigstens am Sonntag soll jede Kranke die Beichte ablegen und, soweit ihr Zustand es gestattet, Buße tun und dann die Kommunion empfangen.

Bedürfen die Kranken der Letzten Ölung, soll die Vorschrift des Apostels Jakobus genau eingehalten werden. Wenn höchste Lebensgefahr eintritt, soll man aus dem Mönchskloster zwei ältere Priester und einen Diakon holen. Diese werden das geweihte Krankenöl mit sich bringen und werden in Gegenwart aller Schwestern, aber hinter einem Bettschirm, das Sakrament spenden. Ähnlich ist bei der Kommunion zu verfahren, wenn sie nötig wird. Die Mönche müssen bei diesen Verrichtungen kommen und weggehen können, ohne die Schwesternschaft zu sehen oder von ihr gesehen zu werden; das ist bei der baulichen Anlage des Krankenhauses besonders zu berücksichtigen. Mindestens einmal am Tage wird die Äbtissin in Begleitung der Verwalterin die Kranken und in ihnen den Herrn Christus besuchen. Sie werden darauf zu achten haben, ob den Kranken leiblich und geistlich nichts abgeht, auf daß sie mit Recht vom Herrn hören dürfen: «Ich bin krank gewesen, und ihr habt mich besucht.» Wenn das letzte Stündlein einer Kranken kommt und der Todeskampf anhebt, dann soll die Schwester, die es gerade beobachtet, eilends mit dem Zeichenbrett sich zum Gemeinschaftshaus begeben; sie wird durch Anschlagen des Bretts den bevorstehenden Tod der Schwester ankündigen, und der ganze Konvent, zu welcher Stunde des Tages oder der Nacht es sei, wird an das Sterbebett eilen; nur wenn gerade gottesdienstliche Pflichten vorliegen, gehen diese vor; in diesem Ausnahmefall genügt es, wenn die Äbtissin mit einigen Schwestern, die sie bestimmt, zu der Sterbenden eilt; die übrigen Schwestern werden hernach folgen. Alle Schwestern, die auf das Anschlagen des Bretts herbeieilen, sollen sofort die Litanei anstimmen, und zwar unter Anrufung der ganzen Zahl der heiligen Männer und Frauen; nach der Litanei kommen die Psalmen und die Sterbegebete.

Von der Segensfülle eines Besuches bei Kranken und Sterbenden spricht der Prediger: «Es ist besser in das Klaghaus gehen denn in das Trinkhaus; in jenem ist das Ende aller Menschen, und der Lebendige nimmt es zu Herzen . . . . . Das Herz der Weisen ist im Klaghause.» Der Leichnam wird von den Schwestern sofort gewaschen, mit einem einfachen, reinen Hemd und mit Schuhen bekleidet und auf die Bahre gelegt; das Haupt wird mit einem Schleier verhüllt. Die Kleider werden über dem Leib fest zusammengenäht und zusammengebunden, daß sie sich nicht verschieben können. Die Schwestern tragen die Leiche in die Kirche; wenn es soweit ist, wird sie von den Mönchen bestattet. Während der Bestattungsfeier sollen die Schwestern in der Kapelle mit aller Andacht die Psalmen und Gebete sprechen. Die Äbtissin wird im Tode nur das vor ihren Schwestern voraus haben, daß ihr Leichnam in ein härenes Hemd gewickelt und wie in einen Sack eingenäht wird.

Die *Kleiderverwalterin* hat die Verantwortung für die gesamte Bekleidung einschließlich des Schuhwerks. Sie läßt die Schafe scheren und nimmt das Leder für das Schuhzeug in Empfang. Sie läßt Flachs und Wolle spinnen, stapelt sie auf und führt die Aufsicht in der Webstube. Nadel, Garn und Schere liefert sie jeder Schwester. Sie besorgt jegliches im Schlafsaal und gibt alle Bettstücke aus. Ebenso verwaltet sie die Tischtücher, Handtücher und überhaupt die ganze Wäsche; sie läßt zuschneiden, nähen und waschen. Von ihr gilt das Wort Salomonis: «Sie geht mit Wolle und Flachs um und arbeitet gern mit ihren Händen. Sie streckt ihre Hand nach dem Rocken, und ihre Finger fassen die Spindel. Sie fürchtet ihres Hauses nicht vor dem Schnee, denn ihr ganzes Haus hat zwiefache Kleider, und sie sieht dem kommenden Tage unbesorgt entgegen. Sie schaut, wie es in ihrem Hause zugehet, und isset ihr Brot nicht mit Faulheit. Ihre Söhne kommen auf und preisen sie selig.» Sie verfügt über alles Werkzeug, das zu ihrem Tun nötig ist, und wird in ihrem Arbeitsbereich jede Schwester angemessen beschäftigen. Sie wird auch die Novizen betreuen, bis sie in die Gemeinschaft aufgenommen werden.

Die *Verwalterin* hat die Aufsicht über alles, was zur Verpflegung gehört, über den Keller, das Refektorium, die Küche, die Mühle, das Backhaus mit dem Backofen, über den Nutz- und Ziergarten und über die gesamte Ackerwirtschaft; sie sorgt auch für die Bienenvölker, alle Haustiere und das Geflügel. Bei ihr nimmt man in Empfang, was man zum Kochen braucht. Sie soll vor allem nicht ängstlich sparsam sein, sondern muß eine offene Hand haben und bereit sein, alles Nötige zu liefern, ohne darüber zu reden. Denn «einen fröhlichen Geber hat Gott lieb». Vor der einen Versuchung muß sie sich besonders hüten, aus dem ihr Anvertrauten sich mehr zu gönnen als anderen, für sich besondere Gerichte zu kochen und etwas für sich zurückzulegen, was von Rechts wegen anderen gehört. Hieronymus sagt: «Daran erkennt man den besten Haushalter, daß er nichts für sich zurückbehält.» Judas mißbrauchte sein Säckelamt und ging darum dem Jüngerkreis verloren; auch Ananias und Saphira mußten ihre Unterschlagung mit dem Tode büßen.

Die *Pförtnerin* oder Türhüterin hat die Gäste oder irgendwelche fremden Besucher zu empfangen, sie hat sie anzumelden und an die entsprechende Stelle zu führen; die Versorgung der Gäste gehört ebenfalls zu ihren Obliegenheiten. Die Pförtnerin darf nicht jung sein und muß genug Urteil besitzen, um Rede zu stehen und Bescheid zu geben und zu entscheiden, wer überhaupt aufgenommen wird, wie er aufgenommen wird oder ob er abgewiesen werden soll. Sie ist, wenn ich so sagen soll, der Vorhof des Herrn, von dem aus ein helles Licht auf die Herzensfrömmigkeit des ganzen Klosters fällt; denn der erste Eindruck ist auch hier der entscheidende. Sie soll mit den Leuten gütig sprechen und sie freundlich anreden; auch wo sie vorschriftsgemäß abweisen muß, wird sie es dem Betreffenden begründen, so daß er dem Kloster nicht gram wird. Denn es steht geschrieben: «Eine gelinde Antwort stillet den Zorn, aber eine harte Rede richtet Grimm an.» Die Heilige Schrift spricht auch: «Wer alles zum besten auslegt, der macht sich viel Freunde und besänftigt die Feinde.» Da die Pförtnerin die Armen oft sieht und am besten kennt, so wird sie die Verteilung von Essen und Kleidung übernehmen. Wenn sie oder eine andere leitende Schwester Unterstützung und Hilfe braucht, wird ihnen die Äbtissin Helferinnen zuweisen. Sie soll diese vor allem aus den Laienschwestern nehmen, damit keine Nonne in der Kirche, im Kapitel und im Refektorium zu fehlen braucht.

Die Türhüterin hat eine Zelle neben der Pforte: sie oder ihre Sellvertreterin sind dort immer dienstbereit; sie dürfen aber auch in ihrem Pförtnerstübchen nicht müßig dasitzen und müssen es mit dem Schweigegebot besonders ernst nehmen; ein Verstoß dagegen kann gerade bei ihnen den Außenstehenden nicht verborgen bleiben, wenn die Leute an der Pforte warten. Es ist die Pflicht der Pförtnerin, Unbefugten den Eintritt zu verwehren; sie hat auch dafür zu sorgen, daß keine aufregenden Neuigkeiten ins Kloster dringen und den klösterlichen Frieden stören; wenn es durch ihr Verschulden trotzdem geschieht, so hat sie die volle Verantwortung zu übernehmen. Erfährt sie aber Dinge, die für das Kloster von Belang sind, wird sie diese der Äbtissin unter vier Augen berichten, um ihr die Freiheit der Entscheidung zu erhalten.

Sobald am Tor geklopft oder gerufen wird, soll die diensthabende Schwester die Ankömmlinge nach ihrem Namen und nach ihren Wünschen fragen; wenn es am Platz ist, wird sie das Tor gleich öffnen und die Fremden einlassen. Beherbergung darf überhaupt nur Frauen gewährt werden, Männer müssen zu den Mönchen gewiesen werden. Kein Grund ist so triftig, daß die Pförtnerin ohne vorherige Befragung und ausdrückliches Geheiß der Äbtissin einen Mann einlassen dürfte; Frauen dürfen dagegen sofort Zutritt finden. Die Frauen, die aufgenommen werden, und die Männer, die aus besonderer Ursache Zutritt erhalten, läßt die Pförtnerin in ihrem Pförtnerstübchen warten, bis die Äbtissin oder andere Schwestern sie abholen. Armen, die der Fußwaschung bedürfen, wird diese Pflicht der Gastfreundschaft von der Äbtissin selbst oder von anderen Schwestern in aller Sorgfalt erwiesen; denn auch der Apostel hat gerade mit diesem Liebesdienst den Namen eines Helfers verdient. Also steht auch im Väterbuch: «Deinetwegen ist der Erlöser in Menschengestalt zum Knecht geworden; er umgürtete sich mit einem Schurz und hat seinen Jüngern die Füße gewaschen und ihnen geboten, der Brüder Füße zu waschen.» Der Apostel erwähnt dies auch bei der Diakonisse: «So sie gastfrei gewesen ist, so sie der Heiligen Füße gewaschen hat.» Und der Herr selbst spricht: «Ich bin ein Gast gewesen, und ihr habt mich beherbergt.» Alle leitenden Schwestern sollen sich mit diesen praktischen Pflichten vertraut machen, ausgenommen die Vorsängerin und die Schwestern, die allenfalls für wissenschaftliche Beschäftigungen in Frage kommen und dafür frei zu machen sind.

Bei der Ausstattung der Kapelle verzichtet man auf alles Drum und Dran und beschränkt sich auf das Notwendige; es kommt nicht auf die Üppigkeit an, sondern auf die Sauberkeit. Gold und Silber darf in der Kapelle nur für einen silbernen Kelch Verwendung finden oder auch für mehrere, soweit sie nötig sind. Seidene Verzierungen sind nur für die Stolen und die Prozessionsfahnen zulässig. Ebenso sollen Skulpturen im Gotteshaus nicht angebracht werden, nur auf dem Altar darf ein hölzernes Kreuz aufgestellt werden; wenn ein Bild des Erlösers daraufgemalt werden soll, so ist das zulässig; andere bildliche Darstellungen haben den Altären fernzubleiben. Das Kloster wird sich mit zwei Glocken begnügen. Ein Weihwasserbecken soll in der Nähe des Eingangs der Kapelle angebracht werden; daraus segnen sich die Schwestern, wenn sie frühmorgens eintreten und wenn sie nach dem Abendgebet die Kapelle verlassen. Keine Nonne darf bei den Gebetszeiten fehlen; sobald das Glockenzeichen ertönt, sollen sie jede

Arbeit weglegen und zum Gottesdienst eilen, jedoch ohne zu hasten. Beim Betreten des Gotteshauses sollen sie leise sprechen, soweit sie den Text beherrschen: «Ich aber will in dein Haus gehen und in deinem heiligen Tempel anbeten . . .» Im Chor wird ein Buch nur benützt, wenn es für den betreffenden Gottesdienst unbedingt nötig ist. Die Psalmen sollen laut und deutlich gesprochen werden, beim Psalmodieren und beim Singen soll eine mittlere Stimmlage eingehalten werden, die auch den schwachen Stimmen eine Beteiligung ermöglicht. Im Gotteshaus darf nichts gelesen oder gesungen werden, das nicht aus den kanonischen Schriften stammt, also insbesondere aus dem Neuen und Alten Testament; beide Testamente sind in Lesungen einzuteilen, so daß sie im Verlauf eines Jahres im ganzen in der Kirche zu Gehör kommen. Erklärungen der biblischen Bücher, ferner Predigten der Kirchenväter, überhaupt erbauliche Schriften sollen bei Tisch und im Kapitel vorgelesen werden, dürfen im übrigen auch sonst nach Bedarf überall gelesen werden. Es ist jeder Schwester verboten, etwas vorzulesen oder vorzusingen, ohne es vorher durchgelesen zu haben; wenn eine Schwester sich trotzdem in der Kapelle verspricht, so soll sie vor allen Schwestern an Ort und Stelle um Verzeihung bitten, indem sie vor sich hin spricht: «Herr, verzeihe mir auch diesmal meine Unachtsamkeit!»

Nach den Anweisungen der Propheten steht man um Mitternacht zu den Vigilien auf; deshalb muß man so früh schlafen gehen, daß auch das schwache Geschlecht diesen Nachtgottesdienst gesundheitlich erträgt, und daß die ganze Tagesarbeit entsprechend der Regel Benedikts bei natürlichem Licht verrichtet werden kann. Nach den Vigilien kehren die Schwestern in den Schlafsaal zurück und stehen erst wieder auf, wenn zu den Laudes geläutet wird. Der Rest der Nacht soll dem Schlaf gewidmet sein; denn der Schlaf erfrischt den müden Menschen am besten, macht ihn wieder arbeitsfähig und erhält ihn gesund und munter. Liegt es einer Schwester am Herzen, über den Psalter oder irgendeine Lesung zu meditieren, so soll sie nach Benedikts Anweisung sich dabei so verhalten, daß die anderen nicht im Schlaf gestört werden. Aus dem Grunde hat ja auch Benedikt an dieser Stelle des Tages mehr die stille Meditation als das laute Lesen empfohlen; denn dies könnte den Ruhenden den Schlaf rauben. Benedikt will übrigens auch zu dieser Meditation niemand zwingen und sagt darum, sie könne von den Brüdern gehalten werden, die sich dazu gedrungen fühlen. Wenn ab und an eine Gesangsübung schon zu dieser frühen Stunde stattfinden soll, so müssen die Schwestern auch dabei die entsprechende Rücksicht nehmen. Die Laudes sollen mit Tagesgrauen gefeiert werden, und das Zeichen zu ihnen ertönt mit dem Sichtbarwerden des Morgensterns. Sind die Laudes vorüber, so kehren die Nonnen zum Schlafraum zurück. Im Sommer, wenn die Nacht kurz ist und die Morgenzeit lang, gestatten wir es den Schwestern, vor der Prim noch etwas zu schlummern, bis das Zeichen ertönt. Von dieser Ruhezeit nach den Laudes redet auch der selige Gregor in seinen Dialogen, Buch 1, Abschnitt 2, da er vom verehrungswürdigen Libertinus erzählt: «Zum folgenden Tag war eine für das Wohlergehen des Klosters bedeutungsvolle Entscheidung angesetzt. Nach den Laudes ging Libertinus an das Bett des Abts und bat demütig, für ihn zu beten.» Diese Morgenruhe mag von Ostern bis zur Herbstnachtgleiche Geltung haben; von dieser ab werden die Tage ja wieder kürzer.

Wenn die Schwestern aus dem Schlafsaal kommen, waschen sie sich, nehmen ihre Bücher in Empfang und sitzen unter Lesen oder Singen im Kreuzgang, bis es zur Prim läutet. Nach der Prim geht es zum Kapitel; wenn alle sitzen, wird zuerst das Datum angegeben, dann wird aus dem Märtyrerbuch die Geschichte des Tagesheiligen verlesen. Daran kann sich eine erbauliche Besprechung anschließen, oder es mag ein Abschnitt der Regel vorgelesen und ausgelegt werden; dann wird die Äbtissin zur Sprache bringen, wenn etwas zu rügen oder überhaupt anzuordnen ist.

Eines soll man nie vergessen: kein Kloster, überhaupt kein Haus darf man deshalb als ungeordnet bezeichnen, weil Unordnungen vorgekommen sind; eine so beschimpfende Bezeichnung ist erst am Platze, wenn vorgekommene Unordnungen nicht gewissenhaft wieder gutgemacht werden. Es gibt hier unter den Menschen keine Stelle, die ganz frei von Sünde wäre. Das wußte auch der selige Augustin; in einer Anweisung an seinen Klerus sagt er einmal: «Ich bemühe mich mit aller Strenge, die Zucht in meinem Hause aufrechtzuerhalten. Aber ich bin selber ein Mensch und lebe unter Menschen; ich bringe die Anmaßung nicht auf zu verlangen, daß mein Haus die Arche Noah übertreffe, in der unter acht Menschen ein Verworfener sich fand, oder das Haus Abrahams, wo man auch einst hören mußte: ,Treibe aus die Magd mit ihrem Kinde.' Oder wie könnte ich verlangen, daß mein Haus besser sei als Isaaks Haus, von dem es heißt: ,Den Jakob habe ich geliebt, den Esau habe ich gehaßt', oder besser als das Haus des Jakob, wo der Sohn des Vaters Ehebett schändete, oder als Davids Haus, dessen einer Sohn sich mit seiner Schwester verging, während der andere sich ge-

299

gen seinen guten Vater empörte. Wie sollte mein Haus besser sein als die Umgebung des Apostels Paulus? Hätte er mit guten Menschen zusammengelebt, so brauchte er nicht zu sagen, es gebe ,auswendig Streit, inwendig Furcht', und ebensowenig: ,denn ich habe keinen, der so herzlich für euch sorgt, denn sie suchen alle das Ihre', oder besser als die Umgebung Christi selbst, in der die elf Gerechten des Judas diebische Verräterei sich gefallen ließen, oder schließlich besser als der Himmel, aus dem die Engel gestürzt wurden.»

Augustin fügt noch hinzu, um uns die Aufrechterhaltung der Zucht besonders eindringlich zu machen: «Ich bekenne vor Gott, seit ich anfing, Gott zu dienen, da habe ich beides erfahren: Leute, die sich im Kloster bewährt haben, sind die vollkommensten Menschen, andererseits sind gefallene Klosterinsassen die schlechtesten Menschen, die ich kennenlernte.» Ich denke, so ist auch die Stelle in der Offenbarung zu deuten: «Wer fromm ist, der sei fernerhin fromm, und wer unrein ist, der sei fernerhin unrein.»

In der Bestrafung muß ein Unterschied gemacht werden: eine Schwester, die bei einer andern etwas Tadelnswertes sieht und es nicht meldet, soll strenger bestraft werden als die Schuldige selbst. Darum darf keine säumen, ihre eigenen Vergehen zu melden so gut wie die der andern. Eine Schwester, die andern zuvorkommt und sich selbst anzeigt, wie geschrieben steht: «Der Gerechte klagt sich selber zuerst an», eine solche Schwester mag mit einer milderen Strafe wegkommen, sofern sie sich bessert. Keine soll sich unterstehen, eine andere zu entschuldigen, außer die Äbtissin wäre sich über den Sachverhalt nicht klar und befragte die anderen. Ebensowenig soll sich eine Schwester gestatten, eine andere um irgendeiner

Schuld willen zu schlagen, außer sie hätte von der Äbtissin den Auftrag. Von der Strafe der Züchtigung heißt es: «Mein Kind, verwirf die Zucht des Herrn nicht und sei nicht ungeduldig über seiner Strafe; denn welchen der Herr lieb hat, den züchtigt er, und hat Wohlgefallen an ihm, wie ein Vater am Sohne.» Ferner steht geschrieben: «Wer seine Rute schonet, der hasset seinen Sohn; wer ihn aber lieb hat, der züchtiget ihn bald. Schlägt man den Spötter, so wird der Alberne witzig. Straft man den Spötter, so wird der Geringe verständig. Dem Roß eine Geißel, dem Esel den Zaum, dem Narren die Rute auf den Rücken! Wer einen Menschen straft, wird hernach mehr Dank bei ihm finden, denn der ihn mit Schmeichelworten täuscht. Alle Züchtigung aber, wenn sie da ist, dünkt uns nicht Freude, sondern Traurigkeit zu sein; aber darnach wird sie geben eine friedsame Frucht der Gerechtigkeit denen, die dadurch geübt sind. Ein ungezogener Sohn ist seinem Vater eine Unehre, und eine ungeratene Tochter läßt man sitzen, und sie bekümmert ihren Vater. Wer sein Kind lieb hat, der hält es stets unter der Rute, daß er hernach Freude an ihm erlebe. Wer sein Kind in der Zucht hält, der wird sich sein freuen und darf sich sein bei den Bekannten nicht schämen. Ein verwöhnt Kind wird mutwillig wie ein wild Pferd. Zärtle mit deinem Kinde, so mußt du dich hernach vor ihm fürchten; spiele mit ihm, so wird es dich hernach betrüben.»

Bei einer Beratung im Kapitel darf jede Schwester ihre Meinung sagen, aber die Entscheidung der Äbtissin, die über alles zu bestimmen hat, muß als unumstößlich gelten, auch wenn alle anderer Meinung sind, und wenn sie, was Gott verhüte, fehlgreift und sich für das Schlechte entscheidet. Daher heißt es auch in den ‚Bekenntnissen' des seligen Augustin: «Wer seinem Vorgesetzten irgendwie ungehorsam ist, begeht eine schwere Sünde, sogar in dem Falle, daß sein Handeln aus eigener Machtvollkommenheit richtiger ist als das befehlsgemäße Handeln.» Es ist für uns weit besser, recht zu tun als das Rechte, und für die Beurteilung des Geschehens ist entscheidend nicht das Daß, sondern das Wie und das Warum. Jede Tat des Gehorsams ist gut, selbst wenn der Inhalt durchaus nicht so erscheint. Gehorsam gegen die Vorgesetzten in allen Stücken ist die erste Pflicht, auch wenn sachlich großer Schaden entsteht; nur das Seelenheil darf durch die Ausführung eines Befehls nicht gefährdet werden.

Für die Vorgesetzten kommt es deshalb vor allem auf das rechte Befehlen an; denn ihren Untergebenen muß das rechte Gehorchen genügen, und sie haben ja feierlich gelobt, nicht ihrem Willen zu leben, sondern dem ihrer Oberen. Wir verbieten deshalb rundweg, eine alte Gewohnheit über das Vernunftgemäße zu stellen. Ein freudiger Gehorsam hat einen durchdachten Befehl zur Voraussetzung. Bei der Begründung einer Maßnahme darf man sich nicht darauf berufen, es sei immer so gemacht worden, und es sei ein alter Brauch; es kommt nur darauf an, daß die Maßnahme gut und vernünftig ist. Wir wollen doch nicht der Freiheit des Evangeliums den Abschied geben, auf die Stufe des Judentums zurücktreten und wieder Gesetzesknechte werden. Im Buch ‚Von der Taufe' sagt darum auch der selige Augustin, indem er Cyprian mehrfach als Autorität anführt: «Wer die Wahrheit mißachtet, und sich einfallen läßt, der Gewohnheit zu folgen, der vergeht sich in teuflischer Bosheit an den Brüdern, für die es die Offenbarung der Wahrheit gibt, oder er ist undankbar gegen Gott, der mit seiner Eingebung die Kirche erleuchtet. ... Im Evangelium sagt der Herr: ‚Ich bin die Wahrheit', aber nicht: ‚Ich bin die Gewohnheit'. Nachdem nun die Wahrheit geoffenbart ist, muß die Gewohnheit ihr das Feld räumen. ... Da die Offenbarung der Wahrheit geschehen ist, muß der Irrtum der Wahrheit weichen, so wie Petrus, der zuvor die Beschneidung predigte, dem Paulus weichen mußte, der die Wahrheit predigte.»

Ähnlich folgert Augustin im 4. Buch des gleichen Werkes: «Vergebens suchen, die vor der Vernunft erliegen, sich hinter dem Schild der Gewohnheit zu decken, als wäre die Gewohnheit stärker denn die Wahrheit, als müßte man im Geistlichen sich nicht für das entscheiden, was der Heilige Geist als das Bessere geoffenbart.»

Der Satz ist unbestreitbar: Vernunft und Wahrheit stehen über dem Herkommen. So schreibt Gregor VII. an den Bischof Vimund: «Wir schließen uns der Ansicht des seligen Cyprian an und sagen also: Jede Gewohnheit, sie sei noch so alt und noch so verbreitet, muß vor der Wahrheit in jedem Fall zurücktreten; ein Brauch, der mit der Wahrheit in Widerspruch steht, ist abzuschaffen.» Auch die Wahrheit in Worten verlangt unseren ganzen liebevollen Eifer, wie das Buch Sirach uns mahnend zuruft: «Schäme dich nicht, für deine Seele das Recht zu bekennen. ... Rede nicht wider die Wahrheit. ... Ehe du was anfängest, so frage zuvor nach der Wahrheit; und ehe du was tust, so nimm Rat dazu.» Daß viele etwas tun, gibt einer Handlung kein Gewicht, sondern daß die Weisen und Gerechten sie rühmen. Der weise Salomo sagt: «Der Narren Zahl ist kein Ende», und es verkündet, der die Wahrheit ist: «Viele sind berufen, aber wenige sind auserwählt.» Alle Kostbarkeit ist selten; was im Überfluß vorhanden ist, ist keine Kostbarkeit mehr. Bei einer Beratung schließt man sich nicht der größeren Gruppe an, sondern der klügeren; es kommt nicht auf das Alter eines Menschen an, sondern auf seine Einsicht; das Ziel sei nicht ein fauler Friede, sondern die Wahrheit; darum sagt Ovid: «Auch vom Feinde zu lernen, ist ratsam.»

Eine Beratung, die erforderlich ist, erfahre keinen Aufschub; ist der Gegenstand von erheblicher Bedeutung, gehört er vor den ganzen Konvent; bei weniger wichtigen Fragen mag die Äbtissin zusammen mit den leitenden Schwestern entscheiden. Von der Beratung gilt das Schriftwort: «Wo nicht Rat ist, da gehet das Volk unter, wo aber viele Ratgeber sind, da gehet es wohl zu. Dem Narren gefällt seine Weise wohl; aber wer gutem Rat gehorcht, der ist weise. Mein Sohn, tue nichts ohne Rat, so gereut es dich nicht nach der Tat.» Gewiß ist dann und wann auch ohne Beratung etwas gut abgelaufen, aber dieses einmalige Glück berechtigt den Menschen nicht, es immer zu erwarten. Wenn umgekehrt trotz vorheriger Beratung dies und jenes nicht gerät, so darf man der Leitung, die den Rat eingeholt hat, nicht Vermessenheit vorwerfen; wenn in diesem Fall überhaupt Vorwürfe am Platz sind, so verdient sie nicht die ratsuchende Stelle, sondern die Ratgeber, denen sie unglücklicherweise zustimmte.

Nach dem Kapitel gehen die Schwestern an ihr vorgeschriebenes Tun und beschäftigen sich mit Lesen, Singen oder Handarbeit bis zur Terz. Nach der Terz wird die Messe gelesen; sie wird durch Priester aus dem Mönchskloster zelebriert, die wochenweise wechseln. Sind in diesem Mönchskloster genügend Kräfte vorhanden, so bringt der Priester einen Diakon und

Subdiakon mit, die ihn, soweit erforderlich, unterstützen und ihres Amtes bei der Messe walten. Ihr Kommen und Gehen ist so zu regeln, daß die Schwestern sie nicht sehen können. Sind noch mehr Mönche nötig, so ist rechtzeitig das Entsprechende anzuordnen. Die Mönche sollen womöglich nicht wegen der Messen im Nonnenkloster bei ihren eigenen Gebetszeiten fehlen.

Wollen Schwestern kommunizieren, so wird ein alter Priester genommen; er gibt ihnen nach der Messe das Mahl des Herrn, jedoch sollen Diakon und Subdiakon vorher die Kirche verlassen, um jede Anfechtung zu vermeiden. Mindestens dreimal im Jahr sollen alle Schwestern das Abendmahl nehmen, an Ostern, an Pfingsten und an Weihnachten, wie es die Kirchenväter sogar für die Laien vorgeschrieben haben. Auf diese Kommunion sollen sich die Schwestern folgendermaßen vorbereiten. Drei Tage vorher gehen sie alle zur Beichte und unterziehen sich der auferlegten Buße. Während dieser drei Tage leben sie von Brot und Wasser, halten an im Gebet und heiligen sich so unter Furcht und Zittern. Sie sollen den furchtbaren Spruch des Apostels ohne Unterlaß bei sich bedenken: «Welcher nun unwürdig von diesem Brot isset oder von dem Kelch des Herrn trinket, der ist schuldig an dem Leib und Blut des Herrn. Der Mensch prüfe aber sich selbst, und also esse er von diesem Brot und trinke von diesem Kelch. Denn welcher unwürdig isset und trinket, der isset und trinket sich selber zum Gericht, damit, daß er nicht unterscheidet den Leib des Herrn. Darum sind auch viele Schwache und Kranke unter euch, und ein gut Teil schlafen. Denn so wir uns selber richteten, so würden wir nicht gerichtet.»

Auch nach der Messe gehen die Schwestern wieder an

ihre Arbeiten bis zur Sext; sie sollen überhaupt nie müßig dasitzen, sondern jede hat das zu arbeiten, was sie kann und muß. Nach der Sext geht man zum Essen, falls nicht ein Fasttag ist; an einem Fasttage wartet man bis zur Non, in der großen Fastenzeit bis zur Vesper. Die Lesung darf im Refektorium nie unterbleiben; wenn die Äbtissin die einzelne Lesung beendigen will, sagt sie: Es ist genug. Darauf erheben sich alle, um das Dankgebet zu sprechen. Im Sommer ist nach dem Essen bis zur Non Ruhezeit im Dormitorium; nach der Non wird wieder bis zur Vesper gearbeitet. Nach der Vesper wird sofort zur Nacht gegessen oder getrunken; zur entsprechenden Zeit schließt sich statt dessen an die Vesper das Fastenmahl an. Jeden Sonnabend findet vor dem Abendimbiß eine Reinigung statt mit Waschen der Füße und Hände. Dabei dient die Äbtissin mit den Schwestern vom Küchendienst. Nach dem Abendessen begibt man sich zur Komplet, hierauf geht man schlafen.

In Nahrung und Kleidung beherzige man das Wort des Apostels: «Wenn wir aber Nahrung und Kleidung haben, so lasset uns genügen.» Was nötig ist, soll in ausreichender Menge zu Gebote stehen; man trachte nicht nach dem Überflüssigen. Es wird das gestattet, was billig und bequem beschafft werden kann und was keinen Anstoß erregt. Bei den Speisen ist der Apostel nur darauf bedacht, das eigene Gewissen oder das Gewissen eines anderen vor Anstoß zu bewahren; er ist sich darüber klar, daß nicht das Essen an und für sich Sünde ist, sondern die Gier: «Welcher ißt, der verachtet den nicht, der da nicht ißt; und welcher nicht ißt, der richtet den nicht, der da ißt. Wer bist du, daß du einen fremden Knecht richtest? Welcher ißt, der ißt dem Herrn, denn er dankt Gott;

welcher nicht ißt, der ißt dem Herrn nicht und dankt Gott. Darum laßt uns nicht mehr einer den andern richten; sondern das richtet vielmehr, daß niemand seinem Bruder einen Anstoß oder Ärgernis darstelle. Ich weiß und bin gewiß in dem Herrn Jesus, daß nichts gemein ist an sich selbst; nur dem, der es rechnet für gemein, dem ist's gemein. Denn das Reich Gottes ist nicht Essen und Trinken, sondern Gerechtigkeit und Friede und Freude in dem Heiligen Geiste. Es ist zwar alles rein; aber es ist nicht gut dem, der es ißt mit einem Anstoß seines Gewissens. Es ist besser, du issest kein Fleisch und trinkest keinen Wein und tuest nichts, daran sich dein Bruder stößt oder ärgert.» Bisher sprach der Apostel von dem Ärgernis, das der Bruder nimmt; nun redet er von dem Anstoß dessen, der gegen sein eigenes Gewissen ißt: «Selig ist, der sich selbst kein Gewissen macht in dem, was er annimmt. Wer aber darüber zweifelt und ißt doch, der ist verdammt; denn es gehet nicht aus dem Glauben. Was aber nicht aus dem Glauben gehet, das ist Sünde.»

In allem, was wir gegen unser Gewissen und gegen unsern Glauben tun, in dem allen begehen wir Sünde. Durch das, was wir annehmen, d. h. durch das Gesetz, das wir gutheißen und auf uns nehmen, dadurch richten und verurteilen wir uns selbst; dies ist der Fall, wenn wir die Speisen essen, bei denen wir zweifeln, d. h. die wir durch das Gesetz ausschließen und als unrein zurückweisen. Das Zeugnis unseres Gewissens ist so schwerwiegend, daß es bei Gott unser stärkster Verkläger und unser stärkster Fürsprecher ist. Deshalb sagt Johannes in seinem ersten Briefe: «Ihr Lieben, so uns unser Herz nicht verdammt, so haben wir eine Freudigkeit zu Gott, und was wir bitten, werden wir von ihm nehmen; denn wir halten seine Gebote und tun, was vor ihm gefällig ist.» Treffend sagt darum Paulus in der oben angeführten Stelle, nichts sei gemein von Christo aus; nur für den sei es gemein, der es für gemein rechne, d. h. der etwas für unrein und verboten ansehe.

Als gemein bezeichnen wir die Speisen, die nach dem Gesetz unrein heißen, Speisen, die das Gesetz seinen Bekennern verbietet, aber den Fernstehenden freigibt. In diesem Sinn sind auch die gemeinen Dirnen unrein; und alles, was gemein ist und in öffentlichen Gebrauch gekommen, das ist wenig oder nichts wert. Von Christus aus, so versichert der Apostel, ist keine Speise gemein, d. h. unrein, weil das Gesetz Christi keine Speise verbietet, außer um den Anstoß des eigenen oder eines fremden Gewissens zu vermeiden. In diesem Sinn sagt der Apostel an anderer Stelle: «Darum, so die Speise meinen Bruder ärgert, wollte ich nimmermehr Fleisch essen, auf daß ich meinen Bruder nicht ärgere? Bin ich nicht frei, bin ich nicht ein Apostel? «Das bedeutet doch: habe ich nicht jene Freiheit, die der Herr seinen Jüngern gab, alles und jedes zu essen und Gaben von anderen anzunehmen? Denn als der Herr seine Jünger aussandte, da sprach er: «Esset und trinket, was sie haben», ohne damit eine Scheidung der Speisen vorzunehmen. Im Anschluß an dieses Gebot des Herrn betont der Apostel mit allem Nachdruck, es sei den Christen jegliche Art Speisen gestattet, auch wenn die Speisen von Ungläubigen seien und Götzenopferfleisch; er schärft nur ein, bei den Speisen das Ärgernis zu vermeiden: «Ich habe es zwar alles Macht, aber es frommt nicht alles. Ich habe es alles Macht, aber es bessert nicht alles. Niemand suche das Seine, sondern ein jeglicher, was des andern ist. Alles, was feil ist auf dem Fleischmarkt, das esset und forschet nicht, auf daß ihr das

Gewissen verschonet. Denn die Erde ist des Herrn, und was darinnen ist. So aber jemand von den Ungläubigen euch ladet, und ihr wollt hingehen, so esset alles, was euch vorgetragen wird, und forschet nicht, auf daß ihr des Gewissens verschonet. Wo aber jemand würde zu euch sagen: Das ist Götzenopfer, so esset nicht, um deswillen, der es anzeigte, auf daß ihr des Gewissens verschonet. Ich aber sage vom Gewissen, nicht deiner selbst, sondern des andern. Gebt kein Ärgernis weder dem Juden noch dem Griechen noch der Gemeinde Gottes.»

Aus diesen Worten des Apostels dürfen wir offenbar schließen, es sei uns nichts verboten, das wir ohne Schädigung des eigenen Gewissens oder eines fremden genießen können. Ohne Schädigung des eigenen Gewissens handeln wir dann, wenn wir des festen Glaubens leben, von unserem Heilspfad nicht abzugleiten. Ohne Anstoß eines fremden Gewissens handeln wir dann, wenn der Bruder uns so leben sieht, daß er für unsere Seligkeit keine Gefahr befürchtet; dieses ‚so leben‘ geschieht da, wo wir den zwingenden Forderungen der Natur nachgehen, ohne in Sünde zu verfallen, wo wir nicht in eitlem Vertrauen auf unsere Kraft ein Gelübde ablegen und ein Joch auf uns legen, unter dessen Last wir zusammenbrechen müssen. Je höher unser Gelübde uns hatte steigen lassen, um so tiefer ist dann unser Sturz.

Vor einem solchen Sturz und überhaupt vor dem Ablegen eines törichten Gelübdes warnt der Prediger: «Wenn du Gott ein Gelübde tust, so verziehe nicht, es zu halten; er hat aber kein Gefallen an einem leichtfertigen und törichten Versprechen; jedoch, was du gelobtest, das halte; es ist besser, du gelobest nichts, denn daß du nicht hältst, was du gelobt.» Dieser Gefahr will auch der Apostel begegnen mit seiner

Mahnung: «So will ich nun, daß die jungen Witwen freien, Kinder zeugen, haushalten, dem Widersacher keine Ursache geben zu schelten. Denn es sind schon etliche umgewandt dem Satan nach.» Paulus gibt sich also Rechenschaft über die besondere Gefährdung der jungen; dem Wagnis eines vollkommenen Lebens stellt er gegenüber die Vermittlungslösung eines Lebens in gemäßigter Strenge; er rät, in der Tiefe zu bleiben, um nicht einen jähen Sturz aus der Höhe zu erleben. Auch der selige Hieronymus schließt sich des Apostels Meinung an; darum schreibt er in einem Gutachten an die Jungfrau Eustochium: «Wenn selbst jungfräulich Lebende wegen anderer Sünden nicht erlöst werden, welches Schicksal darf man für Frauen erwarten, die Christi Glieder preisgaben und den Tempel des Heiligen Geistes in ein Freudenhaus verwandelten? Das Joch der Ehe auf sich nehmen und auf dem ebenen Weg bleiben war in dem Fall viel besser als hoch hinaus wollen und im tiefsten Höllenpfuhl enden.»

Wenn wir sämtliche Worte des Apostels überprüfen, so finden wir eine zweite Ehe für die Frauen zugelassen. Den Männern ruft er dagegen die nachdrückliche Mahnung zur Enthaltsamkeit zu: «Ist jemand beschnitten berufen, der halte an der Beschneidung!... Bist du los vom Weibe? So suche kein Weib!» Moses Einstellung ist so: er sieht den Männern mehr nach als den Frauen und gestattet darum einem Mann mehrere Frauen zugleich, aber nicht einer Frau mehrere Männer; er bestraft den Ehebruch bei einer Frau schärfer als beim Mann. Der Apostel sagt dagegen: «So aber der Mann stirbt, so ist sein Weib frei vom Gesetz, das den Mann betrifft, daß sie nicht eine Ehebrecherin ist, wo sie eines anderen Mannes wird.» Ferner schreibt der Apostel an die Korinther: «Ich sage zwar den Ledigen und Witwen: Es ist ihnen gut, wenn sie auch bleiben wie ich. So sie sich aber nicht mögen enthalten, so laß sie freien; es ist besser freien denn Brunst leiden. ... So aber des Weibes Mann entschläft, ist sie frei zu heiraten, wen sie will, nur daß es in dem Herrn geschehe. Seliger ist sie aber, wo sie also bleibt, nach meiner Meinung.»

Der Apostel erlaubt dem schwachen Geschlecht nicht bloß eine zweite Ehe; er wagt überhaupt keine zahlenmäßige Festlegung, sondern wenn ihre Männer entschlafen, dürfen sie nach seiner Meinung andere heiraten. Er verzichtet also darauf, die Zahl ihrer Eheschließungen zu beschränken, und hat nur den einen Wunsch, sie vor der Sünde der Unzucht zu bewahren. Sie sollen lieber mehrmals heiraten als einmal Unzucht treiben; fangen sie erst mit einem an, dann hat sie bald die ganze Stadt. Die Erfüllung der ehelichen Pflicht ist zwar nach Paulus' Meinung auch nicht ganz ohne Sünde, aber man sieht die kleinen Sünden nach, um die großen zu verhüten. Es ist also erst recht nichts Besonderes, wenn man ein Gebiet, in dem die Sünde überhaupt keine Stätte hat, als Ausgleich wählt, um die Frauen nicht in andere Sünden geraten zu lassen. Zum Ausgleich bietet man an Speisen, was not tut, natürlich ohne allen Überfluß. Ich habe zuvor schon erwähnt, im Essen liege überhaupt keine Möglichkeit zur Verfehlung, sondern nur in der Gier; es lüstet uns nach dem, was nicht erlaubt ist, wir verlangen nach dem, was verboten ist, wir greifen je und je ganz bedenkenlos zu, und das kann großes Ärgernis geben.

Von allem, was der Mensch zu sich nimmt, ist nichts so gefährlich, nichts so schändlich, nichts ein ebenso starker Feind unseres Standes und unserer frommen Versenkung wie der Wein. Der Weiseste der Weisen widerrät uns in klarer Erkenntnis der Gefahr besonders den Wein: «Der Wein macht lose Leute, und starkes Getränk macht wild; wer dazu Lust hat, wird nimmer weise. ... Wo ist Weh, wo ist Leid? Wo ist Zank, wo ist Klagen? Wo sind Wunden ohne Ursach? Wo sind rote Augen? Nämlich, wo man beim Wein liegt und kommt auszusaufen, was eingeschenket ist. Siehe den Wein nicht an, daß er so rot ist und im Glase so schön stehet. Er gehet glatt ein, aber danach beißt er wie eine Schlange und sticht wie eine Otter. So werden deine Augen nach anderen Weibern sehen, und dein Herz wird verkehrte Dinge reden, und du wirst sein wie einer, der mitten im Meer schläft, wie ein Steuermann, der eingeschlafen ist und das Ruder verloren hat. Und du wirst sprechen: Sie schlagen mich, aber es tut mir nicht wehe, sie zerren mich hin und her, aber ich fühle es nicht. Wann will ich aufwachen, daß ich wiederum Wein finde?» Es steht ferner auch geschrieben: «Oh, nicht den Königen, Lamuel, gib den Königen nicht Wein zu trinken, denn nichts bleibt geheim, wo die Trunkenheit herrscht. Sie möchten trinken und der Rechte vergessen und verändern die Sache irgend der armen Leute.» Ferner steht im Buch Sirach geschrieben: «Ein Arbeiter, der sich gern vollsäuft, der wird nicht reich; und wer ein Geringes nicht zu Rate hält, der nimmt für und für ab. Wein und Weiber betören die Weisen und lassen zuschanden werden die Verständigen.»

Auch Jesaja, der sonst die Speisen mit Stillschweigen übergeht, gedenkt allein des Weines als einer Ursache der Gefangenschaft seines Volkes: «Wehe denen, die des Morgens frühe auf sind, des Saufens sich zu befleißigen, und sitzen bis in die Nacht, daß sie der Wein erhitzet, und haben Harfen, Psalter,

Pauken, Pfeifen und Wein in ihrem Wohlleben, und sehen nicht auf das Werk des Herrn! Darum hat mein Volk müssen weggeführet werden, dieweil es nicht Vernunft annehmen wollte. Wehe denen, so Helden sind, Wein zu saufen, und Krieger in Völlerei!» Der Prophet umfaßt in seinem Weheruf das ganze Volk, bis hinauf zu den Priestern und Propheten: «Aber auch diese sind vom Wein toll geworden und taumeln von starkem Getränk. Denn beide, Priester und Propheten, sind toll von starkem Getränk, sind im Wein ersoffen und taumeln von starkem Getränk. Sie kannten nicht, den sie sahen, und wußten nicht das Gericht. Denn alle Tische sind voll Speiens und Unflats an allen Orten. Wen will er denn lehren Erkenntnis? Und wem soll er zu verstehen geben die Offenbarung?» Durch den Mund des Propheten Joel spricht der Herr also: «Wachet auf, ihr Trunkenen, und weinet, die ihr den neuen Wein trinket.»

Trotz alledem ist der Wein für Notfälle nicht verboten; Paulus zum Beispiel rät den Weingenuß dem Timotheus an: «Um deines Magens willen und weil du oft krank bist.» Wohlgemerkt, Paulus sagt ,oft krank', nicht bloß ,krank'. Noah aber fing an und pflanzte Weinberge; er wußte wohl nicht, was die Trunkenheit für ein Elend sei, und lag in der Hütte aufgedeckt, trunken wie er war; denn mit dem Wein verbündet sich der Üppigkeit Schande. Noah wurde darob von seinem Sohn verlacht; er verfluchte ihn und verdammte ihn zum Sklaven, ein Urteil, wie es zuvor noch nie gesprochen war. Lots Töchter sahen es wohl, daß sie den gottesfürchtigen Mann zur Blutschande nicht zu bringen vermöchten, ohne ihn zu berauschen. Und die selige Witwe mußte daran verzweifeln, den Holofernes zu Fall zu bringen, wenn nicht diese arge List ihr wider ihn geholfen. Die Boten Gottes, die den Patriarchen erschienen, ließen sich von ihnen gastlich aufnehmen und mit Fleisch speisen; der Wein erschien nicht auf dieser Tafel. Dem großen Ahnherrn unseres Eremitenstandes, dem Propheten Elia, brachten die Raben des Abends und des Morgens Brot und Fleisch zu essen, da er in der Wüste sich verbergen mußte; mit Wein zum Trinken dienten sie ihm nicht. Wir lesen vom Volke Israel, daß es in der Wüste mit der herrlichsten Speise genährt wurde, mit Wachteln; der Wein wurde ihm nicht geboten, und es vermißte ihn auch nicht. Und bei den Speisungen mit Broten und Fischen, mit denen in der Einöde das Volk am Leben erhalten wurde, soll es nach den Berichten ebenfalls keinen Wein gegeben haben. Nur bei der Hochzeit — Hochzeiten haben ja ein Privileg auf unmäßigen Weingenuß, die Quelle der Wollust — gab es das Wunder mit dem Wein; aber in der Wüste, also in der eigentlichen Heimat der Mönche, ißt man Fleisch, wenn man sich etwas leisten will, aber man trinkt keinen Wein. Die höchste Stufe unter dem Gesetz stellten die Nasiräer dar; wenn sie ein sonderlich Gelübde taten dem Herrn, so enthielten sie sich allein des Weins und starken Getränks.

Gibt es eine Tugend, gibt es einen Wert, in dem sich die Trunkenbolde behaupten können? Nein! Darum war den Priestern der alten Zeit, wie wir lesen, der Wein und überhaupt jedes berauschende Getränk untersagt. Hieronymus erwähnt das in seinem Sendschreiben an Nepotian ‚Über die Lebensführung der Kleriker‘ und gibt dabei seiner Empörung Ausdruck, daß die jüdischen Priester, die sich jedes starken Getränks enthalten, durch diese ihre Enthaltsamkeit unsere geistlichen Männer übertreffen: «Daß Du mir überhaupt nicht nach Wein riechst, sonst mußt Du Dir das Wort des Philosophen vorhalten lassen: ‚Das heißt nicht einen Kuß verabreichen, das heißt Wein kredenzen.' Der Apostel verwirft die Weinsäufer im Priesterkleid. Und das Gesetz des alten Bundes bestimmt: ‚Die den Dienst des Altars besorgen, sollen nicht Wein noch Gegorenes trinken.' Das Wort ‚Gegorenes', Sicera, bedeutet im Hebräischen jedes Rauschgetränk, ob das nun aus Getreide entsteht oder aus Obstsaft, aus eingekochtem Honig, wie es Barbarenstämme machen, aus gepreßten Palmfrüchten oder aus Früchten, die man zu Sirup zerkocht. Alles, was berauscht und dich um den Verstand bringt, das fliehe wie den Wein!» Nach der Regel des seligen Pachomius darf niemand, abgesehen von den Kranken, Wein oder anderes starkes Getränk auch nur berühren. Wer von Euch hat es noch nie gehört, daß der Wein für Mönche überhaupt nichts taugt, und daß die Mönche der alten Zeit auch den größten Abscheu vor ihm hatten? Um recht nachdrücklich vor dem Wein zu warnen, nannten sie ihn einen Satan. In den ‚Lebensbeschreibungen der Väter' steht zu lesen: «Man hatte einem ehrwürdigen Vater von einem Mönch erzählt, er trinke keinen Wein; da sagte der Vater zu ihnen: Der Wein taugt überhaupt nichts für Mönche.» Im gleichen Buch ist zu lesen: «Man feierte einst die Messe auf dem Berg des Vaters Antonius, und es fand sich daselbst ein Gefäß mit Wein. Einer der Alten hob es auf und brachte dem ehrwürdigen Vater Sisoi einen Becher davon. Dieser trank von dem angebotenen Wein einmal und ein zweites Mal, beim dritten Mal dankte er: Laß es genug sein, Bruder; weißt du nicht, daß der Teufel darin steckt?» Von diesem Vater Sisoi wird auch noch eine andere Geschichte erzählt: «Abraham fragte Sisois Schüler,

315

wenn man am Feiertag oder am Sonntag zur Kirche gehe und drei Gläser Wein trinke, ob das nicht zuviel sei? Da sagte Sisoi: Wenn es nicht der Teufel wäre, dann wäre es nicht viel.» Daran dachte wohl auch der selige Benedikt, als er den Weingenuß unter gewissen Umständen freigab: «Wir lesen zwar, daß der Wein für Mönche überhaupt nichts taugt; aber davon überzeuge man einmal die Mönche in unserer Zeit!»

Es wäre ganz sachgemäß, wenn der Weingenuß den Mönchen ganz und gar verboten würde, da der selige Hieronymus den Wein sogar für Frauen verbietet. Diese sind von Natur schwächer veranlagt, allerdings dem Wein gegenüber sind sie das stärkere Geschlecht. In seiner ‚Anweisung, wie man die Jungfräulichkeit bewahren kann', mahnt Hieronymus die Jungfrau Eustochium, die Braut Christi, mit allem Nachdruck: «Wenn mein Rat bei Dir überhaupt etwas gelten soll, und wenn Du einem erfahrenen Mann glauben willst, so ist das meine erste dringlichste Bitte, eine Braut Christi möge den Wein fliehen wie Gift. Der Wein ist die stärkste Waffe, welche die Dämonen gegen die Jugend führen. So stark vermag die Habgier den Bau der Sittlichkeit nicht zu erschüttern, so stark bläht der Stolz nicht auf, mit so starken Reizen kann der Ehrgeiz nicht locken. Vor anderen Lastern können wir fliehen, und das ist leicht; der Wein ist der Feind, den wir im Inneren tragen; wohin wir uns auch wenden, wir nehmen unsern Feind mit; Wein und Jugend zusammen, das heißt Öl ins Feuer der Wollust gießen! Lodert die Flamme nicht ohnehin hoch genug? Müssen wir sie noch mit diesem Öl speisen?» Der Wein wird mit Frauen viel weniger leicht fertig als mit Männern, wie wir aus den naturwissenschaftlichen Werken lernen. Warum sich das so ver-

hält, lesen wir im 4. Buch der ‚Saturnalien' des Macrobius Theodosius: «Nach Aristoteles Angabe werden Weiber selten berauscht, alte Männer dagegen oft. Der Feuchtigkeitsgehalt des weiblichen Leibes ist besonders hoch, wie das schon die glatte, glänzende Haut beweist; daß der weibliche Körper sich von überschüssiger Feuchtigkeit befreien muß, sieht man vor allem an seinen regelmäßigen Selbstreinigungen. Wenn eine Frau Wein trinkt, dann versinkt er geradezu in diesem Flüssigkeitsüberschuß und büßt seine eigentliche Kraft und Stärke ein, wird auch nicht so leicht zu Kopf steigen, da seine Angriffslust erloschen ist.» Es heißt bei Macrobius weiterhin: «Der weibliche Körper muß sich oft reinigen; er ist mit Hautöffnungen besetzt, in ihnen öffnen sich Gänge und Bahnen für das Feuchte, das zusammenfließt und nach außen drängt. Durch diese Öffnungen entweicht auch schnell der Dunst des Weines.»
Ist es unter diesen Umständen zu verstehen, wenn man den Mönchen gestattet, was man den Frauen versagt? Es ist doch der helle Wahnsinn, den einen den Wein zu erlauben, trotzdem sie den größten Schaden von ihm haben, und ihn anderen zu verbieten. Es ist doch der Gipfel der Torheit, daß Mönche vor dem Wein nicht fliehen, vor einem Genuß nicht fliehen, der mehr als jeder andere dem Geist der Frömmigkeit widerspricht und am meisten zum Abfall von Gott führen kann. Ist es nicht eine Schamlosigkeit? Könige und Priester des alten Bundes tranken keinen Wein, aber bei den Christen bringen auch die, die vollkommen sein wollen, nicht die Kraft zum Verzicht auf, im Gegenteil, sie finden im Wein den größten Genuß. Es ist ja allgemein bekannt, daß in der heutigen Zeit Kleriker und Mönche für ihren Weinkeller den größten Eifer zeigen, mit den ver-

schiedenen Weinsorten ihn zu füllen, und mit Kräutern, Honig oder Gewürzen den Wein zu versetzen. Sich zu berauschen ist bequemer, wenn die Mischung so recht angenehm die Kehle hinabgleitet, und wer sich mit Wein erhitzt, schürt zugleich das Feuer der Sinnlichkeit. Soll man von Verirrung reden oder von Wahnsinn? Das Gelübde verpflichtet sie zur Enthaltsamkeit, aber sie tun nichts, seine Innehaltung zu fördern, im Gegenteil, sie machen die Innehaltung geradezu unmöglich. Leiblich sind sie noch im Klosterbezirk, aber ihre Herzen sind voll Sinnenlust und brennen vor unzüchtiger Gier.

Der Apostel schreibt zwar an Timotheus: «Trinke nicht mehr Wasser, sondern brauche ein wenig Wein um deines Magens willen, und weil du oft krank bist.» Aber Paulus verschreibt ihm den Wein wegen seiner Kränklichkeit und er verschreibt ihm ,ein wenig Wein'. Daraus ist der klare Schluß zu ziehen: Wäre Timotheus gesund, sollte er überhaupt keinen Wein brauchen. Das sind unsere Ziele: ein Leben in apostolischer Einfachheit, Lebensgestaltung durch die Buße, Flucht aus der Welt. Warum hören wir trotzdem auf die Lockungen des Weins? Gewiß, er ist das schönste Genußmittel, aber wir kennen ihn doch als schärfsten Feind unseres klösterlichen Lebens.

Der selige Ambrosius, der kenntnisreiche Darsteller des Wesens der Buße, nimmt sich von der Nahrung der Büßenden nur den Wein vor: «Glaubt etwa jemand, da herrsche wahre Buße, wo man sich noch auf der Ämterjagd tummelt und im Wein schlemmt, wo die eheliche Gemeinschaft noch besteht? Die Losung lautet: Weltentsagung! Aber Menschen, die ihre Keuschheit sich zu bewahren vermochten, habe ich öfters gefunden als solche, die wirklich Buße getan haben.» Im Buch ,Von der Weltflucht' bringt Ambrosius den gleichen Gedanken: «Deine Weltflucht verdient wirklich den Namen, wenn Dein Auge Becher und Trinkschalen keines Blickes mehr würdigt; sonst — wer beim Wein hockt, verfällt der Lüsternheit.» Von allem Essen und Trinken nennt Ambrosius an dieser Stelle nur den Wein; seine Meinung ist, es genüge, den Wein zu fliehen, um die Weltflucht zu verwirklichen; er will demnach alle Lust dieser Welt aus dieser einen Quelle entspringen lassen. Ambrosius sagt nicht: Wenn Euer Gaumen auf das Kosten verzichtet, sondern: Wenn Euer Auge auf das Sehen des Weins verzichtet. Er kommt von dem Gedanken nicht los, das Auge könnte sich in den Wein vergaffen und sich von ihm zur Sinnenlust aufreizen lassen. Darum heißt es auch in der oben angeführten Stelle aus den Sprüchen Salomos: «Siehe den Wein nicht an, daß er so rot ist und im Glase so schön stehet.» Wie wollen wir vor diesen Anforderungen bestehen? Wir lassen Gaumen und Auge auf ihre Kosten kommen; für den Gaumen mischen wir den Wein mit Honig, Kräutern oder Würzwerk, für das Auge kredenzen wir ihn in den Trinkschalen.

Der selige Benedikt, der schweren Herzens den Weingenuß gestattet, setzt aber hinzu: «So wollen wir uns wenigstens darauf einigen, nicht bis zur Stillung des Durstes zu trinken, sondern vorher aufzuhören; denn der Wein bringt selbst weise Männer zu Falle.» Ach, wenn wir uns daran genügen ließen, nur bis zur Stillung des Durstes zu trinken, wenn wir doch nicht den schwereren Verstoß begingen, uns zum Übermaß hinreißen zu lassen! Die Bestimmung des seligen Augustin in der Regel für seine Einsiedeleien beruht auf der entsprechenden Erwägung: «Nur am Sonnabend und Sonntag darf man dem Brauch entsprechend denen Wein reichen, die den Wunsch äußern.»

Es durfte also fürs erste geschehen zu Ehren des Sonntags und der am Sonnabend stattfindenden Rüstfeier des Sonntags; zum andern fanden sich die sonst in ihren Klausen zerstreut lebenden Brüder gerade an diesen Tagen zur Gemeinschaft zusammen. In den ‚Lebensbeschreibungen der Väter' erwähnt Hieronymus, als er von einem Ort namens Cellia spricht, ebenfalls diesen Brauch: «Sie wohnen einzeln in ihren Klausen. Am Sonnabend und Sonntag kommen sie bei der Kirche zusammen und feiern ein Wiedersehen, als wären sie im Himmel vereinigt.» Diese besonderen Verhältnisse rechtfertigen diese besondere Vergünstigung: wenn die Brüder zusammenkamen, durften sie an einer Erfrischung sich freuen; wenn sie es auch nicht aussprachen, sie sollten es doch fühlen: «Siehe wie fein und lieblich ist es, daß Brüder einträchtig beieinander wohnen.»

Wir essen kein Fleisch! Wirklich, ein großes Verdienst, wenn wir uns an sonstigen Speisen schadlos halten, bis wir übersatt sind! Wir lassen es uns viel kosten, Fische jeder Art zu bekommen; wir nehmen Pfeffer und anderes Gewürz, sie unserem Gaumen recht schmackhaft zu machen, und wenn wir uns mit gewöhnlichem Wein vollgetrunken, dann setzen wir Becher mit Kräuterwein und Schalen voll Würzwein noch obendrauf. Für all das haben wir vor der Welt die eine Entschuldigung: wir essen kein Fleisch − es ist ja auch so billig − wenigstens nicht vor den Augen der Leute! Wir tun so, als gelte das Verbot der Art der Speise und nicht ihrem Übermaß; dabei verbietet der Herr Völlerei und Trunkenheit, d. h. ohne Rücksicht auf die Art von Speise und Trank jedes Zuviel.

Aus dieser Erwägung heraus sieht der selige Augustin bei den Nahrungsmitteln nur im Wein eine

Gefahr; er macht bei den Speisen sonst nach ihrer Art keinen Unterschied und glaubt darum, mit dieser knappen Fassung des Abstinenzgebotes auszukommen: «Euer Fleisch kasteit mit Fasten und Enthaltung von Speise und Trank, insoweit Eure Gesundheit es gestattet.» Wahrscheinlich hatte er bei dieser Formulierung das Mahnwort des Athanasius an seine Mönche im Auge; dort heißt es: «Beim Fasten gebe es kein Höchstmaß, sondern jeder folge seinem eigenen Wollen und faste, soviel er kann; nur darf das Maß der Anstrengung nicht überspannt werden. Fasten sind außer am Sonntag jeden Tag möglich, dürfen aber nicht Inhalt eines Gelübdes sein.» Athanasius will wohl sagen, Fasten dürfe man, wenn es doch einmal auf Grund eines Gelübdes geschehe, an allen Tagen halten außer an den Sonntagen. Fastenleistungen werden von Athanasius nicht von vornherein festgesetzt, sondern der einzelne regelt sie nach seinem Gesundheitszustand. Es heißt ja auch: «Er sieht allein auf die naturgegebene Fähigkeit und läßt sich von dieser das Maß setzen; er weiß, daß keine Verfehlungen vorkommen, wenn in allen Stücken Maß gehalten wird.» Es gilt, sich bei allen Kasteiungen vor einer doppelten Gefahr zu hüten. Die eine Gefahr: wir lassen uns allzusehr gehen und versinken in den Genüssen, so wie es in der Heiligen Schrift geschrieben steht von dem Volke, das genährt wurde mit dem Mark des Weizens und mit der Traube lauterstem Blute: «Da es aber fett und satt ward, da bockte es.» Die andere Gefahr: wir kasteien uns über alles Maß und kommen von Kräften, ja wir erleben einen völligen Zusammenbruch, fangen dann an zu murren und verlieren unsern Lohn, oder wir pochen auf unsere Einzigartigkeit. Vor dieser Gefahr mahnt der Prediger mit dem

Wort: «Da ist ein Gerechter, und gehet unter in seiner Gerechtigkeit. Sei nicht allzu gerecht und nicht allzu weise, daß du dich nicht verderbest», d. h. daß du nicht vor Bewunderung über deine Vortrefflichkeit dich überhebest.

Die Klugheit, die Mutter aller Tugenden, soll uns helfen, mit aller Sorgfalt zwischen diesen beiden Klippen hindurchzusteuern; die Klugheit mag sich die Last sorgsam überlegen, die sie jedem auflegt, und zwar einem jeden nach seiner Kraft, sie mag eher dem Schritt der Natur sich anpassen als die Natur hinter sich herzerren, sie soll nur den verwerflichen Überfluß verbieten unter Schonung des zur Lebensnotdurft Erforderlichen. So werden die krankhaften Auswüchse ausgerottet, ohne das Gesunde dabei mitauszureißen. Für die Schwachen ist es genug, Sünden zu meiden, auch wenn sie den Gipfel der Vollkommenheit nicht erklimmen. An einem Winkel des Paradieses magst Du Dir genügen lassen, wenn bei den Märtyrern für Dich kein Platz ist. Es gibt ein Gefühl der Sicherheit, wenn man nur wenig verspricht; die göttliche Gnade mag mir dann die Kraft schenken, über meine Pflichtleistung noch hinauszugehen. Darum steht auch geschrieben: «Wenn ihr alles getan habt, was euch befohlen ist, so sprechet: Wir sind unnütze Knechte; wir haben getan, was wir zu tun schuldig waren.» Der Apostel spricht: «Das Gesetz richtet nur Zorn an; denn wo das Gesetz nicht ist, da ist auch keine Übertretung.» Ebenso spricht der Apostel: «Denn ohne das Gesetz war die Sünde tot. Ich aber lebte weiland ohne Gesetz; da aber das Gebot kam, ward die Sünde wieder lebendig, ich aber starb; und es fand sich, daß das Gebot mir zum Tode gereichte, das mir doch zum Leben gegeben war. Denn die Sünde nahm Ursache am Gebot und betrog mich und

322

tötete mich durch dasselbe Gebot; auf daß die Sünde würde überaus sündig durchs Gebot.» Ferner sagt Augustin in einem Brief an Simplicianus: «Durch das Verbot ist das Verlangen noch gesteigert worden, und die Berückung hat schließlich den Sieg davongetragen.» Ferner sagt wiederum Augustin in seinen ‚Fragen verschiedenen Inhalts‘ unter der sechsundsechzigsten Frage: «Die Genußsucht hat mit ihrem Antrieb zur Sünde den besten Erfolg, wenn ein Verbot besteht.»

> Immer strebt dem Verbotnen man nach
> Und begehrt das Versagte.

Wer das Joch irgendeiner Regel auf sich nehmen will, wer sich feierlich binden will an das neue Gesetz, der höre unter Furcht und Zittern auf diese Worte. Er wähle die Lebensrichtung, bei der er auszuhalten vermag, und meide ängstlich die, bei der er es nicht vermag! Niemand wird schuldig, sich gegen ein Gesetz vergangen zu haben, der sich nicht zuvor zu ihm bekannt hat. Deine Aufgabe ist es, Dich zu bedenken, ehe Du zu ihm Dich bekennst, hast Du Dich aber bekannt, dann auch fest zu bleiben. Bis zur Verpflichtung bist Du frei, nachher bist Du Deines Gesetzes Knecht. Also spricht, der die Wahrheit ist: «In meines Vaters Hause sind viele Wohnungen.» Und so sind auch der Wege viele, die dahin führen. Die in der Ehe leben, werden nicht verdammt, aber leichter selig werden die, die sich enthalten. Die Regeln der heiligen Väter sind uns nicht gegeben, als führe nur dieser eine Weg zur Seligkeit, aber sie zeigen uns den gefahrloseren Weg, den Weg, auf dem wir unserm Gott mit ungehemmten Herzen dienen können. Der Apostel sagt: «Und so eine Jungfrau freit, sündigt sie nicht. Doch werden solche leibliche Trübsal haben; ich verschonte aber euch gerne... welche nicht freiet, die sorgt, was dem Herrn angehört, daß sie heilig sei am Leib und auch am Geist; die aber freiet, die sorgt, was der Welt angehört, wie sie dem Mann gefalle. Solches aber sage ich zu eurem Nutzen; nicht, daß ich euch einen Strick an den Hals werfe, sondern dazu, daß es fein zugehe und ihr stets und unverhindert dem Herrn dienen könnt.»

Das Ziel, das der Apostel in diesen Worten aufstellte, erreichen wir am leichtesten, wenn wir uns auch leiblich von der Welt zurückziehen und hinter der Klostermauer uns bergen, um Ruhe zu finden vor dem aufgeregten Treiben dieser Welt. Vorsehen mögen sich jedoch beide, der das Gesetz auf sich nimmt, und der es auflegt: wer die Gebote häuft, vervielfältigt auch die Übertretungen. Da das Wort Fleisch ward, da ließ es des Gesetzes Wort unter den Menschen kurz werden. Mose hat vieles gesprochen, und doch stellt der Apostel fest: «Denn das Gesetz konnte nichts vollkommen machen.» Das Gesetz hatte so viele und so schwere Gebote, daß der Apostel Petrus es offen erklärte, noch niemand habe sie halten können: «Ihr Männer, liebe Brüder, was versucht ihr denn nun Gott mit Auflegen des Jochs auf der Jünger Hälse, welches weder unsere Väter noch wir haben können tragen? Sondern wir glauben, durch die Gnade des Herrn Jesu Christi selig zu werden, gleicherweise wie auch sie.» Christus hat nur wenige Worte gebraucht, in seinen Jüngern den Grund zu legen eines sittlichen Lebens in Heiligung und sie anzuleiten zur Vollkommenheit. Er tat ab, was da streng und schwer war, er machte sanft und leicht die Gebote, in denen er seine ganze Lehre also zusammenfaßte: «Kommet her zu mir alle, die ihr mühselig und beladen seid; ich will euch erquicken.

Nehmt auf euch mein Joch und lernet von mir; denn ich bin sanftmütig und von Herzen demütig; so werdet ihr Ruhe finden für eure Seelen. Denn mein Joch ist sanft, und meine Last ist leicht.»

Bei den geistlichen Werken geht es oft wie bei den Geschäften dieser Welt. Gar viele mühen sich ab in ihrem weltlichen Beruf und kommen doch nicht vorwärts, und in geistlichen Werken quälen sich viele, und es gelingt ihnen doch nicht vor Gott, der das Herz ansiehet und nicht, was vor Augen ist. Je mehr solche Leute in äußeren Werken aufgehen, um so weniger haben sie Zeit für des Herzens Werke; bei den Menschen, die nur nach dem Äußern urteilen, werden solche Leute bekannt und berühmt und lassen sich dadurch zum Hochmut verführen. Diesen Abweg zu versperren, warnt der Apostel nachdrücklich vor den Werken und erhebt die Rechtfertigung aus dem Glauben: «Ist Abraham durch die Werke gerecht, so hat er wohl Ruhm, aber nicht vor Gott. Was sagt denn die Schrift? Abraham hat Gott geglaubt, und das ist ihm zur Gerechtigkeit gerechnet.»

Ferner spricht Paulus: «Was wollen wir nun hier sagen? Das wollen wir sagen: Die Heiden, die nicht haben nach der Gerechtigkeit getrachtet, haben die Gerechtigkeit erlangt; ich sage aber von der Gerechtigkeit, die aus dem Glauben kommt. Israel aber hat dem Gesetz der Gerechtigkeit nachgetrachtet und hat das Gesetz der Gerechtigkeit nicht erreicht. Warum das? Darum, daß sie es nicht aus dem Glauben, sondern als aus den Werken des Gesetzes suchen.»

Welche so von den äußeren Werken der Frömmigkeit in Anspruch genommen sind, das sind die Menschen, von denen es heißt: «Die ihren Becher und Schüssel auswendig reinlich halten»; das Inwendige zu reinigen liegt ihnen nicht am Herzen, sie sorgen sich mehr um das Fleisch als um den Geist, sie sind fleischlich gesinnt und nicht geistlich. Wir aber trachten danach, daß Christus in unserem inneren Menschen durch unseren Glauben sich Wohnung schaffe. Darum sind uns die äußeren Werke ein Geringes, an denen die Verworfenen wie die Erwählten teilhaben; wir sagen mit der Schrift: «Auf mich genommen habe ich, Gott, deine Gelübde, bezahlen will ich dir Dankopfer.»

Darum dienen wir auch nicht der äußerlich gesetzlichen Enthaltsamkeit, von der wir es wissen, daß sie zur wahren Gerechtigkeit nichts beiträgt. Gott der Herr verbietet uns nur ‚das Fressen und Saufen‘, d. h. alles Übermaß. Von der Freiheit, die er uns verstattete, hat er ohne falsche Rücksicht selbst Gebrauch gemacht, mochten sich auch viele daran stoßen und ihn darob schelten. Darum erzählt er von sich selbst: «Johannes ist gekommen, aß nicht und trank nicht; so sagen sie: Er hat den Teufel. Des Menschen Sohn ist gekommen, ißt und trinkt; so sagen sie: Siehe, wie ist der Mensch ein Fresser und ein Weinsäufer.» Der Herr tritt auch für seine Jünger ein, weil sie nicht fasteten, wie es die Jünger Johannes des Täufers taten, und weil sie beim Essen sich nicht groß sorgten um die äußerliche Reinheit der Hände: «Wie können die Hochzeitleute Leid tragen, solange der Bräutigam bei ihnen ist?» Und an anderer Stelle spricht der Herr: «Was zum Munde eingeht, das verunreinigt den Menschen nicht; sondern was zum Munde ausgeht, das verunreinigt den Menschen. Aber mit ungewaschenen Händen essen verunreinigt den Menschen nicht.»

Es gibt also keine Speise, die an und für sich verunreinigt, das tut nur die Gier nach der verbotenen Speise. Gleich wie der Leib nur durch leiblichen

Schmutz verunreinigt wird, so die Seele nur durch seelischen Schmutz. Vor dem, was am Körper geschieht, braucht man sich nicht zu fürchten, wenn nur der Geist sich dazu sein Ja nicht erpressen läßt. Auf die Reinheit des Fleisches darf man sich nicht verlassen, wenn die bösen Gedanken die Seele verderben. Im Herzen entscheidet es sich, ob die Seele sterben soll oder leben. Darum heißt es in den Sprüchen Salomos: „Behüte dein Herz mit allem Fleiß; denn daraus gehet das Leben.» Bei dem Wort, das wir eben hörten, setzt der hinzu, der die Wahrheit ist: «Was aus dem Herzen kommt, das verunreinigt den Menschen.» Ob die Seele verdammt wird oder gerettet, das geschieht nach ihrem guten oder bösen Trachten. Aber da Seele und Leib eine untrennbare Einheit darstellen, so kommt für uns alles darauf an, daß die Seele sich kein Ja erpressen läßt zu des Fleisches Lust; sonst wird das Fleisch übermütig, wenn wir ihm zu viel nachsehen, und erhebt sich wider den Geist und maßt sich an, Herr zu sein, wo es knechtisch dienen sollte. Diese Gefahr können wir vermeiden; wir werden alles Notwendige erlauben, jedes Übermaß von vornherein unmöglich machen, wir werden dem schwachen Geschlecht bei jeder Speise den vernünftigen Gebrauch gestatten, aber jeden Mißbrauch verbieten.

Alles darf man mit Vernunft gebrauchen, aber nichts in Unvernunft mißbrauchen. Der Apostel spricht also: «Denn alle Kreatur Gottes ist gut, und nichts ist verwerflich, das mit Danksagung empfangen wird; denn es wird geheiligt durch das Wort Gottes und Gebet. Wenn du den Brüdern solches vorhältst, so wirst du ein guter Diener Jesu Christi sein, auferzogen in den Worten des Glaubens und der guten Lehre, bei welcher du immerdar gewesen bist.» Auch wir wollen mit Timotheus diese Lehre des Apostels befolgen, wir wollen nach dem Gebot des Herrn uns nur vor ‚Fressen und Saufen' in acht nehmen, wir wollen alles so vorsichtig einrichten, daß wir damit unserer schwachen Natur aufhelfen, aber nicht lasterhafte Gewohnheiten dadurch großziehen. Wo die Gefahr besteht, daß ein Übermaß erhebliche Gefahren zur Folge hat, da wollen wir besondere Vorsicht walten lassen. Darin besteht das große Verdienst und der große Ruhm, daß wir mit Vorsicht genießen, nicht darin, daß wir ganz und gar verzichten. In diesem Sinne spricht auch der selige Augustin in seinem Buch ‚Vom Segen der Ehe', in dem Abschnitt von den Nahrungsmitteln: «Nur der gebraucht die Dinge recht, der auch auf sie verzichten kann. Der völlige Verzicht fällt manchem leichter als der maßvolle Gebrauch; zum Begriff des rechten Gebrauches gehört aber auch die Fähigkeit des Verzichtenkönnens.» Aus dieser Einstellung sagte auch Paulus: «Ich kann beides, übrig haben und Mangel leiden.» Mangel tritt an alle Menschen heran; aber in der rechten Weise mit ihm fertig zu werden, gelingt nur den wertvollen Menschen. Auch ‚übrig haben' kann jeder Mensch; aber auf das rechte Übrighaben verstehen sich nur die Menschen, die auch eine Reihe von guten Tagen ohne Verderb ertragen können.

Doch nun zum Wein zurück! Wie gesagt, er macht lose Leute, und stark Getränk macht wild. Er ist also der größte Feind der Keuschheit und der Schweigsamkeit; deshalb sollen sich die Frauen seiner ganz enthalten um des Herrn willen, so wie heidnische Frauen aus Furcht vor Ehebruch auf ihn verzichten, oder sie sollen ihn mit Wasser mischen; dann löscht er besser den Durst, ist gesünder und kann auch keinen Schaden mehr anrichten. Dieses Ziel dürften wir erreichen, wenn mindestens ein Viertel bei dieser Mischung Wasser ist. Das Gebot, sich nicht satt zu trinken, ist sehr schwer einzuhalten; deshalb halten wir es im Gegensatz zum Gebot des seligen Benedikt für sicherer, darauf ganz zu verzichten, um die Schwestern nicht in die Gefahr eines Verstoßes geraten zu lassen; nicht die Sättigung ist sündhaft, wie wir es schon mehrfach feststellten, sondern das Übermaß. Wir sind damit einverstanden, daß zu Heilzwecken auch Kräuterweine hergestellt werden, oder der Wein unverdünnt getrunken wird; aber an der gemeinsamen Tafel soll man diese Weine nicht reichen, sondern sie dürfen nur von Kranken getrunken werden und nicht in Gegenwart der andern Schwestern.

Brot aus reinem Weizen ist streng verboten; vielmehr, wenn Weizen überhaupt da ist, soll mindestens ein Drittel gröberes Mehl daruntergemengt werden. Das Brot darf nicht aus Leckerei warm gegessen werden, sondern es muß mindestens einen Tag alt sein. Was die sonstigen Nahrungsmittel angeht, so soll die Äbtissin sich nach dem richten, was wir zuvor schon erwähnten; sie soll ihre Schwestern mit dem ernähren, was billig und bequem zu haben ist. Es ist sehr töricht, bei andern zu kaufen, wenn man mit dem Eigenen auskommen kann; und wenn wir im eigenen Haus alles finden, was wir brauchen, wozu dann von außerhalb das Überflüsige kommen lassen? Wenn wir das bequem zur Hand haben, was ein Auskommen ermöglicht, dann brauchen wir uns nicht mit dem Überflüssigen abzuquälen.

Diese weise Mäßigung ist ein Gebot der Notwendigkeit; unsere Vorbilder sind nicht Menschen, sondern Gottes Boten, ja der Herr selbst; diese Vorbilder lehren uns, für des Lebens Notdurft uns an dem genügen zu lassen, was gerade da ist, ohne wählerisch zu sein. Deshalb essen Gottes Boten das Fleisch, das Abraham ihnen zubereiten ließ; und der Herr Jesus speist die hungrige Menge mit den Fischen, die man in der Wüste gerade zur Hand hat. Dieser Hinweis ist deutlich: Fleisch und Fisch sind beide nicht zu verwerfen, wir sollen das nehmen, was unanstößig ist, was gerade da ist, was leicht zuzubereiten ist und nicht viel kostet. Darum sagt auch Seneca, dieser größte Prediger der Armut und der Keuschheit, der vornehmste Sittenlehrer unter allen Philosophen: «Unsere Aufgabe ist es, naturgemäß zu leben. Es heißt aber naturwidrig leben, wenn man ablehnt, was sauber und mühelos ist, dafür giert nach dem, was unsauber ist; wenn man bei der Ernährung weniger das natürlich Einfache berücksichtigt als das Absonderliche, auch wenn es häßlich und widerlich ist. Es zeugt von Verwöhnung, nur immer das Feinste haben zu wollen, ebenso zeugt es von Narrheit, auf etwas zu verzichten, nur weil es üblich und billig ist. Die Mäßigkeit macht den Philosophen aus, nicht die Selbstpeinigung. Mäßigkeit ist aber noch lange keine Unsauberkeit; das ist die Art, die mir gefällt.» So lehrt auch Gregor im 13. Buch seiner ‚Moralia‘, die Sittlichkeit des Menschen beruhe nicht auf der Art seines Essens, sondern auf der Art seines Wollens; um die verschiedenen Gelüste des Gaumens zu kennzeichnen, sagt er: «Das eine Mal verlangt der Mensch nach besonders ausgesuchten Speisen, ein andermal ist das erste Beste gut genug, aber die Zubereitung muß besonders raffiniert sein. Manchmal ist es nur etwas ganz Gewöhnliches, aber er giert danach und gerade dadurch, daß er so maßlos giert, versündigt er sich.»

Das Volk, das aus Ägyptenland geführt wurde, erlag

in der Wüste; das Manna verschmähte es und wollte das Fleisch, das es für schmackhafter hielt. Und Esau verlor sein Erstgeburtsrecht um ein lächerliches Linsengericht, nur weil er seine Gier danach nicht bezähmen konnte; er stellte also ein Linsengericht über seine Erstgeburt und bewies damit, wie hemmungslos er nach dieser Speise verlangte; auch hier ist nicht die Speise als solche, sondern die maßlose Gier das Sündhafte. So ist es zu erklären, daß wir auch ausgesuchte Speisen sehr oft ohne Versündigung genießen, umgekehrt die geringsten nicht ohne Gewissensbisse essen dürfen, daß Esau seine Erstgeburt für ein Linsengericht preisgab und Elia in der Wüste durch Fleischgenuß seine Kraft sich bewahren durfte. Auch der alte Feind wußte es, daß nicht die Speise an und für sich, sondern die Gier nach der Speise der Verdammung Ursache ist; deshalb machte er sich den ersten Menschen nicht durch ein Stück Fleisch, sondern durch einen Apfel gefügig, und den zweiten Menschen versuchte er wiederum nicht mit einem Stück Fleisch, sondern mit Brot. So sündigen wir wieder und wieder mit Adam, auch wenn wir nur geringe, billige Speise zu uns nehmen.

Wir haben danach zur Nahrung das zu wählen, was unsre unverfälschte Natur fordert, aber nicht, was ein Gaumenkitzel uns heischen läßt. Unsere Gier ist schon geringer, wenn es sich um Dinge handelt, die ohnehin keine Kostbarkeiten darstellen, die obendrein noch gerade im Übermaß vorhanden sind und deshalb ganz billig sind. Das ist der Fall mit den gewöhnlichen Fleischsorten; Fleisch kräftigt mehr als Fisch, kostet weniger und ist leichter zuzubereiten.

Mit dem Genuß von Fleisch und Wein ist es wie mit der Ehe: sie liegen in dem Grenzgebiet von Gut und Böse, d. h. man hält sie für neutral, obschon der eheliche Verkehr nicht unbedingt sündlos ist und der Wein von allen Nahrungsmitteln das gefährlichste ist. Aber wenn sogar ein allerdings mäßiger Weingenuß den Ordensangehörigen nicht verboten wird, haben wir von anderen Lebensmitteln erst recht nichts zu fürchten, auch bei ihnen natürlich mit der Einschränkung, daß die Grenze nicht überschritten wird. Der selige Benedikt erklärt mit aller Deutlichkeit, der Wein tauge überhaupt nichts für Mönche, trotzdem muß er sich den Mönchen seiner Zeit anpassen, in denen die erste Liebe erkaltete; wenn Benedikt seinen Männern darin Zugeständnisse machen mußte, so wollen wir Euch schwachen Frauen Freiheit lassen in dem, was bislang noch keine Regel den Frauen verbietet. Die Bischöfe und die Leiter der heiligen Kirche, die Kleriker in ihren Gemeinschaften dürfen, ohne Ärgernis zu geben, Fleisch essen, weil es ihnen nicht durch eine Regel verboten ist; da kann man uns wohl keinen Vorwurf daraus machen, daß wir Frauen den Fleischgenuß gestatten, zumal sie sonst strenger leben als die erwähnten geistlichen Personen. «Es ist dem Jünger genug, daß er sei wie sein Meister»; und man mutet den Frauenklöstern wohl zuviel zu, wenn man ihnen versagt, was den Gemeinschaften der Kleriker gestattet ist. Es ist immer schon eine große Leistung, wenn Frauen bei der sonstigen Strenge ihres klösterlichen Lebens in diesem einen Punkt, d. h. in der Erlaubnis zum Fleischgenuß, auf derselben Stufe der Frömmigkeit stehen, wie die gläubigen Laien; dazu kommt noch, daß nach dem Zeugnis des Chrysostomus die Laien nicht mehr Freiheiten haben sollen als die Mönche, nur daß diese nicht verheiratet sein dürfen. Der selige Hieronymus mißt den Weltgeistlichen ebensoviel Wert bei wie den Mönchen: «Als ob nicht jede Bestimmung für die Mönche auch auf die Weltgeistlichen übergriffe, die ja die Väter der Mönche sind.» Es widerspricht aller Vernunft, wie jeder weiß, wenn man den Schwachen soviel aufbürdet wie den Starken, wenn man Frauen dieselbe Fastenleistung zumutet wie Männern. Das liegt in der Natur der Sache; wer noch außerdem eine maßgebende Stimme hören will, der mag danach den seligen Gregor fragen. Gregor, als Leiter der Kirche wie als Lehrer der Kirche gleich groß, gab auch darüber den anderen Kirchenlehrern seine Belehrungen. Im 24. Kapitel seiner ‚Anweisung, wie ein Seelenhirt seines Amtes walten soll‘, heißt es: «Frauen Mahnungen zu geben ist ein ander Ding wie Männern; diesen mögen wir eine schwere Aufgabe stellen, an der sie ruhig eine harte Probe bestehen sollen, bei den Frauen dürfen wir es nur mit leichten Lasten wagen, wenn sie sich erproben sollen, und müssen auf alle Härte verzichten.» Was für Starke eine kleine Leistung ist, gilt bei Schwachen als Heldentat.

Wir gestatten also das gewöhnliche Fleisch. Gewiß, es schmeckt nicht so gut wie Fische und Vögel; dabei hat diese der selige Benedikt uns nicht verboten. Auch der Apostel erwähnt den Unterschied der einzelnen Fleischarten: «Nicht ist alles Fleisch einerlei Fleisch; sondern ein anderes Fleisch ist der Menschen, ein anderes des Viehs, ein anderes der Vögel, ein anderes der Fische.» Das Gesetz sieht als Opfer für den Herrn das Fleisch des Viehs und der Vögel vor; von den Fischen ist überhaupt nicht die Rede. Also darf auch niemand glauben, Fischgenuß sei vor Gott wohlgefälliger als Fleischgenuß. Abgesehen davon, daß also der Fischgenuß durch die Opfervorschriften des Gesetzes nicht beglaubigt ist, ist die Beschaffung der Fische für die armen Leute schwierig und teuer, da es weniger Fische gibt als anderes Fleisch und da sie nicht so nahrhaft sind; kurz: Fisch ist schlecht zu bekommen und nicht nahrhaft.

Wir nehmen also darauf Rücksicht, daß Ihr arm seid und daß Ihr schwache Menschen seid; deshalb verbieten wir von Nahrungsmitteln überhaupt nichts, sondern nur das Zuviel. Wir schränken deshalb beim Fleisch und bei den anderen Nahrungsmitteln die Menge ein; so ist den Nonnen alles erlaubt, den Mönchen einiges verboten, trotzdem ist durch die Einschränkung in der Menge der Verzicht der Nonnen größer als der der Mönche. Für das Fleisch bestimmen wir also: die Nonnen bekommen es nicht mehr als einmal an einem und demselben Tage; einer und derselben Schwester dürfen nicht verschiedene Fleischgänge hintereinander gereicht werden, zum Fleisch soll kein Gemüse zugegeben werden, und es darf überhaupt nur an drei Tagen der Woche Fleisch geben, nämlich am Sonntag, Dienstag und Donnerstag, auch wenn hohe Feste auf die andern Tage fallen. Ein hohes Fest verlangt, gerade durch besonders große Enthaltsamkeit gefeiert zu werden. Dazu mahnt uns der hervorragende Kirchenlehrer Gregor von Nazianz im 3. Buch seines Werkes ,Von der Lichtmeß und dem zweiten Erscheinungsfest‘ mit den Worten: «Einen Festtag wollen wir feiern: wir wollen ihn feiern, indem wir im Geiste frohlocken, aber nicht, indem wir dem Bauch dienen.» Im 4. Buch seines Werkes ,Pfingsten und der Heilige Geist‘ schreibt er: «Unsere Festfeier besteht darin, daß wir in der Seelenschatzkammer etwas Dauerndes und Bleibendes bergen, nichts, was vergeht und zerflattert. Der Leib hat schon sein Teil Bosheit, er braucht nicht noch reichlicher gespeist zu werden; das wilde Tier in uns könnte durch ein Festmahl nur noch wilder werden und könnte uns noch schärfer zusetzen.» Darum soll man ein Fest geistlich feiern. Eine solche Festfeier liegt auch dem seligen Hieronymus, Gregors Schüler, am Herzen; darum sagt er in dem Sendschreiben ‚Über die Annahme von Geschenken': «Wir müssen also gewissenhaft darüber wachen, einen Festtag nicht durch viel Essen und Trinken zu begehen, sondern durch jubelnde Erhebung unseres Geistes; es ist ja eine grobe Torheit, das Gedächtnis eines Märtyrers durch Übersättigung zu feiern, der Gott durch sein Fasten wohlgefällig war.» Augustin in seiner Schrift ‚Über das Heilmittel der Buße' sagt: «Sieh die vielen Tausende von Märtyrern! Warum ist es uns ein Vergnügen, ihren Todestag mit ausschweifenden Gelagen zu begehen, während es uns kein Vergnügen ist, ihr vorbildliches Leben in sittlicher Reinheit nachzuleben?»

Wenn es kein Fleisch gibt, bewilligen wir zwei Gerichte von irgendwelchen Gemüsen und lehnen die Beigabe von Fisch nicht ab. Kostbare Gewürze dürfen im Kloster keine Verwendung finden, sondern die Schwestern mögen mit den einheimischen Würzkräutern sich genügen lassen. Früchte soll es nur zum Abendessen geben. Kräuter, Wurzeln und Früchte und ähnliches dürfen als Zugabe jederzeit gegeben werden, wenn die eine oder die andere Schwester ihrer als Heilmittel bedarf. Sitzt eine fremde Nonne als Gast an der Klostertafel, so mag man ihr einen Gang mehr auftragen, damit sie sich als liebevoll aufgenommener Gast fühlt. Will sie davon etwas abgeben, so soll man das nicht verwehren. Die Gäste nehmen an dem großen Tisch Platz, die Äbtissin wartet ihnen auf und wird erst nachher mit den Schwestern vom Tischdienst essen. Wenn eine Schwester der Askese wegen den Fleischgenuß einschränken will, so darf sie das nur mit ausdrücklicher Genehmigung tun; diese Genehmigung darf man ihr nicht versagen, wenn ihr Entschluß nicht nur ein bloßer Einfall ist, sondern wenn sie ihre Tugendkraft üben will; Voraussetzung ist, daß ihre Gesundheit dabei keine Gefahr läuft. Aber niemandem ist es erlaubt, einen ganzen Tag vollständig zu fasten. Am Freitag essen die Schwestern keine üppige Fleischkost, sondern begnügen sich mit der Fastenspeise; sie sollen daran denken, daß ihr Bräutigam an diesem Tage leiden mußte, und durch ihre Enthaltsamkeit ihr Mitleiden beweisen. In vielen Klöstern besteht ein Brauch, den wir nicht bloß untersagen, sondern als ganz verwerflich bezeichnen müssen: das beim Essen übriggebliebene Brot, das den Armen gehört, benutzt man, um die Finger zu reinigen und die Messer abzuwischen; um die Tischtücher zu sparen, beschmutzt man das Brot der Armen, nein, man beschmutzt das Brot dessen, der sich in den Armen sah und darum sagte: «Was ihr getan habt einem unter diesen meinen geringsten Brüdern, das habt ihr mir getan.» Die allgemeine kirchliche Ordnung wird das Fastenhalten der Schwestern ausreichend regeln; wir wollen sie dabei nicht stärker belasten als die frommen Laien, und das schwache Geschlecht nicht mehr beanspruchen als das starke. Von der Herbstnachtgleiche bis Ostern mag wegen der Kürze der Tage eine Mahlzeit täglich genügen. Diese Bestimmung ist nicht als Fastenbestimmung aufzufassen, wir denken dabei nur daran, daß die Tage so kurz sind, ohne Sonderbestimmungen für die verschiedenen Arten der Speisen zu geben.

Kostbare Kleider verwirft die Heilige Schrift überall; deshalb muß man sich in der Kleidung vor allem

Prunke hüten. Der Herr stellt uns den reichen Mann, der in der Hölle endete, als warnendes Beispiel hin und tadelt seine Hoffart mit scharfen Worten, während er zum Gegensatz die Einfachheit des Johannes rühmend erwähnt. Darum sagt der selige Gregor in der 4. Homilie über die Evangelien: «Was bedeutet das Wort: ‚Die da weiche Kleider tragen, sind in der Könige Häuser?‘ Dies Wort will uns klar und deutlich zeigen: Wer die rauhen Wege im Dienste Gottes nicht gehen will, sondern in Äußerlichkeiten versunken nur nach dem weichlichen Genuß dieses Lebens trachtet, der kämpft nicht im Heer des Himmels, der ist nur ein Knecht des irdischen Königs.» Und in der 11. Homilie sagt Gregor: «Manche halten das Tragen von feinen, kostbaren Kleidern für keine Sünde. Wenn aber wirklich gar keine Schuld daran hinge, dann erwähnte der Herr nicht ausdrücklich den Purpur und die köstliche Leinwand in dem Gleichnis von dem reichen Mann, der zur Hölle verdammt wurde. Wer sich Prunkgewandung kauft, der tut das nur, um mit dieser eitlen Pracht eitle Ehre anzuziehen. Daß Prunkgewandung nur diesem Zweck dient, das beweist die eine Tatsache: niemand putzt sich heraus, wenn ihn nicht auch andere in seinem Putz sehen können.»

Der Apostel Petrus warnt in seinem ersten Briefe die verheirateten Frauen, die noch in der Welt stehen: «Desgleichen sollen die Weiber ihren Männern untertan sein, auf daß auch die, so nicht glauben an das Wort, durch der Weiber Wandel ohne Worte gewonnen werden, wenn sie ansehen euren keuschen Wandel in der Furcht. Ihr Schmuck soll nicht auswendig sein mit Haarflechten und Goldumhängen oder Kleideranlegen, sondern der verborgene Mensch des Herzens unverrückt mit sanftem und stillem

Geiste; das ist köstlich vor Gott.» Der Apostel meinte, und sicher mit Recht, die Frauen brauchten eher als die Männer eine Warnung vor solcher Eitelkeit. Sie lassen sich von der Mode gängeln, unselbständig wie sie in ihrem Denken sind, und werden so Sklavinnen der Üppigkeit. Von weltlichen Frauen wird die Beherrschung ihrer Eitelkeit erwartet; für die Christus geweihten Frauen ist also die Absage an die Eitelkeit erst recht bindende Pflicht; ihr Schmuck besteht darin, daß sie ungeschmückt sind. Sich selber um solchen weltlichen Putz bemühen, ja schon ihn nicht zurückweisen, wenn er angeboten wird, beides geschieht zum Schaden des Ehrenkleides der Keuschheit. Eine Schwester mit solcher Sinnesrichtung macht den Eindruck, sie rüste sich nicht für die Übungen der frommen Zucht, sondern zur Unzucht, sie verdient nicht Nonne zu heißen, sondern Dirne: in ihrem Putz wirkt sie wie das Aushängeschild am Dirnenhaus, ihr dirnenhafter Aufputz verrät die dirnenhafte Gesinnung, so wie geschrieben steht: «Denn ihre Kleidung, Lachen und Gang zeigen sie an.»

An Johannes hat der Herr — wir erwähnten es schon — die einfache, rauhe Kleidung mehr gerühmt und hervorgehoben, als seine einfache Nahrung: «Was seid ihr hinausgegangen in die Wüste zu sehen? Wolltet ihr einen Menschen in weichen Kleidern sehen?» Ab und an ist es vielleicht nützlich, ausgesuchte Speisen zu essen und darum verzeihlich; für kostbare Kleidung gibt es überhaupt keine Entschuldigung. Bei einer kostbaren Gewandung muß man nur darauf bedacht sein, sie zu schonen, man hat deshalb nicht genug Nutzen von ihr, und sie kommt dadurch doppelt teuer, sie ist zu fein, um lange zu halten, und hält auch nicht warm.

Euer Leben ist ein Leben der Buße; darum ist die

schwarze Trauerkleidung die angemessene, und Lammfell ist für die Bräute Christi das richtige Pelzwerk; an ihren Kleidern mag man es sehen, daß sie mit ihrem himmlischen Bräutigam, dem Lamm, schon eins geworden sind oder doch eins werden sollen. Die Schleier sollen nicht aus Seide sein, sondern aus irgendeinem gefärbten Leinenstoff; bei dem Schleier muß ein Unterschied gemacht werden, je nach dem, ob es sich um die Schleier der vom Bischof geweihten Jungfrauen handelt, oder um die Schleier der Novizen. Die geweihten Jungfrauen tragen an ihren Schleiern das Zeichen des Kreuzes; dadurch bringen sie zum Ausdruck, daß ihr unberührter Leib dem Herrn ganz und gar angehört. Sie unterscheiden sich durch die Weihe von den andern Schwestern; darum sollen sie auch durch dies äußerliche Zeichen von ihnen unterschieden sein, ein Zeichen, durch das ein jeder Christ sich schrecken lasse, in sinnlicher Begier nach ihnen zu verlangen. Das Kreuz, das Zeichen ihrer jungfräulichen Reinheit, wird die Gottgeweihte oben auf ihrer Haube tragen; sie lasse es sich nicht einfallen, dies schon vor der Weihe durch den Bischof zu tun. Dieses Abzeichen wird aus weißem Garn gestickt; kein anderer Schleier darf es tragen.

Auf dem bloßen Leib sollen sie saubere Leinenhemden tragen und auch zum Schlafen anbehalten. Da ich für das schwache Geschlecht eine Regel aufstelle, so will ich den Gebrauch von Matratzen und Laken gestatten. Jede Schwester soll in einem Bett für sich schlafen, und sie sollen sich allein an- und ausziehen. Bekommt eine Schwester Kleidungsstücke oder Sonstiges zugeschickt, so murre sie nicht, wenn sie einer anderen Schwester zugewiesen werden, die ihrer mehr bedarf, sondern freue sich, an der notleidenden

Schwester ein Werk der Barmherzigkeit tun zu dürfen, und bedenke, daß sie nicht für sich, sondern für andere leben soll. Andernfalls schließt sie sich selbst aus der heiligen Liebesgemeinschaft aus und vergeht sich gegen das Gelübde der Armut.

Zur Bekleidung dürfte genügen ein Hemd, ein Unterpelz, ein Kleid und bei sehr strenger Kälte darüber noch ein Mantel. Den Mantel können sie beim Liegen auch als Decke benutzen. Um das Ungeziefer zu bekämpfen und um das Waschen zu erleichtern, sollen alle diese Kleidungsstücke doppelt vorhanden sein, so wie es wörtlich in Salomos Lob der wackeren, sorgsamen Hausfrau heißt: «Sie fürchtet ihres Hauses nicht vor dem Schnee, denn ihr ganzes Haus hat zwiefache Kleider.» Die Kleider dürfen nicht über die Absätze hinuntergehen, um den Staub nicht aufzuwirbeln; die Ärmel sollen nicht länger sein als Arm und Hand zusammen; Beine und Füße sollen sie mit Beinkleidern, Strümpfen und Schuhen bekleiden, und nie, auch nicht unter dem Vorwand der Kasteiung, barfuß gehen. Für die Betten mag eine Matratze, ein Unterbett, ein Kopfkissen, eine Decke und ein Laken genügen. Auf dem Kopf tragen sie eine weiße Haube, darüber den schwarzen Schleier, und darunter, soweit nötig, auf der Tonsur eine Lammfellmütze.

Ebenso wie bei der Nahrung und Kleidung, so soll auch an den Baulichkeiten und an jeglichem Besitz auf alles Überflüssige verzichtet werden. An den Baulichkeiten zeigt es sich am deutlichsten, ob wir in den Ausmaßen und in der Ausschmückung uns an das Nötige halten, wie es den Hütten der Armen zukommt, oder ob wir durch Plastiken und Gemälde uns Paläste schaffen, deren sich der König nicht zu schämen brauchte. Hieronymus sagt: «Des Menschen

Sohn hat nicht, da er sein Haupt hinlege, und Du schreitest stolz durch weite Säulenhallen und eine Flucht von Gemächern.» Wenn wir uns zum Vergnügen schöne kostbare Pferde halten, so zeugt das nicht nur von Verschwendungssucht, sondern von eitler Hoffart. Wächst unser Viehbestand und Grundbesitz, dann geht unser Dichten und Trachten nur noch auf das Äußere; wer in dieser Welt viel besitzt, der kann sich dem Zwang nicht entziehen, auch seine Gedanken auf diesen irdischen Besitz zu richten, und versäumt darob, sich in das zu versenken, das von droben ist. Auch wenn wir leiblich in unsern Klostermauern bleiben, unser Herz hängt dann doch an dem, was draußen ist; wir müssen um das sorgen, was von der Welt ist, und nehmen Schaden an unserer Seele. Mit der Größe des irdischen Besitzes wächst die Sorge um seine Erhaltung und seinen Bestand, und wo unser großer Schatz ist, da ist dann auch unser Herz und findet nicht mehr den Weg aus den Stricken des Mammons.

Wir müssen darum für unser Hauswesen und für unsern Aufwand die Grenze ziehen lassen durch unsres Lebens Notdurft: was diese nicht erfordert, dem wollen wir nicht nachjagen, was ohne unser Zutun angeboten wird, wollen wir nicht annehmen, was in früherer Zeit schon angenommen wurde, wollen wir nicht ängstlich festhalten. Alles, was über des Lebens Notdurft hinausgeht, das besitzen wir als unrechtes Gut; wir werden schuldig am Tode so vieler Armen, die wir mit diesem Überschuß hätten ernähren können. Nach jeder Ernte muß man einen Überschlag machen, wieviel das Jahr erfordert; was etwa zu viel ist, wird man den Armen zurückgeben, denn schenken darf man das nicht nennen.

Manchen Oberen fehlt für solche Überlegungen der

Verstand; ihre Klöster haben geringe Einkünfte, trotzdem sind sie stolz auf ihre vielköpfige Familie. Haben sie nun Schwierigkeiten, ihre Klosterfamilie zu ernähren, dann fangen sie mit der schamlosen Bettelei an, oder sie nehmen, was sie eben brauchen, andern mit Gewalt. Das erleben wir bei mehr als einem Abt. Er ist stolz auf die große Schar seiner Mönche, er sieht vor allem darauf, recht viele Söhne zu haben, auch wenn sie keine guten Söhne sind; es schmeichelt seinem Stolz, der Führer eines großen Heeres zu sein. Um ihre Klöster zu füllen, versprechen sie den Leuten ein angenehmes Leben, während sie ihnen ein hartes ankündigen sollten, sie nehmen, ohne die Folgen zu erwägen, ihre Leute ohne genaue Prüfung auf und züchten so Abtrünnige. Solchen Leuten gilt wohl das Drohwort der Wahrheit: «Weh euch, die ihr Land und Wasser umziehet, daß ihr *einen* Judengenossen machet; und wenn er's geworden ist, macht ihr aus ihm ein Kind der Hölle, zwiefältig mehr denn ihr seid.» Wenn sie mehr an die Seligkeit der anvertrauten Seelen dächten als an ihre Zahl, wenn sie ihre Kraft, ein vernünftiges Regiment zu führen, nicht bedeutend überschätzten, dann unterbliebe diese Anbetung der großen Zahl. Der Herr hat nur wenige zu Jüngern auserwählt, und trotzdem ist aus diesem kleinen, gewählten Häuflein einer so tief gefallen, daß der Herr um seinetwillen sagen mußte: «Habe ich nicht euch zwölf erwählt? Und — euer einer ist ein Teufel!» So ging also von den Jüngern Judas verloren, und ebenso von den sieben Armenpflegern Nikolaus. Und es war erst eine kleine Herde, die die Apostel um sich gesammelt, und schon mußten zwei, Ananias und sein Weib Saphira, des Todes sterben. Und der Herr selbst! Es ‚gingen seiner Jünger viele hinter sich‘, und nur ein kleines

Häuflein hielt bei ihm aus. Denn der Weg ist schmal, der zum Leben führet und wenige sind ihrer, die darauf wandeln. Aber der Weg ist bequem und breit, der zum Tode führet, und ihrer sind viele, die sich zu ihm drängen; darum bezeugt es der Herr selbst an einer anderen Stelle: «Viele sind berufen, aber wenige sind auserwählt», und bei Salomo steht das Wort geschrieben: «Der Narren Zahl hat kein Ende.»

Wer sich der Menge seiner Untergebenen freut, der zittere davor, nach des Herrn Wort, unter ihnen nur wenige zu finden, die auserwählt sind, er zittere davor, seine Herde so maßlos zu vermehren, daß er an der Hütung erliegt; die Geisterfüllten könnten ihm sonst das Wort des Propheten vorhalten: «Du machst des Volkes viel, damit machst du der Freuden nicht viel.» So ergeht es denen, die auf ihr großes Heer pochen: sie müssen oftmals das Kloster verlassen, um nur das Notdürftige für sich und ihre Brüder zu erkämpfen, sie müssen zurück in die Welt und als Bettler umherziehen; sie belasten sich zu sehr mit den Sorgen um das Irdische, um für das Ewige noch Gedanken zu haben, und ernten gar oft statt der Ehre nur Unehre. Für Frauen wäre ein solches weltzugewandtes Leben besonders beschämend, da sie bei diesem Umherziehen auch noch ihren guten Ruf gefährden.

Wer seine Ruhe nicht gefährden und seine Ehre nicht verlieren will, wer für den Dienst Gottes sein Herz frei haben will, vor Gott und Menschen ein Wohlgefallen, der sammle keine Herde um sich, die er nicht zu ernähren vermag, der verlasse sich bei seinen Aufgaben nicht auf fremder Leute Geldbeutel: nicht das Almosenheischen ist unsere vornehmste Pflicht, sondern das Almosengeben. Der Apostel

Paulus war der gewaltige Prediger des Evangeliums und hatte Macht, sich vom Evangelium zu nähren, aber er lebte von seiner Hände Arbeit, um niemandem beschwerlich zu fallen und dadurch seinen Ruhm zunichte zu machen. Wir haben nicht die Pflicht zu predigen, wir haben über die Sünde zu trauern. Ist es nicht eine schändliche Verblendung, wenn wir als Bettler umherziehen, eine Herde zu ernähren, die wir gedankenlos um uns scharten? Wir sind in dem Wahn schon so weit gekommen, daß wir uns Prediger mieten, weil wir ja selbst nicht predigen können; solche Lügenapostel führen wir mit uns herum, wir zeigen unsere Kreuze und Reliquien vor und verkaufen beides, die Kreuze und das Wort Gottes, ja sogar teuflisches Lügenwerk an herzensgute Christenleute, an denen kein Arg ist, wir versprechen ihnen alles, was uns Geld verspricht.

Diese schamlose Gier läßt sie nicht mehr suchen, was Christi ist, sie suchen nur noch das Ihre, und es ist ein offenes Geheimnis, wie verachtet darob das Ansehen unseres Standes schon ist und die Verkündigung des göttlichen Wortes! So hat es dahin kommen müssen, daß Äbte und überhaupt die Oberen aus den Klöstern sich den weltlichen Herren und ihren Hofhaltungen aufdrängen; im Klosterleben finden sie sich nicht mehr zurecht, weil sie es in der Welt zu gut verstehen, und dieweil sie der Menschen Gnade mit allen Kniffen nachjagen, dieweil sie mit Menschen plaudern, haben sie es verlernt, mit Gott zu reden. Die Warnung des seligen Antonius — sie wird oft gelesen, vergebens gelesen, sie wird mißachtet, sie wird gehört, aber nicht befolgt: «Wenn Fische verziehen, der zurückgehenden Flut zu folgen, so sterben sie auf dem Trockenen; so ist es auch mit den Mönchen: sie finden nicht zur rechten Zeit in ihre Zelle zurück, sie verkehren mit den Leuten dieser Welt und verlieren so die innere Freude an dem Leben aus der Stille.» So wie der Fisch zum Meer zurückstrebt, so muß es uns nach unserer stillen Klause ziehen, auf daß wir uns nicht draußen versäumen und zu hüten vergessen, was drinnen ist.

Der Gesetzgeber unseres Ordenslebens, der selige Benedikt, verkannte diese Gefahr nicht. Sein Wort und Werk zeigt deutlich, wie viel ihm darauf ankam, daß die Äbte beständig in ihren Klöstern weilten und um die Seelen ihrer anvertrauten Herde sich mühten. Er hatte einmal seine Brüder verlassen, um seine fromme Schwester zu besuchen; sie wollte ihn wenigstens eine Nacht zu erbaulichem Gespräch bei sich behalten, aber er erklärte rundweg, er könne durchaus nicht seiner Klause fernbleiben. Er sagt nicht ,wir können nicht', sondern ,ich kann nicht', weil seine Brüder es zwar mit seiner Erlaubnis durften, er es aber nicht durfte, außer der Herr gäbe ihm darüber eine besondere Offenbarung, wie es hernach tatsächlich geschah. Darum findet sich auch in seiner Regel nirgends etwas vom Ausgehen des Abtes, sondern nur von dem der Brüder. Er zeigte sich ängstlich besorgt, daß der Abt den Klosterbezirk nicht verlasse; deshalb bestimmte er, an den Vigilien der Sonntage und Festtage dürfe nur der Abt das Evangelium vorlesen und, was damit zusammenhänge, vornehmen. Benedikt bestimmte auch, der Abt solle stets mit den Gästen und den Pilgern zusammen speisen. Falls keine Gäste da seien, solle er einige Brüder nach seinem Belieben an seinen Tisch ziehen und einen oder zwei Ältere an der Tafel der anderen Brüder lassen. Diese Bestimmungen lassen klar erkennen, daß der Abt zur Essenszeit sich im Kloster aufhalten soll; er darf nicht, durch die leckeren

Gerichte auf der Tafel der Großen verwöhnt, seine Untergebenen das grobe Klosterbrot allein nagen lassen. Von solchen Leuten sagt, der die Wahrheit ist: «Sie binden aber schwere und unerträgliche Bürden und legen sie den Menschen auf den Hals; aber sie selbst wollen dieselben nicht mit einem Finger regen.» Und an anderer Stelle spricht der Herr von den falschen Predigern: «Sehet euch vor vor den falschen Propheten, die zu euch kommen.» Sie kommen, meint er, von sich aus, nicht als Gottes Gesandte, und ohne einen Auftrag von ihm abzuwarten.

Unser Vorläufer, Johannes der Täufer, hatte auf Grund seiner Abstammung ein Anrecht auf die Würde des Hohenpriesters; aber er verließ die Stadt und ging in die Wüste, er gab sein Priestertum in der Stadt auf, um dafür Einsiedler in der Wüste zu werden. Und es ging zu ihm hinaus das Volk, aber er ging nicht zum Volk hinein in die Stadt. Ob er gleich so gewaltig war, daß ihn das Volk für den Messias hielt, und er vieles in den Städten hätte bessern können, so lag er doch schon in dem Bettlein, bereit, dem Geliebten auf sein Klopfen zuzurufen: «Ich habe meinen Rock ausgezogen, wie soll ich ihn wieder anziehen? Ich habe meine Füße gewaschen, wie soll ich sie wieder besudeln?» Ein jeder, der sich nach der Weltferne klösterlichen Friedens sehnt, der freue sich dieses Bettleins mehr als des Bettes; von diesem Bette spricht, der die Wahrheit ist: «In derselben Nacht werden zwei auf *einem* Bette liegen; einer wird angenommen, der andere wird verlassen werden.» Das Bettlein aber gehört der Braut, d. h. der beschauenden Seele, die mit Christus in engster, sehnsuchtsvollster Liebesgemeinschaft lebt; wir lesen von ihrer keinem, der in dieses Bettlein hineinging, er sei verlassen worden. Die Braut selbst spricht von diesem

Bettlein also: «Ich suchte des Nachts in meinem Bette, den meine Seele liebt.» Von diesem Bettlein erhebt die Braut sich nicht, weil sie es unter ihrer Würde findet oder weil sie davor erzittert, und ruft dem Geliebten auf sein Klopfen jene Worte zu. Sie glaubt, nur in ihrem Bettlein vor dem Schmutz sicher zu sein, mit dem sie sich die Füße besudeln könnte. Dina ging nur ein einziges Mal hinaus, um die Töchter des Landes zu besehen, und wurde dabei geschändet. Und der gefangene Mönch Malchus mußte es später selbst erfahren, wie richtig sein verehrungswürdiger Vater es ihm vorausgesagt hatte: Ein Schaf, das den Schafstall verläßt, erliegt gar leicht dem reißenden Wolf.

Darum wollen wir keinen großen Haufen um uns scharen; denn um seinetwillen suchten wir Gelegenheit hinauszukommen, ja müßten sie suchen, um seines Nutzens willen müßten wir selber Schaden nehmen, so wie das Blei sich verzehren läßt um das Silber im Schmelztiegel zu gewinnen. Dabei besteht die ganz große Gefahr, daß Blei und Silber zugleich in der Schmelzglut der Versuchungen sich verzehren. Man hält mir entgegen, es sage, der die Wahrheit ist: «Und wer zu mir kommt, den werde ich nicht hinausstoßen.» Wer einmal aufgenommen ist, den wollen wir auch nicht hinausstoßen, aber wir wollen bei der Aufnahme vorsichtig sein; sonst nehmen wir andere auf und stoßen um ihretwillen uns selbst hinaus. Sogar der Herr selber stieß zwar nicht hinaus, den er schon aufgenommen hatte, aber er wies den ab, der ihm seine Gefolgschaft anbot. Als dieser zu ihm sagte: «Meister, ich will dir folgen, wo du hingehst», da sagte der Herr zu ihm: «Die Füchse haben Gruben... aber des Menschen Sohn hat nicht, da er sein Haupt hinlege.» Der Herr ist es auch, der uns mit aller Eindringlichkeit die Kosten vorher überlegen heißt, die ein Bau machen müßte: «Wer ist aber unter euch, der einen Turm bauen will und sitzt nicht zuvor und überschlägt die Kosten, ob er's habe hinauszuführen? Auf daß nicht, wo er den Grund gelegt hat und kann's nicht hinausführen, alle, die es sehen, fangen an, sein zu spotten, und sagen: Dieser Mensch hob an zu bauen und kann's nicht hinausführen.» Wer für sein eigenes Seelenheil zu sorgen versteht, der leistet schon ein gutes Stück Arbeit; es ist gefährlich, für viele sorgen zu müssen, wenn man kaum sich selbst hüten kann. Den rechten Eifer, die anvertrauten Seelen zu überwachen, werden wir nur bei dem finden, der bei der Aufnahme die peinlichste Sorgfalt walten ließ. Die wahre Beharrlichkeit im Begonnenen gehört zum Wesen dessen, der nur zögernd und vorsichtig beginnt. Frauen müssen besonders zurückhaltend sein bei einer Vermehrung ihrer Schar. Die damit verbundenen Gefahren belasten das schwache Geschlecht zu stark, als daß es den ihm besonders notwendigen Frieden bewahren könnte.

Die Heilige Schrift ist ein Spiegel der Seele. Wer in ihr liest, der weiß erst, was leben heißt, wer sie versteht, dem erwächst die Frucht dieses Verständnisses; der Spiegel zeigt ihm die Trefflichkeit seines Wandels, um ihn auf diesem Weg fortschreiten zu lassen, er zeigt ihm auch die Verwerflichkeit seines Wandels, um ihn zur Umkehr zu bringen. Der selige Gregor erwähnt im 2. Buch seiner ‚Moralia' diesen Spiegel: «Die Heilige Schrift hält unserem geistigen Auge gewissermaßen einen Spiegel vor, auf daß unser Antlitz in ihm sich abbilde. In diesem Abbild erkennen wir die häßlichen und die schönen Züge; an diesem Abbild merken wir, wie weit wir auf dem

Wege vorwärts gekommen sind, und — wie weit wir noch von dem Ziel entfernt sind.» Wer in die Heilige Schrift hineinsieht, ohne sie zu verstehen, der gleicht dem Blinden, der sich einen Spiegel vors Gesicht hält; so wie der Blinde vermag auch er sich in diesem Spiegel der Heiligen Schrift nicht zu erkennen, er findet in ihr darum auch nicht die Belehrung, zu der sie geschaffen ist, und brütet stumpf über seinem Bibelbuch wie der Esel über der Laute. Ein Hungriger hat ein Brot vor sich liegen, vermag sich aber damit nicht zu sättigen; so geht es dem, der das Gottesbrot ohne Ziel und Zweck in Händen hat, da er es nicht zu nützen versteht: seines Geistes Schneide ist zu stumpf, es zu zerteilen, auch hat er keinen, der mit kluger Belehrung ihm das Gottesbrot bräche.

Der Apostel mahnt uns insgesamt zum Forschen in der Schrift: «Was aber geschrieben ist, das ist uns zur Lehre geschrieben, auf daß wir durch Geduld und Trost der Schrift Hoffnung haben.» Ferner sagt er: «Werdet voll Heiligen Geistes: redet untereinander in Psalmen und Lobgesängen und geistlichen Liedern.» Zu seinem Nutzen und mit sich selber redet nämlich der, der versteht, was er vorbringt, und der durch das Verstehen seiner Worte auch eine Frucht aus ihnen gewinnt. Paulus schreibt ferner an Timotheus: «Halte an mit Lesen, mit Ermahnen, mit Lehren, bis ich komme.» Desgleichen schreibt der Apostel an Timotheus: «Du aber bleibe in dem, das du gelernt hast, und dir vertraut ist, sintemal du weißt, von wem du gelernt hast. Und weil du von Kind auf die Heilige Schrift weißt, kann dich dieselbe unterweisen zur Seligkeit durch den Glauben an Christum Jesum. Denn alle Schrift, von Gott eingegeben, ist nütze zur Lehre, zur Strafe, zur Besserung, zur Züchtigung in der Gerechtigkeit, daß ein Mensch

Gottes sei vollkommen, zu allem guten Werk geschickt.» Paulus mahnt auch die Korinther, sich um das Verstehen der Heiligen Schrift zu bemühen, damit sie auslegen können, was andere auf Grund der Schrift sagen: «Strebet nach der Liebe! Fleißiget euch der geistlichen Gaben, am meisten aber des Geistes der Weissagung! Denn der mit Zungen redet, der redet nicht den Menschen, sondern Gott; wer aber weissaget, der bessert die Gemeinde. Darum welcher mit Zungen redet, der bete also, daß er's auch auslege. Ich will beten mit dem Geist und will beten auch im Sinn; ich will Psalmen singen im Geist und will auch Psalmen singen mit dem Sinn. Wenn du aber segnest im Geist, wer soll da an des Laien Statt stehen, wie soll er Amen sagen auf Deine Danksagung, sintemal er nicht weiß, was du sagst? Du danksagest wohl fein, aber der andere wird nicht davon gebessert. Ich danke meinem Gott, daß ich euer aller Sprachen spreche; in der Gemeinde will ich lieber fünf Worte reden mit meinem Sinn, auf daß ich auch andere unterweise, denn anders zehntausend Worte. Liebe Brüder, werdet nicht Kinder an dem Verständnis; sondern an der Bosheit seid Kinder, an dem Verständnis aber seid vollkommen.»

In Zungen redet der Mann, der mit dem Munde nur Worte formt, aber nicht als Ausleger sie zum Dienst der Gemeinde verständlich macht. Die Ausdrücke ‚weissagen' und ‚deuten' gebraucht man von den Menschen, die nach Art der Propheten –, die ja auch Seher, d. h. ‚Versteher' heißen, – das verstehen, was sie sagen, so daß sie es auch selbst auszulegen vermögen. Mit dem Geist betet und im Geist singt Psalmen, wer allein mit seinen Sprachwerkzeugen Laute formt, ohne einen Sinn damit zu verbinden. Wenn aber mein Geist betet, d. h. wenn unsere Sprachwerkzeuge nur Laute formen, und wenn das, was aus dem Munde hervorgeht, nicht mit dem Herzen erfaßt wird, dann bringt mein Sinn niemand die Frucht, die er doch vom Gebet haben müßte: der Sinn der Worte müßte den Geist aufflammen lassen in inbrünstigem Gottessehnen.

Darum drängt uns der Apostel, unsere Reden so vollkommen zu machen, daß wir nicht wie die Allzuvielen nur Wörter hervorbringen, sondern sie zu sinnvollen Worten verbinden; anders zu beten und anders Psalmen zu singen lehnt der Apostel als für die Gemeinde wertlos ab. Der selige Benedikt gibt Paulus' Meinung also wieder: «Beim Psalmodieren wollen wir die Haltung einnehmen, bei der unser Geist zu dem Inhalt unseres Gesanges sein Ja spricht.» Auch das Wort des Psalmisten stellt diese Forderung auf: «Lobsinget ihm klüglich!» Unsern Worten soll also der Sinn und Verstand nicht fehlen, auf daß wir in Wahrheit zum Herrn zu sprechen vermögen: «Dein Wort ist meinem Munde süßer denn Honig.» Und an anderer Stelle sagt der Psalmist: «Nicht mit Flötenspiel wird ein Mann vor Gott Wohlgefallen finden.» Die Flöte ertönt als Begleitung sinnlicher Freude, nicht als Begleitung ernster Gedankenarbeit. Wenn unser Psalmwort von Leuten redet, die Flöte spielen, ohne damit vor Gott wohlgefällig zu werden, so ist das ein treffender Hinweis: es gilt den Leuten, die von ihrem eigenen Singsang so entzückt sind, daß sie auf einen Sinn gar keinen Wert legen. Wie soll man, so meint der Apostel, zum Abschluß der Segnungen in der Gemeindeversammlung das Amen sagen, wenn man den Inhalt dieses Segensgebetes nicht versteht und nicht weiß, ob der Beter etwas Gutes oder Böses erfleht. Wir beobachten oft, wie manche Laien, die den Sinn nicht erfassen, in der Kirche aus

Irrtum im Gebet erflehen, was ihnen mehr Schaden als Nutzen bringen müßte; z. B. wenn es heißt: «Laß uns so durch die zeitlichen Güter gehen, daß wir die ewigen *nicht* verlieren (ut *non* amittamus aeterna), da läßt sich dieser und jener durch den Gleichklang irreführen, und der eine sagt: daß *wir* das Ewige verlieren (ut nos amittamus aeterna), der andere: daß wir das Ewige nicht *zulassen* (ut non admittamus aeterna). Diese Gefahr entging dem Apostel nicht, darum heißt es: ‚Wenn du aber segnest im Geist‘, das bedeutet: wenn du zum Segnen nur stammelst, aber nicht durch Sinngebung das Herz erbaust, ‚wer soll da des Laien Stelle vertreten?‘ Das bedeutet: Wer von den Helfern des Priesters, zu deren Aufgabe das Respondieren gehört, wird zu antworten vermögen, was der Laie nicht kann und nicht darf? ‚Wie soll der Amen sagen?‘ Weiß er doch nicht, ob Du ihn zu einem Segen oder zu einem Fluch veranlaßt! Wer die Schrift nicht versteht, wie kann der mit einer erbaulichen Ansprache fertig werden, die Regel andern auslegen oder auch nur selber verstehen, wie kann er falsche Deutungen richtig stellen?

Darum kann ich mich nicht genug darüber wundern, daß der böse Feind mit seinen Einflüsterungen in den Klöstern sein Ziel erreicht hat: da forscht man nicht mehr in der Schrift, da müht man sich nur noch um den Gesang und um das Aussprechen der Wörter, nicht mehr um das Verständnis, als ob das Geblöke der Schafe größeren Nutzen brächte als ihr Weidegang. Wer die Heilige Schrift versteht, der bietet seiner Seele die geistliche Speise und Erquickung. Deshalb läßt der Herr den Propheten Ezechiel, da er ihn zum Predigen bestimmt, zuvor ein Buch verschlingen, das alsbald in seinem Munde war so süß als Honig. Von dieser geistlichen Speise steht beim Propheten

Jeremia geschrieben: «Die jungen Kinder heischen Brot, und ist niemand, der es ihnen breche.» Den Kindern bricht das Brot, wer den Einfältigen den Sinn der Schrift deutet. Die Kinder, die heischen, daß man ihnen das Brot breche, das sind die Menschen, die sich sättigen wollen am Verständnis der Schrift, so wie an anderer Stelle der Herr spricht: «Ich werde einen Hunger ins Land schicken, nicht einen Hunger nach Brot oder Durst nach Wasser, sondern nach dem Worte des Herrn zu hören.» Der alte Feind hat das Gegenteil getan: er hat in die Klöster einen Hunger und einen Durst geschickt, Menschenworte zu hören, von dem Lärm dieser Welt sich erfüllen zu lassen; vor eitlen Reden ist uns das Wort Gottes leid geworden, da es unverstanden der rechten Würze entbehrt und uns fade geworden ist. Wir wollen uns noch einmal die Psalmstelle gesagt sein lassen: «Wie süß sind deine Verheißungen meinem Gaumen, süßer als Honig meinem Munde.» Worin diese Süßigkeit besteht, sagt uns der Psalmist in den nächsten Worten: «Dein Wort macht mich klug.» Das bedeutet: Ich habe aus deinem Wort, nicht aus Menschenwort, Klugheit gelernt, durch dein Wort bin ich erzogen und belehrt. Die Frucht dieses Klugmachens erblicken wir in dem folgenden Wort: «Darum hasse ich alle falschen Wege.» Viele falsche Wege sind an und für sich schon deutlich zu erkennen, so daß alle sie ohne Beschwer hassen und verachten; aber wenn wir jeden falschen Weg erkennen und meiden wollen, so verhilft uns dazu nur das Wort Gottes. Darum steht auch das Wort geschrieben: «In meinem Herzen wahre ich dein Wort, um mich nicht wider dich zu verfehlen.» Gottes Wort wahren wir in unserem Herzen und lassen es nicht aus unserem Munde schallen, wenn das stille Nachdenken das Verständnis des göttlichen Wortes wirkt. Wenn wir uns um dieses Verständnis nicht mühen, dann gelingt es uns nicht, diese falschen Wege zu erkennen und zu meiden und vor der Sünde uns zu hüten.

Wenn Mönche sich eine solche Gleichgültigkeit zuschulden kommen lassen, Mönche, deren Lebensinhalt es ist, vollkommen zu werden, so verdienen sie schweren Tadel: eine Menge heiliger Bücher steht ihnen zur Verfügung, sie haben die Zeit, sich in diese Bücher zu vertiefen, so daß sie die Belehrung ohne Beschwer haben können. Im ‚Väterbuch' tadelt der alte Mönch mit Recht die Menschen, die auf die vielen Schriftsteller voll Begeisterung hinweisen, aber sich nicht Zeit nehmen, sie zu lesen: «Die Propheten haben ihre Bücher geschrieben, unsere Kirchenväter sind nach den Propheten gekommen und haben die Bücher der Propheten mit großem Fleiß erklärt; ihre Nachfolger haben diese Bücher alle weiter überliefert, und dann kam unser Geschlecht: es hat die Bücher abgeschrieben auf Papyrus und auf Pergament und hat sie ungenutzt in die Fächer gelegt.» Auch der fromme Vater Palladius mahnt uns dringlich zum Lernen wie zum Lehren: «Eine Seele, die nach Christi Willen wandeln will, muß getreulich lernen, was sie noch nicht kennt, und muß ohne Scheu lehren, was sie weiß.» Wer beides nicht will, obgleich er beides könnte, der ist von Sinnen. Wen es ekelt, in Gottes Wort zu forschen, der fängt schon an, von Gott abzufallen. Dem seligen Anastasius war das Lernen der Heiligen Schrift und die Vertiefung in sie ein großes Anliegen; in seiner ‚Mahnung an die Mönche' empfiehlt er sogar, die Gebetsübungen mit dem Bibelstudium abwechseln zu lassen: «Ich will den Weg unseres Wallens vor Euch schildern: zuerst komme das Ringen um die Enthaltsamkeit, die Ausdauer im

Fasten, das Anhalten an Gebet und Lesung; wer noch nicht lesen kann, muß den starken Bildungstrieb haben, daß andächtiges Zuhören ihm ein Herzensanliegen ist. Diese Stücke sind, wenn ich so sagen soll, das erste Spielzeug für die Wiegenkinder der Gotteserkenntnis.» Etliche Sätze weiter mahnt er zuerst: «Haltet an am Gebet, unterbrechet es nur auf kurze Zeit», um dann hinzuzusetzen: «Das Beten darf, wenn es irgend geht, nur durch das Lesen der Heiligen Schrift unterbrochen werden.» Anders ist auch des Apostels Petrus Mahnwort nicht gemeint: «Seid allezeit bereit zur Verantwortung vor jedermann, der Grund fordert der Hoffnung, die in euch ist.» Und der Apostel Paulus spricht: «Wir hören nicht auf, für euch zu beten und zu bitten, daß ihr erfüllt werdet mit Erkenntnis seines Willens in allerlei geistlicher Weisheit und Verständnis. . . . Lasset das Wort Christi unter euch reichlich wohnen in aller Weisheit.» Auch das Alte Testament kennt Sprüche, die den Menschen ebenfalls große Liebe zur Versenkung ins Heilige Gesetz einprägen. So spricht David: «Wohl dem, der nicht wandelt im Rat der Gottlosen, noch tritt auf den Weg der Sünder, noch sitzet, da die Spötter sitzen, sondern hat Lust zum Gesetz des Herrn.» Und zu Josua, dem Sohne Nuns, sagt der Herr also: «Laß das Buch dieses Gesetzes nicht aus deiner Hand kommen, sondern betrachte es Tag und Nacht.»

Gewiß, auch das Forschen in der Schrift bewahrt nicht davor, daß oft böse Gedanken der Verführung sich einmischen; auch wenn es unser aufrichtiger Wille ist, Gott mit allem Fleiß zu dienen, die Sorge um die Geschäfte dieser Welt frißt sich doch in unser Herz hinein. Aber das ist sicher: wenn solche böse Anfechtung öfters sogar dem widerfährt, der Gott mit Gebet und Forschen in der Schrift dient, der Müßiggänger wird von ihr erst recht nicht verschont werden. Und der selige Papst Gregor sagt im 19. Buch seiner ,Moralia': «Zeiten sind angebrochen, über die wir nur seufzen können; wir sehen viele in der Kirche an leitender Stelle stehen, die nicht wirken wollen, was sie verstehen, oder es verächtlich ablehnen, Gottes Wort kennenzulernen und zu verstehen. Gegenüber der Wahrheit stellen sie sich taub und wenden sich den Fabeleien zu, ,denn sie suchen alle das Ihre, nicht das Christi Jesu ist'. Gottes Wort läßt sich überall finden und tritt uns vor Augen, aber die Menschen halten es für unter ihrer Würde, sich um sein Verständnis zu bemühen. Fast keiner will das wissen, auf was er sein gläubiges Vertrauen gesetzt hat.»

Die Ordensregel und der Heiligen Väter Vorbild ruft es uns mahnend zu, in der Heiligen Schrift zu forschen. Der selige Benedikt gibt über das Lehren und Lernen des Gesanges keine Verordnungen, dagegen ausführliche Bestimmungen über das Lesen; er setzt ausdrücklich Zeiten fest, in denen gelesen werden soll, genausogut wie Zeiten, in denen Werkarbeit getan werden soll; und am Erlernen des Schreibens und Lesens liegt ihm so viel, daß er bei der Aufzählung des Lebenswichtigen, das die Mönche von ihrem Abt zu erwarten haben, auch Feder und Papier nicht vergißt. Darum bestimmt er unter anderem in seiner Regel, jeder Mönch solle zu Beginn der Fasten ein Buch aus der Bibliothek empfangen, um es von der ersten Seite an ganz durchzulesen. Es heißt eine solche Bestimmung ins Lächerliche ziehen, wenn man sie für das bloße Lesen gelten läßt und sie nicht auch auf das Bemühen um das Verständnis anwendet. Bekannt ist das Wort des Weisen: «Lesen, ohne zu verstehen, heißt die Zeit totschlagen.» Das Wort des

Philosophen vom Esel mit der Laute trifft solche Leser, in deren Hand das Buch seinen Zweck verfehlt. Solche Leute sollte man anderswie nutzbringend beschäftigen, statt daß sie dasitzen, die Buchstaben anstarren und die Seiten umblättern. An Lesern dieses Schlages wird das Wort des Propheten Jesaja wirklich zur Wahrheit: «Daß euch aller Propheten Gesichte sein werden wie die Worte eines versiegelten Buches. So man es gäbe einem, der lesen kann, spräche man zu ihm: ,Lieber, lies das', und er spräche: ,Ich kann nicht, denn es ist versiegelt'. Oder so man es gäbe dem, der nicht lesen kann, spräche man zu ihm: ,Lieber, lies das' und er spräche: ,Ich kann nicht lesen.' Und der Herr spricht: Darum, daß dies Volk zu mir nahet mit seinem Munde und mit seinen Lippen mich ehret, aber ihr Herz ferne von mir ist, und mich fürchten nach Menschengebot und Menschenlehren: so will ich auch mit diesem Volke wunderlich umgehen, aufs wunderlichste und seltsamste, daß die Weisheit seiner Weisen untergehe und der Verstand seiner Klugen verblendet werde.»

In den Klöstern genügt es wohl je und je, die Schriftworte lesen zu können, um in den Ruf zu kommen, sich auf die Schrift zu verstehen. Aber wer beim Schriftverständnis sein Versagen zugeben muß, der gehört auch zu den Leuten, von denen der Prophet spricht; ihm ist das Buch genauso versiegelt wie dem, dem die Kenntnis der Buchstaben versagt ist. Gegen sie richtet sich das strenge Wort des Herrn von den Leuten, die sich ihm nahen mit ihrem Munde und mit ihren Lippen, mit ihrem Herzen aber ferne bleiben; denn sie haben nicht das mindeste Verständnis, auch wenn sie die Worte so einigermaßen herausbuchstabieren. Wer die Heilige Schrift nicht versteht, auch wenn er sie lesen kann, der gehorcht zwar der

Bestimmung der Regel und schließt sich nicht aus von der alten Gewohnheit, aber er hat von diesem Lesen in der Schrift keinen Segen. Darum droht der Herr auch die zu verblenden, die unter ihnen als weise, gelehrte Leute gelten.

Der große Kirchenlehrer Hieronymus, die Zierde unseres Standes, ruft uns zur Hingabe an die Wissenschaft auf: «Liebe die Wissenschaft, und du wirst des Fleisches schnöde Lust nicht mehr lieben!» Wieviel Mühe und wieviel Geld hat er sich seine wissenschaftliche Ausbildung kosten lassen! Wir wissen es aus seinen Erzählungen von seinem eigenen Studiengang; um uns zu ermuntern, seinem Beispiel zu folgen, schreibt er in einem Brief an Pammachius und Oceanus: «Als junger Mensch war ich wie versessen auf das Lernen; ich gestattete mir aber nicht wie andere Leute, mein eigener Lehrer zu sein, sondern studierte in Antiochia mit allem Fleiß bei Apollinaris; seine Einführung in die Heilige Schrift erfüllte mich mit der größten Ehrfurcht. Die grauen Haare, die sich bei mir schon zeigten, standen eher einem Lehrer wohl an als einem Schüler, aber ich ging auch noch nach Alexandria, um bei Didymos zu hören. Diesem Lehrer schulde ich ebenfalls großen Dank, weil er mir viel gegeben hat. Jetzt hätte ich mit Lernen aufhören sollen, wenigstens meinten das die Leute. Aber ich fing noch einmal an: in Jerusalem und in Bethlehem lernte ich bei Barannias Hebräisch. Der Unterricht war teuer und sehr anstrengend; Barannias hatte Angst vor der Judenschaft und traute sich, ein zweiter Nikodemus, nur bei Nacht zu mir.» Wirklich, Hieronymus hatte nicht vergessen, was er im Buch Sirach gelesen; «Liebes Kind, laß dich die Weisheit ziehen von Jugend auf, so wird ein weiser Mann aus dir.» Hieronymus ließ sich bei seinem Eifer von dem Wort

der Heiligen Schrift leiten und durch das Beispiel der
verehrungswürdigen Väter; die warmen Worte, die
er für die Vorbildlichkeit des Klosters in Bethlehem
findet, heben auch das gründliche Schriftstudium seiner Insassen hervor. «Mönche ihresgleichen habe ich
sonst nie kennengelernt; sie versenkten sich andäch-
tig in die Heilige Schrift, und aus der Versenkung er-
wuchs ihnen ein tiefes Verständnis; die theologischen
Studien betrieben sie mit dem größten Ernst. Jeder
Einzelne wirkte wie ein Lehrer der göttlichen Weisheit.» Der heilige Beda, der schon als Knabe ins Kloster aufgenommen wurde, erzählt in seiner Geschichte
der Angeln: «Mein ganzes Leben verbrachte ich im
gleichen Kloster; der Heiligen Schrift galt mein ganzer Eifer; neben der Beobachtung der Klosterregel
und neben den täglichen Gottesdiensten in der Kirche
war es meine größte Freude, immer zu lernen oder
zu schreiben.»
Die jetzigen Klosterzöglinge bleiben dumm; sie sind
mit dem Klang der Worte zufrieden und machen sich
um das Verstehen kein Kopfzerbrechen; ihre Zunge
üben sie fleißig, aber das Herz bleibt leer. Ihnen gilt
der Spruch Salomos: «Das Herz des Verständigen
trachtet nach Erkenntnis, aber der Mund des Toren
nährt sich von Dummheit», wenn er sich berauscht an
Worten, die er nicht versteht. Die Heilige Schrift belehrt uns über Gott; wer sie nicht versteht und ihren
Sinn nicht erfaßt, der kann Gott nicht mit der ganzen
Glut seines Herzens lieben. Wie hat es in den Klöstern dazu kommen können? Es sind zwei Ursachen:
einmal die Eifersucht der Laien oder vielmehr der
Laienbrüder, aber auch der Klosteroberen selbst, ferner das leere Geschwätz und das Nichtstun, dem man
sich heutzutage in den Klöstern so oft hingibt. Der
erste Grund: die Laienbrüder möchten, daß auch

unsere Gedanken, so wie die ihren, auf die irdischen Geschäfte gerichtet sind und nicht auf die geistlichen Werke; dadurch sind sie für uns die Heiden, die Isaak verfolgen, da er den Brunnen gräbt, sie verstopfen ihn mit Erde und wollen ihm so das Wasser wehren. Diese Stelle deutet der selige Gregor im 16. Buch seiner ‚Moralia‘ also: «Wenn wir uns in die Heilige Schrift vertiefen, kommen gar oft die bösen Geister, uns heftig zuzusetzen; sie streuen den Staub irdischer Gedanken über unser Herz und wollen unser betrachtendes Auge dem inneren Licht verschließen. Dieses Erlebnis ließ den Psalmisten sprechen: ‚Weichet von mir, ihr Boshaftigen, ich will erforschen die Gebote meines Gottes.‘ Damit gibt der Psalmist deutlich zu erkennen, daß er Gottes Gebot nicht erforschen konnte, wenn er Anfechtungen der bösen Geister zu erleiden hatte. Das ist auch die tiefere Bedeutung in der Erzählung von Isaaks Brunnenbau und der Bosheit der Heiden, die den Brunnen verstopften. Die Brunnen, die in dieser Geschichte wirklich gemeint sind, werden da gegraben, wo wir in die Tiefen des geheimen Sinnes der Heiligen Schrift eindringen. Diese Brunnen verstopfen uns insgeheim die Heiden; dies geschieht da, wo die unreinen Geister unser Trachten, das nach oben geht, mit irdischen Gedanken beschmutzen und uns die Quelle der göttlichen Weisheit verschütten, zu der wir schon gedrungen waren. Niemand vermag dieser bösen Feinde aus eigener Kraft Herr zu werden, und so ruft uns Eliphas das Wort zu: ‚Und der Allmächtige wird gegen deine Feinde sein, und Silber wird dir zugehäuft werden.‘ Das bedeutet: wenn der Herr die bösen Geister in seiner Kraft von dir jagt, wird das Pfund des göttlichen Wortes in dir zum hellen Licht erstrahlen.» Gregor entnahm diese Ausführungen wohl den ‚Homilien über die Genesis' des großen christlichen Philosophen Origenes; er hat also aus des Origenes Brunnen geschöpft, was er uns von Isaaks Brunnen deutet. Voll Eifer den geistlichen Brunnen zu graben, ruft uns Origenes auf, nicht bloß zu trinken, sondern selber zu graben; in der Ausführung des Textes sagt Origenes in der 12. Homilie: «Laßt uns auch der Mahnung der Weisheit gehorchen: ‚Trinke Wasser aus deiner Grube und Flüsse aus deinem Brunnen; habe du aber sie allein.' Trachte auch danach, lieber Hörer, den eigenen Brunnen zu haben und die eigene Quelle, auf daß Du in einem Buch der Heiligen Schrift mit eigenem Nachdenken einen Sinn herausbringst; wende an, was Du in der Kirche gelernt hast, und trachte, aus Deines eigenen Geistes Brunnen zu trinken! In Dir strömt ein Schatz lebendigen Wassers, unversiegliche Adern und immerfließende Ströme geisterfüllten Denkens leben in Dir, nur dürfen sie nicht voll Sand und Schutt sein. Grab also fleißig Dein Land um, schaff den Schmutz hinaus, das bedeutet: rotte des Geistes Trägheit aus und brich des Herzens Erstarrung! Höre, was die Schrift sagt: ‚Wenn man das Auge drückt, so gehen Tränen heraus, und wenn man einem das Herz trifft, so läßt er sich's merken.' Reinige auch Du Deinen Geist, auf daß Du dereinst auch aus Deiner Quelle trinkest und aus Deinem Brunnen schöpfest das Wasser des Lebens! Hast Du in Dir aufgenommen das Wort Gottes, hast Du von Jesus lebendiges Wasser empfangen, hast Du es im Glauben empfangen, wird es in Dir ein Brunnen des Wassers werden, das in das ewige Leben quillt.»

In der folgenden Homilie, die den Text von Isaaks Brunnen behandelt, sagt Origenes: «Die Philister verstopfen den Brunnen mit Erde; diese Philister bedeuten ohne Zweifel die Menschen, welche die Tür zur Brunnenstube der geistlichen Erkenntnis versperren; sie können selbst nicht trinken und hindern andere am Trinken. Höre das Wort des Herrn: ,Weh' euch Schriftgelehrte und Pharisäer! Denn ihr habt den Schlüssel der Erkenntnis weggenommen, ihr kommt nicht hinein und wehret denen, die hinein wollen.' Aber wir wollen niemals ablassen, Brunnen lebendigen Wassers zu graben, und bald mit Neuem, bald mit Altem beschäftigt, wollen wir gleichwerden jenem Schriftgelehrten des Evangeliums, von dem der Herr also sprach: Der aus seinem Schatz Neues und Altes hervorträgt.» In der gleichen Homilie des Origenes heißt es auch: «Lasset uns zu Isaak gehen und mit ihm Brunnen lebendigen Wassers graben, auch wenn die Philister sich dawidersetzen und Streit mit uns anfangen. Wir wollen dennoch mit Jakob aushalten beim Brunnengraben, auf daß man auch von uns sage: ,Trinke Wasser aus deinen Gefäßen und trinke Wasser aus deinem Brunnen.' So emsig wollen wir graben, daß die Wasser des Brunnens überströmen auf unsere Gassen, daß wir die Schrift nicht bloß für uns verstehen, sondern auch andere fördern und sie trinken lehren. Es sollen Mensch und Vieh trinken, so wie der Prophet sagt: Herr, du hilfst beiden, Menschen und Vieh.» In einer späteren Stelle dieser Predigt heißt es: «Wer ein Philister ist und nach Irdischem trachtet, der versteht auf der ganzen Erde kein Wasser zu finden, d. h. keinen verständigen Sinn. Was nützt Dir die ganze Weisheit, wenn Du sie nicht zu gebrauchen verstehst? Was nützt Dir das Wort, wenn Du nicht zu sprechen verstehst? So machen es Isaaks Knechte: in jeglichem Lande graben sie Brunnen lebendigen Wassers.» Ihr aber nicht also! Laßt alles eitle Geschwätz beiseite! Die Schwestern

alle, die begnadet sind, lernen zu können, sollen allen
Fleiß darauf verwenden, sich belehren zu lassen in
dem, was Gottes ist, so wie es von dem frommen
Manne geschrieben steht: «Sondern er hat Lust zum
Gesetz des Herrn und redet von seinem Gesetz Tag
und Nacht.» Von der reichen Frucht, die uns aus dem
unablässigen Forschen in der Schrift erwächst, heißt
es in den folgenden Worten: «Er ist wie ein Baum,
gepflanzt an den Wasserbächen.» Wer von den Strö-
men göttlichen Wortes nicht getränkt wird, der ist
wie ein dürrer Baum, der keine Frucht bringt; von
dem Frommen ist geschrieben: «Von des Leibe werden Ströme des lebendigen Wassers fließen.» Das
sind die Wasser, von denen zum Ruhme des Bräutigams im Hohenlied die Braut also singt: «Seine
Augen sind wie Taubenaugen an den Wasserbächen,
mit Milch gewaschen, und stehen in der Fülle.» Auch
Ihr setzet Euch mit Milch gewaschen, d. h. im hellen
Glanz Eurer Keuschheit erstrahlend an den Wasserbächen nieder wie die Tauben, Ihr mögt das Wasser
der Weisheit aus ihnen schlürfen und die Kraft bekommen, nicht nur zu lernen, sondern auch zu lehren,
die Kraft, andern den Weg zu zeigen, so wie die
Augen es vermögen, des Bräutigams Schöne selber zu
schauen und anderen zu preisen.
Von der Braut aller Bräute, die da gewürdigt wurde,
den Bräutigam mit dem Ohr des Herzens zu vernehmen, von der steht geschrieben: «Maria behielt alle
diese Worte und bewegte sie in ihrem Herzen.» Des
himmlischen Wortes Mutter trug seine Worte still
für sich, ohne von ihnen zu reden, und bewegte sie in
ihrem Herzen. Sie erwog bei sich jedes einzelne mit
Fleiß und verglich sie untereinander, ob das eine mit
dem anderen übereinstimmte.
Aus dem geheimen Sinn des Gesetzes wußte Maria,

daß ein jegliches Tier unrein heißt, das nicht wieder-
käuet und die Klauen nicht spaltet. Keine Seele ist
rein, außer sie kaue die göttlichen Gebote wieder in
stillem Nachdenken, soweit sie es vermag. Sie soll
ihren Verstand anwenden bei der Befolgung dieser
Gebote, sie soll nicht nur Gutes wirken, sondern sie
soll gut, d. h. in der richtigen Gesinnung wirken. Das
Spalten der Klauen deutet auf die Unterscheidungs-
gabe, von der geschrieben steht: «Wenn du recht an-
bietest, aber nicht recht teilst, dann tust du Sünde.»
Also spricht, der die Wahrheit ist: «Wer mich liebt,
der wird mein Wort halten.» Wer wird aber des
Herrn Worte und Gebote im Gehorsam halten können, wenn er sie nicht zuvor verstanden hat? Wer
nicht zuvor ein eifriger Hörer war, der wird auch kein
eifriger Täter des Wortes sein, so wie von dem frommen Weibe geschrieben steht: sie vergaß alles andere,
sie saß zu des Herrn Füßen und lauschte seinen Worten; ihnen lauschte sie mit dem Ohr des Verständnisses, nach dem der Herr selbst verlangt mit dem
Worte: «Wer Ohren hat zu hören, der höre!» Und
wenn Ihr nicht von selbst stark genug seid, in solch
glutvoller Liebe zu entbrennen, dann wandelt in dem
liebevollen Eifern um die Heilige Schrift den Weg,
den des heiligen Hieronymus selige Schülerinnen
wandelten, Paula und Eustochium; ihren Bitten verdankt die Kirche die vielen Werke, mit denen Hieronymus es Licht werden ließ, wo zuvor das Dunkel
herrschte.

ERGÄNZENDE TEXTE

Der selige Hieronymus wußte gut, wie eifrig die heilige Marcella in der Schrift forschte; durch warme Anerkennung bestärkte er sie in ihrem Eifer. Wie laut er überall von ihrem rühmlichen Tun gekündet, weiß Deine Weisheit besser als meine Einfalt. In seinem Kommentar zum Galaterbrief gedenkt er ihrer im ersten Buche: «Ich kenne die Glut ihrer Gottesliebe und weiß ihren Glauben, ich kenne das leidenschaftliche Sehnen in ihrer Brust, über ihr Geschlecht hinauszuwachsen, an die Menschen nicht mehr zu denken, den lauten Schall der Heiligen Schrift über die Welt dröhnen zu lassen, das Rote Meer dieser Welt zu durchschreiten. Wenn ich in Rom war, benützte sie jede flüchtige Begegnung, mir irgendwelche Fragen über die Heilige Schrift vorzulegen; dabei machte sie es nicht wie die Schüler des Pythagoras, sie war nicht mit jeder Antwort zufrieden und schwor nicht auf die Worte des Meisters, wenn die triftigen Gründe fehlten, sie prüfte alles und wog mit kritischem Verstand die Gründe gegeneinander ab: ich hatte manchmal das Gefühl, keine Schülerin vor mir zu haben, sondern vor meinem Richter zu stehen.» Marcella drang mit ihren Forschungen immer tiefer ein in die Schrift. So durfte sie Hieronymus den anderen Frauen, die gleich ihr sich um die Schrift mühten, als Meisterin empfehlen. Deshalb rät Hieronymus der Jungfrau Principia unter anderem: «Wenn Du in die heiligen Schriften Dich versenken und Leib und Leben heiligen willst, so laß Dich von Marcella und Asella leiten. Die eine mag Dich durch die lachenden Auen und die Blütenpracht der heiligen Schriften zu dem führen, der im Hohen Liede singt: ‚Ich bin eine Blume auf dem Felde und eine Lilie im

Tal', die andere, selbst eine Blume des Herrn, mag
mit Dir sich sagen lassen: ‚Wie eine Lilie unter den
Dornen, so ist meine Freundin unter den Töchtern.'»

Du von vielen Geliebter, Du wirst sagen: «Wozu
diese Worte?» Du mein Liebster, ich will Dir ja mit
diesen Zitaten nichts Neues erzählen, sie sollen Dich
nur erinnern und Dich an Deine Schuld mahnen: sie
zu tilgen verziehe nicht! Die Mägde Christi, Deine
geistlichen Töchter, hast Du in Deinem Bethaus vereinigt und zum Dienste Gottes verpflichtet. Du legtest
uns wieder und wieder mit aller Eindringlichkeit ans
Herz, wir sollten uns versenken in das göttliche Wort
und die heiligen Schriften lesen. Du hast uns ein tiefes Eindringen in die Heilige Schrift angeraten, Du
nanntest sie einen Spiegel der Seele, in dem sie auch
ihre Schönheit und Unschönheit erkenne; keine Braut
Christi, die ihrem Bräutigam gefallen wolle, dürfe
auf diesen Spiegel verzichten. Um uns erst recht auf-
zumuntern, verglichst Du das verständnislose Lesen
der Schrift mit dem Gebrauch des Spiegels durch einen
Blinden.

Diese Mahnungen griffen mir und den Schwestern
ans Herz. Wir wollten Dir auch darin nach Kräften
gehorsam sein. Wir gaben uns alle Mühe, und es lebt
in uns die Liebe zur Wissenschaft, von der Hieronymus sagt: «Liebe die Wissenschaft, und du wirst des
Fleisches schnöde Lust nicht mehr lieben.» Aber die
vielen Fragen, die sich erheben, machen uns wirr und
lähmen unseren Eifer. Unser Verstehen reicht in der
Heiligen Schrift da und dort nicht zu, und die rechte
Liebe schwindet; sie läßt sich nicht erzwingen, wenn
der Gedanke aufsteigt, unser Tun sei nichtig und zur
Unfruchtbarkeit verurteilt.

Darum stellen die Schülerinnen ihrem Lehrer, die
Töchter ihrem Vater etliche Fragen und bitten instän-

dig und demütig, Du möchtest nicht verschmähen, sie zu lösen; denn auf Deine Mahnung, nein auf Deinen Befehl haben wir das Bibelstudium begonnen. Wir halten uns bei diesen Fragen nicht an die Ordnung der Heiligen Schrift, sondern wir schreiben sie auf, wie sie uns bei der täglichen Bibellese begegnen, und senden sie jetzt Dir zur Lösung zu.

Frage VIII:

Wenn der Herr, um die Ehebrecherin zu befreien, den Juden antwortet: «Wer unter euch ohne Sünde ist, der werfe den ersten Stein auf sie», und ihr so aus der Not hilft, so ist dabei doch manches zu bedenken. Wenn sie nur der steinigen darf, der ohne Sünde ist, scheint Jesus jedermann die Ausübung der Strafe zu untersagen. «Denn niemand ist rein vom Sündenschmutz, nicht einmal das Kind, das erst einen Tag auf der Welt ist.»

Abaelards Lösung:

Der Herr Jesus war unter den Juden allein ohne Sünde. Er steinigt die Ehebrecherin und rettet der Frau das Leben. In seinem Mitleid schont er sie und bringt so zur Umkehr von ihrem schändlichen Tun die Reuige. Sein Wort: «Wer unter euch ohne Sünde ist, der werfe den ersten Stein auf sie» besagte in einfachem Ausdruck: Überlaßt sie zur Steinigung dem unter euch, der allein frei von Sünde ist! Er wirft zuerst den Stein auf die Strafwürdige, indem er zuvor in ihr Reue erweckt; sie zermartert sich hernach in der Buße und zähmt ihr Fleisch, daß es sich nicht mehr auflehnt gegen den Geist. Der Welt abgestorben will sie inskünftig nur noch Gott leben, aber die naturgegebenen Laster sollen aufgeopfert werden. Der Herr spricht ja auch: «Die Rache ist mein, ich will vergelten.»

Wir behalten dann Gott die Rache vor, wann er selbst in uns sie wirkt, statt daß wir es in Person tun. Daher ist auch zu dem Menschen, nicht zu Gott gesagt: «Du sollst nicht töten!» Von ihm wird uns das untersagt, der selber von keinem Gebot getroffen wird und deutlich erklärt, daß dies ihm allein zusteht: «Ich kann töten und lebendig machen.» Er in uns tötet und läßt leben, wir sind nur wie ein Werkzeug in seiner Hand, und aus seinem Befehl handeln wir, wenn wir die Schuldigen töten, die Unschuldigen verschonen: beides muß also mehr ihm als uns zugeschrieben werden. Wenn der Meister durch seine Gesellen etwas machen läßt, so muß man dabei mehr von seinem als von ihrem Werk sprechen; nicht die Werkleute wirken, sondern der Werkmeister!

Das Verbot des Tötens erfaßt also nur den Menschen als Menschen, nicht den Gott im Menschen. Der Mensch tötet dann als Mensch und nicht der Gott in ihm, wenn die Tat ein Ausfluß seiner Bosheit ist und nicht aus Gottes Gerechtigkeit geschieht. Dann ergreift er das Schwert nicht als Helfer der Gerechtigkeit, um die Missetat zu strafen, sondern zur Befriedigung seiner eigenen Ruchlosigkeit. Darüber sagt die göttliche Wahrheit: «Wer das Schwert nimmt, der soll durchs Schwert umkommen.» Wer nimmt, sagt Christus, und zwar aus eignem Antrieb, nicht der, dem es von der höchsten Gewalt gegeben ist; der soll von Rechts wegen durch das Schwert umkommen, der sich ungerechterweise das Schwert zu brauchen angemaßt hat. Wenn ein Krieger das Schwert gebraucht zur Rache, das ihm der König in die Hand gegeben, so handelt der König in ihm, der Krieger ist nur sein Werkmann. Daher sagt auch Augustin im ‚Gottesstaat', im 1. Buch: «Das Gebot, Du sollst nicht töten, ist kein Schutzbrief für Menschen, die zu töten Gott befiehlt: dieser Befehl kann eine allgemeingültige gesetzliche Maßnahme sein oder eine Sonderregelung für eine bestimmte Lage gegenüber einer bestimmten Person. Wer zum dienstlichen Gehorsam verpflichtet ist gegenüber einer befehlenden Stelle, der tötet nicht in eigener Verantwortung. So ist auch das Schwert nur ein Werkzeug in der Hand dessen, der es gebraucht.» Wiederum Augustin sagt in den ‚Fragen zum 2. Buch Mose': «Die Israeliten haben keinen Diebstahl begangen, als sie die Ägypter ausplünderten, sondern sie kamen einer Gehorsamspflicht gegen Gottes Befehl nach, so wie der Büttel des Richters den hinrichtet, dem das Gesetz das Leben abspricht. Täte er dies aus eignem Antrieb, dann ist er ein Mörder, auch wenn er weiß, daß der Richter seinem Opfer das Leben hätte absprechen müssen.» Ebenso heißt es in den ‚Fragen zum 3. Buch Mose': Wenn der Angeklagte getötet wird, so tötet ihn das Gesetz, nicht du.»

Diese Ausführungen machen uns ganz klar, daß die Ausdrücke ‚Mord' und ‚Diebstahl' im Wortsinn nicht passen, soweit wir sie aus einer Gehorsamspflicht begehen; wo wir Gottes Befehl ausführen, da handeln wir richtig. Alles, was in Gottes Machtbereich fällt, das ist eben kein menschlicher Bereich, sondern der göttliche. Und in diesem Bereich ist niemand der Herr, sondern er ist nur der Verwalter, und nur solange ihm Gott den Auftrag läßt, und niemand entzieht ihm zu Unrecht den Auftrag, wenn er auch darin Gottes Willen vollstreckt. Von Gott geht die Macht aus, er kann sie uns anvertrauen, solange er will, und kann sie, wie er will, auf andere Verwalter übergehen lassen; je weniger wir Gott erkennen, von dem wir den Auftrag erhalten, um so weniger verdienen wir auch, Gottes Auftrag durchzuführen und zu behalten. Dann sind wir wie die ungläubigen Ägypter, dann verdienen wir wie sie, unsre Schätze zu verlieren und nicht zu behalten.

Frage IX:

Der Herr hat den Aussätzigen nach dem Matthäusevangelium durch seine Berührung rein gemacht, darauf aber zum Priester geschickt, sich besichtigen zu lassen und dann das vom Gesetz für diesen Fall vorgeschriebene Opfer zu bringen. Das veranlaßt uns zu der Frage, wie der Herr dabei dem Gesetz zugleich offenkundig zuwiderhandelt und gehorcht. Er hat den Aussätzigen berührt, was das Gesetz verbietet, den Reingewordenen aber zum Priester geschickt und zur Darbringung des Opfers angehalten, wie das Gesetz es befiehlt.

Abaelards Lösung:

Es ist so, wie der Herr selber sagt: «Das Gesetz und die Propheten weissagen bis auf Johannes», das heißt: Bis auf die Zeit der Gnade mußten die Weisungen des Gesetzes wie die der Propheten buchstäblich erfüllt werden. Der Herr widerspricht also in keinem Punkt dem Gesetz, dem kein Gehorsam mehr geschuldet wird aus einem Befehl Gottes, zumal das Gesetz, wie der Apostel sagt, «gestellt ist in die Hand des Mittlers», das heißt ihm anheimgestellt ist; wer das Gesetz auf Zeit gegeben hat, soll es auch nach seinem Gutdünken außer Kraft setzen dürfen, weil die vollkommen gewordene Liebe in der Zeit der

Gnade die Furcht verbannen darf. Zum Wesen der Gnadenzeit gehört: Barmherzigkeit üben an jedermann, Gottesliebe überall durch unser Vorbild erwecken, vor keiner Unreinheit am Menschen zurückschaudern, außer vor der Sünde. Darum handelte also der Herr an dem Aussätzigen insofern völlig nach der Barmherzigkeit, als er sich einerseits nicht davor ekelte, ihn trotz seiner Krankheit zu berühren, andererseits ihn auch anwies, das zu tun, dessen Unterlassung ihn von der menschlichen Lebensgemeinschaft weiterhin in jedem Fall ausgeschlossen hätte. Um diesen Zweck zu erreichen, mußte der Herr die Besichtigung durch den Priester ihm anempfehlen, die Freisprechung und das gesetzliche Opfer.

Frage XLI:

Wir fragen, wer zum Ende des Deuteronomiums, das heißt des letzten der 5 Bücher Mose, zugesetzt hat, was da über den Tod des Mose und über die anschließenden Ereignisse berichtet wird: Sollte Mose etwa auch dies in prophetischem Geist gesagt haben, so daß auch diese Kapitel zu seinen Büchern hinzugerechnet werden dürfen, oder sind sie etwa später von einem andern hinzugesetzt worden?

Abaelards Lösung:

Beda sagt dazu in seinem Esra-Kommentar: Esra hat selber diese Stücke und noch sehr viele andere hinzugefügt zu den Schriften des Alten Testaments; diese Ergänzung geschah, als Esra nicht nur das Gesetz, sondern sogar, nach der übereinstimmenden Meinung der Alten, den ganzen Text der Heiligen Schrift, der zusammen durch Feuer zerstört wurde, nach dem vermutlichen Bedürfnis der Leser von neuem schrieb. So ist ja auch, wie wir sehen, einiges sogar den Evangelien von den Übersetzern zugesetzt worden, zum Beispiel die berühmte Stelle im Matthäus: «Eli, Eli, lama, asabthani?» das ist: «Mein Gott, mein Gott, warum hast du mich verlassen?» Auch in den übrigen Evangelien, die nicht hebräisch, sondern griechisch geschrieben sind, findet sich die Erklärung dieser hebräischen Worte hinzugesetzt.

Auch im Buch des Hieronymus ‚Über berühmte Männer', in dem er sich selbst an den Schluß des Werkes gesetzt hat, findet man eine zusammenfassende Würdigung und eine Schilderung des Lebensausgangs von fremder Hand zugesetzt.

I

Meine liebe Schwester Heloisa, in der Welt mir einst teuer, jetzt in Christo die allerteuerste, auf Dein inständiges Bitten habe ich Hymnen gedichtet, wie sie griechisch heißen, auf Hebräisch Tehillim. Zu ihrer Abfassung hattest Du mit Deinen frommen Frauen mich so oft gedrängt; ich fragte nach dem Grund dieses Wunsches, meinte ich doch, ich bemühe mich unnötig, wenn ich neue Lieder für Euch dichte, da Ihr eine große Menge alte habt. Es kam mir auch wie eine Tempelschändung vor, die alten Lieder der heiligen Väter durch neue Dichtungen sündiger Menschen zu ersetzen oder auch nur zu ergänzen.

Die verschiedensten Gründe bekam ich von Eurer Gemeinschaft zu hören; ich will Deine Begründung kurz wiederholen. Du sagtest: «Die lateinische und besonders die gallikanische Kirche sieht bei den Psalmen und Hymnen bekanntlich mehr auf die äußere Beglaubigung durch langen Gebrauch als auf die innere Beglaubigung des hohen Wertes. Noch heute wissen wir nicht, wem unsere gallikanische Kirche ihre Übersetzung des Psalters verdankt. Nach den Forschungen der Männer, die die verschiedenen Übersetzungen miteinander verglichen, weicht unsere gallikanische von allen andern stark ab und verdient in ihren Abweichungen kein Vertrauen. Gerade bei dem biblischen Buch, das wir am meisten benützen, beim Psalter, hat sich die Gewöhnung an das alte Stück so eingefressen, daß wir bei ihm eine Übersetzung unbekannter Herkunft in Benützung haben, während wir bei den andern Büchern die berichtigte Übersetzung des seligen Hieronymus verwenden. Bei den

Hymnen ist die Verwirrung ebenfalls groß: aus den Überschriften lassen sich Gegenstand und Verfasser selten entnehmen; bei einigen kann man auf bestimmte Verfasser schließen — zu ihren ältesten sollen Hilarius und Ambrosius gehören, dann Prudentius und eine Reihe anderer —, aber die Silbenzahl der einzelnen Verse ist oft ungleich, daß sie nach keiner vorhandenen Melodie gesungen werden können: ein Hymnus soll aber Gottes Lob mit Schalle verkündigen und ist ohne Musik ein Nichts. Auch haben viele Feste keine eigenen Lieder, z. B. die unschuldigen Kindlein, die Evangelisten und die heiligen Frauen, die nicht zu den Gruppen der Jungfrauen und der Märtyrer gehören. An manchen Festen muten uns die vorgeschriebenen Hymnen eine Unwahrheit zu: entweder passen die Lieder nicht zu den Tageszeiten oder sie vergewaltigen unsere Seelen.

Manche Gläubigen können zufällig oder mit besonderer Genehmigung die für die Horen vorgeschriebenen Stunden nicht einhalten, sei es, daß sie sich verfrühen oder verspäten; wenn sie dadurch offenkundige Nachtlieder am Tage singen müssen und Taglieder bei Nacht, entsteht ein peinlicher Gegensatz zur tatsächlichen Tageszeit. Auch während der Nacht soll Gottes Lob erschallen; so fordern es die Propheten, so will es die Satzung der Kirche; denn es steht geschrieben: ‚Herr, ich gedenke des Nachts an deinen Namen‘, ferner ‚Zur Mitternacht stehe ich auf, dir zu danken‘, d. h. dich zu preisen. Dagegen darf das siebenfältige Loblied, von dem wiederum der Prophet spricht: ‚Ich lobe dich des Tages siebenmal‘, nur am Tage gesungen werden. Von dem ersten Gotteslobe, dem Morgenlied, spricht wiederum der Prophet: ‚Am Morgen gedenke ich dein, o Herr.‘ Dieses Lied soll den Tag eröffnen, wenn der Morgen dämmert

oder der Morgenstern erscheint. Eine Reihe Hymnen
fügen sich leicht in die Tageszeiten ein; einige sind
ohne weiteres als Nachtlieder kenntlich, z. B. ‚Laßt
uns aufstehen nächstens und wach gesamt sein‘, oder
‚Die Nacht mit Singen brechen wir‘, oder ‚Die lange
Nachtzeit kürzen wir, erstehen zum Bekenntnis dir‘,
oder ‚Die schwarze Nacht hüllt in ihr Kleid der Erden-
dinge farb’gen Reiz‘, oder ‚Zur Zeit der ruhig-stillen
Nacht stehn wir von unserm Lager auf‘, oder ‚Wie
wir die Stunden stiller Nacht nun unterbrechen mit
Gesang‘. Auch bei den Morgenliedern sprechen einige
gleich in ihrem Beginn von ihrer Bestimmung, zum
Beispiel ‚Sieh, schon hüllt die Nacht sich in Dämmer-
schleier‘, oder ‚Sieh da, schon steigt das goldne Licht‘,
oder ‚Schon weht der Morgen um den Pol‘, oder ‚Der
Frühschein blinkt in Strahlen auf‘, oder ‚Des Tags
beschwingter Herold ruft‘, oder ‚Der Morgenstern
zeigt an den Tag‘. Diese und ähnliche Lieder lehren
uns selber, zu welcher Tageszeit sie gesungen sein
wollen. Lassen wir ihnen ihr Recht nicht werden, so
strafen sie uns beim Singen Lügen. Aber in den meisten Fällen, in denen diese Zeitbindung nicht berücksichtigt wird, ist ja gar nicht schlechter Wille daran
schuld, sondern die Verhältnisse erzwingen die Ab-
weichung, oder es besteht sogar eine ausdrückliche
Befreiung. Diese Behinderungen liegen in den Pfarr-
kirchen und Nebenkirchen täglich vor, da die Leute
beschäftigt sind und deshalb der ganze Gottesdienst
bei Tage stattfinden muß. Der peinliche Widerspruch
ergibt sich nicht nur aus den Tageszeiten, sondern
auch aus dem Gesamtinhalt mancher Lieder. Die Verfasser dieser Lieder übertrugen wohl ihre persön-
liche Zerknirschung in das Gemeindelied, oder sie
verloren das Augenmaß in dem löblichen Streben,
den Tagesheiligen besonders zu verherrlichen; jeden-

377

falls gingen sie bei einigen Liedern über alles Maß und Ziel hinaus, und wir müssen gegen unsere Überzeugung Stimmungen aussprechen, die mit unserer Wirklichkeit nicht übereinstimmen. Es gehört die ganze Leidenschaft der Versenkung und die volle Zerknirschung über die eigene Sündhaftigkeit dazu, um vom Weinen und Seufzen nicht nur zu reden, sondern aus aufrichtigem Herzen — und das dürfen nur die wenigsten — mit dem Dichter zu singen: ‚Wir seufzen laut nach deiner Huld, erlaß uns unsre Sündenschuld‘, oder ‚Ach, unser Weinen beim Gesang nimm gnädig es, o Vater, an‘; es gibt noch andere derartige Lieder, die nach ihrem Inhalt nur für die Auserwählten, d. h. für die kleine Schar passen. Deine Klugheit mag entscheiden, ob wir es wagen dürfen, alljährlich zu singen: ‚Martinus, den Aposteln gleich...‘, oder ob wir bei einzelnen Bekennern ihre Wundertaten so maßlos verherrlichen dürfen, daß wir singen: ‚O du des Mannes heilig Grab, das manchem Leib Erlösung gab‘.»

Etwa in diesem Sinn habt Ihr an mich geschrieben; dadurch habt Ihr mich bestimmt, aus Ehrfurcht vor Eurer Frömmigkeit für das ganze Jahr Kirchenlieder zu dichten. Eure Bitte ist so erfüllt; als Gegengabe erbitte ich mir von den magdlichen Bräuten Christi, mir mit Euren Gebeten die Last tragbar zu machen, die Ihr auf meine Schultern geladen: auf daß sich miteinander der Arbeit freuen, der da säet und der da schneidet.

(Es folgen 28 Hymnen für den täglichen Gottesdienst.)

II

Die gottesdienstliche Feier besteht aus drei Teilen:
der Heidenapostel hat es im Brief an die Epheser also
verordnet: «Und saufet euch nicht voll Wein, daraus
ein unordentlich Wesen folgt, sondern werdet voll
Geistes: Redet untereinander in Psalmen und Lobgesängen und geistlichen Liedern, singet und spielet
dem Herrn in euren Herzen.» Ferner schreibt er in
dem Brief an die Kolosser: «Lasset das Wort Christi
unter euch reichlich wohnen in aller Weisheit; lehret
und vermahnet euch selbst mit Psalmen und Lobgesängen und geistlichen lieblichen Liedern und singet dem Herrn in eurem Herzen.» Die Psalmen und
Lobgesänge sind vor alters aus der Bibel für die liturgischen Zwecke herausgenommen, deshalb bedürfen
sie unserer Bemühungen nicht mehr.

Die beiden Schriftstellen geben für die Hymnen keine
Begriffsbestimmungen; jedoch tragen einige Psalmen die Überschrift ‚Hymne‘ oder ‚heiliges Lied‘.
Diese Hymnen des Psalters haben später einige literarisch behandelt; ferner wurden, um den verschiedenen Bedürfnissen der Tageszeiten, der Gebetstun-
den und der Feste zu genügen, besondere Hymnen
bestimmt. Von diesen gebrauchen wir jetzt das Wort
Hymnen in engerem Sinn, während die alte Zeit die
beiden Ausdrücke ohne Unterschied anwandte auf
alle Gesänge zum Lobe Gottes, mochte es sich um
rhythmische oder metrische Gedichte handeln. Wie
wir bei Eusebius von Cäsarea im 17. Kapitel des
2. Buches der Kirchengeschichte lesen, hat der große
jüdische Schriftsteller Philo sich mit hoher Anerkennung über die Alexandrinische Kirche unter der Leitung des Evangelisten Markus geäußert; Eusebius
fügte dann hinzu: «Kurz hernach kam Philo darauf

zu sprechen, daß sie selber neue Psalmen dichten, und schrieb: Sie kennen nicht bloß die geistlichen Lieder der trefflichen Alten, sie dichten auch selber neue zu Gottes Ehre, und zwar in den verschiedensten Versformen und Melodien, die sie auch lieblich zu singen wissen.»

Es empfiehlt sich vielleicht, alle Psalmen, die in hebräischem Versmaß und Rhythmus gedichtet sind und eine liebliche Melodie haben, gleichfalls Hymnen zu nennen, entsprechend der Begriffsbestimmung in meinem ersten Vorwort. Aber da die Psalmen bei ihrer Übertragung in eine fremde Sprache doch Versmaß und Rhythmus einbüßen, so hat der Apostel in seinem Brief an die Griechen in Ephesus mit gutem Grund neben den Psalmen Hymnen und Lieder aufgeführt.

Geliebteste Töchter Christi! Ihr habt mit vielen Bitten mich gedrängt, Euch mit meinen schwachen Kräften zu helfen; ich konnte mich den Gründen, die Ihr mir vortrugt, nicht verschließen und habe Eurer Bitte zum Teil entsprochen: in dem ersten Heft habe ich die Lieder für den täglichen Gottesdienst zusammengefaßt, die für die ganze Woche ausreichen. Sie gehen, wie Ihr bemerkt, nach zwei verschiedenen Melodien und Rhythmen, und zwar so, daß eine Melodie und ein Rhythmus für die Nachtlieder dient, und ein zweiter für die Taglieder. Ich habe auch den Dankhymnus, der die Mahlzeit abschließt, beigegeben; es heißt ja im Evangelium: «Und da sie den Lobgesang gesprochen hatten, gingen sie hinaus.»

Die anderen Hymnen habe ich inhaltlich so angelegt, daß die für die Nacht bestimmten den Tatsachen der betreffenden Tage gerecht werden, während die Taglieder diese Tatsachen allegorisch und moralisch deuten. Durch diese Verteilung ist das Dunkel der Geschichte für die nächtliche Gebetsfeier vorbehalten, während die aufhellende Erklärung dem hellen Tage zufällt. Helft mir bitte auch weiter mit Euren Gebeten, daß ich Euch die erbetene Gabe vollends übersenden kann.

(Es folgen 46 Hymnen für die Festtage.)

III

In den beiden ersten Heften faßte ich zusammen einmal die geistlichen Lieder für die Tag um Tag wiederkehrenden Gottesdienste, sodann die besonderen Lieder für die hohen Feste. Es bleibt mir noch eine Pflicht: zum Lobpreis des Himmelskönigs und zur Ermunterung der gläubigen Gemeinde will ich in Lobgesängen, so gut ich kann und weiß, meine Dankopferschuld darbringen den Großen im himmlischen Saal. Sie selber seien mir Helfer bei diesem Unterfangen mit ihren Verdiensten, wenn ich meiner Lobgesänge kleine Gaben opfere zu ihres Namens Ruhm und Preis. Ich lasse mich dazu stärken durch das Wort der Schrift: «Das Gedächtnis des Gerechten lebet im Lobpreis» und durch das andere: Lasset uns lobsingen dem Ruhmreichen.»

Euch bitte und beschwöre ich, teure Schwestern, Ihr Christo Geweihten, helft mir mit Eurem frommen Gebet! Auf Euer Bitten vor allem habe ich dies Werk gewagt; helft mit darum im Beten mit Eurer Frömmigkeit und vergeßt es nie, wie der fromme Gesetzgeber im Gebet sieghafter rang als sein Volk im Streite. Laßt mich Eurer Liebe reichlich genießen im vielfältigen Gebet, darum daß ich Eure Bitte so überreich erfüllt habe. So gut es meine schwache Kraft vermochte, mühte ich mich ab, der göttlichen Gnade Ruhmestaten zu besingen; wenn bei den Liedern die dichterische Schönheit zu vermissen ist, so habe ich dies ausgleichen wollen durch ihre große Zahl: für jede Nokturn jedes einzelnen Festes habe ich einen besonderen Hymnus gedichtet, während bisher nur ein einziger Hymnus an Festtagen wie an gewöhnlichen Tagen die Nokturnen einleitete.

Auf jedes Fest sind vier Hymnen bestimmt; es wird also bei jeder der drei Nokturnen ein besonderer Hymnus gesungen, außerdem haben auch die Laudes noch einen eigenen Hymnus. Mit diesen vier Hymnen soll es außerdem so gehalten werden: entweder werden zwei bei der Rüstfeier des Festes als ein Hymnus zusammengenommen und die anderen zwei werden am Festtag selbst bei der Vesper ebenfalls zusammen gesungen, oder sie werden paarweise auf die beiden Vespern verteilt, so daß mit den beiden ersten Psalmen der eine Hymnus, mit den beiden folgenden der andere Hymnus gesungen wird.

Zu Ehren des Kreuzes sind ja fünf Hymnen gedichtet; der erste Hymnus soll jedesmal die Horen einleiten mit der Aufforderung an den Diakon, das Kreuz vom Altar zu heben, es in die Mitte des Chors zu bringen und dort zur Verehrung und Anbetung aufzustellen. So erfolgt in jeder Gebetszeit die ganze Feier im Angesicht des Kreuzes.

(Es folgen 56 Hymnen für Heiligenfeste.)

Hymnus am Rüsttage des Herrn
in der dritten Nokturn

Einsam zur opferung,
   Herr, du die schritte nahmst,
Dem tod dich pflichtigend,
Den du zu leiden kamst:
Was bleibt uns elenden,
Das bittre scham versüßt,
Da unsre fehle wir
Sehen durch dich gebüßt?

Unser ist, höchster Herr,
Unser die ganze schuld,
Um die als eigne last
Qual erträgt deine huld:
Gib, daß die qual das herz
Mit dir zu leiden zwingt,
Daß doch mitleiden uns
Würdige gnade bringt.

Seit jener trauernacht
Und durch der tage drei,
In denen weinen währt,
Abend auf erden sei,
Bis aller fröhlichkeit
Freundlichster morgen tagt
Und, daß der Herr erstand,
Allen betrübten sagt.

Mit dir zu leiden, Herr,
Mach unser herz bereit,
Daß wir teilhaftig sind
Einst deiner herrlichkeit,

Es sei der tage drei
Von keinem schmerz verschont,
Daß uns der osterlust
Heiteres lachen lohnt.

Es kommt die wahrheit nun,
Der schatten niederflieht,
Auf nacht die klarheit nun
Des tages aufwärts zieht.
Gen morgen glühen auf
Der höchsten herrlichkeit
Alte geheimnisse
Voll tiefer dunkelheit.

Das nächtige ruferamt
Des Moses schweiget schon,
Des lichtes lobgesang
Stimmt in des tages ton,
Vor Christus weicht zurück
Versteck und hindernis,
Vor solchem lichte bleibt
Kein ort in Finsternis.

Von mystischer gestalt
Fällt der umhüllung tuch:
Wahrheit ist wirklichkeit,
Nicht mehr im rätselspruch.
Was der prophet versprach,
Ward klarheit ohne hehl,
Um jota nicht noch punkt
Ging die erfüllung fehl.

Wich erst die todesnacht
Mit ihrer traurigkeit,
Und bringst das leben du
Morgen voll fröhlichkeit,
Ersteht der Herr uns auf,

von engeln sanft geweckt,
Die wächter fliehen fort,
Vom hellen glanz geschreckt.

Der heiligen jubelschar,
Die schon im schlafe lag,
Preisen im auferstehn
Des auferstandnen tag:
Zum zeichen, daß der Herr
Vom grabe auferstand,
Hebt sich der toten chor,
Senkt sich der engel band.

Des ewigen Gottes lob
Nur ewiger schall ermißt,
Aus dem und durch den nur
Und in dem alles ist:
Der ausgang Vater ist,
Der durchgang Sohn uns heißt,
Das insein Vaters und
Des Sohnes Heiliger Geist.

Übertragen von Friedrich Wolters[1]

[1] Hymnen und Lieder der Christlichen Zeit. Zweiter Band: Hymnen und Sequenzen. Berlin 1922.

Das Buch der Hymnen und Sequenzen, in Christo verehrte und geliebte Schwester Heloisa, habe ich jüngst auf Deine Bitten vollendet. Ich habe nun gegen meine Gewohnheit schnell gearbeitet, um auch Deinen zweiten Wunsch erfüllen zu können: Ich habe eine Reihe Predigten für Dich und Deine geistlichen Töchter zusammengestellt, die in unserem Bethaus vereinigt sind. Ich diene mehr dem Leser als dem Hörer und bleibe deshalb in der Ebene der erklärenden Darstellung; ich verzichte auf das künstliche Wort; ich suche den Sinn des Wortes zu ergründen und lege keinen Wert auf den künstlichen Aufputz. Ein schlichter, ungezierter Ausdruck ist vielleicht faßlicher und dadurch volkstümlicher; manche Gruppe von Zuhörern wird gerade in der schmucklosen Einfachheit der Predigt ihre wahre Schönheit sehen und die Allgemeinverständlichkeit als besonderen Reiz empfinden. Ich habe mich bei der Abfassung und Ordnung der Predigten an das Kirchenjahr gehalten, und zwar mit der Geburt unseres Erlösers begonnen.

Lebe wohl im Herrn, Du Magd des Herrn! Einst in der Welt mir lieb und wert, jetzt in Christo mir vor allen lieb und teuer! Lebe wohl, einst Gattin im Fleisch, jetzt Schwester im Geist und Mitkämpferin in dem Christus geweihten Heere!

Für die Nonnen vom Kloster Paraklet

Unter allen Gleichnissen des Herrn, liebe Brüder, lädt uns jenes vom ungerechten Haushalter vor allem dazu ein, die Frucht des Almosens zu bringen. Da dieser von seiner Verwaltung dem Herrn nicht Rechnung legen konnte, fiel ihm als letzte Rettung ein, mit dem Geld seines Herrn und den Erträgen aus dem Gut, das er verwaltete, sich Freunde zu schaffen; zuvor hatte er diese Erträge großzügig für sich verbraucht, aber jetzt, wenn ihn sein Herr verjagte, sollten die Freunde ihn zum Dank für seine Gefälligkeiten in ihre Häuser nehmen. So geschah es nun: Als er den Ertrag des Gutes zusammenstellte, da war er mit dem Eigentum seines Herrn so freigebig gegenüber anderen, daß er dem, der hundert Tonnen Öl schuldete, fünfzig erließ, also die Hälfte, und dem, der hundert Malter Weizen schuldete, zwanzig nachließ und sich nur achtzig liefern ließ. Und so wurde an ihm zur Wahrheit, was das Volk sagt: «Aus fremdem Leder schneidet man breite Schuhriemen.» Sein Herr war entschlossen gewesen, ihn von seinem Amte, d. h. von der Verwaltung des Gutes, zu setzen; aber als er hörte, was der ungerechte Haushalter getan hatte, da lobte er ihn — dabei hatte ihn dieser ungerechterweise um sein Geld betrogen —, weil er klüglich gehandelt habe, indem er sich, wenn auch mit fremdem Geld, Freunde verschaffte. Aus diesem Gleichnis zieht unser Herr Jesus folgenden Schluß: «Und ich sage euch auch, machet euch Freunde mit dem ungerechten Mammon, auf daß, wenn ihr nun darbet, sie euch aufnehmen in die ewigen Hütten.»

Siehe, der Herr nennt den Haushalter einen ungerechten Haushalter, weil er in ungerechter Weise den
Herrn um sein Geld betrogen hatte, und er spricht
von dem Mammon als von dem ungerechten Geld,
weil es dem Herrn unterschlagen worden. Und dennoch entschuldigt er die kluge Voraussicht des Ver-
walters, seine Ungerechtigkeit und die des Mammons,
und deshalb wird sie gerühmt, weil er sich in solch
kluger Voraussicht Freunde verschafft hat. Daraus
kann man also vor allem entnehmen, wie groß die
Kraft des Almosens ist: Auch wenn es aus üblem Er-
werb stammt, aus dem, was ungerechterweise dem
Herrn unterschlagen worden ist, so verdient es doch
für uns die «ewigen Hütten» himmlischer Wohnung.
Denn jeder, der in diesem Leben etwas besitzt, ist
gewissermaßen der Haushalter des höchsten Königs.
Und was er hat, es ist nicht sein eigen, sondern er hat
es von dem Herrn gewissermaßen als sein Diener
und Verwalter anvertraut bekommen. Dieses Eigentum seines Herrn im Himmel muß er so verwalten,
daß er daraus seines Lebens Notdurft befriedigt und,
was darüber ist, seinem Herrn abliefert. Ungerecht
handelt er aber und betrügerisch, wenn er über des
Lebens Notdurft hinaus etwas zurückbehält und nicht
von dem Übrigen den Herrn selbst in den Armen
speist und kleidet, so wie der Herr selbst sagt:
«Wahrlich, ich sage euch: was ihr getan habt einem
unter diesen meinen geringsten Brüdern, das habt ihr
mir getan.»
Die göttliche Gnade ließ den Haushalter verstehen,
daß er bei seinem Herrn berüchtigt sei, weil er sich
nicht als treuer Haushalter und Verwalter seines
Herrn gezeigt. Der Haushalter bedenkt bei sich, daß
er durch seine sündhafte Verstocktheit und seine
sündhafte Habsucht und durch das Geschrei der Ar-

men, denen er seine Hilfe weigerte und ihr Eigentum vorenthielt, bei Gott schwer verklagt wird und daß er sich die zu Feinden gemacht hat, die er sich hätte zu Freunden machen müssen. Es wird ihm auch klar, daß er von seinem Amt gesetzt werden muß, da er dem Herrn nicht Rechnung legen kann: denn das heißt ja sein Amt verlieren, wenn man aus seiner irdischen Haushältertätigkeit vor Gott keine Frucht gewinnen kann. Sei dir bewußt, je mehr dir Gott anvertraut, um so mehr mußt du dich vor ihm fürchten und um die Abrechnung dich sorgen! Wenn nämlich die Gaben sich vergrößern, dann wächst auch die Rechnung, die man von ihnen legen muß. Das begreift der Verwalter in seiner klugen Voraussicht, den sein Herr über viel gesetzt, und macht sich darum die zu Freunden, die ihn in ihre Häuser nehmen, wenn er vom Herrn aus seinem Amt gesetzt wird. Daß er vom Herrn aus seinem Amt gesetzt werden muß, wird ihm klar, wenn er in sich nichts sieht, womit er Gott gefallen könnte, und wenn er bedenkt, wie schrecklich das Wort lautet, das der Herr an anderer Stelle über den Reichen sagt: «Es ist leichter, daß ein Kamel durch ein Nadelöhr gehe, denn daß ein Reicher ins Reich Gottes komme.» Damit er dort durch Vermittlung anderer eingehen darf, macht er sich die zu Freunden, derer das Himmelreich ist nach dem Zeugnis der göttlichen Wahrheit selber: «Selig sind, die da geistlich arm sind, denn das Himmelreich ist ihr.» Diese läßt er also an seinem irdischen Gut teilhaben, auf daß sie ihn teilhaben lassen an ihrem himmlischen Gut. Höre Salomo und höre mehr als Salomo, wenn es heißt: «Mit Reichtum kann einer sein Leben erretten.» Und unser Herr Jesus Christus sagt selbst: «Gebt, so wird euch gegeben! Gebt Almosen, siehe, so ist's euch alles rein.» Denn es heißt:

«Wie das Wasser ein brennend Feuer löscht, also tilgt das Almosen die Sünden.»

Feuer und Wasser, liebe Brüder, sind große Gegensätze, und mit ihnen vergleicht unser Herr das Almosen und die Sünde. Das Feuer ist unter den vier Elementen das wärmste, das Wasser das kälteste. Und ihr wißt, liebe Brüder, daß die Liebe, die uns nach dem Apostel Paulus «brünstig im Geist» macht, zu Recht mit dem Feuer verglichen wird. Über dieses Feuer sagt die göttliche Wahrheit: «Ich bin gekommen, daß ich ein Feuer anzünde auf Erden; was wollte ich lieber, denn es brennete schon?» Das lautet so, als ob der Herr in der Alltagssprache sagte: Ich bin nur zu dem Zweck in die Welt gekommen, um die Flamme der Liebe anzuzünden. Die Sünde aber wird mit Fug und Recht durch das Wasser, das kälteste der Elemente, bezeichnet: Die Sünde ist ja durch dessen Neid in die Welt gekommen, der in den kalten Herzen der Menschen wohnt, so wie geschrieben steht: «Ich will mich setzen in der fernsten Mitternacht.» Dies Wort bedeutet: Ich will mir einen Thron aufrichten in den Herzen der Menschen, die des Feuers der Liebe entbehren. Wenn nun aber unsere Liebe sich Gott gegenüber «brünstig» zeigt, so wird diese Brunst da besonders deutlich, wo sie sich aus brüderlichem Mitleiden in Almosen bewährt. Daher trägt auch zur Hervorhebung das reiche Almosengeben gewöhnlich einen ihm eigenen besonders verliehenen Namen, den Namen: Liebe! Wer sich umgekehrt gegen die Armen verhärtet, der beweist damit vor allem seines Herzens Kälte und seinen Mangel an allem Liebesfeuer, so wie geschrieben steht: «Denn wer seinen Bruder nicht liebt, den er sieht, wie kann er Gott lieben, den er nicht sieht?» Darum hat er gut daran getan, diese Herzenshärtigkeit mit dem kältesten Element zu vergleichen, jene Herzensfreundlichkeit mit dem wärmsten. Wenn wir diese Herzensfreundlichkeit den Armen gegenüber sich auswirken lassen, dann weichen wir vor dem Reich des Teufels und werden hinübergeleitet in Christi Reich. So wie von der fernsten Mitternacht sich das Böse ausbreitet, so kommt Gott von Mittag. Jeder kann nur von daher kommen, wo er haust. Und der Teufel, der der Treiber zum Bösen ist, wohnt in den kalten Herzen, die mit dem kältesten Wind, dem von Mitternacht, versinnbildlicht werden. Gott aber wohnt in den Herzen, in denen das Liebesfeuer brennt, und für diese paßt der Vergleich mit dem wärmsten Wind, mit dem von Mittag her.

Um diese Herzen sich zu bereiten, spricht der Bräutigam im Hohenlied: «Stehe auf, Nordwind, und komm, Südwind, und wehe durch meinen Garten, daß seine Würzen triefen!» Der Garten des Herrn ist seine heilige Kirche, die er pflegt und bewässert mit heiligen Lehren und Mahnungen. Dieser Garten hat zwei «Würzen», d. h. die kostbaren Spezereien des Heiligen Geistes: durch deren eine salbt er, wenn ich so sagen darf, unsern Gott, durch die andere unseren Nächsten. Diese «Spezereien» bedeuten die Liebe zu Gott und dem Nächsten, dieweil er durch die Liebe an den Gott in sich selbst rührt und ihm in seines Herzens ganzer Sehnsucht anhängt, und dieweil er in dieser Liebe sich zu seinem Nächsten hinabbeugt, um ihm seines Lebens Notdurft zu verschaffen. Von diesem Garten steht auf und weicht zurück der Nordwind und kommt der Südwind, wenn die zuvor kalten Menschenherzen an der Liebe Glut sich erwärmen. Wenn wir des Südwinds Wehen durch unsern Garten verspüren, wird auch die Liebe sichtbar in Almosen. Der wärmende Südwind steht in Bereitschaft, aber er

weht noch nicht, und so ist die Liebe im Denken erfaßt, aber noch nicht zur Tat geworden. Des Süds
Wehen wird dann erst frei, wird dann erst spürbar,
wenn die Liebe in der Fürsorge für den Nächsten
zur Tat wird. Dann «triefen die Würzen», die zuvor
in des Herzens Kammer versteckt lagen, wenn die
Liebe zu Gott wie auch zum Nächsten sichtbar wird
in unseren Werken. Dann verströmen die «triefen-
den Würzen» ihren Duft, wenn der Wohlgeruch des
Liebesopfers vielen bewußt wird und die vielen durch
anderer Vorbild zur Nachfolge in dem guten Werk
bringt.

Achtet darauf, liebe Brüder, die Ihr hier versammelt
seid, wir müssen Gottes Garten sein. Wir wollen also
zu dem Herrn des Gartens beten, daß auf sein Macht-
gebot sich der Nord erhebe und weiche, so wie wir
es dargelegt haben, und daß der Südwind komme,
durch diesen Garten zu wehen, auf daß «die Würzen
triefen». Wir wollen also darum beten, daß Euer
Liebesopfer für die Armen nicht nur Euch selbst für
Gott gewinnt, sondern daß Euer Beispiel auch noch
andere ihm wirbt. Schaffet Euch also nach des Herrn
Mahnung «Freunde mit dem ungerechten Mammon,
auf daß, wenn Ihr nun darbet, sie Euch aufnehmen».
Es gibt nämlich den ungerechten Mammon, es gibt
aber auch das gerechte Hab und Gut. Ungerecht heißt
der Mammon dann, wann er ungerechterweise dem
Herrn unterschlagen wurde, während er doch an die
Armen hätte ausgegeben werden müssen, und dadurch wie ein Menschenmörder so viele Arme dahin-
gerafft hat, die er hätte am Leben erhalten können.
Darum sagt Hieronymus in der Erklärung zum Römerbrief: «Denn wenn er sieht, wie jener vor Hunger in Todesgefahr kommt, ist er da nicht sein Mörder, wenn er dabei stand und ihm nichts zu essen gab?

Denn ein jeder, der in einer tödlichen Not beispringen kann und es nicht tut, ist ein Mörder.» Im gleichen Sinn sagt Augustin in seiner Schrift gegen Faustus: «Darum, wenn du auf einen Hungrigen stößt, der daran sterben kann, wenn du ihm nicht für seine Not die Speise reichst, dann giltst du nach dem Gesetz Gottes als Mörder, wenn du ihm nämlich nichts gibst.» Ferner sagt Papst Leo in der Predigt für den 2. Sonntag der Fastenzeit: «Wenn du einen Menschen dadurch retten kannst, daß du ihm Speise gibst, und du tust es nicht, so bist du sein Mörder.» Auch der edle Heide Seneca, dem das natürliche Gesetz geschenkt war, hatte schon lange zuvor folgendermaßen in seinen Sprüchen festgelegt: «Wer einem Menschen in seiner Todesnot beispringen kann und es nicht tut, der mordet ihn.» Meine lieben Brüder, welch große Gefahr wird uns da klar, wenn unsere Habsucht so die Armen, die Glieder am Leibe Christi, tötet, ja den Christus selbst in diesen seinen Gliedern erschlägt? Er spricht ja selbst von dem allen, was diesen Armen widerfährt, mit eigenem Munde also: «Was ihr getan habt einem unter diesen meinen geringsten Brüdern, das habt ihr mir getan.» Als er schon im Himmel thront, da ruft er seinen Verfolger an und spricht: «Saul, Saul, was verfolgst du mich?» Christus hat sich wegen seiner Armen das eine Mal töten lassen, wir aber töten ihn bis heute Tag für Tag eben in den Armen. Der Tod, den er zuvor gestorben und durch den er uns erlöst hat, hat uns Frucht gebracht, aber der Tod, den wir ihn heute sterben lassen, bringt uns die Verdammnis. Judas hat den ungerechten Mammon genommen, um Christus zu verraten; wir lassen in unserem Festhalten am ungerechten Mammon nicht ab, ihn wieder und wieder zu töten. Wir klagen den Judas an, weil er den Herrn des Geldes wegen das eine Mal verraten hat, wir klagen uns darob nicht an, daß wir aus Geldsucht ihn Tag für Tag töten und ihn gewissermaßen von neuem kreuzigen.

Wandeln wir also, meine lieben Brüder, den ungerechten Mammon in den gerechten, in den gerechtfertigten Mammon, von dem geschrieben steht: «Er streut aus und gibt den Armen; seine Gerechtigkeit bleibt ewiglich.» Jenes ist der gerechte Mammon, d. h. der gerechtfertigte, welchen die Kraft der Gerechtigkeit getreulich austeilt, so wie der der ungerechte Mammon ist, den die Habsucht in ihrer Ungerechtigkeit veruntreut.

Meine geliebten Brüder! Glaubt also nicht, es sei Euer Gut, wenn Ihr so den Armen spendet: Ihr gebt Ihnen nur, was ihnen zu eigen gehört. Ich wiederhole: Alles, was Ihr über des Lebens Notdurft hinaus zurückhaltet, das ist Eigentum der Armen, und Ihr habt Eure Hand als Räuber mit Gewalt auf ihr Eigentum gelegt und tötet sie durch diesen Raub. Darum sagt Gregor in seinem Buch über die Pastoraltheologie: «Die Erde, von der sie genommen sind, ist allen Menschen gemein, und darum bringt sie auch ihre Nahrungsmittel für alle gemeinsam hervor.» Es ist also zwecklos, wenn sich Leute für unschuldig halten, welche sich Gottes für alle bestimmte Gabe als Eigenbesitz anmaßen; indem sie nicht austeilen, was ihnen zugefallen ist, legen sie es darauf an, den Nächsten zu morden; denn wenn wir irgendwelchen Notbedarf den Armen reichen, so geben wir ihnen nur wieder, was ihnen gehört, schenken ihnen aber nicht, was uns gehört. Wir befriedigen damit eher einen Anspruch der Gerechtigkeit, als daß wir Werke der Barmherzigkeit üben. Daher sagte auch die göttliche Wahrheit, als sie riet, die Barmherzigkeit sorglich auszuüben: «Habt acht auf eure Gerechtigkeit, daß ihr sie nicht tut vor den Menschen!» Und der Psalmist sagt: «Er streut aus und gibt den Armen; seine Gerechtigkeit bleibt ewiglich.» Gerechtigkeit liegt nämlich da vor, wo man einem jeden das Seine zukommen läßt.

Wenn wir aber den Armen ihr Eigentum zurückgeben, dann bedarf es größter Klugheit, daß wir nicht dem einen geben, was dem andern gehört, oder dem weniger geben, dem mehr gebührt. Die Klugheit ist ja die Mutter aller Tugenden. Auch wenn du in der richtigen Menge opferst, aber es nicht richtig verteilst, so hast du eine Sünde begangen. Das Gesetz lehrt, daß alles Getier unrein ist, das nicht wiederkäut und keine durchgespaltenen Klauen hat. Es lehrt nicht, daß diese unreinen Tiere überhaupt kein Futter bekommen sollen: Ebenso darf man zwar den Ungläubigen die Barmherzigkeit nicht versagen, muß sie aber am meisten den Gläubigen zuwenden, nach dem, was geschrieben steht: «allermeist aber an des Glaubens Genossen», wenn die Freudigkeit, Almosen zu reichen, so groß ist. Aber der Apostel lehrt, Almosen an alle zu geben, besonders aber an des Glaubens Genossen. Von ihnen sprach auch der Heiland: «Die euch aufnehmen in die ewigen Hütten.» Aber unter den Armen der Christgläubigen besteht ein großer Unterschied: die einen sind Arme der Welt infolge einer Notlage, die andern sind Arme Gottes aus ihrem eigenen Willen; und nur von diesen heißt es: «Selig sind, die da geistlich arm sind, denn das Himmelreich ist ihr.» Das sieht auch der vorerwähnte Kirchenlehrer und hat deshalb hinzugefügt: «Können auch die Armen, über deren Lumpen und ungestillten Hunger die brennende Sinnenlust triumphiert, können diese ,die ewigen Hütten' haben, sie, die weder Gegenwärtiges noch Zukünftiges ihr eigen nennen? Denn selig heißen nicht die einfachen Armen, sondern nur die geistlich Armen. Das bedeutet: Gib nur dem, der sich schämt zu nehmen, und wenn er genommen hat, betrübt ist, da er das Irdische erntet und doch das Geistliche gesät.» Andererseits besteht unter denen, die mehr Gottes Arme sind als die der Welt, ein erheblicher Unterschied, indem die einen mehr bedürfen, die andern weniger. Die der Welt ganz absagen und den Aposteln nachleben, die sind noch mehr Gottes Arme und stehen Gottes Herzen noch näher. In diesem Stand gibt es nun Männer wie Frauen, und da diese zum zarteren Geschlecht gehören, und von Natur schwächer sind, so ist ihre Tugend in Gottes Augen um so angenehmer und vollendeter, je schwächer ihre Natur ist, nach dem Wort des Apostels: «Denn meine Kraft ist in den Schwachen mächtig.»

Wenn diese Frauen irdischem Ehebund und der Lockung des Fleisches sich versagen und dem Gemahl sich vermählen, über den der Tod keine Macht hat, dann sind sie als Bräute des höchsten Königs die Herrinnen über all sein dienendes Gefolge. Das ist dem seligen Hieronymus genau bewußt, wenn er an eine dieser Himmelsbräute, an Eustochium, schreibt: «Darum schreibe ich ,Meine Herrin', Eustochium; denn ,Herrin' nenne ich, wie es meine Pflicht ist, eine Braut meines Herrn Jesu Christi.» Wenn ein so großer Kirchenlehrer wie Hieronymus sich nicht scheute, der Wahrheit die Ehre zu geben, so erkennt auch Ihr in diesen Frauen mit der Tat, nicht mit dem Wort Eure Herrinnen und helft ihnen ohne Verzug in ihrer Not und ringt Euch durch zu der Erkenntnis, daß Ihr weit mehr den Bräuten Eures himmlischen Herrn zum Dienst verpflichtet seid als seinem dienenden

Gefolge, und daß sie bei ihrem Bräutigam mehr vermögen als sein Gefolge. Aber auch bei den Klosterfrauen selbst muß man, wenn es gilt, Almosen zu vergeben, so klug sein, da am meisten zu geben, wo die Not am größten ist. Es gibt ja Klöster, bei den Frauen wie bei den Männern, die vor alters von den Mächtigen der Welt gegründet und mit Liegenschaften reich begabt wurden. Aber unser Kloster hier ist eine Neugründung, ist nicht von einem reichen Mann mit Grundbesitz ausgestattet. Dank Gottes Gnade lebt trotz dieser Ungunst in ihnen der gleiche Eifer, Gottes Dienst zu verrichten und regelgemäß zu leben. Aber die neue, noch zarte Pflanzung bedarf zu ihrem Gedeihen Eures Almosens. Ihr müßt Euch also die Armen aussuchen und dürft das Almosen, mit dem Ihr das Himmelreich Euch erkaufen wollt, nicht an den ersten besten vergeben. Das Almosen soll, so steht geschrieben, in Deiner Hand schwitzen, solange bis Du den würdigen Empfänger findest, bis Dir die rechte Gelegenheit sich bietet, es zweckmäßig und zum vollen Wert anzulegen. Berücksichtige diese Armen, welche durch den Schatz ihrer Verdienste und durch ihre Gebete dich in den Himmel einführen können; es ist doch töricht, die «ewigen Hütten» von denen zu erhoffen, die sich, sie zu gewinnen, gar nicht oder zu wenig abmühen: Solche sind arm mehr unter dem Zwang des Lebens als aus freiem Willen, sie heißen eher die geldlich Armen als die geistlich Armen, sie sind arm wider ihren Willen, nicht aus freiem Willen. «Ich bin gefangen gewesen», spricht zwar der Herr, «und ihr seid zu mir gekommen.» Und darum bedeutet es ein gewisses Maß von Barmherzigkeit, auch solchen zu helfen, die wider ihren Willen in den Kerkern der Menschen schmachten; aber die höchste Barmherzigkeit zeigt sich in der Hilfe an denen, die sich freiwillig auf Lebensdauer in Gottes Kerker hingegeben, bis sie dem Bräutigam entgegeneilen und mit ihm den Hochzeitsaal betreten, so wie der Bräutigam es meint mit den Worten: «Und die bereit waren, gingen mit ihm hinein zur Hochzeit.» Sie gingen hinein, um dort in dauerndem Sichgehören, wenn ich so sagen darf, Gattinnen des himmlischen Bräutigams zu werden, die hier seine Bräute waren. Zu dieser Gemeinschaft der himmlischen Hochzeit und zu den «ewigen Hütten» mögen Euch an ihrer Hand einführen dürfen die himmlischen Bräute auf Grund ihrer Verdienste und durch ihre Fürsprache, auf daß Ihr dort durch sie an Ewigem empfangen dürft, was sie hier von Euch an Vergänglichem erhalten! Dazu verhelfe ihr Bräutigam, unser Herr Jesus Christus, Ihm sei Ehre und Preis in Ewigkeit! Amen.

Aus Abaelards Mahngedicht an seinen
Sohn Astrolabius

Mancher erlebt noch die Sünden von einst in seli-
gem Nachklang,
daß ihm nimmer und nie Reue von Herzen erwächst.
«Nein, die Süße der Lust sei», sagt er, «stark wie zu
Anfang;
nimmer beschwere darob irgend die Buße das Herz!»
Öfters beklagt Heloisa, die uns so teuer, den
Zwiespalt;
oftmals spricht er zu mir, spricht zu ihr selber, ihr
Mund:
«Winkte Errettung nur dann, wann frühere Sünden
mich reuten,
dann versänke für mich Hoffen auf Rettung ins
Nichts.
Was ich begangen, es lebt so stark in freudiger Süße,
daß mich die Tiefe der Luft noch im Erinnern
umfängt.»

Sunt quos oblectant adeo peccata peracta,
ut nunquam vere poeniteant super his;
immo voluptatis dulcedo tanta sit huius,
ne gravet ulla satisfactio propter eam.
Est nostrae super hoc Eloysae creba querela,
quae mihi, quae secum dicere saepe solet:
«Si, nisi poeniteat me commisisse priora,
salvari nequeam, spes mihi nulla foret.
Dulcia sunt adeo commissi gaudia nostri,
ut memorata iuvent, quae placuere nimis.»

Liebe Schwester Heloisa, in der Welt einst mir teuer, jetzt in Christo vor allem lieb und wert: die Logik ist es, die mich der Welt verhaßt gemacht. Die Erzverdreher, deren Weisheit im Verderben besteht, verkünden der Welt, ich sei in der Logik eine erste Kraft, aber im Paulus hinke ich stark. Sie rühmen damit meinen Scharfsinn, aber sie wollen die Reinheit meines Christenglaubens nicht anerkennen. Sie lassen sich ja nur von ihren Vorurteilen zum Verurteilen verführen und haben sich nicht die Mühe genommen, zu prüfen und sich eines Besseren belehren zu lassen.

Wenn ich mich gegen Paulus verstocken muß, um ein Philosoph zu heißen, dann verzichte ich auf den Philosophen; um ein Aristoteles zu sein, will ich mich nicht von Christo scheiden. Es ist kein anderer Name unter dem Himmel, in dem ich selig werden kann. Ich bete den Christus an, der zur Rechten des Vaters sitzet und regieret. Mit der ganzen Kraft des Glaubens umfasse ich meinen Herrn, der vom Heiligen Geist empfangen jungfräulich im Fleisch lebte und in Gottes Kraft Wunder wirkte. Laß die ängstliche Sorge und alle Zweifel aus Deinem Herzen weichen und laß Dich nicht irren, da ich also glaube, und mein Gewissen gegründet ist auf jenen Felsen, auf den Christus seine Kirche baute. Was auf diesem Felsen geschrieben steht, will ich Dir in wenigen Worten deuten:

Ich glaube an den Vater, Sohn und Heiligen Geist, an den von Anbeginn an einen und wahren Gott, der in seinen Personen die Dreieinigkeit also verkörpert, daß er in seiner Wesenheit stets die Einheit bewahrt. Ich glaube, daß der Sohn in allem dem Vater gleicht, in Ewigkeit und Macht und Wollen und Werk. Ich höre nicht auf Arius, der in seinem verkehrten Denken, ja vom teuflischen Geiste verführt, Abstufungen in der Dreieinigkeit einführt, der den Vater für größer, den Sohn für kleiner erklärt, und das Gebot vergißt: «Du sollst nicht auf Stufen zu meinem Altar steigen.» Denn zum Altar Gottes steigt auf Stufen empor, der ein Früher oder Später in der Dreieinigkeit behauptet. Ich bezeuge, daß auch der Heilige Geist mit dem Vater und dem Sohn wesenseins und wesensgleich ist; darum erklären auch meine Schriften vielfach, es komme ihm der Name ‚Liebe‘ zu. Ich verdamme den Sabellius, der behauptet, Vater und Sohn seien ein und dieselbe Person, und der Vater sei es, der gelitten habe; danach heißen seine Anhänger dann auch ‚Patripassianer‘.

Ich glaube, daß der Gottessohn zum Menschensohn geworden, und daß er *eine* Person ist, aus und in zwei Naturen besteht. Ich glaube, daß er nach Vollendung seines irdischen Wirkens gelitten hat, gestorben und auferstanden ist, aufgefahren gen Himmel, von dannen er kommen wird, zu richten die Lebendigen und die Toten. Es ist meine feste Überzeugung, daß in der Taufe alle Sünden vergeben werden, daß wir der Gnade bedürfen, um das gute Werk anzufangen und zu vollenden, und daß die Gefallenen durch die Buße in den Zustand vor ihrem Fall zurücktreten. Und nun die Auferstehung des Fleisches — soll ich darüber etwas sagen, da ich mich umsonst rühmte, ein Christ zu heißen, wenn ich nicht an meine Auferstehung glaubte? Das ist der Grund, da ich mich gründe, auf den ich meine feste Hoffnung baue. Auf diesen festen Glaubensgrund ist meine Heilsgewißheit gegründet, und so fürchte ich nicht der Scylla Gebell, ich lache über der Charybde Schlund, ich schaudere nicht vor den todbringenden Liedern der Sirenen. Mögen des Wassers wirbelnde Wogen herantoben und Stürme sausen, ich weiche nicht und stehe unerschüttert, denn ich bin auf einen festen Felsen gegründet.

Dem Hohenpriester / insonderheit unserm Vater / dem Herrn Papst Innocentius / sein demütiger Bruder Petrus / Abt von Cluny.

Mein Gehorsam und meine Liebe zuvor! Magister Petrus, der Eurer Weisheit, glaube ich, wohl bekannt ist, kam neulich von Francien aus in Cluny an. Wir fragten ihn, wohin die Reise gehe; er gab an, er fühle sich von einigen Leuten peinlich verfolgt; sie hießen ihn einen Ketzer — diesen Vorwurf wies er aber weit zurück —, er habe nun Berufung eingelegt bei der apostolischen Majestät und wolle zu ihr seine Zuflucht nehmen. Ich lobte seine Absicht und redete ihm sogar noch zu, sich in dieses allen bekannte, allen zugängliche Asyl zu flüchten; ich versicherte ihm, die Gerechtigkeitsliebe des apostolischen Stuhles, die sich sogar jedem Unbekannten und jedem Fremden gegenüber bewähre, werde sich auch an ihm erweisen; ich stellte ihm in Aussicht, er würde über die Gerechtigkeit hinaus auch Barmherzigkeit finden, wenn die Umstände sie nötig machten. — Inzwischen erschien der Abt von Cîteaux und verhandelte mit mir und mit Abaelard selber über die Wege, den Frieden zwischen ihm und dem Abt von Clairvaux herzustellen; seinetwegen hatte Abaelard die Berufung ja eingelegt. Ich bemühte mich persönlich, Frieden zu stiften, und redete Abaelard zu, mit dem Abt von Cîteaux zu Bernhard von Clairvaux zu gehen. Ich setzte die Mahnung noch hinzu, wenn er allenfalls etwas gesagt oder geschrieben habe, was den Ohren eines Rechtgläubigen anstößig sein könnte, so möge er sich von ihm und andern frommen Fachleuten weisen lassen, von anstößigen Äußerungen abzurücken und anstößige Stellen in seinen Büchern zu tilgen.

Also geschah es: Er ging, er kehrte wieder. Mit dem Abt von Clairvaux sei es — so berichtete er nach seiner Rückkehr — dank der Vermittlung des Abts von Cîteaux zu einem friedlichen Ausgleich gekommen; die früheren Klagepunkte seien niedergeschlagen. Unter meinem Zureden, vor allem aber, wie ich glaube, auf Gottes Anruf, entschloß sich Abaelard im Verlauf der Tage, aus dem Kampfgetümmel der Vorlesungen, von dem Schlachtfeld der Wissenschaft zu weichen, und er wählte Euer Cluny als bleibende Ruhestatt. Bei seinen Jahren, seiner Gebrechlichkeit und seiner Frömmigkeit schien mir dieser Entschluß angemessen. Ich hoffte dabei auch, sein reiches Wissen, das Euch nicht ganz unbekannt ist, für viele unserer Brüder nutzbar zu machen. Deshalb gewährte ich ihm seine Bitte: sofern Eure Güte es genehmige, dürfe er herzlich gerne einer der Unsrigen werden und damit einer der Eurigen.

Nun bitte ich, wie gering auch immer, jedenfalls Euer Dienstmann, es bittet mit mir der Orden von Cluny, Euer demütig ergebener Diener, es bittet Abaelard selber mit eigenem Mund, durch unsern Mund, durch die Überbringer dieses Briefes, Eure geistlichen Söhne, er bittet durch diesen Brief, den ich auf seinen Wunsch abfaßte: Laßt ihn die übrigen Tage seines Alters und seines Lebens, deren es vielleicht nicht mehr viele sind, in Eurem Cluny vollenden! Gleich dem Sperling und der Turteltaube freut er sich nun des schützenden Dachs, des bergenden Nests, das er finden durfte. Wehrt gnädiglich seinen Verfolgern, ihn daraus zu verjagen oder in seiner Ruhestatt zu verstören! Wie Ihr alle Frommen in Euern Schutz nehmt und sogar diesem Mann Eure Liebe geschenkt habt, so geruht auch ihn zu schirmen mit dem Schild Eures apostolischen Amtes!

Der verehrungswürdigen / in Christo geliebten
Schwester / der Äbtissin Heloisa / ihr demütiger
Bruder Petrus / Abt von Cluny.

Das Heil zuvor, das Gott denen versprochen, so ihn
lieben! Aus Deiner Liebe stammt der Brief, den Du
mir jüngst durch meinen Sohn Theobald übersandtest;
da er von Dir kam, empfing ich ihn mit herzlicher
Freude. Ich wollte sofort erwidern und mitteilen, was
mir auf der Seele lag, aber ich bin durch die Erledi-
gung der dringendsten Geschäfte meistens, ich könnte
auch sagen, immer völlig ausgefüllt und bin so nicht
zum Schreiben gekommen. Ich benütze nun den ersten
Tag für mein Vorhaben, an dem ich inmitten dieses
Getriebes einmal aufatmen durfte. Deine Liebe, die
Du mich jetzt im Brief und zuvor schon in Geschenken merken ließest, hätte ich wenigstens mit einer
baldigen Antwort vergelten sollen, ich hätte Dir zeigen sollen, welchen Ehrenplatz der Liebe im Herrn
Du in meinem Herzen einnimmst. Es ist ja nicht erst
von heute, daß ich anfange, Dich zu lieben; schon vor
geraumer Zeit, ich vergesse das nicht, hat meine ver-
ehrende Liebe ihren Anfang genommen. Ich stand
noch im Jünglingsalter und war noch nicht zum jungen Manne gereift, da drang schon Dein Ruhm zu
meinen Ohren; es war noch nicht Deine Frömmigkeit,
sondern es war Dein hochgemutes Ringen um die
Wissenschaft, das Dich berühmt machte. Ich hörte
damals von einer Frau erzählen: sie hatte sich zwar
noch nicht von den Bindungen dieser Welt frei machen
können, aber sie setzte — was bei einer Frau sehr selten ist — ihre ganze Kraft ein für die schönen Wissenschaften und für das Studium der Philosophie dieser
Welt; in ihrem schönen Ziel, die Fachwissenschaften

sich zu eigen zu machen, lasse sie durch Weltsinn, Tändeleien und Vergnügungssucht sich nicht beirren. Jämmerliche Teilnahmslosigkeit für alles höhere Streben legte sich lähmend fast über die ganze Welt, die Wissenschaft wußte nicht, wo sie ihren Fuß hinsetzen sollte, — daß es beim weiblichen Geschlecht so stand, aus dessen Kreis sie ganz vertrieben war, bedarf keiner besonderen Erwähnung — aber auch bei den Männern hatte die Wissenschaft kaum mehr Glück. Doch Du hieltest in dieser Zeit das Banner der Wissenschaft hoch, Du hast Dich über alle Frauen erhoben, und es gibt auch wenige Männer, die Du nicht übertroffen hast. Hernach aber gefiel es Gott, der Dich, mit dem Apostel zu reden, von Deiner Mutter Leibe hat ausgesondert und Dich durch seine Gnade berufen, Dich einen weit besseren Weg mit Deinem Streben zu führen. Du vertauschtest die Logik mit dem Evangelium, den Meister der Physik Aristoteles mit dem Apostel Paulus, Plato mit Christus, den Hörsaal mit dem Kloster: nun wurdest Du erst eine Jüngerin der Weisheit, die einzig diesen Namen verdient. Du hast dem besiegten Feind seine Beute entrissen und zogest mit den Schätzen aus Ägyptenland durch die Wüste unseres Pilgerweges; so hast Du in Deinem Herzen unserm Gott ein kostbares Heiligtum errichtet. Mit Mirjam stimmtest Du das Siegeslied an, da Pharao im Meer versunken. So wie Mirjam, die Pauke in den Händen, diesen Sieg feierte, so hat Deine Pauke den Sieg in der gesegneten Abtötung des Fleisches gefeiert, und des neuen Liedes Klang ließest Du, eine Meisterin auf diesem Instrument, aufsteigen zu Gottes Ohr.

Mit Füßen tratest Du den Kopf der alten Schlange, als Du den Weg einschlugest, den Du aus Gottes Gnade ohne Wanken wirst zu dem schönen Ziele gehen.

Mit Füßen tratest Du den Kopf dem ewigen Feinde der Frauen, und so kräftig wirst Du ihn zertreten, daß er nimmermehr Dich anzuzischen wagt. An den Pranger stellst Du jetzt und immerdar den hoffärtigen Fürsten dieser Welt; aufstöhnen wird unter Deinem zwingenden Griff der Gewaltige, den Gottes Mund den König der Söhne der Hoffart nennt, er, der nach Gottes Wort an den seligen Hiob für Dich und Deiner Mägde Gemeinschaft in Ketten gelegt ist.

Nicht seinesgleichen hat dies Wunder, dies Wunder über alle Wunder: Dem nach des Propheten Hesekiel Wort «kein Zedernbaum gleich war in Gottes Garten, und die Tannenbäume waren seinen Ästen nicht zu vergleichen», der muß vom zarten Geschlecht sich besiegen lassen, und der Erzengel Michael in all seiner Kraft, er muß sich von einer Frau in all ihrer Schwäche beschämen lassen.

Dem Schöpfer erwächst aus solchem Kampf der höchste Ruhm, dagegen die höchste Schmach dem Lügengeist. Ja, der Teufel muß bei diesem Kampf es sich gefallen lassen, als dumm beschimpft und ausgelacht zu werden: der höchsten Majestät im Himmel hat er es gleichtun wollen, und kann doch nicht den kurzen Kampf bestehen mit einem schwachen Weib! Jeder Frau, die in diesem Kampf siegt, drückt der König des Himmels den verdienten Siegespreis auf das Haupt, die von Edelgestein strahlende Krone. Wer schwach im Fleisch den Kampf doch siegreich bestanden, dem leuchtet im Licht das Diadem der ewigwährenden Vergeltung. Geliebteste Schwester im Herrn, ich sage das wahrhaftig nicht, um Dir zu schmeicheln. Nein, ich rufe Dich auf, verliere das hehre Ideal nicht aus den Augen, dem Du schon Deine Zeit gedient, und gehe frischen Mutes daran, mit klugem Bedacht es zu vertreten. Entfache mit mahnendem Wort, mit hinreißendem Vorbild den Feuergeist in den frommen Schwestern, die mit Dir Gott dienen, und Gottes Gnade, in Dir mächtig geworden, schenke Dir in ihnen eifervolle Mitkämpferinnen! Du bist eines jener Tiere, die der Prophet Hesekiel schaute. Du darfst nicht nur wie eine Kohle glühen, Du mußt wie eine Lampe glühen und leuchten zugleich.

Vor der ewigen Wahrheit bist auch Du nur die Schülerin, aber kraft Deines Amtes eine Lehrerin der Demut für Deine anvertrauten Töchter. Ja, Demut und alles, was für den Himmel formt, das sind die Fächer, für die Gott Dir ein Lehramt gegeben. Du wirst also über Dich selbst und über Deine anvertraute Herde zu wachen haben, und wer für alle zu wachen hat, der wird auch vor allen den größten Lohn empfangen. Deiner wartet, des darfst Du gewiß sein, die Siegespalme vor allen: so viele unter Deiner Fahne der Welt und dem Fürsten dieser Welt obsiegen, so viel bringen sie Dir — Du weißt es ja selbst — an Triumphen, so viel an ruhmreichen Trophäen vor die Füße dessen, der in Ewigkeit richtet und regieret.

Es ist bei den Menschen ja nicht ganz ungewöhnlich, daß Frauen über Frauen herrschen, nicht unerhört, daß sie selber in die Schlacht ziehen und die Männer in den Kampf geleiten. Und — es soll wahr sein, was Ovid sagt: «Auch vom Feinde zu lernen ist rechtens!» — da ist bei den Heiden die Amazonenkönigin Penthesilea mit ihrem Amazonenheer; das waren Frauen, keine Männer! Sie kämpfte im Trojanischen Kriege mit, wie viele Berichte sagen. Da ist im Volke Gottes die Prophetin Debora: sie hat, so steht geschrieben, Barak, dem Richter in Israel, Mut gemacht zum Kampf gegen die Heiden. Warum sollten nicht hochgemute Frauen gegen den starken Gewappneten auf die Walstatt vorschreiten dürfen, warum nicht Führerinnen werden über das Heer unseres Gottes. Hat doch Penthesilea, allerdings zum Anstoß für die Welt, mit eigner Hand gegen den Feind gekämpft! Und unsre Heldin, Debora, hat sogar den Männern die Heerfahrt für das Gottesreich gepredigt, die Waffen in die Hand gedrückt, den Kampfgeist entfacht. Jabin, der Heiden König, ist besiegt, Sisera, sein Feldhauptmann, liegt in seinem Blut, das Heidenheer ist vernichtet: und alsbald stimmt Debora das Siegeslied an und singt demütig die großen Taten Gottes.

Wenn Gott in seiner Gnade Dir mit Deinen Schwestern über weit stärkere Feinde den Sieg schenkt, darf auch Dein Siegeslied stolzer erklingen; vor freudigem Jubelklang wird bei Dir Freuens und Singens kein Ende mehr sein. Bis dahin wirst Du für die Mägde Gottes, des Himmels Heerbann, das sein, was Debora für das jüdische Volk: eine Mutter in Israel! Weil im Kampfe der glänzendste Preis Dir winkt, verläßt Du trotz mancherlei Mißgeschick zum Schluß doch den Kampfplatz als Sieger! Debora bedeutet im Hebräischen — aber eine so gelehrte Frau wie Du weiß das von selbst — Debora bedeutet die Biene. Darum wirst auch Du, die neue Debora, wie eine Biene sein und wirst die Honigtracht nicht Dir vorbehalten; Du wirst, wo und wie immer Du den guten Honig eingetragen, diesen Schatz im mahnenden Wort, im beispielhaften Werk, überhaupt in jeder Form austeilen an die Schwestern Deiner Gemeinschaft, ja, an wen es Dir gefällt. Sättigen wirst Du in unserm kurzen Erdenwallen Dich selbst an der verborgenen Süße der Heiligen Schrift und die frommen Schwestern in verständlicher Predigt, solange bis nach des Propheten Wort «am verstatteten Tage von den

Bergen ewige Süße trieft und die Hügel von Milch und Honig fließen». Mag diese Stelle des Propheten auch von der Zeit der Gnade gesagt werden, so hindert nichts, sie auch von der Zeit der Herrlichkeit zu verstehen, eine Deutung, die noch schöner ist.

Es wäre mir eine Freude, noch lange mit Dir über solche Fragen mich zu unterhalten; Deine vielgerühmte Gelehrsamkeit ist mir ja ein Genuß, und noch mehr zieht es mich zu Dir um Deiner Frömmigkeit willen, die mir viele rühmen. Könntest Du doch zu unserem Cluny gehören! Könntest Du doch hinter den Mauern von Marcigny in freudig getragener Knechtschaft mit den anderen Mägden Christi der himmlischen Freiheit entgegenharren!

Dein Schatz an Frömmigkeit und Wissen, er hätte mir mehr gegolten als die reichsten Schatzgewölbe aller Könige, und unser Schwesternkonvent, so leuchtend er ist, strahlte zu meiner Freude noch heller, wenn Du in ihm Wohnung nähmest. Auch Du hättest ja den Schwestern reiche geistliche Förderung verdankt; was die Welt an höchstem Adel und an Stolz darauf besaß, das hättest Du dort zu Deinem Staunen verächtlich mit Füßen treten sehen. Wer in der Welt an schwelgerischem Prunk sich nicht genugtun konnte, der lebte hier vor Deinen Augen in erstaunlicher Schlichtheit, und die einst schmutzige Gefäße des Teufels waren, die sahest Du völlig gewandelt, schimmernde Tempel, in denen der Heilige Geist Wohnung genommen. Gottesmägde, dem Satan und der Welt heimlich entführt, sind hier die Baumeister: ihre Unschuld der Sockel, ihre Tugenden die hohen Wände, und der Giebel steigt, ein Werk der gesegneten Bauhütte, bis in Himmelshöhen. Jauchzen hätte Dein Herz erfüllt über den Wetteifer der engelgleichen Jugend in ihrer Blüte mit den Witwen in ihrer

erprobten Keuschheit; sie harren alle zumal der Herrlichkeit entgegen, der seligen, hocherhabenen Auferstehung, und die engen Klostermauern legen sich
um sie, und noch im Leben ruhen sie schon in dem
Grab, aus dem sie dereinst selig auferstehen werden.
All diese Herrlichkeit und vielleicht noch höhere
kannst Du auch in dem Kreis haben, an dem Gott
Dich Deine Arbeit tun läßt; in dem Eifer um das
Heilige kann Dir niemand etwas geben, was Du nicht
schon hast; aber, und das will ich doch noch sagen,
wenn Du Deine Gnadengaben in unsern Dienst gestellt hättest, so wäre unserer klösterlichen Gemeinschaft daraus ein großer Segen erwachsen. Aber die
göttliche Vorsehung, die alles lenkt und regiert, hat
uns nicht gegönnt, Dich unter Clunys Leitung zu
sehen. Aber was sie uns bei Dir versagte, das hat sie
uns in dem Mann geschenkt, der Dein war, in dem
Mann, der immerdar mit Ehren genannt werden darf,
in dem Knecht Christi und dem Diener der wahren
Weisheit, in dem Magister Petrus. In seinen letzten
Lebensjahren hat ihn die göttliche Vorsehung nach
Cluny geführt, sie hat unserem Kloster in ihm und
durch ihn ein Geschenk gemacht, herrlicher als Gold
und Edelgestein.

Was wir alles in Cluny von seinem demütigen, er-
baulich frommen Wandel unter uns zu bezeugen
haben, läßt sich in einem kurzen Brief gar nicht aussprechen. Eine solche Anspruchslosigkeit in Haltung
und Gebärde habe ich wohl noch bei niemandem erlebt; auch das schärfste Auge konnte am heiligen
Germanus keine größere Bescheidenheit entdecken,
am heiligen Martin keine größere Armut. Er nahm
auf meine Veranlassung in unserer großen Klostergemeinschaft einen hohen Rang ein; aber wenn man
ihn in seinem bescheidenen Gewand sah, hätte man

ihn für den letzten Bruder halten können. Ich wunderte mich oft darüber, und wenn er bei Prozessionen mit mir an der Spitze der Brüder schritt — er konnte sich diesem Herkommen nicht entziehen —, dann wußte ich mich vor Staunen gar nicht zu lassen, daß ein Mann von solchem Namen und solchem Ansehen sich so wegwerfen und demütigen konnte. Manchen Leuten im Orden ist ihre Kutte nicht kostbar genug; er war ein Muster der Bescheidenheit, jedes Gewand war ihm recht, er hatte an keinem etwas auszusetzen. Genau dieselbe Einstellung hatte er zum Essen und Trinken und überhaupt zu allem, dessen der Leib bedarf. Er verwarf nicht bloß das Überflüssige; alles, was nicht unbedingt nötig war, lehnte er bei sich und bei anderen durch Wort und Wandel ab. Beständig las er, gar oft betete er und sprach nur, wenn eine seelsorgerliche Besprechung mit einzelnen Brüdern ihn dazu nötigte, oder wenn er im Konvent eine religiöse Ansprache zu halten hatte. Dem heiligen Altarsakrament, bei dem Gott das Opfer des ewiglebenden Lammes empfängt, wohnte er bei, so oft er konnte. Nachdem er durch meine Briefe und durch meine persönlichen Bemühungen zum Frieden mit dem römischen Stuhl gekommen war, wich er nicht vom Tisch des Herrn. Ich will es kurz machen: sein Geist dachte allzeit dem göttlichen Geheimnis nach, sein Mund lehrte die Weisheit, sein Wandel war beispielhaft. So lebte er mit uns, schlicht und rechtschaffen, gottesfürchtig, dem Bösen abgewandt; so wandelte er eine Zeitlang noch unter uns und weihte seine letzte Lebenszeit dem Herrn.

Ich schickte ihn nach Chalon, da ihn ein Hautausschlag und sonstige körperliche Beschwerden sehr stark mitnahmen. Diese lachende Landschaft, die fast alle Landstriche unseres Burgund übertrifft, hatte ich für ihn als passenden Aufenthaltsort ausgesucht; er lebte zwar in der Nähe der Stadt, aber durch die Saône von der eigentlichen Stadt getrennt. Soweit es sein Zustand gestattete, nahm er seine vertrauten Studien wieder auf und saß immer über seine Bücher gebeugt. Wie wir es von Gregor dem Großen lesen, so ließ auch er keinen Augenblick ungenutzt vergehen, ohne zu beten, zu lesen, zu schreiben oder zu diktieren. Als der zu ihm kam, ihn heimzuholen, von dem das Evangelium spricht, da fand er ihn mitten in seinem frommen Wirken, nicht schlafend wie so viele, nein, wach und bereit. Wach und bereit fand er ihn und berief ihn zur himmlischen Hochzeit, so wie der Herr nur die klugen Jungfrauen beruft; denn er trug bei sich die Lampe, die er mit Öl gefüllt hatte, sein Gewissen, das ihm den heiligen Wandel bezeugte. Und als nun des Menschseins Sold von ihm gefordert wurde, da gewann die Krankheit Gewalt über ihn und wurde immer schwerer. In Bälde gelangte er zu seinem Ziel: in frommer Ergebung bekannte er seinen Glauben, wie es ein rechter Christ soll, und legte die Beichte ab; in der rechten Innigkeit eines sehnsüchtigen Herzens empfing er die letzte Wegzehrung als Pfand des ewigen Lebens, er empfing den Leib unseres Erlösers; in aufrichtigem Glauben empfahl er Leib und Seele für Zeit und Ewigkeit seinem Herrn und Gott. Zeuge dessen sind die frommen Brüder, Zeuge ist der ganze Konvent des Klosters, in dem der Leib des heiligen Märtyrers Marcellus ruht. Also hat Magister Petrus seinen Lauf vollendet: der durch sein überragendes Wissen und durch sein hinreißendes Lehren der ganzen Welt bekannt und allüberall berühmt war, der ging zu dem Lehrer ein, der gesagt hat: «Lernet von mir, denn ich bin sanftmütig und von Herzen demütig.» In seiner Schule hielt er still und demütig aus und ist, das dürfen wir glauben, zum Herrn selbst eingegangen.

Verehrungswürdigste, teuerste Schwester im Herrn! Eingegangen ist zu Gott ein Christ: in der Welt gehörte ihm Deine menschliche Liebe, fern der Welt warst Du ihm verbunden durch das starke Band der wahren Liebe, der Gottesliebe; Ihr habt beide geistlich vereint, Du die Magd und er der Meister, unserem Gott dienen dürfen. Er ruht, Dein besseres Ich, in Christi Armen, bis Du zum Herrn eingehen darfst; bis des Herrn Tag kommt, da die Stimme des Erzengels über die Welt ertönt und unter dem Schall der Posaune Gott vom Himmel herniederfährt, bewahrt ihn Dir Gottes Gnade zur ewigen Wiedervereinigung. Gedenke meiner im Herrn und schließe zusamt Deinen frommen Schwestern in Euer fürbittendes Gebet ein die Brüder und Schwestern unseres Ordens! Wo immer auf Erden sie nach ihren Kräften den Dienst tun, dienen sie dem Gott, dem wir alle anbetend nahen.

Leb wohl!

Petrus / dem hochehrwürdigen Herrn und Vater / dem verehrungswürdigen Abt von Cluny / Heloisa / die demütige Dienerin ihres himmlischen und ihres irdischen Vaters.

Gnade und Seligkeit durch den Heiligen Geist zuvor! Da uns Gott in seiner Barmherzigkeit heimsuchte, da habt Ihr Euch herabgelassen, uns zu besuchen. In dankerfüllter Freude, liebster Vater, rühmen wir uns dessen, daß aus Eurer Höhe Ihr zu mir niedriger Magd Euch herabgebeugt; ein Besuch von Euch ist ein großes Ereignis selbst für die Großen dieser Erde. Die anderen wissen, wieviel Segen Eure Gegenwart ihnen gebracht hat. Ich aber, ich finde noch keine Worte, ich kann es noch nicht fassen, wieviel Segen und wieviel Freude mir Euer Besuch geschenkt hat. Ihr, unser geistlicher Vater und Herr, Ihr habt in unsrem Kloster vergangenes Jahr am 16. November eine Messe gelesen und uns dem Heiligen Geiste anbefohlen. Im Kapitel habt Ihr uns mit dem Himmelsbrote gespeist, Ihr habt uns den Leib unseres Magisters Petrus geschenkt und habt uns ein Benefiz von Cluny gewährt. Ich bin nicht wert, Eure Magd zu heißen, und doch habt Ihr in Eurer alles überragenden Demut es Euch nicht nehmen lassen, mich in Briefen und im Gespräch als Schwester zu bezeichnen. Ihr habt mir ein besonderes Pfand Eurer aufrichtigen Liebe geschenkt: Ihr habt mir versprochen, nach meinem Tode in Eurem Kloster für mich dreißig Seelenmessen lesen zu lassen. Ihr habt obendrein noch in Aussicht gestellt, mich dieses Gnadengeschenks mit Brief und Siegel zu versichern. Möchtet Ihr, geliebter Bruder und hochwürdiger Herr, möchtet Ihr dies Versprechen erfüllen, das Ihr Eurer Schwester, nein, Eurer Magd

gegeben habt! Schicket mir auch ein weiteres Schrift-
stück mit Eurem Siegel, das die Absolution unseres
Meisters mit klaren Worten ausspricht, auf daß wir
es auf seinem Grabe anbringen! Gottes Liebe und die
Liebe Eurer Magd lasse Euch Eures Astrolabius gedenken, daß Ihr ihm beim Bischof von Paris oder
irgendeinem anderen eine Pfründe verschafft!

Lebt wohl! Der Herr nehme Euch in seinen Schutz
und schenke uns je und je das Glück, Euch bei uns zu
sehen!

Uunsrer verehrungswürdigen / teuren Schwester /
Heloisa / der Magd Gottes / der Leiterin und
Meisterin der Mägde Gottes / ihr demütiger Bruder
Petrus / Abt von Cluny.

Die Fülle der Seligkeit in Gott und die Fülle unserer
Liebe in Christo sei mit Euch allen! Ich empfing eine
große Freude, da ich den Brief Eurer Heiligkeit las,
ließ er mich doch verspüren, daß mein Besuch bei Euch
kein Augenblicksereignis war, daß er nicht in der
Vergangenheit spielt, sondern daß ich seitdem noch
immer unter Euch weile. Als Ihr mich gastlich auf-
nahmt, da geschah es mir nicht, wie es dem widerfährt, der auf der Durchreise eine Nacht verweilt und
gar bald vergessen ist. Ich darf es verspüren, ich bin
bei Euch nicht als Fremder und als Wallfahrer gewesen, ich weilte bei Euch, eingebürgert in Eure
fromme Gemeinschaft und, ich hoffe es, aufgenommen
unter das Hausgesinde Gottes. So habt Ihr in einem
feinen und reinen Herzen alles bewahrt, so hat sich
Euch in Eurer Aufnahmewilligkeit alles eingeprägt,
was ich in der überkurzen Zeit meines Aufenthaltes
gesprochen und getan habe. Ihr habt nichts zu Boden
fallen lassen, ob es sich um ein Wort bewußter Be-
ziehungsfülle handelte oder nur um eine belanglose
Augenblickswendung. Ihr habt alles vernommen, Ihr
habt es in Eurer herzlichen Liebe festgehalten, als sei
es ein Großes, ein Himmlisches, ein Heilighehres, als
rede und wirke so unser Herr Jesus Christus in Person. Was Euch Herz und Ohr öffnete, das waren wohl
die Worte der Regel, die Euch wie uns befiehlt, den
Christus in den Fremden zu verehren, in den Fremden den Christus aufzunehmen. Vielleicht trieb Euch
auch der Gedanke an die göttliche Verheißung, die

die Oberen haben — für Euch gehöre ich nicht zu diesen — «Wer euch höret, der höret mich.» Erhaltet mir immer die gnadenvolle Liebe, daß Ihr meiner gedenkt und im Bittgebet Eurer frommen Töchterschar des Allmächtigen Barmherzigkeit für mich erfleht!

Von meiner Seite aus soll es an einem Dank nicht fehlen, so gut ich ihn zu leisten vermag. Denn schon längst, ehe ich Euch sah, aber vor allem seit ich Euch habe kennen lernen, da wohnt am Ehrenplatz in der Stille meines Herzens eine wahrhafte Liebe zu Euch. Als ich Euch nahe war, versprach ich, dreißig Seelenmessen lesen zu lassen; Eurem Wunsch entsprechend habe ich Euch Brief und Siegel darüber ausgefertigt und will Euch die Verschreibung zusenden, da ich jetzt ferne bin. Ebenso übersende ich auf Euren Wunsch die Absolution für Magister Petrus; ich habe sie eigenhändig auf Pergament geschrieben und mit meinem Abtsiegel beglaubigt. Und nun Euer lieber Sohn Astrolabius, der um Euretwillen auch mein Sohn ist! Sobald sich Gelegenheit bietet, will ich mich gern umtun, ihm an einer angesehenen Domkirche eine Pfründe zu verschaffen. Aber die Erfüllung dieses Versprechens ist nicht ganz einfach: die Erfahrung habe ich schon wiederholt machen müssen, daß die Bischöfe sich sehr sträuben und alle möglichen Ausreden haben, wenn sie an ihren Kirchen eine Pfründe verleihen sollen. Doch Euretwegen will ich tun, was ich kann und sobald ich es kann.

Lebt wohl!

Ich, Petrus, Abt von Cluny, habe Petrus Abaelard als Mönch in Cluny aufgenommen. Nach seinem Tode habe ich ihn in der Stille übertragen lassen und Heloisa, der Äbtissin des Klosters Paraklet, und ihren Nonnen das Recht gegeben, ihn zu bestatten. Ich spreche ihn los von allen seinen Sünden auf Grund des mir übertragenen Amtes im Namen des allmächtigen Gottes und aller Heiligen.

ANHANG

Abaelard und Heloisa
Ihre zeitliche und überzeitliche Bedeutung

Nachwort zur 2. Auflage 1954

Zeittafeln

Namen- und Sachverzeichnis

Literaturnachweise zum Anhang

—

Nachwort zur 4. Auflage 1979
von Walter Berschin

Héloïse et Abélard sont grands jusque dans leurs fautes; on ne peut mesurer la profondeur réelle de leur chute que du haut de l'idéal dont ils se réclament. Cet idéal, c'est celui des vertus héroïques de la vie chrétienne; l'un et l'autre s'en réclament, non pour chanter victoire, mais pour marquer l'étendue de leur défaite; on peut donc les en croire, et nul qui ne les croie ne pourra jamais les juger aussi sévèrement qu'ils se jugent, ni leur accorder ce qu'ils espéraient de nous en nous livrant leurs confidences, un peu d' amour et de pitié. (Étienne Gilson, Héloïse et Abélard. 2ᵉ éd. Paris 1948, p. 47)

Abaelard und Heloisa
Ihre zeitliche und überzeitliche Bedeutung

> *«Des Herzens Woge schäumte nicht so schön*
> *empor, wenn nicht der alte, stumme Fels, das*
> *Schicksal, ihr entgegenstände.»*

Über acht Jahrhunderte sind vergangen, seit Abaelard am 21. April 1142, im 63. Jahr, ein Leben endete
voll des Kampfes und der Anfechtung. Das Kloster
Cluny selbst und zuletzt das Priorat St. Marcel gab
dem Müden, was ihm noch nie geworden war, eine
Heimat, es gab ihm die neidlose Anerkennung seiner
Größe, es gab ihm das verstehende Gewährenlassen,
das die Menschen dem Todgezeichneten gönnen, es
gab ihm das beglückende Bewußtsein, sterben zu
dürfen im Frieden mit der Gemeinschaft aller Gläubigen. Noch einmal anerkannt, ja gefeiert als Forscher und Lehrer, durfte er heimgehen, und wenn
sonst niemand im Kloster sein letztes inneres Leben
und Erleben verstand, so fand er in Petrus dem Ehrwürdigen, dem Abt von Cluny, das tiefe Verstehen
für seine und Heloisas Lage. Heloisa wußte, daß
Abaelard dort *die* Luft atmete, die ein Abaelard
brauchte, und Abaelard nahm auf seinen letzten
Weg die Gewißheit, daß im Raum getrennt, im Denken vereint ihm der Mensch seiner Bestimmung lebe:
Heloisa baute über dem vergänglichen Grab, das sie
ihm längst gelobt hatte, das Denkmal der Ewigkeit,
dem Gatten, dem Lehrer, dem Führer zu den Höhen
der Wissenschaft, dem Mahner, wenn die Verzweiflung sie zu überwältigen drohte. Heloisa hat, wenn
irgend jemand, das Denkmal gebaut, das ihrer beider Namen Ewigkeit verleiht, sie hat — wer sollte es
sonst getan haben? — neben Abaelards Lebensbeichte

die Briefsammlung gestellt, ein letztes Dankopfer ihrer Liebe.

Zwei Lebensströme tragen beider Namen von Jahrhundert zu Jahrhundert, das Wirken und Leiden des Lehrers und, ungleich dauernder, unberührbarer, das Erleben und Erleiden, die bis zum Himmel aufschäumende Lust und die abgrundtiefe Verzweiflung, das entsetzte, das krampfhafte Ringen und Zittern um Heloisas Seelenheil, auch heute noch vielfach als erbarmungslose Kälte mißdeutet. Und ihm gegenüber die Frau, die erbittert, verzweifelt um ihren Halt und zugleich ihren Stolz kämpft, um ihr heiliges Recht zu leiden, zu klagen und anzuklagen. Zwei Menschen, bereit und entschlossen, überall und immer aus vollem Herzen und in unerhörter Einseitigkeit nur selber, nur Held eines Lebensspieles zu sein, das bis zum tiefsten Lebensernst, bis zur letzten Ausschließlichkeit ansteigt. Den Betrachter von damals mochte wohl ein Schauer erfassen, wenn er diese Naturen in ihrem eignen Feuer sich verzehren sah. Es ist der Ausdruck tiefen Einblicks in eine leidende Seele, wenn Petrus der Ehrwürdige in seinem großen Brief an Heloisa ihr Kämpfenkönnen, ihr Kämpfenmüssen adelt durch die Erinnerung an Penthesilea, an Debora. Er fühlt die Tiefe des Abgrunds, aus dem heraus ein stolzes Herz zornige Verzweiflung, trotziges Aufbäumen Gott vor Auge und Ohr trägt. Er ruft in ihr alle Kräfte innerlichen Heldentums wach, er ruft sie auf, wie die stärksten Frauen des Heidentums und Judentums und im Wettstreit mit ihnen als christliche Heldin der Tat, nicht des Leidens, den Kampf gegen die Mächte dieser Welt in der Welt zu führen, und so in dem Leben der Tat, der Zucht, der Arbeit dem Tag entgegenzuharren, da «die Stimme des Erzengels über die Welt ertönt».

Jedes Jahrhundert hat das Recht, im Bild seiner eigenen Hoffnungen, Pläne, Leidenschaften beide zu sehen, beide am eigenen Lebensideal zu messen. Was frühere Jahrhunderte aus solchem Recht heraus als Bild im Spiegel sahen, ist hier nicht zu verfolgen. Rousseaus ‚Neue Heloise‘ mag für das 18. Jahrhundert stehen und Scherr für das, was bis auf ihn vom Geist des 18. Jahrhunderts noch im 19. zehrte. Der Zeitbezogenheit des 19. und beginnenden 20. Jahrhunderts danken wir drei Darstellungen, die beispielhaft für andere stehen mögen. *Hausraths* Buch charakterisiert sich selber durch den Obertitel ‚Weltverbesserer im Mittelalter‘. Es beruht wie andere wissenschaftliche Darstellungen auf Charles de Rémusat, ‚Abélard‘, stofflich, nicht in der Auffassung, und sieht in Abaelard den Kämpfer für Geistesfreiheit und in seinem Lebensausgang ein Absinken, eine Preisgabe dieses Ideals. Aber Abaelard ist kein Vorreformator, er ist ein katholischer Christ, und wer sich für seine Beurteilung auf Abaelards scharfe Kritik an Menschen und Einrichtungen der Kirche beruft, der verkennt die Spannweite christlichen Denkens mindestens im Mittelalter. *Gertrud Bäumer* hat in ‚Gestalt und Wandel‘ das erste dieser ‚Frauenbildnisse‘ Heloisa gewidmet. Kluge Gedanken, feinsinnige Formulierungen, unbeeinflußt von dem Buch W. Freds, das sie leider sogar als einziges nennt, und doch: die sachlich gegebene, die oft notwendige Kampfeinstellung für weibliches Eigenrecht läßt sie überhören die Stimme des ersten und einzigen Menschen, der über einen Abaelard urteilen darf, die Stimme Heloisas selbst. Um alles Licht auf Heloisa zu werfen — aber wer kann ihr ein Licht geben, das sie nicht selber in Händen hielte —, muß Abaelard («dieser Adam!» heißt das beiläufige Urteil) in den Schatten treten.

Aber da ist unüberhörbar der empörte Einspruch Heloisas. Was sie an und durch Abaelard erlitten und gelitten, es ist ihr und nur ihr Leiden und zugleich im Leiden ihr Stolz. Heloisa wird aus freiem Entschluß und im vollen Wissen um die Folgen noch und noch einmal tun, was sie getan hat, in der stolzen Freude, daß sie es tun darf. Heloisa hat in die Waagschale der Ewigkeit geworfen nicht die Anklage auf Verführung, nicht ein Gretchenschicksal, sondern den lebenslangen und mit dem Leben nicht endenden Dank an den Lehrer, an den Meister. Er ist ihr geworden, was Hieronymus für Paula und Eustochium war, das Lebensvorbild des christlichen Philosophen, und er hat aus ihr gemacht *die* christliche Philosophin ihres Jahrhunderts, vielleicht sogar des ganzen Mittelalters.

Ein drittes Heloisabild hat über sein Jahrhundert hinaus geschaffen *Paul von Winterfeld*, der Eremit im wissenschaftlichen Berlin um die Jahrhundertwende. Winterfeld war abseits seiner Wissenschaft vom Mittellatein der feinsinnige Kenner der «modernen» Frauendichtung des ausgehenden 19. Jahrhunderts. Es hat einen eigenen Reiz, wie hier ein Mann den «modernen» Dichterinnen mehr gerecht geworden ist als jede Frau. Er mißt Heloisa an den Traumgestalten, die ihm ein Leben neben der Zeit erscheinen läßt, Traumgestalten, die mit der Wirklichkeit nicht immer übereinstimmen mochten.

Für und über Heloisa zu sprechen ist heute vermessen, da Gilsons Würdigung, besonders in dem Kapitel Le mystère d'Héloïse, keine Steigerung, sondern nur den Widerhall einer Übersetzung gestattet. Für und über Abaelard zu sprechen, mag schwierig sein, aber es ist eine Pflicht. Er hat, und wer ist hier nicht aus dem ersten Gefühl heraus Partei –, er hat den unmittelbaren Augenschein, er hat das erste menschliche Gefühl des nicht reflektierenden Betrachters gegen sich. Daß er uns als blutvoller Mensch, als lebendiger Mensch noch heute erscheint, das dankt er seiner Reizsamkeit, um diese Lamprechtsche Prägung zu wiederholen, und ihrer Spiegelung vor allem in seiner Lebensbeichte. Auch ihm gab ein Gott zu sagen, was er leide, und wie hat er von dieser Gabe Gebrauch gemacht! In unverhüllter, ungezügelter und fast naiver Subjektivität, fast unter einem Zwang der Selbstenthüllung, erzählt er seine Schicksale, wie sie ihm das Lebensdrama verhängt, auch abgesehen von dem Liebeseinbruch in ein bis dahin unberührtes Leben. Was er ist, das ist er im Augenblick ganz und ohne jeden Kompromiß, er ist überall und immer der nur dem Augenblick, aber diesem ganz und ohne Zaudern verhaftetete Mensch, der geborene Kämpfer: er hat wirklich nur die Waffenart getauscht und den Waffenplatz, und daß die Logik mit ihrem Kampfgeist und Kampfzwang ihm, wie er selbst es gesteht und seine Schüler preisen, seine wissenschaftliche Domäne wird, ist nicht von ungefähr: der Kampfgeist des Ritterbürtigen bricht überall durch; «für die Waffen der Logik gab ich die Ritterwaffen dahin, um nur noch im Geistesturnier Ringe zu stechen.» Er ist dabei der Erstgeborene eines adeligen Geschlechts, und von körperlicher Schwäche, die sonst wohl den geistlichen Beruf ratsam machte, ist nichts bekannt. So zieht er aus, auch er ein fahrender Ritter, und sucht seine Abenteuer in den hohen Schulen auf gallischem Boden, in den Hörsälen der Zeit unmittelbar vor der Gründung der ersten Universität; die Gefahr, sich zu verliegen, ist für ein solches Temperament gering. Ahnenerbe und Heimatboden haben ihn so geformt, wie er selber es rühmt, und für den Heimat-

boden bestätigt es Otto von Freising; in seiner großen
Würdigung Abaelards nennt er die Bretagne einen
guten Boden für spitzfindige Kleriker, die sich in die
Fachwissenschaften vergraben, aber vor dem Leben
und seinen sonstigen Anforderungen versagen. Abaelard findet nirgends Ruhe noch Rast, immer ist es die
Hand seiner neiderfüllten Gegner, die ihn austreibt;
des Dämons in der eigenen Brust wird er nicht gewahr. Schon der blutjunge Student ruht nicht, bis er
sich und andern, Lehrern und Mitschülern, es bewiesen hat, daß er keine Lufthiebe austeilt. Noch in der
Erinnerung freut er sich an den Triumphen seiner
Anfänge. Gerade der Anfänger kennt sein Maß und
seine Grenzen nicht, und so jagt ihn die Kampflust
von einem Turnierplatz zum andern, so getraut er
sich das Lehren in dem Alter, in dem andre noch Vorlesungen hören und an Disputationen teilnehmen.
Ein deutscher Student aus Abaelards Zeit hört in Paris auch bei Wilhelm von Champeaux Logik, Rhetorik, Theologie, und wie gewinnend urteilt er über
den Lehrer, der in Abaelards Augen nur ausgebrannte
Schlacke ist: «Der allergelehrteste Mann unsres Jahrhunderts, soweit ich das beurteilen kann, in allen
Fächern! Wenn wir ihn vortragen hören, dann ist es
uns, als spräche nicht ein Mensch zu uns, sondern ein
Engel vom Himmel. Die anmutige Form in der
Sprache und seine Gedankentiefe geht über unser Erwarten von einem Menschen weit hinaus ... Vergan-
gene Ostern ist er bei einem ganz armen Kirchlein
eingetreten und lehrt uns jetzt unentgeltlich, nur um
Gott zu dienen, und die Schüler kommen von über-
allher.» Abaelards Urteil über den Lehrer lautet
anders!
Und das sind die Orte, in denen der junge Gelehrte
wirkt: Melun, Corbeil, in Paris die Domschule und

der Genovevaberg und wieder die Domschule, das Kloster St. Denis in Paris und eine zu St. Denis gehörende Einsiedelei vor den Toren von Paris, seine Gründung bei Nogent s. Seine am Arduzonbach, mit dem Oratorium der Dreifaltigkeit, das später dem Tröstergeist, dem Paraklet geweiht wird, vielleicht auch die Domschule in Reims, jedenfalls von 1136 an wieder der Genovevaberg und das Hilariuskloster: das sind die Stationen des Weges, den Abaelard pilgert, und der Leiden und der Freuden sind viel: überall drängen sich um ihn die Schüler, er lehrt Theologie und Philosophie, und zu seinen Füßen sitzt die gebildete Jugend ganz Europas: Magister Roland (als Kardinal und Papst Alexander III. der schärfste Gegner des Kaisers Barbarossa), Johann von Salisbury, Arnold von Brescia und vielleicht auch Otto von Freising.

Wo immer Abaelard lehrt, da leuchten die Flammen, da schwärmen seine Schüler für ihn, da schwelt und lodert unter seinen Füßen das Feuer der Feindschaft, und überall stößt er auf den Widerstand nicht nur der Größen von gestern und vorgestern, wie er sich und der Welt einreden möchte, er stößt an mit dem Sendungsbewußtsein, das ihn hinaushebt über den grauen Alltag und seine Vorkämpfer. «Stets scharf, eitel, selbstgefällig und anmaßend in seinem Auftreten, unüberwindlich in der Disputation, gegen Rückstöße der angegriffenen Widersacher empfindlich, schwankend zwischen Überhebung und Niedergeschlagenheit, so ist er ein schon recht frühes Urbild des wissensstolzen, aber feinnervigen, wenig gefestigten Gelehrtentyps neuerer Zeit.»

Und dann die Zwischenspiele seiner Lehrtätigkeit: die schwere Verwundung im Gefolge seines Liebesdramas, der Eintritt Heloisas in das Kloster von Argenteuil, sein Eintritt in St. Denis, die Verurteilung durch die Provinzialsynoden von Soissons und Sens, zweimalige Internierung im Kloster, der verzweifelte Plan, bei den Mauren in Spanien eine Zuflucht zu suchen, und — als Befreiung, als Rettung begrüßt der Ruf nach Rhuys als Abt des Klosters von St. Gildas. Und in die erste große Enttäuschung hinein die bedrückende Kunde von Heloisa, von der Austreibung der Nonnen durch Abt Suger von St. Denis, von ihrem heimatlosen Umherirren. Abaelard übereignet ihnen mit Genehmigung des Bischofs und des Papstes seine leerstehende Eigenkirche des Paraklet. Er rettet sich in die Aufgabe, ihr Einleben zu erleichtern, aber die giftige Verleumdung begeifert auch jetzt noch alles, was er für Paraklet tut oder unterläßt. Rückkehr in das Grauen von St. Gildas, neues Ringen um die Seelen seiner Mönche, neuer Kampf gegen ihren Anhang außerhalb der Klausur, gegen ihr regelwidriges Leben, gegen die Territorialherren, die Räuber des Klosterguts: auch die Visitation des päpstlichen Legaten schafft nur vorübergehend Abhilfe, und Abaelard verläßt sein Kloster, um das Leben zu retten. Ob er förmlich resigniert, ob er nur fern von seinem Dienstort lebt, was auch andere taten, ohne den herben Tadel Bernhards dafür einstecken zu müssen, wir wissen es nicht, so wenig wir übrigens auch wissen, wann und wo Abaelard die Priesterweihe erhalten hat.

Abaelards Erleben auch abseits des Liebesdramas könnte der Leidensgeschichte auch heute noch teilnehmende Leser werben. Der menschlich erregende Briefwechsel rückt die beiden in das grellste Licht. Und darum muß an dieser Stelle klar gesagt werden, was bislang nur angedeutet wurde: Die Echtheit der Heloisabriefe ist bezweifelt, sie gelten vielen, zumal in Deutschland, als Werk ebenfalls Abaelards. Bernhard Schmeidler kämpft seit 1913 um die Anerkennung dieser Vermutung; ich kenne sechs Veröffentlichungen von ihm, es können nach 1942 noch weitere dazugekommen sein, aber wichtig ist das nicht. Schmeidler ist sich in der Bestreitung von Heloisas Urheberschaft seit 1913 gleich geblieben, auch Gilsons Buch von 1938 hat ihn nicht bewogen, seine Vermutung zu ändern oder zurückzunehmen, während seine Beurteilung des Charakters bei Abaelard wesentlich freundlicher geworden ist. Die zwei wichtigsten Gründe für die Verwerfung: Heloisas 1. Brief stellt Behauptungen auf, die mit entsprechenden der Leidensgeschichte sachlich unvereinbar sind. Zum andern: Heloisa ist in Wortwahl, Stil bis zur Stilmanier, besonders auch im Gebrauch bestimmter Konjunktionen, so sehr ein treues Abbild Abaelards, daß dadurch dieser sich als Verfasser auch ihrer Briefe erweise. Beide Einwände werden von Gilson entkräftet, jedenfalls habe ich den Eindruck; er setzt eine besser beglaubigte Lesart in den Text und beseitigt so die sachlichen Schwierigkeiten. Der gemeinsame Wortschatz ist der der Vulgata und des Hieronymus, sie haben beide Lukans Pharsalia und Ovids Ars amandi gelesen, und wenn diese Gemeinsamkeiten, die sie sicher mit vielen auch der Zeitgenossen teilen, noch immer schwer wiegen: Heloisa verehrt in Abaelard auch ihren Meister der Wissenschaften, von den andern Bindungen abgesehen, und sie hat seinen Stil zu dem ihren gemacht. Im übrigen, selbst wenn Gilson nicht die andere Lesart zur Hand gehabt hätte: jeder von uns hat schon einmal selbst behauptet oder die Behauptung über sich ergehen lassen müssen «Du hast mir eine Ewigkeit nicht geschrieben!» und es sind in Wahrheit sechs Monate! Soweit der biblische Wortschatz der Grund der Gemeinsamkeit ist, darf selbst ein gemeinsames Abweichen von unsern heutigen Vulgatadrucken nicht gewertet werden. Die Zitate sind vielfach durch den liturgischen Gebrauch vermittelt, und in der Liturgie «sind noch jetzt die vom Chor gesungenen Teile des Breviers und Missales, wie Introitus, Graduale, Tractus, Offertorium, Communio, Antiphone und Responsorien zum größten Teil der Itala entnommen». Schmeidlers Ablehnung der Verfasserschaft Heloisas hat in Deutschland vor allem wenig gründliche Nachprüfung erfahren, wenn auch mein verstorbener Lehrer Karl Strecker mißtrauisch blieb; die Bearbeiter der großen Handbücher haben zugestimmt und so dazu beigetragen, den Briefwechsel verdächtig zu machen, Geyer, Manitius sowie im Großen Brockhaus Paul Lehmann. Es war geradezu eine Erlösung, daß Étienne Gilson 1938 und fast unverändert 1948 die Aufstellungen Schmeidlers und seiner Anhänger sehr stark erschüttert hat. Das Urteil der Wissenschaft ist aufzuheben und der Fall vor einer neuen Kammer zu verhandeln. Gilsons besondere Stärke beruht auf der vorbildlichen psychologischen Beweisführung.

Die Stellung Abaelards in der Geschichte der Theologie und Philosophie beruht, das ist allgemein anerkannt, auf seiner Meisterschaft in der Logik und Erkenntnistheorie. Mit großem kritischem Können verbindet er den Trieb, von der Überlieferung ausgehend selbständige philosophische Erkenntnis zu gewinnen. In dem Streit über die sogenannten Universalien — diese, schon ein Problem der antiken Philosophie, sind im Mittelalter vereinfacht zu der Frage, ob den Allgemeinbegriffen reale Wirklichkeit eigne oder nur die nominale Bedeutung von Worten, während die Existenz nur den Einzeldingen eigne —, in diesem Streit lehnt Abaelard die beiden Extreme ab.

Er geht von den Worten aus, um so zur Erkenntnis der Dinge vorzudringen. Sprache und Grammatik erfahren dabei eine auch heute noch beachtenswerte philosophische Durchdringung mit bewundernswerter Analyse des sprachlichen Ausdrucks. Das *Ziel* ist für Abaelard die Erkenntnis der Wirklichkeit außerhalb des Bewußtseins und seines sprachlichen Ausdrucks, aber der *Weg* geht über die Betrachtung des sprachlichen Ausdrucks. Diese Methode entspricht seiner kritisch-analytischen, nicht synthetisch-konstruktiven Grundveranlagung.

Theologisch besonders bedeutungsvoll ist Abaelards Werk Sic et Non („Ja und Nein"). Es ist eine Zusammenstellung biblischer Stellen und solcher der Kirchenväter über alle erdenklichen Fragen der Textdeutung und Textkritik, der Dogmatik, der Ethik und des Kirchenrechts. Die Ansichten der Autoritäten werden ausgebreitet, eine Lösung aber nicht gegeben. Die Methode, nach der Abaelard den Nonnen von Paraklet ihre Fragen auflöst, gibt uns eine Vorstellung davon, wie er im mündlichen Vortrag vor seinen Schülern die Probleme gelöst hat. Er hat nicht die Tradition zerstören wollen, aber es wird doch der Stolz, solche Schwierigkeiten lösen zu können, besser lösen zu können als andere, die Spürlust verstärkt haben. Gilson erkennt an, was der Augenschein zwar ergibt, was aber oft als kluges Deckungsuchen betrachtet wurde, daß Abaelard mit seiner Dialektik, seinem Philosophieren die Glaubenswahrheiten ins rechte Licht setzen wollte und die Ungläubigen widerlegen. Das Seelenheil kommt ihm aus der Heiligen Schrift und nicht aus den Büchern der Philosophen. «Wenn ich mich gegen Paulus verstocken muß, um ein Philosoph zu heißen, dann verzichte ich auf den Philosophen; um ein Aristoteles zu sein, will ich mich nicht von

Christo scheiden. Es ist kein anderer Name unter dem Himmel, in dem ich selig werden kann. — Mein Gewissen ist gegründet auf jenen Felsen, auf den Christus seine Kirche baute.» Es wird gut sein, in solchem Bekenntnis nicht die Anpassung, nicht die deckende Hülle für andere, für umstürzende Gedanken zu sehen; Abaelard wird von der Freude am Denkspiel weit getragen, zu weit, aber es fehlt die Absicht der Auflösung, der Zerstörung von Glaubensinhalten.

Abaelard ist nicht der Schöpfer eines großen, umspannenden Systems; es ist, so meint jedenfalls Gilson, nicht berechtigt, ihn als den schöpferischen *Erfinder* der scholastischen Methode zu bezeichnen, aber er hat doch als ein Meister dieser Methode die Form der Disputation im mündlichen und schriftlichen Gebrauch besonders ausgebildet, das heißt die regelmäßige Folge von Zweifel, Untersuchung und Erkenntnis, Einwanderhebung und Lösung. So sind denn aus seiner Schule und unter seiner Anregung und Führung hervorgegangen eine Reihe von ‚Summen'. Die Gattung hat ihren Gipfel erreicht in der Summa des Thomas von Aquino, auch wenn eine unmittelbare Abhängigkeit des Thomas von Abaelard nicht angenommen werden darf. Das Ziel ist aber in den aus Abaelards Schule stammenden Summen schon zu sehen und der Weg dahin ebenfalls.

Die *Ethik* Abaelards ist getragen von dem Gedanken, das Entscheidende sei die zustimmende Gesinnung des Menschen, die Intentio, nicht die Tat als solche. Schon im Alten Testament macht Gottes Allgegenwart und Allwissenheit die Folgerung notwendig, daß die innere Einwilligung vor Gott so offen daliegt, wie es die Verwirklichung im Akt vor den Menschen tut. Auch vor dem Gott des Alten Testaments besteht die Sünde schon vor dem Akt, ja sogar ohne den Akt. Was aber dort nur zum Begriff der Allwissenheit Gottes gehört, ohne geradezu ausgesprochen zu werden, das spricht das Evangelium klar und deutlich aus; es heißt da (Mt. 15, 11–19): «Was zum Munde eingeht, das verunreinigt den Menschen nicht; sondern was zum Munde ausgeht, das verunreinigt den Menschen ... Was aber zum Munde herausgeht, das kommt aus dem Herzen, und das verunreinigt den Menschen. Denn aus dem Herzen kommen arge Gedanken: Mord, Ehebruch, Hurerei, Dieberei, falsch Zeugnis, Lästerung.» Ebenso heißt es (Mt. 5, 28): «Ich aber sage euch: wer ein Weib ansieht, ihrer zu begehren, der hat schon mit ihr die Ehe gebrochen in seinem Herzen.» Die Kirchenväter entwickeln schon früh aus diesen zwei Stellen den Begriff der Gedankensünde als der Grundlage der Wort- und Tatsünde. Was sittlich gut und böse ist, entscheidet sich also schon im Willen, das heißt «in jener geheimen Regung des Herzens, die unter mehreren Objekten ein ganz bestimmtes Objekt auszuwählen weiß und unter vielen Zielen auf ein bevorzugtes Ziel geht.» Vor Gott sind unsre geheimsten Regungen, die wir oft selbst nicht erkennen oder vor uns selbst verbergen, in ihrer Nacktheit und Blöße enthüllt. Unser Wille zur Tat schreit Gott unser Verbrechen entgegen. Die Absicht hat die entscheidende Rolle im Aufbau des Willensaktes. Der Mensch muß zur Erreichung seiner Ziele die Mittel wählen, die ihn dahin führen. Die Wahl der Mittel ist durch das Ziel bestimmt, wird durch die zielstrebige Absicht verursacht; eine schlechte Absicht wird schlechte Mittel wählen lassen, andererseits wird die gute Absicht auch die bei der Ausführung unterlaufenden Fehler und Unzugänglichkeiten ausgleichen. Diese Einsichten führen die christlichen Denker des Mittelalters,

wie Gilson sagt, bis unmittelbar vor einen Intentio-
nalismus, vor eine Absichtsethik im strengen Sinn
Kants. Abaelard ist am weitesten gegangen und Kant
am nächsten gekommen. Für Abaelard «ändert die
Ausführung oder Nichtausführung des Aktes nichts
an dem Wert unsrer Willensentscheidung». Die anderen christlichen Denker haben diese Konsequenz
nicht gezogen; sie hatten «zuviel handfesten gesunden Menschenverstand», um es gleich schlecht sein
zu lassen, «ob man einen Menschen töten will und ihn
nicht tötet oder ob man ihn töten will und auch wirklich tötet». Auch Abaelard ist andrerseits der Ansicht, daß es neben und über dem, was uns gut oder
schlecht *erscheint*, auch noch das gibt, was gut oder
schlecht *ist* (Non est itaque intentio bona dicenda,
quia bona *videtur*, sed insuper quia talis est, sicut
existimatur). Auch die Heiden haben ein Gewissen,
aber ein irregehendes. So haben wir neben der Pflicht,
unserm Gewissen zu gehorchen, auch die, «es kritisch
zu prüfen und unser falsches Gewissen durch ein rich-
tiges zu ersetzen, so oft ein irriges Urteil zu befürchten ist».
In Scito te ipsum, (,Erkenne dich selbst'), wie Abaelard sein Hauptwerk der Ethik benennt, erläutert
er seine Auffassung mit einem Beispiel, das nicht nur
ein einfaches Herz reizen mußte; es gehörte schon die
ganze Unbekümmertheit, um nicht zu sagen Naivität
Abaelards dazu, hernach fassungslos davor zu stehen,
wenn die Synode von Sens als Satz 10 seiner Irrtümer
verdammt den Satz: «Die haben nicht gesündigt, die
Christum kreuzigten, ohne von ihm zu wissen; was
aus Unwissenheit geschieht, darf nicht als Schuld angerechnet werden» (Quod non peccaverunt, qui Christum ignorantes crucifixerunt, et quod non culpae ad-
scribendum est, quidquid fit per ignorantiam). Auch

ein so ruhig urteilender Gelehrter wie Otto von Freising hebt unter wenigen Beispielen gerade diesen Satz als belastend hervor.

Abaelard hat gewiß vor dem Mißbrauch der Dialektik in der Theologie gewarnt. Aber die Ehrlichkeit der Warnung rettete ihn nicht vor dem Angriff der Mystik unter der Führung Bernhards von Clairvaux. Zuerst schwiegen sie, als Abaelard an die Enden der gebildeten Welt verschlagen in St. Gildas lebte, und nach seiner Flucht oder Amtsniederlegung in der Zurückgezogenheit arbeitete, sei es in Nantes im Schutz seiner nächsten Verwandten, sei es in der Umgebung des Klosters Paraklet. Aber als er wieder zu lesen anfing, vielleicht zuerst in Reims, sicher aber in Paris, da lockten seine betörenden Weisen noch einmal die Jugend und nicht nur diese in seine Vorlesungen auf den Genovevaberg und in das Hilariuskloster. Bernhard fühlte sich im Gewissen gedrungen, die gefährdeten Seelen zu retten; er versuchte in einem Gespräch mit Abaelard in Paris den Ausgleich. Als dieser, vielleicht unter dem Einfluß Arnolds von Brescia, ein Schweigen nicht versprechen wollte oder auch nicht konnte, da ging Bernhard zu offenem Angriff über: er predigte vor den Schülern gegen den Meister. Bernhard hatte schon in den Anfängen das Ziel erkannt: «Abaelard gleicht sich selbst nicht – er übersteigt sein Maß; in der Weisheit seines Wortes höhlt er die Kraft des Kreuzes Christi aus – Alles kennt er, was im Himmel und auf Erden ist, nur sich selbst nicht – Was verschlossen und versiegelt ist, öffnet er nicht, er reißt es entzwei.»

Das Element des Denkens und Wissens, des Zweifelns und Grübelns war auch Bernhard nicht fremd, aber er fühlte sich gegenüber den Fragen Abaelards berufen, im Namen der die Zeit formenden und er-

haltenden Gemeinschaft das Wort zu führen gegen
den gemeinschaftstörenden Denker. Bernhard nahm
nach einigem Zögern die leichtsinnig ergangene Aus-
forderung Abaelards zu einem Turnier an. In Sens
kam es aber nicht zu dem erhofften und befürchteten
Wortkampf. Als die Synode Abaelard sein Sünden-
register in den 17 Sätzen vorhielt, da erschrak er vor
seinem eigenen Spiegelbild. Ob er wirklich, wie Otto
von Freising sagt, vor einem Aufstand des Volkes
Angst hatte, oder ob er hoffte, in Rom durch seine
guten Beziehungen zum Kardinalskollegium mehr zu
erreichen, fern von der dämonischen Persönlichkeit
Bernhards: jedenfalls wartete er das Ergebnis des
Gerichtes nicht ab, sondern entzog sich und seine
Sache dem Spruch der zum Konzil versammelten Großen der gallischen Kirche und appellierte gegen ein
gar nicht ergangenes Urteil an die römische Kurie. Er
begann mit der Ausarbeitung einer Verteidigungsschrift, der Apologia, von der Teile in neuer Zeit wieder ans Licht gekommen sind. Er hielt es dann aber
für besser, seine Sache in Rom selbst zu betreiben.
Auf dem Wege dahin muß ihn das Banndekret erreicht haben, noch auf französischem Boden, und er
sah nun aus dieser Wirkung zu spät, wie gut die Versammlung von Sens nachgestoßen hatte. Wir lesen
noch die Reihe von Briefen, in denen Bernhard die
auch ihm bekannte günstige Stimmung für Abaelard
in ihr Gegenteil umzuwandeln suchte. Der Papst ver-
urteilte, ehe Abaelards Berufung überhaupt eingetroffen war, und ohne Abaelard durch die Admonitio
caritativa eine letzte Warnung zukommen zu lassen
und Gelegenheit zur Reue und Umkehr zu geben.
Abaelard wurde gebannt, zu ewigem Schweigen verurteilt, ihm drohte die dritte und wohl schwerste Internierung in der Klosterhaft. Da fand er den Weg

nach Cluny. Wir kennen die Stationen seiner Reise nicht und dürfen nur vermuten, daß er zunächst von Kloster zu Kloster weiterempfohlen wurde, bis die Publikation der Bannbulle auch die bescheidenste Hausung und Hilfe untersagte. Ob Cluny ohnehin an seinem Wege lag, ob er den Abt Petrus kannte oder sogar eine Ahnung hatte, daß er hier unter Umständen Hilfe finden könnte auch aus einem Gegensatz Clunys zu Clairvaux, all das wissen wir nicht; die Tatsachen sprechen für sich; das Gästehaus oder die Klausur selbst öffneten sich dem Wanderer, und der Abt bewies Abaelard gegenüber einen Wagemut, der Bewunderung und Verehrung noch heute wecken muß. Das Banndekret traf auch alle Anhänger und Verteidiger Abaelards; der Abt Petrus stellte sich also eine Aufgabe, die auch für ihn Gefahr bringen konnte. Es galt, Bernhard zum Einlenken zu bewegen, es galt, und dies zweite lesen wir auch im Text, den Papst zu einer Milderung des Urteils zu bringen. Der Brief des Petrus Venerabilis ist das Muster eines Schreibens, in dem sich Güte, Milde, reine Menschlichkeit mit größter Klugheit und der feinsten Diplomatie paaren. Wie sehr gerade dieser Brief auf Stimmungen und Personen in Rom eingestellt ist, können wir nur ahnen. Der Abt von Cluny siegt: er siegt über Abaelard, der Zurückhaltung verspricht und vorbildlich sein Versprechen hält: das erstemal, daß er ein heiligmäßiges Leben führt, ohne eben durch die Betonung der Heiligung Unfrieden zu wekken. Petrus erringt den zweiten Sieg, diesen mit Unterstützung des Abts von Cîteaux, über Bernhard. Es kommt zu einem Ausgleich; was Bernhard außer dem christlichen Erbarmen mit dem gestürzten Gegner sonst noch das Herz weit machte, wissen wir nicht. Und der dritte Sieg: Innocenz nimmt den Gebannten in die Gemeinschaft aller Gläubigen wieder auf. Das priesterliche Wirken vor dem Altar, stille Arbeit und Versenkung schließen die Wunden selbst dieser Brust. Abaelard darf in stiller Sammlung seinen Lauf vollenden und zu *dem* Lehrer eingehen, der gesagt hat: «Lernet von mir, denn ich bin sanftmütig und von Herzen demütig!»

Es sind besondere Erinnerungen, mit denen ich nach so vielen Jahren dem Buch wieder gegenübertrete. Die Vorgänge, unter denen es im Herbst 1938 in Berlin seine letzte Form fand, waren erregend genug, und der Widerspruch zu dem Geschehen von damals war stärker, als man dem Buch ansehen durfte. Ich ging Tag für Tag durch die Viertel des Südens, in denen die kommandierten Zerstörerkolonnen mit dem großstädtischen Anhang ihr Werk vollendeten und bestellte Agitatoren das Volk, allerdings vergeblich, zur Bejahung des Unrechts und der Gewalttat aufriefen. Die erregende Scham forderte erst recht, dem zerstörenden Ungeist gegenüber an dem überzeitlichen Werk zu arbeiten; und daß von diesem Geist auch in dem Buch etwas zu spüren war, hat die Fülle der freundlichen Besprechungen, das haben die ausführlichen Leserbriefe gezeigt; auch dies Buch bedeutete ihnen wie andere Werke des Verlags eine Zuflucht aus der Unrast des Tages.

Jeden Nachmittag konnte ich den freundlichen Helferinnen im Schocken Verlag diktieren, was die vorausgegangene Nacht als Arbeitsergebnis geliefert. Die äußere Unruhe aus der Zeit und die innere Ruhe aus der Arbeit am Werk, das Nebeneinander der Manuskriptarbeit und der Fahnen- und Bogenkorrekturen hat dem Buch seinen Stempel gegeben, und so habe ich an der Form der Übersetzung nicht viel ändern mögen. Ich habe die Änderungsvorschläge der Kritik genau überlegt, aber sie schienen öfters keine Besserungen. Die Übersetzungsform, die sprachliche Abtönung nach den beiden Personen, das unbeschwerte Hineingreifen in neues Wort und neuen Begriff ist geblieben; ich habe nur die «angeregt verlaufene Seminarübung« geopfert. Das Buch in seiner alten Form erinnert mich jederzeit an die Gemeinschaftsarbeit mit meiner Frau: sie hat der Korrektur sich damals schon wie heute wieder tatkräftig angenommen, vor allem aber einen großen Teil des Manuskripts handschriftlich aufgenommen und während der Niederschrift in Rede und Gegenrede die Deutung und Formung gleichmäßig gefördert; bei der Neubearbeitung haben meine Töchter, die Theologin und die Historikerin, aus ihrem besonderen Wissen heraus geholfen. Das Buch lebt für mich auch durch die Erinnerung an den Freund Erich Loewenthal, der im Herbst 1943 in Auschwitz ermordet wurde. Er hat dem Verleger Mut gemacht, mir die Aufgabe anzuvertrauen, er hat beraten und gefördert auch durch seine vorbildliche Selbstlosigkeit und nie ermattende Arbeitskraft. Das neue Buch haben Institute der Freien Universität – das Institut für Altertumskunde, das Philosophische Seminar und das Friedrich Meinecke-Institut – durch Leihen von Büchern unterstützt und damit die Schwierigkeiten wissenschaftlichen Arbeitens in dem Berlin von heute etwas verringert. Ich danke insbesondere Herrn Professor Dr. Wilhelm Berges von der mittelalterlichen Abteilung des Friedrich Meinecke-Instituts. Ich habe mit ihm die Schmeidlersche Vermutung, Abaelard habe auch die Heloisabriefe verfaßt, eingehend besprechen dürfen. Was ich oben über diese Vermutung gesagt habe – ich hatte in der 1. Bearbeitung meine Ablehnung nur angedeutet –, muß ich allerdings allein verantworten. Ich danke in das Ungewisse hinein den früheren Beratern für liturgische Fragen, Herrn Kaplan Reiter und P. Josef Kohlen. Dem katholischen Religionslehrer am Carl Humann-Gymnasium in Essen, Rudolf Nusselein, danke ich es, wenn ich jetzt noch besser als vor Jahren weiß, was priesterliches Wirken bedeutet und wie es den Menschen formt und zum Täter des ewigen Wortes macht. Es ist meine Überzeugung, daß der Übersetzer eines solchen Werkes nicht bestehen kann, wenn er nicht, auch als Evangelischer, für die Lebensmacht katholischen Wesens aufgeschlossen ist. Den tiefsten Dank für menschliche und wissenschaftliche Bereicherung schulde ich Étienne Gilson.

Die Einrichtung des neuen Buches muß für sich selbst sprechen. Das Namenverzeichnis, ein erster Versuch, ist durch etliche Sacherklärungen ergänzt. Wie nötig diese sind, weiß jeder, der beruflich ebenfalls mit jüngeren Menschen zu tun hat. Die 1. Zeittafel ist stark erweitert, bei der 2. habe ich selber in einer Vorbemerkung gesagt, was nötig schien. Der Versuch, Abaelard und Heloisa zu würdigen, ist umgearbeitet und erweitert aus meiner Würdigung, die der Hannoversche Anzeiger zum 800. Todestag Abaelards veröffentlichte.

Der Hauptteil, die acht Briefe, blieb. Die Würdigung des Menschen, des Philosophen und Theologen durch Johann von Salisbury und Otto von Freising habe ich auch diesmal nicht aufgenommen, obwohl es seinerzeit P. Pelster brieflich anregte: Ein Quellenbuch zur Geschichte Abaelards überhaupt, an sich eine reizvolle Aufgabe, sollte auch diesmal nicht entstehen. So kommt auch Bernhard von Clairvaux nicht zu seinem Recht, da wir unmittelbar nur die Anklage aus Abaelards Mund hören. Der Mittelpunkt unsres Buches muß die Geschichte Abaelards und Heloisas bleiben. Aber die geistige Bedeutung Heloisas, ihr Anteil an Abaelards Philosophie, und wenn nur als Anregerin, teilnehmende, verständnisvolle Leserin, muß stärker als zuvor betont werden. Um die Einleitungsstücke der Predigtsammlung, der Hymnen, der theologischen Fragen nicht ganz ins Leere laufen zu lassen, habe ich Proben zugefügt, für die Hymnen nach der Übersetzung von Friedrich Wolters. Am wichtigsten ist die Ergänzung des Briefes, in dem Petrus der Ehrwürdige der Äbtissin von Paraklet Abaelards Tod berichtet. In der ersten Auflage hatte ich aus diesem Brief nur das menschlich unmittelbar und in jeder Zeit Wirkende übersetzt. Jetzt erst, und ich danke die Anregung Gilsons Buch, wird für den Leser ganz spürbar sein Feingefühl, die kluge Überlegung, die zarte und zugleich entschiedene Seelenführung. In den Denk- und Ausdrucksformen des XII. Jahrhunderts ruft der väterliche Freund, der bewundernde Verehrer wach und stärkt in Heloisa den Geist der Liebe und Kraft, den Geist eines christlichen Heroismus.

Ich hatte das Nachwort der ersten Auflage beschlossen, indem ich dem Eindruck Hausraths widersprach: «Welch edler Geist ward hier zerstört?» Ich will demgegenüber auch heute wieder den Lebensweg Heloisas und Abaelards stellen unter das Wort des Apostels: «Darum, ist jemand in Christo, so ist er eine neue Kreatur; das Alte ist vergangen, siehe, es ist alles neu geworden.»

1079

Petrus, später Baelardus/Abaelardus zubenannt, ältestes Kind (Geschwister Dionysia und Radulph) des Ritters Berengar und seiner Frau Lucia. Berengar, Herr zu Pallet (Palais), an der Straße Nantes–Cholet–Poitiers, 20 km sö. Nantes. Erster Unterricht im Elternhaus unter Aufsicht des gebildeten und bildungsfreundlichen Vaters. Höhere Ausbildung in Loches (bei Vannes, Bretagne) bei Roscelinus aus Compiègne. Mehrere Jahre in seiner Schule «vom Knabenalter bis zum Jünglingsalter». Roscelins Unterricht in der ‚Leidensgeschichte' verschwiegen, in anderen Schriften Abaelards erwähnt. Studium bei andern ungenannten Lehrern der Philosophie, besonders der Logik, zuletzt in Paris an der Domschule von Notre-Dame, vor allem bei Wilhelm von Champeaux, ihrem Studienleiter. Zerwürfnis Abaelards mit Wilhelm.

Seit 1101

Eigene Schule Abaelards in Melun, später in Corbeil, gegen den Widerstand Wilhelms. Abaelard gleich nach Schuleröffnung in Corbeil schwer erkrankt, mehrjähriger Erholungsaufenthalt in Pallet.

1108 (?)

Rückkehr Abaelards nach Paris. Wilhelm von Ch. Ostern 1108 ins Stift St. Victor eingetreten. Dort Abaelard Hörer der Rhetorikvorlesung. Universalienstreit. Wilhelms Stellvertreter genehmigt Abaelards Vorlesungen an der Domschule, deshalb von Wilhelm abgesetzt; damit Abaelard Lehrmöglichkeit geraubt. Dieser mit Schülern nach Melun.

Wilhelms Flucht aus Paris vor Angriffen auf sein weltförmiges Leben. Abaelards Rückkehr nach Paris. Keine Vorlesungen an der Domschule möglich, deshalb Vorlesungen auf dem Genovevaberg. Dort großer Andrang von Schülern, Eindringen Unberufener aus den Hörsälen anderer Lehrer (Bericht über einen Disputationssieg Gosvins, eines Schülers des Roscelinus).

Abaelards Reise in die Heimat: Mutter will nach ihres Gatten Vorgang ins Kloster eintreten; Vermögensregelung.

1112

Rückkehr Abaelards nach Paris. Wilhelm von Ch. wird Bischof von Châlons s. Marne (1113–1121). Übergang Abaelards zur Theologie unter dem Eindruck der Weltflucht der Eltern.

Ende 1113 oder Anfang 1114

Theologiestudium in Laon bei Anselm von Laon; Zerwürfnis Abaelards auch mit diesem Lehrer.

1114

Rückkehr nach Paris. Kanonikus und Pfründeninhaber wohl beim Domkapitel von Notre-Dame. Größter Zustrom von Schülern.

1117 (16?)

Heloisa etwa 1099 geboren, Tochter eines Kanonikus Johannes, Nichte des Kanonikus Fulbert. Lebt in Fulberts Haus; ob seine Tochter? Schule der Nonnen von Argenteuil. Heloisa besitzt große Kenntnis besonders der lateinischen Literatur, auch der profanen, hat auch Kenntnisse im Griechischen und Hebräischen. Zu ihrer philosophischen Weiter-

bildung Abaelard in das Haus Fulberts aufgenom-
men. Entdeckung des Liebesverhältnisses, Abae-
lard aus dem Haus gewiesen. Heloisas Schwanger-
schaft und Reise zu Abaelards Schwester in die
Bretagne. Dort ihr Sohn Petrus Astrolabius geboren.
Versöhnung Fulberts mit Abaelard: Geheime Ehe,
Geheimhaltung versprochen, aber Versprechen von
Fulbert nicht gehalten; Heloisa von Fulbert miß-
handelt, deshalb durch Abaelard ins Kloster von
Argenteuil entführt.

1119 (18?)

Abaelards Entmannung. Bestrafung der Schuldigen durch Entmannung und Blendung. Fulberts
Güter vom Bischofsgericht konfisziert, er selbst auf
Zeit aus dem Domkapitel entfernt. Diese Strafe
genügt Abaelard nicht, doch verzichtet er auf Mahn-
brief des Priors Fulko von Deuil auf die Klage in
Rom.

Ende (?) 1119

Heloisa unter Abaelards Zwang Profeß in Argen-
teuil, Abaelard in St. Denis. Völlig mittellos durch
Pflegegeld für Heloisa in Argenteuil, Kurkosten,
Prozeßkosten, Aufnahme Heloisas als Konverse,
Einkleidung. Trotzdem bereitwillige Aufnahme in
St. Denis.

1120 (?)

Wiederaufnahme der Vorlesungen wird Abaelard
in einer Einsiedelei seines Klosters ermöglicht. Der
große Zulauf empört die Leiter der Domschule
von Reims, Alberich und Lotulf. Ihre Anträge,
Abaelard die Lehrtätigkeit zu untersagen, erfolg-
los. Daraufhin

1121

Synode von Soissons: Abaelards Werk De unitate et trinitate verbrannt. Internierung im Kloster St. Médard bei Soissons; dies zugleich Kloster, Schule, Besserungsanstalt, Irrenhaus. Gehässigkeit des Priors Gosvin (s. 1108!) durch Abt Gaufridus etwas ausgeglichen. Bald Entlassung nach St. Denis. Abaelards Zweifel an der geschichtlichen Existenz des Klosterpatrons Dionysius Vorwand für Klosterbrüder, mit Abaelard zu brechen. Anklage vor Königsgericht angedroht, vorläufige Internierung. Abaelards Flucht in die Champagne in den Schutz des Grafen Theobald zum Priorat St. Aigulf bei Schloß Provins.

1122

Verhandlungen über Lösung Abaelards aus dem Klosterverband mit Abt Adam in Provins zunächst ergebnislos. Nach Adams Tod Einigung mit seinem Nachfolger Suger durch Vermittlung von Hofleuten: Abaelard wird aus der Klausur entlassen, aber zu regelmäßigem Leben verpflichtet, darf in kein anderes Kloster eintreten.

1123

Abaelard gründet Einsiedelei am Ardusson (Arduzon) bei Nogent s. Seine, Pfarrei Quincey. Oratorium zur Hl. Dreifaltigkeit, später dem Hl. Geist, dem Paraklet geweiht. Größter Zulauf von Schülern, große Hüttensiedlung; rührende Aufopferung der Schüler (Hilarius; ob auch schon Arnold von Brescia?).
Neue Hetze Alberichs und Lotulfs; hinter ihnen sieht Abaelard die «Lügenapostel»; nicht genannt, aber damit gemeint Bernhard von Cl. und Norbert,

Stifter des Prämonstratenserordens (Norbert etwa 1080—1134, als Erzbischof von Magdeburg gestorben). Abaelard plant Flucht zu den Mauren nach Spanien.

1128

Abaelard Abt von St. Gildas zu Rhuys, südlich Vannes, an der Bai von Morbihan. Entbindung Abaelards von dem Versprechen, in kein andres Kloster einzutreten, durch Suger, Abt von St. Denis. Große Enttäuschung über geringe Zucht der Mönche und Regelwidrigkeit ihres Lebens in St. Gildas.

1129

Vertreibung der Nonnen aus Argenteuil durch Suger. Altes Besitzrecht von St. Denis auf Argenteuil durch Papst Honorius II. bestätigt. Verpflichtung, die Nonnen anderswo unterzubringen, ungenügend erfüllt.
Die Priorin Heloisa mit einem Teil der Nonnen von Abaelard eingeladen, sich in Paraklet niederzulassen.

1130/31

Wiederholte Reisen Abaelards von Rhuys nach Paraklet zu Übergabeverhandlungen. Abaelards Bemühungen um Bestätigung seiner Schenkung unterstützt durch seinen Anschluß an die Anhänger des Papstes Innocenz II.

August/September 1130

Konzil von Étampes: vor allem unter Mitwirkung Bernhards Bestätigung der Rechtmäßigkeit der Wahl Innocenz II. Vermutlich auch Abaelard auf diesem Konzil.

Oktober 1130

Innocenz II. weiht Basilika in Cluny. Ob Abaelard Teilnehmer der Kirchenweihe?

20. Januar 1131

Abaelard Teilnehmer der Altarweihe im Benediktinerkloster Morigny durch Innocenz II. Vermutlich dabei Vorbereitung der Bestätigungsbulle für das Nonnenkloster Paraklet.

18. November 1131

Bestätigungsbulle für Paraklet erlassen. Heloisa als Leiterin unter der Amtsbezeichnung einer Priorin bestätigt.

1132–?

Häufige Abwesenheit Abaelards von St. Gildas, um das Einleben der Nonnen in Paraklet zu erleichtern.

Zwischen 1133 und 1136

Endgültige Flucht Abaelards aus dem Kloster. Vorher Abfassung der ‚Leidensgeschichte'. Ob in dieser Zeit eine Lehrtätigkeit in Reims? Otto von Freising damals Hörer Abaelards? Stilles Studium in Nantes und Pallet?

Ende 1136 oder Anfang 1137

Neue Lehrtätigkeit in Paris, zuerst im Kloster auf dem Genovevaberg selbst, dann ebendort bei der Kirche des hl. Hilarius. Nochmaliger Zulauf von Schülern aus aller Welt. Große Unruhe darüber und über die literarische Tätigkeit Abaelards in den Kreisen Bernhards. Besonderes Aufsehen durch Abaelards Verhältnis zu Arnold von Brescia, seinem alten Schüler und späteren Nachfolger.

Nach Ostern 1140

Bernhard in Paris; mehrfache Verhandlungen mit Abaelard. Berichte darüber parteiisch. Anfangs Ausgleich möglich erscheinend, durch die Heißsporne beider Richtungen gestört. Abaelard verlangt öffentliche Disputation der Streitfragen. Darauf:

2./3. Juni 1140 (1141 weniger wahrscheinlich!) Konzil von Sens. Abaelards Ablehnung der Zuständigkeit. Berufung an den Papst. Verurteilung der Lehre Abaelards durch das Konzil nach seinem Weggang. Versuch des Konzils, vor allem Bernhards, Papst und Kardinäle zu beeinflussen. Abaelards erste Verteidigungsschrift begonnen.

16. Juli 1140

Innocenz II. verbrennt feierlich die in Sens verurteilten Lehrsätze Abaelards und verurteilt Abaelard und Arnold von Brescia zu ewiger Haft.

Juli oder August 1140

Abaelard auf der Reise nach Rom in Cluny eingetroffen; erfährt dort während eines längeren Gastaufenthalts das Exkommunikations- und Internierungsdekret; auf Rat des Abts Petrus Venerabilis in Cluny geblieben; Aussöhnung mit Bernhard und Lösung vom Bann durch Innocenz II.

21. April 1142

Abaelards Tod im Priorat St. Marcel bei Chalon s. Saône.

16. November 1142

In Paraklet durch Petrus Venerabilis mit kirchlichen Ehren bestattet.

16. (15.? 17.?) Mai 1164 (63?)
   Heloisa gestorben.

2. Mai 1497
   Gebeine beider in den Chor der Kirche von Nogent
   s. Seine übertragen.

1790 (91?)
   Zerstörung der Grabstätte, Zerschlagung der ur-
   alten Statue der Dreifaltigkeit.

1817
   Beisetzung auf dem Friedhof Père-Lachaise.

Eine Einarbeitung der an sich unentbehrlichen Tatsachen aus der Kulturgeschichte geht über die Möglichkeiten des Bearbeiters derzeit hinaus. Es wird für Frankreich an den Beginn der *Gotik* erinnert, wie er in Sedlmayrs Buch «*Die Entstehung der Kathedrale*» geschildert ist. Die Bedeutung Sugers, von dem in anderm Zusammenhang so oft die Rede gewesen war, kann demnach gar nicht hoch genug geschätzt werden. Für die *Literatur* muß an die in der Menge und vorläufig auch an Bedeutung überwiegende *mittellateinische* Literatur erinnert werden, die fachwissenschaftliche jeder Art und an die Dichtung, vor allem die Lyrik im weitesten Sinn dieses Wortes. *Nationalsprachliche* Literatur: Volkstümliche Lyrik und Minnesang, Epos und geistliches Spiel (Adamspiel), zeugen von der Führerstellung, die Frankreich damals gehabt hat.

Für die *Musik* ist abgesehen von dem allgemein abendländischen gregorianischen Gesang an die Entstehung des mehrstimmigen Gesangs im 10. Jahrhundert, an das Aufkommen des Discantus in Frankreich und, ein halbes Jahrhundert nach Abaelards Tod, an die Pariser Komponistenschule von Notre-Dame, an Leoninus und Peroninus, zu erinnern.

Zeittafel

16. Juli 1054. Endgültige Trennung der griechischen und der lateinischen Kirche.

1056–1106. Heinrich IV., deutscher König und Kaiser. Canossa 1077.

1060–1108. Philipp I., König von Francien.

1066–1087. Wilhelm der Eroberer, König von England. Schlacht bei Hastings 1066.

1068–1071. Romanos IV., Kaiser von Byzanz; 1071 geht Kleinasien an die Seldschuken verloren; Reich von Ikonium.

1073–1085. Papst Gregor VII.; Kampf um die Oberherrschaft der Kirche in der Welt; Canossa 1077.

1081–1118. Alexios I., aus dem Haus der Komnenen, Kaiser von Byzanz; Vertreibung des Normannenherzogs Robert Guiskard aus Griechenland; Beginn der Zerstörung der Seldschukenherrschaft in Kleinasien.

1087–1100. Wilhelm II., Rufus, König von England.

1088–1099. Papst Urban II.

1096–1099. I. Kreuzzug: Franzosen, Normannen, Lothringer; Jerusalem am 15. Juli 1099 erobert.

1099–1118. Papst Paschalis II.

1100–1135. Heinrich I., König von England.

1106–1125. Heinrich V., deutscher König und Kaiser; 1122 Wormser Konkordat.

1108–1137. Ludwig VI., der Dicke, König von Francien; sein Berater ist Suger, später Abt von St. Denis.

1118–1143. Johannes II., Kaiser von Byzanz: weitere Zertrümmerung des Seldschukenreichs in Kleinasien.

1119–1124. Papst Calixt II.

1124–1130. Papst Honorius II.

1125–1137. Lothar von Supplinburg deutscher König und Kaiser.

1130–1143. Papst Innocenz II.; er behauptet sich mit Unterstützung Franciens (Bernhard von Clairvaux) und Deutschlands gegen Anaklet II. Laterankonzil verdammt 1139 Arnold von Brescia.

1135–1154. Stephan von Blois König von England.

1137–1180. Ludwig VII., der Junge, König von Frankreich.

1138–1152. Konrad III., der Staufer, deutscher König. II. Kreuzzug erfolgt auf Drängen Bernhards durch Deutschland und Frankreich von 1147 bis 1149. Zur gleichen Zeit Kreuzzug der norddeutschen Fürsten gegen die Wenden.

1143–1180. Manuel I., Kaiser von Byzanz; weitere Bekämpfung der Seldschuken in Kleinasien.

1144–1145. Papst Lucius II.

1145–1153. Papst Eugen III., aus dem kaiserlich gesinnten Pisa, Schüler Bernhards von Clairvaux: Der bedeutendste literarische Mäzen des XII. Jahrhunderts.

Um 1150. Gründung der Pariser Universität.

1152–1190. Friedrich I., Barbarossa, deutscher König und Kaiser.

1154–1189. Heinrich II., Plantagenet, König von England.

1154–1159. Papst Hadrian IV., Arnold von Brescia in Rom 1155 hingerichtet.

Das Verzeichnis, ein erster Versuch, hat mehr Mühe gekostet, als ihm anzusehen ist, und ist noch ungleichmäßig
in der Haltung der Artikel. Vor allem die Sachartikel sind
nicht so einfach im Ausdruck, wie ich gewünscht hätte. Ich
habe dafür vor allem benützt: Josef Braun, «Liturgisches
Handlexikon», 2. Auflage 1924, ferner das «Lexikon für
Theologie und Kirche», Bd. I–X. Auf die Verwendung dieser grundlegenden Bücher, zu denen auch Geyer, «Die patristische und scholastische Philosophie» und Manitius, «Geschichte der Lateinischen Literatur des Mittelalters» gehören, ist nicht besonders verwiesen.

Abaelard, auch Baëlardus, Abeillardus. Die letzte Namens-
form erinnert an abeille, Biene, weshalb Bernhard im
Brief 189 über Abaelard und Arnold von Brescia sagt:
«Gesummt hatte es ja die Biene in Frankreich der Biene
aus Italien» (sibilavit apis, quae erat in Francia, api de
Italia).
Werke Abaelards:
Allgemeinverständliche: Historia calamitatum mearum
(Geschichte meiner unglücklichen Erlebnisse), gewöhn-
lich, auch von mir, als ‚Leidensgeschichte‘ zitiert, doch
hat der Titel als blasphemisch Anstoß erregt. Die Briefe
an Heloisa. Mahngedicht an Astrolabius. 6 Planctus
(Klagegedichte) auf Gestalten des Alten Testamentes.
Hymnen. Predigten.
Fachwissenschaftliche: a) zur Logik: Die sogenannten
‚Kleinen Glossen‘, vor 1120. Die Dialectica in dreifacher
Bearbeitung. b) zur Theologie: De unitate et trinitate
divina, nach der Verurteilung durch die Synode von
Soissons (1121) umgearbeitet zur Theologia Christiana,
diese umgearbeitet zur Theologia (fälschlich als Intro-
ductio in theologiam bezeichnet); die Theologia liegt
ihrerseits in verschiedenen Rezensionen vor. Sic et non,
(«Ja und nein»), Zusammenstellung anscheinend wider-
sprechender Stellen zu 150 theologischen Fragen. Ethische

Schriften, die Ethica seu Scito te ipsum; Dialogus inter philosophum Judaeum et Christianum. Exegetische Schriften: Kommentar zum Hexaëmeron (zum Sechstagewerk) und zum Römerbrief.

Abraham, selten der Erzvater Abraham gemeint, gewöhnlich einer der Einsiedler dieses Namens in Ägypten (s. Eremiten); wohl nicht der Titelheld von Roswiths Drama ‚Abraham‘.

Adam, Abt von St. Denis, 1094–1122, der Vorgänger Sugers.

Aeschines, aus Sphettos, Sokratesschüler, 4. Jh. v. Chr., Verfasser von Gerichtsreden und Dialogen, darunter ein Dialog Aspasia.

Agatha, hl., zuerst in Catania (Sizilien) verehrt; ihr Schleier schützte Catania bei einem Ausbruch des Ätna; deshalb allgemein als Helferin gegen Feuersgefahr angerufen. Martyrium während der Christenverfolgungen im 3. Jh. Fest am 5. Februar. Ihr Name und der der hl. Agnes steht im Kanon der Messe, Bitte um Gemeinschaft mit den Heiligen: «Nobis quoque peccatoribus».

Agatho, mehrere Märtyrer dieses Namens; es ist unklar, welcher gemeint ist.

Agnes, hl., Martyrium unter Valerian (258/59) oder Diokletian (304). Ihr Fest am 21. Januar; am 28. Februar seit 1936 nur noch erwähnt. In der Basilika über ihrem Grab jährlich am 21. Januar bei der feierlichen Messe Segnung zweier Lämmer, aus deren Wolle die Pallien für die Erzbischöfe angefertigt werden. Ihre Legende von Roswith von Gandersheim im Gedicht dargestellt. S. auch Agatha.

Ahasver, Name des Perserkönigs (Xerxes? Artaxerxes?) im Buch *Esther* (s. dort).

Ajax, griechischer Held aus dem Kampf um Troja. Ovid, Met. XIII, 1 ff. erzählt, wie nach Achills Bestattung Odysseus und Ajax um seinen Schild streiten.

Alberich, Archidiakon von Reims, Schüler des Anselm von Laon, zusammen mit Lotulf, dem Lombarden, (bei Otto von Freising: Letald von Novara), Mitschüler und Feind

Abaelards; Hauptschuldiger an Abaelards Verurteilung auf der Synode zu Soissons 1121. Alberich, Schulhaupt in Reims, ebenso unduldsam auch gegen seinen eigenen Schüler Walther von Mortagne, der vor ihm aus Reims weichen muß und seine Lehrtätigkeit in Laon fortsetzt. Alberich, als Bischof von Châlons nicht bestätigt, 1136 bis 1141 Erzbischof von Bourges, dort 1141 gestorben.

Ambrosius, *hl.*, Bischof von Mailand. 1. Leben: Geb. um 333 (340?) in Trier, Sohn des Präfekten von Gallien. Rascher Aufstieg bis zur Konsularwürde mit dem Sitz in Mailand. 374 heftiger Kampf der Katholiken und der Arianer um die Nachfolge des Bischofs Auxentius; A. sucht zu vermitteln und wird von beiden Parteien trotz seines Widerstrebens zum Bischof gewählt. Noch Katechumene empfing er die Taufe und 8 Tage später am 7. 12. 374 die Bischofsweihe. Eifriges Studium der Theologie, besonders der griechischen Väter. Das Kernstück seines Wirkens, die Predigt, führt u. a. Augustin zum Christentum. Die Kaiserin Justina verlangt (385 und 386) Abtretung einer Kirche an die Arianer. Ambrosius verhindert dies durch den unbeugsamen Widerstand, zu dem er auch seine Gemeinde begeistert. Eingriff in den Kampf um die Wiederaufstellung der Victoria-Statue im Senatssitzungssaal in Rom (Gegenschrift gegen Symmachus). Kirchenzucht auch gegen Kaiser Theodosius I. (z. B. 390 öffentliche Kirchenbuße für das Blutbad zu Thessalonich). Gestorben 4. 4. 397 zu Mailand.

2. Schriften: Zahlreich, meist aus der Seelsorge erwachsen, vorwiegend Anleitungen zur christlichen Lebensführung; knappe und scharfe Sprache mit reichen Zitaten auch aus weltlichen Schriftstellern, besonders Vergil. Von den exegetischen Schriften in der lateinischen Nachwelt besonders benützt die 6 Bücher Hexaëmeron (Sechstagewerk). De officiis ministrorum ist das erste System einer christlichen Sittenlehre. Eine Reihe dogmatischer Schriften gegen die Arianer. Geschichtlich und literarisch bedeutend die Trauer- und Trostreden auf seinen Bruder Satyrus, auf Valentian II. und Theodosius. Seine Briefe,

meist amtlichen Charakters, wichtig für die Zeitgeschichte.

A. als Hymnendichter. 14 der vielen unter A's Namen
gehenden Hymnen sicher echt, davon 3 noch im römischen
Brevier verwendet. Der sog. ambrosianische Lobgesang
erst Anfang des 5. Jhs. entstanden. Seine Hymnen, zunächst für die Mailänder Kirche gedichtet, wegen ihrer
Gedankenfülle und kraftvollen Sprache so beliebt, daß
ihre Form – 8 Strophen zu je 4 Zeilen jambischen Ton-
falls – als Muster eines Hymnus überhaupt galt. Diese
Hymnen hießen ,ambrosianische' nach ihrer Form, nicht
nach dem Dichter.

In Ambrosius «verband sich die Tugend des Römers mit
dem Geist Christi zu vollendeter Einheit; neben Theodosius dem Großen die bedeutendste Erscheinung seiner
Zeit; ein gewaltiger Vorkämpfer der Kirche, ihrer Allein-
berechtigung gegenüber dem Heidentum, ihrer Recht-
gläubigkeit gegenüber dem Arianismus, ihrer Selbstän-
digkeit gegenüber der Staatsgewalt».

Ananias und Saphira, Apostelgeschichte Kap. 5.

Anastasius, vermutlich Anastasius II. Patriarch von Antiochien, 599—609, vorher Mönch auf dem Sinai. Oder
Anastasius Sinaita, Abt auf dem Sinai, gestorben nach
700, bekannt durch seinen Kampf gegen Nestorianer und
andere Sekten.

Anselm von Laon, um 1050–1117, berühmter Frühscholastiker, Schüler des Anselm von Canterbury, Lehrer unter
anderem Abaelards, leitet mit seinem Bruder Radulf die
Schule von Laon. Hauptwerk die Glossa interlinearis in
universum Testamentum. Er bringt die Theologie im
Anschluß an seinen Lehrer in systematischer Darstellung und scheint auch die scholastische Quaestionenlite-
ratur eingeführt zu haben.

Antonius, etwa 250–356, auch der Einsiedler genannt, oder
mit dem hl. Paulus von Theben «Der Große» heißend.
Einsiedler in Ägypten, 311 in der Verfolgung durch
Maximinus Daza in Alexandria als Tröster und Seelsorger hervorgetreten. Leidenschaftlicher Gegner des

Arius und der Arianer. Bald volkstümlich geworden, schützt gegen Feuersbrunst und bewahrt Tier und Mensch vor Krankheiten, die Feuererscheinungen zeigen (Rotlauf; Antoniusfeuer, d. h. Ergotismus). Die Versuchungen des A. durch die Dämonen in der ägyptischen Wüste in der Malerei dargestellt, z. B. auf dem Isenheimer Altar.

Apollos, urchristlicher Missionar; besonders bekannt durch die Erwähnung I. Kor. 3, 4.

Archidiakon, ursprünglich der 1. Diakon an einer Bischofskirche; seit dem 5. Jh. Oberbeamter der Kirchengutsverwaltung und der kirchlichen Rechtsprechung im Bistum.

Arduzon, Nebenfluß der Seine südöstlich von Paris bei Nogent s. Seine; s. Zeittafel zu 1123.

Argenteuil, Benediktinerabtei bei Paris, gegründet im 7. Jh.; nach Zerstörung durch die Normannen im Anfang des 11. Jhs. wieder aufgebaut, s. Zeittafel zu 1129.

Arius, 280–336, Studium in Alexandria und Antiochia, Priester in Alexandria. Durch seine Lehre über die Trinität seit 318 weitere Kreise erfaßt. Provinzialsynode (320?) machtlos, deshalb ökumenisches Konzil zu Nicäa (325) von Konstantin berufen. Im nicänischen Glaubensbekenntnis alle Lehrpunkte des A. ausdrücklich verworfen, A. gebannt und verbannt. 328 erreichen Hofkreise in Konstantinopel die Rückberufung; Wiederaufnahme in die Kirche 336 vorbereitet. A. stirbt unmittelbar zuvor.

Arsenius, 354–445, lebte einige Zeit am Hof in Konstantinopel, führte dann in Ägypten ein strenges Einsiedlerleben.

Aspasia, aus Milet, später in Athen. 2. Hälfte des 5. Jhs. v. Chr. Bekannt als Freundin, später Frau des Perikles. Durch die antike Komödie verspottet als Vorkämpferin der Frauenemanzipation in Athen. S. auch Aeschines.

Astrolabius, Sohn Abaelards und Heloisas, geboren 1117 (?), wächst in der Bretagne bei Abaelards Schwester Dionysia auf; Abaelard widmet ihm ein Mahngedicht; die Stelle über Heloisa S. 399 abgedruckt. Nach Abaelards Tod sucht Heloisa für ihn durch Petrus von Cluny eine

Pfründe an einer Kathedrale zu erhalten. Nach dem Nekrologium von Paraklet am 30. Oktober (welchen Jahres?) gestorben. Hausraths Notiz, unter den Chorherren von Nantes sei 1150 ein Astrolabius, ist wahrscheinlich, da Abaelards Familie in Nantes ansässig ist.

Athanasianum, das 3. der christlichen Glaubensbekenntnisse, erst aus dem 5. Jh. Die Zuweisung an Athanasius falsch. Nach seinem Anfangswort heißt es auch das «Symbolum *Quicumque*».

Athanasius, Patriarch von Alexandria, 295–373, besonders bekannt durch die Auseinandersetzung mit Arius; fünfmal verbannt, lebt insgesamt 17 Jahre im Exil. Seine Bedeutung beruht auf der wissenschaftlichen Darstellung und Verteidigung der kirchlichen Trinitätslehre. Nicht von A. geprägt die zu stark vereinfachende Formel: Der Sohn dem Vater wesenseins oder wesensähnlich (homousios oder homoiusios).

Augustinus. Leben: geb. 354 in Tagaste (Numidien), gest. 430 als Bischof in Hippo Regius (sö. Bone in Tunis) während der Belagerung durch den Vandalenkönig Geiserich. Vater mäßig begütert, erst vor dem Tode getauft, Mutter das Ideal einer christl. Mutter, die hl. Monika (gest. 387 in Ostia). Schulen in Tagaste und Madaura, Studium in Karthago, Lehrer der Rhetorik 375 in Tagaste, dann in Karthago, 383 in Rom; von 384 an Professor der Rhetorik in Mailand (durch die römische Adelsfamilie der Symmachi auf Bitten manichäischer Freunde dorthin empfohlen). Ostern 387 mit dem bald danach 16jährig gestorbenen Sohn Adeodatus («Von Gott geschenkt») und dem Freund Alypius durch Ambrosius getauft. Seit Herbst 388 in Tagaste; 391 in Hippo zum Priester geweiht, 394 Mitbischof des alten Bischofs Valerius, seit 396 sein Nachfolger in dem 34 Jahre lang verwalteten Amt.

Von der Überfülle der Schriften Augustins sind unvergänglich die Confessiones, die ‚Bekenntnisse‘, die durch ihre sprachliche Formung, ihre Gedankentiefe, die Feinheit der Selbstbeobachtung und -zergliederung ein erstes und fast nie mehr erreichtes Muster geworden sind. Die genaue Kenntnis der seelischen Entwicklung Augustins beruht auf den Confessiones (etwa 400 verfaßt); die zwischen der Bekehrung und der Niederschrift der Conf. liegenden Schriften ergänzen das Bild. Neben den Confessiones steht die großzügige, für das Mittelalter zunächst bedeutungsvollere Schrift De civitate Dei, ‚Vom Gottesstaat': in dieser Verteidigungsschrift schildert Augustin die heidnische Welt vorwiegend aus ihren Selbstdarstellungen, zeigt, wie Unglück über die Welt seit allen Zeiten schon vor Christus gekommen, daß also die Ableitung des neueren Unheils (Barbareneinfälle!) aus der Rache der alten Götter töricht sei. Dieser verderbten Welt, der civitas terrena, dem irdischen Staat, stellt Augustin im 2. Teil des Werkes den himmlischen Staat gegenüber, eine Konzeption, die in der Gottesstadt in der Offenbarung Johannis vorgeformt war.

Innere Entwicklung: Die Verehrung Christi, den schönsten und nie verlorenen, wenn auch zeitweise verdunkelten Schatz, dankt Aug. nach dem eignen Urteil der frommen Mutter, ihrem Gebet, ihren Tränen. Der Knabe, phantasievoll, gut veranlagt, oft faul, vergeht sich, wie Kinder und Jugendliche das je und je getan (Die Confessiones malen hier zu schwarz). In Karthago beginnt ein langdauerndes Verhältnis (Sohn Adeodatus), dem die Umwelt kaum Bedeutung beilegte, außer der Mutter und ziemlich früh Augustin selbst. In Madaura hatte die Dichtung Vergils Eindruck gemacht; in Karthago eine Schrift Ciceros, ‚Hortensius', ein Aufruf zur Betrachtung der höchsten Lebensfragen. Das religiöse Streben durch Cicero nicht befriedigt, und Aug. sucht den Frieden bei der Sekte der Manichäer. Die Sekte lockte durch Geheimnistuerei wie das Freimaurertum und durch die Hoffnung, in stufenweisem Fortschreiten immer tiefere Erkenntnis höherer Welten und Weltverständnis zu erreichen. Ihre Lehre: Böse und Gut nur physikalische Potenzen, ihr Kampf in der Menschenbrust nur Fortsetzung des Kampfs zwischen Licht und Finsternis, Sonne und Nebel. Bei dieser physikalischen Mythologie beruhigt sich Aug. etliche Jahre, auch das Studium des Aristoteles bringt zwar Licht, aber trennt Aug. noch nicht von der Sekte. Seine Kritik immer beschwichtigt durch den Hinweis auf den Oberlenker Faustus in Rom, den Hüter der tiefsten Geheimnisse. Faustus erwies sich als größte Enttäuschung. Endgültige auch äußerliche Trennung nach 9 Jahren Gefolgschaft erst in Mailand. Aristoteles war Befreier, aber kein Führer für den Sucher. Der Gottesbegriff der Kirche erschien noch zu primitiv; Aug. zweifelt an der Erkennbarkeit der Wahrheit überhaupt. Dieser erkenntnistheoretische Skeptizismus raubt ihm den Halt und läßt sein beständiges Ringen um sittliche Vervollkommnung nicht voll gelingen.

In dieses Empfinden der Gottesferne, der Weltverhaftung bringt Mailand Klarheit: kein jäher Durchbruch, aber ein folgerichtiger. Die machtvolle Persönlichkeit des Ambrosius wirkt zuerst in den Predigten; die allegorische Exegese des Ambrosius (nach Origenes' Muster) beseitigt für Aug. die Anstöße vor allem an dem Alten Testament. Das Christuserleben der Kindheit wird frisch. Die neuplatonische Philosophie für Aug. der Weg zur Kirche; über sie hinauswachsend sieht er in den Neuplatonikern den Moses, der das Gelobte Land nur von fern sehen darf. Sie sind fern von Christus, weil sie fern von der verfaßten Kirche sind. Augustin ist jetzt katholischer Christ nach Einsicht und Willen, den letzten Anstoß gibt vor allem das Gartenerlebnis des Nimm und lies, nimm und lies!

Der Römerbrief 13, 13–14 gibt den Ausschlag, Augustin wird getauft.

Augustins überzeitliche Bedeutung: Harnack hat 1887 aus seiner Person und seiner Zeit heraus den Lebensgang Augustins als Problem empfunden: «Einerseits eine Entwicklung aus dem Innern heraus, ein Aufsteigen von einem gebundenen und zerspaltenen Leben zur Freiheit und Kraft in Gott, andrerseits die Entwicklung zum Autoritätsglauben, das Ausruhen in der Autorität der

Kirche und die mönchische Auffassung der Ehe und des Berufs ... Aus der innersten Erfahrung heraus zeugt er von Sünde und Schuld, von Buße und Glauben, von Gottes Kraft und Gottes Liebe. An die Stelle einer blassen Moral setzt er die lebendige Frömmigkeit, das Leben in Gott durch Christus ... Wo nur immer in dem folgenden Jahrtausend wider mechanische Frömmigkeit, Selbstgerechtigkeit und stumpfe Moral gekämpft wird, da wirkt Augustinus' Geist fort. Andrerseits hat niemand vor Augustin so entschlossen und unverhüllt die Christenheit auf die Autorität der Kirche gestellt ... eine Persönlichkeit, deren Hoheit und Demut uns ergreift. Ein Strom von Wahrhaftigkeit, Güte und Wohlwollen ... und von lebendigen Anschauungen und tiefen Gedanken geht durch seine Schriften, durch die er der große Lehrer des Abendlandes geworden ist ... Luther ist ohne Augustin nicht zu verstehen; Augustin ist zugleich der einzige Kirchenvater, von dem Luther wirklich gelernt hat.»

Basilius der Große, um 330–379; tiefgehender Einfluß auf die Ostkirche, Vorkämpfer für den Frieden in der Kirche. 356 Lehrer der Rhetorik in Caesarea; Taufe; 357 Reise nach Syrien, Palästina, Ägypten, Mesopotamien, um das Einsiedler- und Mönchswesen zu erforschen. Heimgekehrt selber Einsiedler. Arbeitet zusammen mit Gregor von Nazianz die Regeln für Mönche aus, die für alle folgenden Regeln vorbildlich waren. 364 Priesterweihe durch Erzbischof Eusebius von Caesarea. Nach Eusebius' Tod sein Nachfolger. Fruchtbarer Schriftsteller in allen Gebieten der Theologie. Verteidiger des nicänischen Glaubens gegen alle Restaurationsversuche der Arianer.

Beda, 674–735, Englands Kirchenhistoriker. Wichtig als Chronologe. Exegetische Kommentare zur Bibel, mit Bevorzugung der allegorischen Erklärungsweise.

Benedikt von Nursia, 480–542. Gründet Kloster Monte Cassino; Verfasser der Benediktinerregel, des Grundgesetzes des abendländischen Mönchtums. «In den Grundzügen klar und bestimmt, in den untergeordneten

Bestimmungen (Nahrung, Kleidung) weise den Verhältnissen angepaßt, regelt sie auf Grund des Evangeliums und der monastischen Tradition des Morgen- und Abendlandes in 73 Kap. das innere und äußere Leben einer religiösen Gemeinschaft.»

Berengar,

1. Abaelards Vater; über die Nachrichten der Leidensgeschichte hinaus nichts bekannt.

2. B. v. Poitiers, Schüler Abaelards, schrieb nach dessen Verurteilung (Synode von Sens 1140) eine Verteidigungsschrift; aus dieser A's Glaubensbekenntnis S. 400 ff. Seine Schmähschrift gegen Bernhard und die Väter des Konzils später widerrufen.

Bernhard von Clairvaux, geb. 1090 (1091?) aus burgundischem Hochadel auf Schloß Fontaines-lès-Dijon; 3. Kind von 7 Geschwistern; Vater Tescelin; Mutter Aleth leitet erste Erziehung und Bildung. Etwa 1098 nach Châtillon in die Schule. Ausbildung mit Unterbrechung durch Tod der Mutter (1106/7?) bis 1112. Frühjahr 1112 Eintritt in das Reformkloster Cîteaux mit 30 Edelleuten, unter ihnen 4 seiner Brüder und ein Oheim Gaudrich; sein Vater Tescelin und der jüngste Bruder Nivard folgen später nach. 1115 von seinem Abt Stephan Harding mit 12 Mönchen als Abt entsandt zur Gründung von Clairvaux. Dort als Abt am 20. 8. 1153 gestorben. Unter seiner Leitung steiler Anstieg des Klosters, Cîteaux und Cluny zeitweise überflügelt. Höchste Strenge und unerhörte Anforderungen zuerst und vor allem an sich richtend, zieht er durch seine feurige Gottesliebe und Begeisterung, seine Kraft und seine Milde Männer von den Höhen und aus den Tiefen an sich. Enge Beziehungen zu vielen andern Klöstern und Stiftern und Orden, u. a. zu den Templern, zu den Kartäusern und Prämonstratensern (Norbert!), zu den theologischen Schulen und zu vielen hervorragenden Zeitgenossen, Hildegard von Bingen, Malachias von Armagh, sowie zu vielen Staatsmännern des Westens, vor allem aber zu den Päpsten und Kardinälen. Starker Kampf gegen die ihm so erscheinenden Irrlehren bei Abaelard und Gilbert de la Porrée; Kreuzzugspredigt gegen die neumanichäischen Volksbewegungen in Südfrankreich und Norditalien und ihre Führer, vor allem Arnold von Brescia.

Ausgedehnte politische und kirchenpolitische Tätigkeit bei Bischofswahlen, Konzilien und Synoden; ausgedehnte Reisen im Dienst von Päpsten, Königen, weltlichen und geistlichen Würdenträgern. Seine größte kirchenpolitische Leistung: die Beendigung des Schismas zwischen Innocenz II. und Anaklet II. Religiös und politisch besonders folgenschwer seine Bemühungen um den 2. Kreuzzug. Das Mißlingen dieses Zugs und die schweren Angriffe deswegen überschatten die letzten Jahre.

1174 Heiligsprechung; seit 1830 Doctor ecclesiae. Sein Charakter verschieden beurteilt: überschwengliches Lob bei den Vertretern seines Ordens, schroffste Ablehnung, z. B. durch Schiller. Gilsons Urteil: «Bernhard était un incomparable maître pour des saints, mais Pierre le Vénérable était un incomparable guide pour des pécheurs» (Héloïse et Abélard. 2ᵉ éd. Paris 1948, p. 106).

Viele Predigten, eine Fülle von Abhandlungen, am bedeutendsten für die Allgemeinheit De consideratione, eine Betrachtung des Papstamtes, seiner Gefahren und seiner Anforderungen. Dazu 534 echte Briefe.

Die durch Anselm von Canterbury zu Ehren gebrachte dialektisch-spekulative Behandlung der theologischen Fragen für Bernhard unbefriedigend, ja abstoßend. Unmittelbar intuitives Erfassen des tiefen Sinns und der vollen Schönheit der Wahrheiten aus Schrift und Tradition. Er kann als der Vater der Christus- und Brautmystik angesprochen werden. Darin bedeutungsvoll auch für Luther und Calvin.

Cassiodorus, 490–583, Geheimsekretär des Ostgotenkönigs Theodorich, auch unter dessen Nachfolgern um einen Ausgleich zwischen den arianischen Goten und den Römern, bzw. Byzantinern bemüht. Bald nach 540 Eintritt in das Kloster Vivarium. Im Auftrag Theodorichs Verfasser der Gotengeschichte. Während seiner Klosterzeit wirkt er vor allem für die wissenschaftliche Ausbildung der Mönche; verfaßt u. a. Kommentare zu den Psalmen und den paulinischen Briefen, ferner eine Enzyklopädie der weltlichen und geistlichen Wissenschaft und, vielbenützt, einen Auszug aus kirchengeschichtlichen Werken des Sokrates, Sozomenos, Theodoret, der unter dem Namen Historia tripartita («Dreigeteilte Geschichte») bekannt ist.

Cato der Ältere, 234–149, bekannt als Bewahrer altrömischer Sittenstrenge. Die bei Abaelard erwähnte Anekdote wohl aus der Geschichte Alexanders des Großen auf ihn übertragen.

Chalon s. Saône. Ehemaliges Bistum in der Bourgogne. Das zu Cluny gehörende Priorat St. Marcel heißt nach dem hl. Märtyrer Marcellus, angeblich Apostel der Gegend von Chalon s. Saône.

Chlodwig, Frankenkönig, 466–511, durch seine Gattin Chlothilde aus dem Königshaus von Burgund zum kathol. Christentum gebracht; Taufe 496 nach dem Alemannensieg durch Bischof Remigius von Reims.

Chorherren, s. Domkapitel.

Chrysostomus («Goldmund»), Johannes, um 354–407, berühmter Prediger in Antiochia, 398–404 Patriarch in Konstantinopel, 407 auf der Reise in den 2. Verbannungsort gestorben. Lehr- und Mahnschriften, viele Predigten und Briefe.

Cicero, 106–43, der berühmte Redner und Staatsmann der ausgehenden römischen Republik. Die Anekdote von Aspasia und Xenophon stammt aus Cicero, De inventione, I, 52. S. auch Aeschines und Aspasia.

Cîteaux, lat. Cistercium, daher Cisterciensermönche. Im Dep. Côte-d'Or, gegründet 1098 durch 20 Mönche aus der Benediktinerabtei Molesmes. 28 unmittelbare Tochterklöster (Clairvaux unter den ältesten).

Clairvaux, lateinisch Clara vallis, «Lichtental», 1115 durch Bernhard, den 1. Abt, mit 12 Mönchen aus Cîteaux gegründet in einem Seitental der Aube. Zustrom der

Mönche – unter Bernhard 700 Mönche und Laienbrüder – nötigt zur Verlegung des Klosters zum Talausgang. 80 unmittelbare Tochterklöster, darunter Eberbach und Himmerod, und 276 mittelbare. 1790 wurde Clairvaux säkularisiert.

Claudius, wahrscheinlich gemeint der Bischof von Turin, ein Spanier, gest. um 827. Rühriger Kämpfer gegen die Sarazenen. Eifriger Prediger und Schriftausleger. Vertreter der vierfachen Schriftauslegung. Schätzung Augustins, deshalb Polemik gegen den Pelagianismus. Feind äußerer Kirchenordnungen, wie Wallfahrten nach Rom, Heiligen-, Bilder-, Reliquienkult; Kreuze und Bilder aus den Kirchen seines Sprengels entfernt. Hof zu Aachen von seinen Gegnern zum Einschreiten aufgefordert; trotz seiner Verurteilung unbehelligt bis zum Tode.

Cluny, Cluniacum, ehemalige Benediktinerabtei im Dep. Saône et Loire, 910 gegründet. 1790 säkularisiert. Literatur- und Kunstschätze verschleudert, Glocken in Kanonen umgegossen. Die Basilika, von den Bewohnern der Stadt niedergerissen, eine der gewaltigsten Schöpfungen der Romanik.

Die nach Cluny heißende Reform beginnt schon unter den ersten Äbten. Zuerst Klosterreform, dann allgemeine Kirchenreform. Auch die große deutsche, von Hirsau ausgehende Reform steht im Zusammenhang mit Cluny.

Conanus oder Conon (Cuno), war zweimal in Frankreich als päpstlicher Legat, 1115 unter Paschalis, 1120 unter Calixtus II.

Corbeil, Dep. Seine-et-Oise, Castrum Corbolii, bekannt durch die Verehrung des hl. Exuperius, Bischof von Bayeux (gest. Wende des 4. Jhs.). Leiche vor den Normannen nach Corbeil gerettet, dort in der ihm zu Ehren erbauten Kirche St. Spir verehrt.

Cornelia, Tochter des P. Cornelius Scipio, (Anhänger des Pompeius, Gegner Caesars). 55 v. Chr. mit Crassus vermählt, dem Sohn des Triumvirn, 52 mit Gnaeus Pompeius; dessen Schicksale im Bürgerkrieg teilend, Zeuge seiner Ermordung bei der Landung in Ägypten. Die bei A. zitierten Stellen stammen aus dem Epos Pharsalia des Dichters Lucanus.

Cyprian, 210–258, Bischof von Karthago, Seelsorger, fruchtbarer Kirchenschriftsteller; Gegner der sofortigen Wiederaufnahme der Abgefallenen in den Verfolgungen des 3. Jhs.; selber unter Valerius in Karthago enthauptet. Eine Reihe Abhandlungen über Fragen der Kirchenzucht usw., viele teilweise umfängliche Briefe. Theologisch von Tertullian beeinflußt, besonders in der Ablehnung der Gültigkeit der Ketzertaufe.

Daniel, ein neuer, das Wort des Terricus bezieht sich auf die ‚Geschichte von Susanna und Daniel‘, Vers 45–62. Abaelard hat diese Geschichte auch in einer Predigt behandelt.

Debora, Prophetin und Richterin in Israel. Buch der Richter, Kap. 4 u. 5.

Delila, Geliebte Simsons, Richterbuch 16: entlockt ihm das Geheimnis seiner Stärke und verrät ihn an die Philister.

St. Denis, ehemals erste Abtei Frankreichs, nördlich von Paris. Name nach dem 1. Bischof von Paris, Dionysius, der im 3. Jahrhundert den Märtyrertod erleidet. St. Denis, die große Begräbnisstätte der französischen Könige: 26 Könige, 10 Königinnen, 84 Prinzen und Prinzessinnen. Kloster 857 und 865 durch die Normannen ausgeplündert. Suger, Abt von 1122–1151, Minister Ludwigs VI., Erbauer des Klosters, besonders der Kirche; Begründer der Gotik. Sugers Schriften über den Bau (Ordinationes, De consecratione, De administratione) bei Sedlmayr, ‚Die Entstehung der Kathedrale‘ S. 237 ff. ausführlich gewürdigt. Baubeginn der Klosterkirche 1137, Weihe 1144; die Kirche im Bau von Abaelard gesehen.

Diakon-Diakonisse. Die in Apostelgesch. 6, 3 ff. genannten Männer die ersten Diakone, d. h. Armenpfleger, wenn auch der Name D. dort noch nicht vorkommt; als Titel eines Gemeindebeamten erscheint er Philipper 1, 1 und

1. Tim. 3, 8–13. Phoebe, Röm. 16, 1 weniger Diakonisse als Gemeindehelferin im heutigen Sinn. Das öffentliche Lehren und Handeln der Frauen in der Großkirche früh abgelehnt (schon 1. Kor. 14, 34 u. 1. Tim. 2, 11). In der mittelalterlichen Kirche gehört das Diakonat zu den 7 Weihegraden (s. Ordo); der D. ist der nächste amtliche Gehilfe des Priesters beim feierlichen Altardienst und andern liturgischen Verrichtungen. Heute beschränkt sich der D. auf die Assistenz des Priesters am Altar; Predigt und Austeilung der Kommunion und feierliches Taufen nur mit Erlaubnis des Bischofs bzw. des Pfarrers.

Didymos, Didymos der Blinde, von Alexandria, etwa 313 bis 398; seit 340 (?) Lehrer und Vorsteher der Katechetenschule in Alexandria.

Dionysios (-us),

1. Dionysios der Ältere, als Tyrann in Syrakus 405–367 v. Chr. regierend (Damoklesschwert).

2. In Apostelgesch. 17, 34 als einer der wenigen Männer, die Paulus in Athen bekehrt, genannt. D., der Areopagite, d. h. ein Angehöriger des alten Rats von Athen.

3. Unter dem Namen D. Areopagita laufen Schriften eines Unbekannten aus dem 6. Jh., die neuplatonische Mystik und Christentum in dem großen Gedankenbau «Himmlischer und irdischer Hierarchie» vereinigen und von großer Bedeutung für das geistige und geistliche Leben des Mittelalters sind.

4. Bischof von Korinth, um 170, über seine Diözese hinaus wichtig durch Bekämpfung zeitgenössischer Sekten (Montanisten, Marcioniten). Eusebius, unsere einzige Quelle, erwähnt 8 Briefe von ihm.

5. Der erste Bischof von Paris, nach dem Bericht des Gregor von Tours in der ‚Frankengeschichte‘ von Papst Fabian Mitte des 3. Jhs. mit 6 andern Bischöfen nach Gallien geschickt, stirbt als Märtyrer. Die außergewöhnlichen Umstände des Martyriums, Tragen des eignen Haupts zur Begräbnisstätte, in der Kunst oft dargestellt. Abt Hilduin von St. Denis setzt ihn gleich mit den unter 2 und 3 genannten. Hilduin, der erste Übersetzer

der Schriften des D. Areopagita, ist Schüler Alkuins, Abt von St. Denis seit 814/15, Hofgeistlicher bei Ludwig dem Frommen und dessen Söhnen, beschreibt in Prosa und Versen das Leben Bischofs D. von Paris. Quelle für Dionysius-Legende Roswiths.

Domkapitel, Kollegiatstift. Chorherrn. Das Domkapitel, die Körperschaft der Geistlichen an einer Bischofskirche, Helfer des Bischofs bei feierlichem Gottesdienst, Leiter der Diözese bei Freiwerden des bischöflichen Stuhles. Die Kultuspflichten: *Chordienst,* d. h. der gemeinsam im Chor zu haltende Gottesdienst, bestehend aus dem kanonischen Stundengebet (auch Officium, horae canonicae, kirchliche Tagzeiten heißend), der Konventualmesse, den zu dieser gehörenden Prozessionen und den verschiedenen Weihen (Kerzen, Asche, Palmen, Taufwasser); die *Jahrestagfeiern* (die sogenannten Anniversarien) für den Todestag eines Verstorbenen, für Papst- und Bischofswahl, Kirchweihe. Der besondere Zusammenschluß der Kathedralgeistlichen zu gemeinsamem Leben und strenger Klausur durch die «Aachener Regel» (Synode zu Aachen 816) *im Grundsatz* gefordert. Das Gemeinschaftsleben, häufig auch das Chorgebet und die Residenzpflicht, verfielen trotz aller Reformbestrebungen im 11. und 12. Jh.

Die vollberechtigten Mitglieder heißen Kanoniker, Kapitulare, an Stiftskirchen Chorherren. An ihrer Spitze steht der Domprobst oder Dekan. Der Name Kapitel erst seit dem 13. Jh. üblich, vorher Konvent (conventus). Das Wort Kapitel vielleicht gewählt nach dem Abschnitt (capitulum) der Regel, der in älterer Zeit in den durch die Regel vorgeschriebenen Versammlungen verlesen wurde.

Bischofs- und Kapitelgut anfänglich gemeinsam, seit Ende des 9. Jhs. Gütertrennung, wobei das Kapitelgut z. T. nochmals aufgeteilt wird in Kapitelgut und in Pfründen (Praebenden, Benefizien) für die einzelnen Kanoniker.

Seit dem 13. Jh. die Verfassung überall gleich, wobei

mit der Zeit die Domkapitel zu Versorgungsanstalten für den Hochadel wurden: Vollkanoniker mit Stimmrecht, Platz im Chorgestühl, Pfründenversorgung (votum in capitulo, stallum in choro, praebenda: Canonici in fructibus et floribus). Jungkanoniker (Domicellares), ohne die Rechte, aber mit gesicherter Aufrückung; Supernumerarii, auch Exspectantes, «Anwärter» auf eine erledigte Pfründe.

Kollegiatkapitel (-stifte) sind die den Domkapiteln entsprechenden Organisationen für solche Kirchen, die nicht Bischofskirche (Kathedrale) sind.

Domschulen. Die mittelalterlichen Domschulen, letztlich zurückgehend auf Augustins Klerikerseminar in Hippo; durch ihn als Lehrgut die «Septem artes liberales», die «Sieben freien Künste», festgesetzt, d. h. die 7 Wissenschaften, mit denen ein Freigeborener sich beschäftigen darf: *Trivium* mit Grammatik, Dialektik (Logik) und Rhetorik, und darüber aufgebaut das *Quadrivium,* d. h. Arithmetik, Musik, Geometrie, Astronomie. Diese sieben Wissenschaften bilden den Unterbau der mittelalterlichen theologischen Ausbildung. Für die Unterrichtspraxis einige knappe Handbücher, am bekanntesten die Etymologiae oder Origines des Isidor von Sevilla (um 570–636). In den allmählich entstehenden Universitäten übernehmen die Artistenfakultäten den Lehrstoff der Artes liberales als Vorbereitung auf die oberen Fakultäten (Theologie, Jurisprudenz, Medizin); die Erwerbung der Magisterwürde der Artistenfakultät zunächst Vorbedingung für Zulassung zum Fachstudium; unter dem Einfluß des Humanismus allmählich Gleichordnung der Artistenfakultät, d. h. der heutigen philosoph. Fakultät, mit den 3 Fachfakultäten.

Augustins Klerikerseminar nachgeahmt in Italien, Gallien, Spanien, England; unter Abtbischöfen Vereinigung von Klosterschulen und Domschulen.

Trennung mehr organisatorisch: Geist, Stoff und Methoden in beiden Schularten die gleichen. Fürsorge vor allem der Frankenkönige für das gehobene Schulwesen. Das

4. Laterankonzil, 1215, schreibt allgemein die Einrichtung von Domschulen vor. Leiter der sogenannte Domscholaster (scholasticus), die Lehrer sind Kleriker, die nicht die höheren Weihen zu besitzen brauchen. Die Stelleninhaber genießen eine Pfründe und beziehen von den Studenten Lehrgeld. Bei Entstehung der Universitäten steigen die berühmtesten Domschulen, z. B. die von Paris, in den Rang von solchen auf, die meisten sinken ab und erliegen dem Wettbewerb der Klosterschulen der neuen Orden und der städtischen Schulen, zumal die Klerikerbildung der Universität zufällt und diese kein Mindestalter kennt und schon die 14- bis 15jährigen an sich zieht.

Dreigeteilte Geschichte: siehe Cassiodor.

Elia und Elisa. Elia. Prophetengestalt im Alten Testament, 1. Könige 17–19 und sonst. Sein Schüler Elisa, 1. Kö. 19 ff. Die Totenerweckung, 2. Kö. 4! Von beiden keine Mahn- und Bußreden überliefert.

Eremiten. Eremiten nach der Wortbedeutung «Die in der Wüste Lebenden». Die altchristlichen Asketen üben Enthaltsamkeit jeder Art in der Welt, ohne besonders aufzufallen und auffallen zu wollen. Mitte des 3. Jhs. Gedanke der Weltflucht in die Einsamkeit als Ort größerer Gottesnähe feststellbar. Die Wüste, für das Vollkommenheitsstreben besonders geeignet, gilt als Sitz gefährlicher Dämonen: Kampf mit ihnen («Versuchungen des Antonius») an sich ehrenvoll, gelegentlich als Ersatzleistung für unterbliebenes Martyrium betrachtet. Aufenthalt in der Wüste in Ägypten seit alter Zeit letzte Rettung vor der Staatsgewalt (Moses Flucht zu den Beduinen, 2. Mos. 2). Auch in christlicher Zeit Flucht dahin weniger vor Christenverfolgungen als vor dem sozialen Elend der damaligen Fellachenbevölkerung: schwerster Steuerdruck, gewaltsame Fesselung an die Scholle, Kriegsdienst.

Ägypten das klassische Land des Einsiedlertums: in Oberägypten die Thebais mit Paulus von Theben, Antonius dem Großen, Pachomius; am Übergang von Mittelägypten nach Unterägypten die Sketische und Nitrische Wüste (Makarius d. Ältere, Moses d. Räuber, Pambo, Ammon). Die Ausstrahlungen des Eremitentums reichen in die Sinaihalbinsel und nach Palästina (Hilarion), ins Ostjordanland, nach Syrien, ja bis in das nördliche Kleinasien.

Die Niederlassungsformen: Einzelhausende in Hütten, Höhlen, auch, besonders in Syrien, in Gräbern, Zisternen; Einmauerung! Daneben die heimatlosen Wüstenwanderer. Eine Besonderheit die Styliten, die «Säulenheiligen», Bewohner hoher Säulen (bis zu 18 Metern), mit Plattform für kleine, nach oben offene Hütte. Gelegentlich am Fuß der Säule Entstehung einer Eremitensiedlung. Die nestartige Siedlung von Eremiten allmählich bevorzugt.

Ursprünglich keine äußere Organisation; nur ein moralisches Übergewicht gibt die Länge des Aufenthalts, die Härte der Kasteiung, die Heiligung des Lebens. Bewußte, oppositionelle Trennung von der gegliederten Kirche im allgemeinen nicht nachweisbar.

Lebensweise bedingt durch die erstrebte Selbstheiligung: Gebet, Meditation, körperliche Arbeit zur Selbsterhaltung und geistige Tätigkeit, vor allem bei Serapion und Hilarion.

Aus dem freien Eremitentum entsteht vor allem durch des Pachomius Regel das Mönchtum: Einfriedigung der Nestsiedlung durch eine Mauer, einheitliche Lebensweise, Unterstellung unter einen Abt.

Auch im Westen (Italien, Gallien) das orientalische Eremitentum zuerst Vorbild (Martin von Tours; Hieronymus), doch wird das im Kloster zusammengefaßte Mönchskollegium im Westen die Regelform, vor allem durch Benedikt. Wiederbelebung des Eremitentums im Abendland zeitweise durch die iroschottischen Mönche.

Esther. Das Buch Esther erzählt von der jüdischen Emigrantin, die Königin von Persien wird und durch ihre Klugheit ihr Volk rettet. Zur Erinnerung daran Feier des Purimfestes bei den Juden.

Eugenia, hl. Märtyrerin in Rom. Verehrung weit verbreitet. Ihr Bild in den Mosaiken von S. Apollinare nuovo in Ravenna. Der legendarische Passionsbericht verwendet das mehrfach vorkommende Motiv von dem Mädchen, das Manneskleidung anlegt, Mönch wird und durch Offenbarung des wahren Geschlechts sich von der falschen Anklage der Notzucht reinigt. Gottfried Keller (,Sieben Legenden') behandelt nach den ,Legenden' Kosegartens den Stoff in der ersten Legende ,Eugenia'.

Eusebios (-us), um 263–339, seit 313 Bischof von Caesarea in Palästina. Im arianischen Streit Gegner des Athanasius, auch des nicänischen Glaubensbekenntnisses. Er behandelt alle Gebiete der Theologie seiner Zeit, ist aber besonders berühmt durch seine historischen Schriften. 1. ,Chronik', bis 325 reichend. Der 1. Teil eine Chronographie, nach Völkern geordnet, aus deren historischen Quellen geschöpft, der 2. Teil synchronistische Tabellen. 2. Die ,Kirchengeschichte', sein wichtigstes Werk, von der Apostelzeit bis zum Sieg über Licinius (324), sehr reich an wertvollsten Aktenstücken, auch aus kaiserlichen Archiven; eine meist zuverlässige Materialsammlung, von 312 ab durch ihn mehrfach bearbeitet. Von Werken zur Bibelkritik und -erklärung wenig erhalten, davon wertvoll das Onomastikon, ein Lexikon der Ortsnamen des Alten und Neuen Testaments. Zwei große apologetische Schriften, die Praeparatio evangelica, den Vorzug des Christentums vor dem Heidentum schildernd, und die Demonstratio evangelica, die Vollkommenheit des Christentums gegenüber dem Judentum hervorhebend.

Eustochium, Tochter der hl. Paula, um 368–420, von dieser und Hieronymus für ein Leben der Askese erzogen, zu dem Kreis vornehmer Frauen gehörend, der sich um diesen in Rom bildet. 385/86 Pilgerfahrten mit Hieronymus durch Palästina, Ägypten mit der nitrischen Wüste. Dauernder Aufenthalt in Bethlehem, Gründung eines Mönchsklosters, dreier Nonnenklöster. Die Nonnenklöster von Paula, nach deren Tod von Eustochium geleitet. Hieronymus, ihr geistlicher Berater, widmet der Äbtissin E. viele Briefe und mehrere Abhandlungen; De virginibus velandis (Von der Verhüllung der Jungfrauen) leitet E. zu einem streng jungfräulichen Leben an.

Flamines, Einzelpriester bestimmter Götter im alten Rom, nach ihrem Gott heißend: flamen Dialis (Jupiterpriester), fl. Martialis (Marspriester), fl. Quirinalis, der Priester des Quirinus. Alle drei sind Mitglieder des Kollegiums der Pontifices.

Francien, Französisches Herzogtum Francien (France), entstanden aus den Grafschaften um Paris unter der Führung der Robertiner, die später Kapetinger heißen. Francien reichte im Norden bis Senlis, im Süden bis Orléans. Die letzten Karolinger nur noch Puppen in der Hand der Robertiner. 987 Hugo Capet, Sohn Herzog Hugos d. Gr. von Francien, von den Großen zum König gewählt. Auch er und die ersten Nachfolger machtlos gegenüber den Vasallen, den Herzögen von Burgund, der Normandie, Aquitanien, den Grafen von Blois und der Champagne, von Anjou, Flandern, Vermandois. Dazu der große sprachliche und kulturelle Gegensatz zwischen dem mehr fränkischen Norden (Langue d'oil) und dem mehr keltoromanischen Süden (Langue d'oc). Mit Ludwig VI., dem Suger beratend beisteht, beginnt der Aufstieg des frz. Königtums. Durch die Verbindung mit der Kirche und den nordfranz. Städten die Unterwerfung der widerspenstigen Vasallen zunächst Franciens gefördert.

Frontonius, vielleicht der legendarische Abt Fronto, unter Antonius Pius im 2. Jh. in der Nitrischen Wüste lebend.

Fulbert, Kanonikus an Notre Dame von Paris. Oheim Heloisas. Über die Historia calamitatum hinaus wenig sichere Nachrichten. Offenbar später Aussöhnung mit Heloisa: in dem Nekrologium von Paraklet zum 26. Dezember: «Fulbertus canonicus dominae Heloisae avunculus.» Fulbert also der regelmäßigen Fürbitte des Konvents empfohlen.

Gebetszeiten, s. Horen.

Genoveva hl., Patronin von Paris, um 422 (Nanterre) bis 502 (?) in Paris. Trösterin und Helferin des Volks beim Hunneneinfall (451). Der nach ihr heißende Hügel (mons Lucotitius der römischen Zeit), la butte St. Geneviève, zu Abaelards Zeit noch nicht überbaut, sondern mit Weinbergen und Baumgärten besetzt, dazwischen Kirche, Kloster, Kapellen. Die Basilika 505 von Chlodwig begonnen, nach der Übertragung der Leiche der hl. Genoveva geweiht. Der Bau zuerst vollendet durch Chlothilde, die Gemahlin Chlodwigs. Umbau durch Stephan von Tournai (2. Hälfte des 12. Jhs.). Die Genovevaner beginnen 1759 neben der alten Basilika (diese erst 1807 abgebrochen) den Neubau, der 1790 vollendet und 1791 zum «Pantheon» erklärt wird. Im P. die Gemälde Puvis de Chavannes aus dem Leben der hl. Genoveva.

Gildas, hl., Patron des Klosters St. Gildas in Ruys (südlich von Vannes, an der Bai von Morbihan, Bretagne). Gildas von der Abtei als Gründer beansprucht. Vielleicht der Bericht der Vita insoweit Legende. Der historische G. berühmt als der erste Geschichtsschreiber der Kelten: De excidio et conquestu Britanniae, zwischen 516 und 547 geschrieben. Gildas soll mehrfach in Ruys gewesen und dort 570 gestorben sein.

Gottfried II. (Gaufredus), Bischof von Chartres, Nachfolger des Ivo (1116); auf der Synode von Soissons Gönner Abaelards, auf der von Sens sein Gegner. Von Bernhard geschätzt. Vielleicht ehemals Schüler Abaelards (so Vacandard in der Bernhard-Biographie).

Gregor von Nazianz, hl., 330–390. Neben Basilius und Gregor von Nyssa der 3. große Kappadozier. 379–381 Bischof von Konstantinopel. Seit 383 auf seinem Landgut Arianz bei Nazianz lebend. Tiefe Frömmigkeit und hohe Begabung, eine Dichternatur, entschlußlos, empfindlich und versöhnlich zugleich. Besondere Bedeutung als Prediger, so daß seine Reden bis ins 16. Jh. hinein Leser und Erklärer finden. 245 Briefe, meist persönlichen Inhalts. 2 Bände Gedichte, Lebensführung (Virginität, Tugenden und Laster, Gefahren des Lebens, Putzsucht der Frauen) und Zeitgeschichte behandelnd. Als Theologe beschränkte sich Gregor auf Christologie und Trinitarismus.

Gregor I. der Große, hl., vor 540–604. Nach dem Tod des Papstes Pelagius II., dessen Ratgeber Gr. war, 590 zum Papst geweiht. Kraftvolles Regiment (Langobardennot), Beginn der Angelsachsenmissionierung. Wachsen des kirchlichen Gegensatzes zwischen Rom und Konstantinopel. Seine Schriften auf praktisches Wirken eingestellt: 1. Liber regulae pastoralis (Pastoraltheologie), jahrhundertelang Grundbuch der abendländ. Geistlichkeit. 2. Hiobkommentar mit moralischer Anwendung, als Handbuch der Moral benutzt und deshalb ‚Moralia‘ genannt. 3. Dialogi (über Leben und Wundertaten der italienischen Kirchenväter), im 2. Buch Erzählungen vom hl. Benedikt. 4. 64 Predigten.
Gregor ist dogmatisch Mann der Tradition (Prädestinationslehre Augustins abgelehnt). Begründer des Schemas der 7 Hauptsünden. Reform der Messe. Begründer des «gregorianischen Gesangs» durch Einrichtung der römischen «schola cantorum».

Gregor VII. 1020–1085; durch Zwiespalt mit König Heinrich IV. bekannt (Canossa 1077), seit 1073 Papst, vorher Berater von 5 Päpsten, stirbt verbannt in Salerno.

Heloisa, um 1099 geboren, nach späteren Quellen aus dem alten Adelsgeschlecht der Montmorency; Name auch Heloissa Helvisa, Helvidis; s. Zeittafel.

Hieronymus, hl., Kirchenlehrer, um 342 geb. in Stridon, Grenzort von Pannonien/Dalmatien. Unterricht im reichen Elternhaus. 354 (?) nach Rom zum Studium; nach der Taufe ausgedehnte Reisen durch Balkanhalbinsel und Kleinasien. Nach schwerer Erkrankung für 4–5 Jahre in Einsiedlerwüste Chalkis; strenge Askese, liter. Tätigkeit. Vor abstoßenden Formen des Eremitentums und dogmatischem Gezänk Flucht nach Antiochia; hier Priesterweihe. 382 vom Papst Damasus nach Rom eingeladen zur Synode. 384 von ihm mit Revision des Textes der älteren latein. Bibelübersetzungen betraut; daraus in

mehreren Anläufen die neue Übersetzung, die Vulgata.
Hieronymus greift Mißstände im römischen Leben an;
darauf seine Seelenführung besonders der Frauen des
Patriziats (Marcella, Paula, Eustochium, Blesilla) aufs
stärkste verleumdet und mißdeutet. Er verläßt Rom, reist
mit Paula u. Eustochium durch Palästina nach Alexandria (Didymos der Blinde), in die nitrische Wüste. Klöster, Pilgerhospize u. Schule in Bethlehem gegründet; s.
Eustochium u. Paula.

Hieronymus lebt 34 Jahre in Bethlehem der Wissenschaft. Wissenschaftliche Kämpfe, Streit mit Bischof Johannes von Jerusalem, der fortschreitende Verfall des
Reichs, schwere Krankheiten, kriegerische Überfälle, be-
waffneter Angriff der Pelagianer auf sein Kloster,
schließlich Nahrungssorgen verbittern sein Leben. Gest.
30. 9. 420 (419?) in Bethlehem. In der Legende und in
der bildenden Kunst viel behandelt (Hieronymus im
Gehäus).

Charakter sehr umstritten. In jedem Fall ein Mensch in
allem Widerspruch, ein Genie der Freundschaft (Teixeira
de Tascoaes: ‚Hieronymus, Der Dichter der Freundschaft'. 1941). Schriftstellerei: *Briefe* (117); viele *Übersetzungen*. Von den *dogmatisch-polemischen* Schriften
wichtig die 3 Bücher gegen die Pelagianer (415). *Geschichtliche* Abhandlungen: Leben des Paulus, des Hilarion, des Malchus. Katalog von 134 Schriftstellern.
59 *Predigten*. Sehr große Bedeutung als vielseitiger
Bibelexeget, die allergrößte als *Bibelübersetzer!* Seit
384 erfüllt ihn diese Aufgabe; als Revision früherer
Übersetzungen («Itala») anfangend, hat sie schließlich zu
völligem Neubau geführt.

Hieronymus nächst Augustin der gelehrteste latein.
Kirchenschriftsteller. Gute allseitige Schulung; er beherrscht die 3 Bibelsprachen, ist vertraut mit der klass.
Literatur Griechenlands und Roms, hat eine reiche Bibliothek, kennt durch großen Briefverkehr und ausgedehnte Reisen Landschaften und Menschen, persönlich
bekannt mit vielen Gelehrten der Zeit. Kein spekulati-

ver Philosoph und Theologe, aber ein solider Textkritiker mit guter Methode. Dogmengeschichtlich «der genuine Vertreter des Vulgärkatholizismus seiner Zeit», wie sein bester Biograph Grützmacher es formuliert. Vermittler des Wissens der griechischen und jüdischen Welt an das Abendland. Hieronymus ist für Abaelard und Heloisa der christliche Schriftsteller schlechthin.

Hilarion, von Gaza, hl. 291–371. Begründer des palästinensischen Eremitentums.

Hilduin (Hildwin), S. Dionysius 2–5.

Holofernes, Assyrischer Feldherr, der von Judith erschlagen wird. Buch ‚Judith' Kap. 2 ff.; (Hebbels Drama).

Horen, Der Name Horen («Stunden»), auch Stundengebete, Tagzeiten, weil Gebete usw. auf bestimmte Stunden gelegt wurden. Die 8 Horen fordern ein mündliches, nicht nur innerliches Beten, das aus Psalmen, Hymnus, Lesung Antiphon, Responsorien, Versikeln und Gebeten besteht. Die vor langer Zeit erfolgte Regelung dieses Betens durch das Breviarium Romanum steht zu Abaelards Zeit noch in den Anfängen, so daß trotz der Bestimmungen Benedikts dem Ermessen bzw. der Gewohnheit noch Raum blieb. «Zur vollen Darstellung kommt das Beten, wenn es im Chor ausgeführt wird und seine verschiedenen Teile auch äußerlich zu der beabsichtigten Wirkung gelangen. Die *Gebete* werden teils laut, teils leise gesprochen, die *Psalmen* mit einem eintönigen Rhythmus rezitiert, der am Ende jedes halben und ganzen Verses in eine musikalische Kadenz ausläuft. Der Chor teilt sich in zwei Hälften, die im Psalmodieren Vers um Vers abwechseln. Die Psalmen werden eingeleitet und beschlossen durch *Antiphone*, kurze biblische Sprüche, die gesungen werden. *Responsorien* sind gleichfalls kurze Gesänge, die aus Responsum und Versus bestehen. Am Ende eines liturgischen Abschnittes stehen *Versikel*, die rezidiert werden. Die *Hymnen* sind Gesangstücke; die *Lektionen* werden rezitativisch vorgetragen; sie entstammen der Hl. Schrift, sowie Predigten der Kirchenväter und Heiligenlegenden. Die *Matutin* wurde ursprünglich bald nach Mitternacht gebetet, daher früher Officium nocturnum heißend; ihre einzelnen Teile heißen noch Nokturnen. Die *Laudes* werden bei Tagesgrauen gebetet, die Prim, Terz, Sext, Non jeweils zu der durch diese Namen bezeichneten Zeit, d. h. zur ersten, dritten, sechsten, neunten Stunde, wenn nach antiker Sitte der Tag um 6 Uhr früh beginnt. Die *Vesper* wurde bei Sonnenuntergang gebetet, das *Kompletorium* vor dem Schlafengehen.»

Innocenz I., Papst von 402–417, erster politisch stärker hervortretender Papst, Vorkämpfer des Primats des Apostolischen Stuhls (Brief an Bischof Victricius von Rouen).

Innocenz II., Papst 1130–1143. Zwiespältige Wahl unter schweren Formfehlern auf beiden Seiten zwischen Innocenz II. und Anaklet II. Die Kirchenspaltung erst durch den Tod Anaklets II. beseitigt; auf Roger, König von Sizilien, sich stützend, konnte A. sich in Rom behaupten bis zum Tode (25. 1. 1138), obgleich Bernhard Frankreich, Deutschland und England für Innocenz II. gewonnen hatte.

Ipicius, nichts feststellbar.

Isidorus von Pelusium, etwa 360–435, griech. Kirchenschriftsteller. Nach seinen Briefen (bis zehntausend genannt) zu urteilen, eine der anziehendsten Mönchsgestalten: strenger, aber lebenskundiger, maßvoller Asket, furchtloser Mahner an Hoch und Nieder, geduldiger Berater selbst in kleinsten Gewissensfällen. Die Briefe behandeln vor allem die praktischen Fragen, die das relig. Leben formen: Freiheit, Sünde, Gnade, Sakramente, Eschatologie.

Jairus Töchterlein s. Mark. 5, 22 ff.

Jephta, einer der Richter in Israel. Richter II ff. J's Tochter: Das ungewußte Versprechen, die Tochter zu opfern, ein verbreiteter Märchenzug. Der Stoff von Abaelard im 3. Planctus kunstvoll behandelt.

Joseph von Arimathia. s. Matth. 27, 57 ff.

Jovinianus, Irrlehrer, wegen «laxer Moral» (so Hieronymus oben S. 234) bekämpfter Asket; kommt bald nach 385 nach Rom, wirbt in Predigt und Buch (Brief) für seine Ideen: «Keine Wertunterscheidung zwischen Jungfrauen, Witwen, Ehefrauen; Wertlosigkeit des Fastens; Heiligung ist Bewahrung der Taufgnade, nicht ihre Vermehrung, deshalb gleiche Belohnung aller Gerechten im Jenseits; die mit vollem Glauben Wiedergeborenen bleiben sündlos (Sündigen nach der Taufe beweist, daß keine wirkliche Wiedergeburt erfolgt); alle Sünden sind gleich schwer und werden gleich bestraft; Verlust der Jungfrauschaft Mariae infolge der Geburt Jesu.» Jovinian findet zunächst Anhänger unter den Asketen in Rom, später Vercelli und Mailand. Verurteilung durch Synoden in Rom und Mailand, diese unter des Ambrosius Vorsitz.

Justinianus I., oströmischer Kaiser, 483–565 (Kaiser 527 bis 565). Harter Kampf gegen Reste des Heidentums (529 Aufhebung der Philosophenschule in Athen und Konfiskation ihres Besitzes). Großer Kirchenbauer (Hagia Sophia in Byzanz). Scharfe Eingriffe in Kirchenkämpfe mit wechselnder Front. Sieger über Goten und Vandalen in Italien und Nordafrika; Festungsbauten gegen Avaren, Bulgaren, Slaven. Sammlung des geltenden römischen Rechts im Codex Justinianus in den Digesten und in den Novellen: großer Gesetzgeber, aber auch Urheber des Satzes: Regis voluntas suprema lex.

Juvenalis, römischer Satirendichter etwa 58–138. Besonders bekannt die 6. Satire gegen die Frauen.

Kandake, Kandake's Schatzmeister; Kandake Königstitel, nicht -name. Apostelgeschichte 8.

Katechumene, der zur Vorbereitung auf den Taufempfang zugelassene Nichtgetaufte. Kat. genannt, weil die Vorbereitung vor allem religiöse u. sittliche *Unterweisung* umfaßt. Bei Unterrichtserfolg und sittlicher Bewährung Zulassung zur nächsten Vorbereitungsstufe: stärkere Exorzismen, Zeremonien, Gebete, Abschwörung, Ablegung des Glaubensbekenntnisses. Diese 2. Stufe heißt: competentes (= Taufbewerber), electi (= Auserwählte).

In der Ostkirche: «Die Erleuchtung erhalten.» Eine bestimmte Dauer für d. Katechumenat nicht vorgeschrieben. Der Meßfeier dürfen K. nur bis nach den Schriftlesungen und der etwa anschließenden Predigt beiwohnen; dann ausdrückliche Entlassung.

Kleriker, eine durch den Empfang der Tonsur in den geistlichen Stand aufgenommene und seiner Vorrechte teilhaftig gewordene Person. Abaelards Bezeichnung durch Heloisa: te clericum atque canonicum (Dich in der Eigenschaft eines Klerikers und Kanonikers)! Abaelard stellt in der 3. Predigt fest, daß der clericatus mit seiner Tonsur noch unter dem untersten Weihegrad, dem des Ostiarius, stehe. Völlig frei von Ehre und von Pflicht, vor allem der Pflicht der Keuschheit, ist der Klerikus, der Tonsurierte, nicht, wenigstens nach der Meinung der Theoretiker; aber zu Abaelards Zeit scheint eine Heirat nicht ohne weiteres die Eigenschaft des Klerikers aufzuheben.

Konzil (Synode), 1. von Hispalis (Sevilla), 619; Vorsitzender ist Isidorus, Bischof von Sevilla (570–636); das K. unter der Regierung des Westgotenkönigs Sisebut 612 bis 621.

2. von Soissons. 3. von Sens; s. Zeittafel.

Korinth, Bischof Dionysios von Korinth, s. Dionysios 4.

Kroton, heute Cotrone; dort 982 vernichtende Niederlage des Kaisers Otto II. durch Byzantiner und Sarazenen. Im Altertum Kroton griechische Kolonie in Unteritalien, Sitz der aristokratischen Theokratie der Pythagoräer, die im 5. Jh. v. Chr. gestürzt wird.

Lactantius, lat. Kirchenschriftsteller; geb. vor 250 in Afrika, gest. nach 317, wahrscheinlich in Trier. Sein Hauptwerk ‚Göttliche Unterweisungen‘ 304/13. Er zieht zur Einführung in das Christentum für die Gebildeten weitgehend die römischen Philosophen heran u. legt den Aussprüchen der Sibyllen dieselbe Beweiskraft bei wie den heiligen Schriften.

Lamuel, Sprüche Salomon. 31, 1 ff. König von Nordarabien.

Lazarus, von Jesus auferweckt, Joh. II, 2.

Leo IX., geb. 1002, gest. 1054, zum Papst 1049 gewählt. Er ist der bedeutendste der deutschen Päpste des Mittelalters. Erneuerer der Kirchenzucht, scharfer Gegner der Priesterehe.

Libertinus, nicht festzustellen.

Lot's Weib und Töchter, I. Mose 19, 26 u. 32 ff.

Lotulf der Lombarde, s. Alberich.

Lucanus, römischer Dichter 39–65 n. Chr. Das einzig erhaltene Werk ‚Pharsalia‘, s. Cornelia.

Lucia, Mutter Abaelards, siehe Zeittafel.

Macrobius, um 400 n. Chr. lat. Schriftsteller; sein Hauptwerk: ‚Saturnalia‘.

Makarius, hl. geb. um 300 in Oberägypten, gest. um 390 als Abt in der Sketischen Wüste; siehe auch Eremiten.

Makkabäer, hier hingewiesen auf 2. Makk. 7.

Mareotis-See (auch Mareia, Maria) im Norden des Nildelta westl. v. Alexandria; heute Birket-el-Mariut. Mittelpunkt der bei Philo erwähnten Sekte der Therapeuten. Eusebius Kirchengeschichte II 17, 8.

Maria Magdalena, Luk. 8, 2 u. Matth. 27, 56; sie wird häufig mit der großen Sünderin Luk. 7, 36 ff. verwechselt.

Maria Aegyptiaca, hl. Nach der Legende lebte sie als Einsiedlerin in der Wüste, nachdem sie 17 Jahre ein ausschweifendes Leben geführt hatte.

Maria, Schwester der Martha und des Lazarus, Luk. 10, 38; Joh. 12, 1 ff.

Markus Eremita, gest. nach 430; Abt in Ankyra, später Einsiedler.

Martin, hl. 316–397. Bischof von Tours. Erfolgreichster Apostel Galliens; viele Legenden über ihn, am bekanntesten die Mantelteilung.

Maximus, Bischof von Syrakus, 6. Jh. Näheres nicht ermittelt.

Melun, Dep. Seine/Loire, auf einer Insel (ältester Stadtteil) und auf beiden Ufern der Seine, etwas oberhalb von Paris.

Meaux, östl. v. Paris a. d. Marne; Bischofssitz seit d. 6. Jh.

St. Médard, Kloster in Soissons, in dem die Gebeine des

Heiligen bewahrt werden; dieser etwa 545 geboren, Bischof von Noyon, gest. vor 561.

Michael, einer der 3 Erzengel. Oben S. 407 angespielt auf Judasbrief Vers 9. Der Wortlaut der Vulgata gibt Petrus von Cluny das Recht, gegen M. den Vorwurf der Schwäche zu erheben.

Mirjam, Schwester des Aaron, Prophetin 2. Mose. 20/21.

Moses, der Aethiopier oder der Räuber; nach seiner Bekehrung Mönch und Priester in der Sketischen Wüste, um 395 ermordet. Siehe Eremiten.

Nabal vom Karmel, ein reicher Mann. Davids Zorn über ihn durch seine Frau Abigail besänftigt, I. Sam. 25 ff.

Nasiräer, Männer, die das vornehmste Gelübde im Alten Testament abgelegt haben (4. Mose 6 ff.): Verpflichtung, sich alles dessen zu enthalten, was vom Weinstock kommt, das Haupthaar wachsen zu lassen und jede gesetzl. Unreinheit zu meiden. Das Gelübde meist zeitlich begrenzt, mitunter jedoch lebenslänglich.

Nikodemus, angesehener Pharisäer, Mitglied des Hohen Rats; Joh. 7, 50 u. Joh. 19, 39.

Noah, Geschichte seines Rauschs I. Mose 9, 21 ff.

Nokturn, s. Horen.

Numeri, das 4. Buch Mose, das mit der Zählung (Numeri = Zahlen!) der israel. Männer anfängt.

Ordo, (ordo, Mehrzahl ordines): Das lat. Wort bezeichnet Reihe, Ordnung; im Sprachgebrauch der röm. Kirche ist Ordo: 1. die Darstellung des Ritus, gemäß dem sich die liturgischen Funktionen abzuspielen haben (also Meß-, Taufordo u. a.). 2. der durch eine Weihe erlangte Grad in der kirchlichen Hierarchie, sowie der Weiheakt, durch den der Bischof einen Ordinanden dieses Weihegrades teilhaftig macht und ihn zur Vornahme der dem betreffenden Weihegrad eigentümlichen sakramentalen und liturgischen Handlungen befähigt. Man unterscheidet niedere Ordines (ordines minores) und höhere (ordines maiores, ordines sacri). Ordines *minores* sind der Ostiarius (der Türhüter), der Lektor (der liturgische Leser: heute liest der Diakon das Evangelium, der Subdiakon die Epistel, so daß dem Lektor nichts geblieben ist), Exorcista (der Beschwörer Besessener), Akolyth (früher Betreuer von Brot und Wein; er hielt die Säckchen, in die bei der Brechung der geweihten Brote die gebrochenen Stückchen zur Austeilung gelegt wurden). Die Ordines *maiores* – Subdiakon (liturg. Unterdiener), Diakon (liturg. Diener), Priester, Bischof – sind verpflichtet zum Zölibat u. zum Beten des Breviers. Die Entwicklung ging im Lauf der Zeit dahin, von den Aufgaben der unter dem Priester stehenden Ordines einen Teil dem Priester vorzubehalten. Der Weiheritus besteht für die einzelnen Ordines weiter, und der Priesterkandidat macht diese 6 Weihevorstufen ebenfalls durch.

Wann Abaelard die Priesterweihe erhalten, ist zwar nicht überliefert, aber in Cluny ist er jedenfalls Priester. Man kann annehmen, daß er schon in St. Denis die Weihen erhielt. Sonst wäre der Dienst in Paraklet auch nicht möglich gewesen.

Origenes, Leben: 184/5 von christlichen Eltern, vielleicht in Alexandria geboren. 201/2 Vater als Märtyrer gestorben, der Sohn nur durch List der Mutter gehindert, selber das Martyrium zu ertrotzen. Vermögenseinziehung; der Sohn erhält Mutter und Geschwister durch Privatunterricht. – Für Clemens, den seitherigen Leiter der Katechetenschule von Alexandria, der junge O. an ihre Spitze berufen (203?). Große innere und äußere Erfolge in der Lehrtätigkeit. Strengste Askese, ja Selbstentmannung unter Berufung auf Mt. 19, 12. Viele seiner Schüler Blutzeugen. Gegen 230 auf Reise nach Athen in Caesarea, außerhalb des Sprengels von Alexandria, zum Priester geweiht; deshalb als Schulleiter abgesetzt, aus der Gemeinde von Alexandria ausgestoßen, Priesterwürde aberkannt. Origenes daraufhin nach Caesarea; dort Forscher, Schriftsteller, Lehrer, Prediger. Bei Verfolgung unter Decius verhaftet und gefoltert. 254 (?) wohl in Tyrus gestorben; dort sein Grab gezeigt.

Schriften: Um seine Lehre und sein Werk immer wieder, auch nach seinem Tode, Kämpfe. Darum sehr viel verloren, vom Geretteten ein großer Teil nur in lateinischen Übersetzungen erhalten (Hieronymus, Rufinus, Hilarius von Poitiers); auch diese in den dogmatischen Teilen überarbeitet und verstümmelt.

Biblische Schriften: An der ‚Hexapla‘ (später ‚Tetrapla‘) 28 Jahre gearbeitet: eine vergleichende Tabelle in 6 (4) Spalten des hebräischen Bibeltextes und seiner griechischen Übersetzungen. Predigten; Kommentare zu fast allen Büchern der Bibel.

Apologetische Schriften: 8 Bücher gegen das «Wahre Wort», die Kampfschrift des Celsus gegen das Christentum.

Dogmatische: ‚De principiis‘; Behandlung der Grundfragen: Gott, Welt, Willensfreiheit; im 4. Buch die Grundsätze der Schrifterklärung behandelt. Rechtfertigung der allegoristischen Methode! s. Schriftsinn, vierfacher.

Theologie: Letztes Ziel die Schau Gottes; der Weg dahin die Gnosis, die Erkenntnis, die Vorrang hat vor dem Glauben. Der Weg zu Gott eine geordnete Stufenfolge, darum Trennung zwischen den Einfachen und den Geistigen, den «Gnostikern». Heiligkeit bedeutet «völlige Hingabe an Gott und Schutz für den Nächsten; sie fordert Einheit von Leben und Lehre, bedarf der täglichen Gewissensforschung und darf nie zur Berechnung entarten. Sie soll eine Frucht des Kreuzes Christi sein, ohne das es keine Erlösung gibt ... Origenes hat zum erstenmal die Möglichkeit einer Theologie gezeigt, d. h. einer denkmäßigen Behandlung der Glaubensinhalte.»

Otto von Freising, 1114–1158, studierte in Paris, hier oder in Reims Abaelards Schüler (?). Seit 1137/38 Bischof von Freising. Oheim Barbarossas, Teilnehmer des 2. Kreuzzugs 1147/48. Geschichtsschreiber. Seine Hauptwerke: ‚Chronik oder Geschichte der beiden Reiche‘ und ‚Gesta Frederici I. Imperatoris‘, in denen u. a. das Verfahren gegen Arnold von Brescia berichtet wird und in einem großen Sonderabschnitt über die französische Theologie seiner Zeit die Lehrprozesse gegen Abaelard und Gilbert de la Porrée ausführlich geschildert werden unter eingehender Charakteristik der beiden Forscher. Bemerkenswert die scharfe Formel, die Otto für Bernhard von Clairvaux findet.

Ovid, römischer Dichter, geb. 43 v. Chr., gest. 18 n. Chr. in der Verbannung in Tomis, dem heutigen Constanta, am Schwarzen Meer. Von seinen Werken die ,Metamorphosen' (Verwandlungen) und die ,Ars amandi' (Kunst des Liebens) bei Abaelard und Heloisa mehrfach zitiert.

Pachomius, um 292–346, ägyptischer Eremit, fördert den Gedanken des gemeinsamen Lebens der Eremiten und gründet einen großen Klosterverband; für ihn erläßt er eine feste Regel. Siehe auch Eremiten.

Palladius, wahrscheinlich nicht der Bischof von Auxerre (7. Jh.) gemeint «der Erneuerer des kirchlichen Lebens und des Kultus», sondern *Palladius*, Bischof von Hellenopolis, um 356 wahrscheinlich in Galatien geb., führte von 388 ab ein Mönchsleben in Ägypten und Palästina; er wird nach 400 Bischof von Hellenopolis, lebt auch während seiner Bischofszeit 8 Jahre als Mönch, gest. 431 (?) in Aspona in Galatien. Besondere Bedeutung hat seine 419 verfaßte Geschichte des älteren Mönchtums, die dem Kammerherrn Lausus gewidmet ist und danach Historia Lausiaca heißt.

Paraklet, der Fürsprecher, der Tröster. Über das Kloster Paraklet s. Zeittafel zum Jahr 1123.

Paula, hl., geb. 347, gest. 404 in Bethlehem; aus römischem Adel, Mutter der Eustochium und der Blesilla, Beichtkind des Hieronymus; siehe auch Eustochium und Hieronymus.

Pelagius, 2. Hälfte d. 4. Jhs. bis Anfang des 5. Jhs. Britischer Mönch, der später in Rom, Nordafrika und Palästina wirkt. Er vertritt die Anschauung vom freien Willen gegenüber der Lehre Augustins von der Erbsünde und der Prädestination.

Penthesilea, Amazonenkönigin in der griechischen Sage, hilft den Troern, von Achill getötet; (Kleist's ,Penthesilea').

Persius, römischer Satirendichter, 34 n. Chr. bis 62 n. Chr.

Petrus Venerabilis, geb. um 1093, gest. 1155 oder 1156, berühmter Abt von Cluny, s. Zeittafel und Nachwort.

Philo von Alexandria, geb. um 25 v. Chr., gest. nach 40 n. Chr. Sucht jüdischen Glauben mit hellenistischer Bildung zu vereinen. Philosophische und historische Schriften. ‚De vita contemplativa' wird von Eusebius und mittelbar von Abaelard in den Briefen VII und VIII benutzt.

Phoebe, Diakonisse zu Kenchreä, von Paulus empfohlen Röm. 16, 1; s. Diakon.

Plato, geb. 427, gest 347 v. Chr. in Athen. Schüler des Sokrates. Seine philosophischen Schriften und die seines Schülers Aristoteles haben in mannigfachen Brechungen auch die christliche Philosophie des Altertums und des Mittelalters und auch der Neuzeit aufs stärkste beeinflußt.

Pollio, C. Asinius, 76 v. Chr. bis 5 n. Chr. Römischer Historiker und Politiker. Im Bürgerkrieg auf Cäsars Seite. Konsul im Jahr 40. Erwähnt in Vergils 4. Ekloge, (s. Vergil).

Pompeius, 106–48 v. Chr. Römischer Feldherr, zuerst mit Caesar u. Crassus im I. Triumvirat (59) verbunden. Im Bürgerkrieg Caesars Gegner, von ihm besiegt, bei der Landung in Ägypten ermordet. Lukan nimmt in seinem Epos ‚Pharsalia' für ihn gegen Caesar Partei; s. Cornelia.

Porphyrius, s. Universalienproblem.

Priesterweihe, s. Ordo.

Provins, mittelalterliche Stadt südöstlich von Paris.

Pythagoras, griechischer Philosoph aus Samos im 6. Jh. v. Chr. Sein Wirken vor allem in Unteritalien; siehe auch Kroton. Naturspekulationen, Sphärenharmonie! Seine Schülerschaft schon zu Lebzeiten mit bestimmter Regelung der Lebensführung ordensmäßig zusammengefaßt, gilt als oligarchisch eingestellt und ruft dadurch Volksaufstände hervor.

Quatemberfasten, kirchlich vorgeschriebene Fasten, durch

die man den Anfang jeder Jahreszeit heiligen wollte; Frühlingsqu. in der 1. Fastenwoche, Sommerqu. in der Pfingstwoche, Herbstqu. in der 3. Septemberwoche, Winterqu. in der 3. Dezemberwoche. Der Volksmund lehrt: »Ascher, Pfingsten, Kreuz, Luzei, merke, daß Quatember sei!«

Quintilian, 35–86 n. Chr. Römischer Lehrer der Rhetorik mit sehr großem Einfluß auf das frühe Mittelalter (Institutio oratoria).

Radulf, auch Rodulf, Rudolf, mit dem Beinamen Viridis, Thesaurarius (Schatzmeister) der Kirche von Reims, 1114 zum Erzbischof von Reims gewählt.

Rechab, 2. Kön. 10, 15; nach ihm heißt die Sekte der Rechabiten, die sich verpflichtete, keinen Wein zu trinken, keine Häuser zu bauen, keinen Acker- und Weinbau zu treiben.

Reims, Bischofssitz schon im 3. Jh. Die Erzbischöfe hatten das ausschließliche Recht, die franz. Könige in R. zu krönen, übten es schon im 10. Jh. aus und behaupteten es bis auf Ludwig XVI.

Roscelin, aus Compiègne, um 1050 bis nach 1120. Philosoph und Theologe, lehrte in Compiègne, Loches (dort Abaelard sein Schüler), zuletzt in Tours. Frühscholastiker, Vertreter des Nominalismus, s. Universalien.

Samariterin, ihr Gespräch mit Jesus, Joh. 4, 9 ff.

Scherflein der Witwe, Mark. 12, 42 ff.

Scholastika, hl., Schwester Benedikts; er gründete für sie am Monte Cassino ein Kloster.

Schriftsinn, vierfacher. Die Deutungsart jenseits des Wortsinns ist altchristlicher Besitz, ihr inneres Recht und ihre innere Kraft stammen aus dem Glauben an eine Sinngebung vor der Erfüllung der Zeiten.

Traditionell und grundlegend die Unterscheidung eines *doppelten* Schriftsinns, des Literal- oder Wortsinns und des typischen Sinnes. Jener liegt unmittelbar, buchstäblich in den Worten und ergibt sich durch Erklärung der eigentlichen oder figürlichen, auch symbolischen Rede. Der typische Schriftsinn baut sich auf dem Wortsinn auf, «insofern die Personen, Sachen, Einrichtungen, von denen die Rede ist, zugleich gottgesetzte Vorbilder (Typen) des Zukünftigen sind». Die Theorie der Alexandriner, besonders des Origenes, hält den buchstäblichen Sinn nur für die Nahrung der einfachen Gemüter, während das Dahinterstehende nur dem Wissenden erreichbar und verstehbar sei. Augustin hielt einen mehrfachen Wortsinn in einzelnen Schriftstellen für möglich. An einer Mehrdeutbarkeit, wobei keine Deutung den Wortsinn verläßt, könnte man mit ihm für einzelne Stellen festhalten, da Ungeschick, Ergriffenheit oder Geheimniskrämerei eines Schriftstellers die Eindeutigkeit des Wortsinns für uns oft, für seine Zeitgenossen gelegentlich aufheben.

Daß der typische Sinn in der Bibel vorhanden, ist eine Grundthese wenigstens der kath. Bibelerklärung. Nach Thomas von Aquino «kann Gott nicht nur die Worte, sondern auch die Dinge zu Zeichen seiner Gedanken und Weissagungen gebrauchen (Realprophetie)». Diese Typensprache beherrscht vor allem das Alte Testament, «ob auch im Neuen Testament Typen anzunehmen sind, ist zweifelhaft». Die sogenannte *Akkommodation* ist die Anpassung von Bibelstellen auf Personen oder Dinge, die vom Verfasser nicht gemeint sind; vielfach verwendet in der Liturgie, bei den Kirchenvätern, in Predigten alter und neuer Zeit. Der allegorische Sinn ist zu verstehen als der typische Sinn im allgemeinen oder der Literalsinn im bildlichen Ausdruck oder als die Akkommodation. Die Scholastiker faßten zusammen in dem Merkvers: *Litera gesta docet, quid credas allegoria, Moralis quid agas, quo tendas anagogia* (z. B. Jerusalem literal = Die Stadt J.; allegorisch = Die Kirche; moralisch = Die Seele; anagogisch = Der Himmel).

Seneca, der Jüngere, 4 v.–65 n. Chr., Hauptvertreter der stoischen Philos. in Rom. Erzieher des späteren Kaisers Nero; dieser in seinen ersten Regierungsjahren durch Seneca und den Militärpräfekten Burrus vorteilhaft beeinflußt, bis er diesen Beratern entglitt. Von seinem schriftstellerischen Werk ist zu nennen: 1. die philosophischen Schriften (Abhandlungen in Briefform. «Briefe an Lucilius»), kleinere Abhandlungen zu Fragen der praktischen Philosophie, z. B. de ira («vom Zorn»). Namhafter Vertreter der Trostschriftenliteratur (Consolationes), damit vorbildlich für die christl.-lateinischen Schriftsteller; 2. seine naturwissenschaftlichen Veröffentlichungen, vor allem die «naturales quaestiones»; 3. seine Tragödien von Bedeutung für das Barockdrama, auch Corneille und Racine. Für Abaelards Vorstellung ist Seneca bedeutungsvoll als Stoiker, worunter er sich einen Asketen auch der Praxis vorstellte, ferner als allerdings fälschlich vermuteter Briefpartner des Apostels Paulus.

Seneschall, dapifer, Titel eines Hofbeamten in Frankreich, der für das königliche Hauswesen verantwortlich ist.

Sens, Stadt an der Yonne, sö. von Paris. Schon im 3. Jh. missioniert, bedeutender Bischofssitz. Konzil von Sens 1140.

Sibylle, Herkunft des Namens unbekannt; Prophetin, Weissagerin. Am berühmtesten die Sibyllen von Cumä und Erythräa. Ihre Orakel in alter Zeit schon zusammengefaßt in den «Sibyllinischen Büchern». Es ist zu unterscheiden zwischen einer alten röm. Sammlung von Orakeln und einer griechischen. Die römische Sammlung wahrscheinlich aus etruskisch-griechischem Kultbereich stammend (Anekdote ihres Ankaufs durch König Tarquinius Priscus) wurde in besonderen Notzeiten des röm. Staates durch eine dafür eingesetzte Kommission eingesehen, und es wurden entsprechende kultische Maßregeln (Einführung neuer Gottheiten, neuer Götterfeste) auf Grund dieser Befragung festgesetzt. Diese röm. Sammlung im Jahre 83 v. Chr. beim Brand des Capitols mitverbrannt, wurde aus griech. Quellen erneuert und bis zum Ende des röm.-heidnischen Staates regelmäßig befragt. Von dem Inhalt dieser Sammlung haben wir nur unklare Vorstellungen. Es gibt außerdem Sibyllenorakel in griech. Sprache aus hellenist.-jüd. und christl. Zeit, die ein jedenfalls nach Laktanz lebender Christ zu der uns vorliegenden Sammlung vereinigte. Das Interesse des Judentums an den Sibyllenorakeln erklärt sich aus der Ähnlichkeit ihrer Unheilsprophetie mit den alttestamentlichen Drohweissagungen.

Die Sibyllen in der *christl. Dichtung* als ergänzendes Gegenstück zur jüdischen Prophetie betrachtet; das ‚Dies irae' bringt die Verbindung ‚teste David cum Sibylla' (nach dem Zeugnis Davids und der Sibylle). In der *bildenden Kunst* treten die S. auf als gotterleuchtete Seherinnen der Heidenwelt. Sie stehen seltener allein, sondern sind eingeschlossen in den typologischen Bilderkreis der Propheten u. Apostel, auch der Evangelisten u. Kirchenväter, häufig mit Spruchband oder Beischrift ihrer Weissagungen. Die Fresken Michelangelos in der Sixtin. Kapelle und die Holzschnitzereien Syrlins im Chorgestühl des Münsters zu Ulm seien Beispiele aus der Fülle des an und in Kirchen erhaltenen Bildgutes.

Sidonius von Clermont, um 433–etwa 480. Mehr politisch als kirchlich hervorragende Persönlichkeit von höchster Bildung; gefeierter Liederdichter; wahrscheinlich noch als Laie zum Bischof gewählt.

Simon, Abt. Näheres konnte nicht ermittelt werden.

Sisoi, Vater. Näheres konnte nicht ermittelt werden.

Sketische Wüste = Nitrische Wüste: eine 50 km lange Bodensenke in der Libyschen Wüste, westl. vom Niltal. Im 4. und 5. Jh. entsteht hier ein Mittelpunkt des Mönchtums, s. Eremiten.

Soissons, Stadt an der Aisne, seit dem 3. Jh. christlich. Synode von 1121. s. Zeittafel.

Stephan von Garlanda, Seneschall Ludwigs VI. von Francien.

Sueton, etwa 75–160 n. Chr. Römischer Schriftsteller, wichtig vor allem die Lebensbeschreibungen der ersten 12 Kaiser (Caesares) von C. Julius Caesar bis Domitian.

Sulpicius, Severus, geb. um 360, gest. um 420/25. Bedeutender Chronist, außerdem Verfasser mehrerer Schriften über den von ihm hochverehrten hl. Martin von Tours.

Terricus, Theodoricus (Thierry) von Chartres, gest. um 1155, berühmter Lehrer an der Domschule zu Chartres, erklärte die Schöpfung als eigengesetzliche Entwicklung der von Gott geschaffenen vier Elemente und stellte so dem Schöpfungsbericht der Bibel eine weitgehend natürliche und weltimmanente Schöpfungslehre (*iuxta physicas rationes tantum*) gegenüber. Er sammelte in seinem «Heptateuch» genannten Werke eine Bibliothek der Sieben Freien Künste. Aus einer Regensburger Quelle des XII. Jahrhunderts stammt die Erzählung, Abaelard habe bei Theodoricus von Chartres heimlich Unterricht im Quadrivium, dem naturwissenschaftlichen Zweig der Sieben Freien Künste genommen, sei aber, abgeschreckt durch die Schwierigkeit des Gegenstandes, dessen bald überdrüssig geworden.

Theobald, oder Theobaudus, der 2. dieses Namens, Graf von Troyes und Provins, gest. 1151.

Theophrast, 372—287 v. Chr. griech. Philosoph, bedeutendster Schüler des Aristoteles; vor allem wichtig durch seine botanischen Werke.

Seine Schrift über die Ehe liegt in der Übersetzung in Senecas Schrift ‚de matrimonio' vor; sie wird von Hieronymus zitiert.

Troyes, Dep. Aube an der oberen Seine. Seit dem 4. Jh. Bischofssitz, frühere Hauptstadt der Grafschaft Champagne.

Ungerechter Richter, gemeint Pilatus, Matth. 27, 19 ff.

Universalienproblem, Universalien, d. h. die Allgemein- oder Gattungsbegriffe, vom lateinischen Wort universus, «ganz, sämtlich», abgeleitetes Wort, das «allgemein» bedeutet. Das Problem zusammengefaßt in den Formeln Realismus – Nominalismus. Diese Namen mittelalterlich, die Fragen selbst alt, schon ein Problem der griechischen Philosophie: Verhältnis der Allgemeinbegriffe (Klasse, Gattung), etwa Tier (Klasse) und Hund (Spezies, Gattung) gegenüber dem Individuum (dieser Hund in meinem Hause). Besteht das Allgemeine nur im Denken oder auch in der Wirklichkeit, oder gibt es nur ein Besonderes, ein Einzelnes, wogegen das Allgemeine nur im Begriff oder gar nur im Wort liegt?

Die Hypothese, das Allgemeine besitze Realität, objektive Gültigkeit, heißt *Realismus* (Begriffsrealismus zum Unterschied vom erkenntnistheoretischen Realismus). Liegt das Allgemeine nur im Begriff oder gar nur im Wort, so benennt man das als *Nominalismus*. Der extreme Realismus lehrt die selbständige, den Einzeldingen vorhergehende, gesonderte Wirklichkeit des Allgemeinen; für Platon sind deshalb die Einzeldinge nur die unvollkommenen Abbilder der bei ihm so heißenden Ideen. Die scholastische Formel lautet: «Universalia ante rem». Der gemäßigte Realismus lehrt die Existenz des Allgemeinen in den Dingen selbst: «Universalia in rebus». Für die Nominalisten existiert das Allgemeine nur gedanklich oder gar nur nominell, «als Name, der eine Klasse von Gegenständen in allgemeiner Weise bezeichnet, vertritt». Die scholastische Formel dafür: «Universalia post rem».

Ausdrücklich formuliert ist das Universalienproblem in der Isagoge («Einführung») des Porphyrios zu den «Kategorien» des Aristoteles, die dem Mittelalter in der Übersetzung des Boethius vorlag. Porphyrios, bedeutender Vertreter des Neuplatonismus, 232/3–304; Boethius, 480–524, (auf Befehl Theodorichs hingerichtet), Schriften gegen und über die Aristoteleskommentare des Porphyrios. Im Gefängnis entstanden sein «Trost der Philosophie» (de consolatione philosophiae).

Vannes, a. d. Südküste d. Bretagne, Bistum seit 5. Jh.

Väterbuch, Vitae patrum, Lebensbeschreibungen und bemerkenswerte Aussprüche der Wüstenväter (s. Eremiten). Neben dem griechisch-latein. Text auch eine mittelhochdeutsche Versbearbeitung erhalten.

Varro, M. Terentius. Röm. Schriftsteller, 116–27 v. Chr., verfaßte viele geschichtliche, religions- und kulturgeschichtliche Schriften. Nach dem Bürgerkrieg von Caesar begnadigt und mit Einrichtung und Leitung der öffentlichen Bibliotheken betraut.

496

Vergil, Publius Vergilius Maro, größter römischer Dichter. 70 v. Chr. bis 19 v. Chr. Neben der Aeneis und den Georgika berühmt die Eklogen; die 4., die bevorstehende Geburt des Weltheilands verkündend, wird deshalb früh auf Christus gedeutet.

Vestalin, Priesterin der Göttin Vesta, der Schützerin des Herdes. Zunächst 6, später mehr Jungfrauen, die das Herdfeuer des Staates zu hüten hatten. Sie genossen hohe Vorrechte, mußten aber in klösterlicher Abgeschiedenheit unter strengem Keuschheitsgebot der Gottheit 30 Jahre dienen; Versäumnisse wurden streng bestraft, unkeusche Vestalinnen lebendig begraben.

Victricius, hl., Bischof von Rouen, etwa 390–404; siehe Innocenz I.

Vulgata-Itala, im Gottesdienst der kath. Kirche werden nebeneinander, auch wenn dem Gläubigen das nicht durchweg klar ist, zwei Übersetzungen der Bibel ins Lateinische gebraucht. Für die *Lesungen* der hl. Schrift wird der Wortlaut der Vulgata zugrunde gelegt, wie er in den offiziellen Ausgaben von 1592–1599 erscheint. Die durch Pius X. dem Benediktinerorden 1907 übertragene Revision ist noch nicht fertig, ihre Ergebnisse dienen, jedenfalls zunächst, nur der Wissenschaft. Die vom Chor *gesungenen* Stücke (s. S. 432) stammen zum größten Teil aus der Itala. Augustin, der dies Wort als erster verwendet, versteht darunter die ihm als die beste erscheinende Übersetzung aus einer Reihe vorhandener. Die heutige Wissenschaft zieht es vor, von einer Vetus Latina, bzw. von Prävulgatatexten zu sprechen.

Hieronymus hat den Auftrag des Papstes Damasus, die lateinischen Übersetzungen zu revidieren (s. Hieronymus), in mehreren Anläufen durchgeführt. Sein endgültiger Text, abgesehen vom Psalter, bei dem die 2. Bearbeitung Aufnahme fand, liegt der sogenannten Clementina von 1592 zugrunde. Sie enthält auch die von Hieronymus weggelassenen Bücher (Weisheit, Sirach, Baruch, 1/2. Makk.) in einer altlateinischen Textform. Tobias und Judith hat er nach einer chaldäischen Vorlage übertragen, alles sonst nach dem hebräischen Text. Die Evangelien sind sicher revidiert; ob er die übrigen Schriften des NT überhaupt revidiert hat, ist strittig geworden.

Für das Nebeneinander der Itala und Vulgata zwei Beispiele: Der Sonntag nach Ostern (Dominica in Albis, Weißer Sonntag) heißt auch Quasimodogeniti, nach den Anfangsworten des Eingangsgesangs der Messe. Aber in der Vulgata heißt es (1. Petr. 2, 2): Sicut modo geniti. Ferner heißt der Gruß des Engelheers an die Hirten (Luk. 2, 14) in der Evangelienlesung des Weihnachtsfests (nach der Vulgata): Gloria in altissimis Deo. Aber als liturgische Formel heißt der Gruß: Gloria in excelsis Deo.

Wilhelm von Champeaux (Guilelmus de Campellis), geb. um 1070, gest. als Bischof von Châlons s. Marne 1121. Seine Lehrer Manegold von Lautenbach in Paris, Anselm von Laon und Roscelin zu Compiègne. Selber Lehrer an der Domschule in Paris (Abaelard sein Schüler), Archidiakon an Notre Dame, 1108 Chorherr in der Abtei von St. Victor. Bald auch dort Lehrvorträge über Rhetorik, Philosophie und Theologie. 1113–1121 Bischof von Châlons; befreundet mit Bernhard von Clairvaux. Die abfällige Kritik Abaelards wird nicht voll widerlegt durch den Brief (oben S. 428) des deutschen Studenten. Ursprünglich scharfer Vertreter des Realismus, nach Abaelards Bericht durch seine Einwände zu einer Modifizierung seiner Haltung gezwungen. Siehe Universalien.

Xanthippe, Frau des Sokrates; seit alters Urbild eines zänkischen Eheweibs, wohl zu Unrecht.

Xenophon, um 430–354, Schüler des Sokrates. Neben den historischen Werken (Anabasis, Hellenika) und volkswirtschaftlichen stehen seine ansprechenden ‚Erinnerungen an Sokrates‘.

Zachäus, Oberzöllner, bei dem Jesus zu Gast war; Luk. 19, 1 ff.

Zeuxis, griechischer Maler im 4. Jh. v. Chr.

Petrus Abaelardus: Opera omnia. ed. J.-P. Migne, Patrologia latina, Bd. 178, Paris 1855. – Einen Überblick über die Manuskripte und die Editionsgeschichte der Werke Abaelards – bis hin zu neueren Ausgaben – gibt Nikolaus M. Häring: Abaelard Yesterday and Today (in: Pierre Abélard – Pierre le Vénérable. Les courants philosophiques, littéraires et artistiques en Occident au milieu du XIIᵉ siècle. Actes et Mémoires du Colloque international, Abbaye de Cluny, 2 au 9 juillet 1972. Paris 1975, S. 341–403). – Siehe auch Wilhelm Totok: Handbuch der Geschichte der Philosophie, Bd. II: Mittelalter, Frankfurt a. M. 1973, S. 194–198: Petrus Abaelard; und das Nachwort von Walter Berschin zur 4. Auflage des vorliegenden Buches.

Gertrud Bäumer: Gestalt und Wandel. Frauenbildnisse, Berlin 1939, S. 1–16. (Neuausgabe unter dem Titel: Bildnisse der Liebenden. Gestalt und Wandel der Frau. Tübingen 1958.)

Bernhard von Clairvaux: S. Bernardi opera, edd. J. Leclercq, C. H. Talbot, H. M. Rochais, 8 Bde. Rom 1957 bis 1977 (bes. Bd. 7, 1974 und Bd. 8, 1977: Epistolae).

– : The Letters of Saint Bernard of Clairvaux. Newly translated by Bruno Scott James. London 1953.

– [Hilfsmittel zu weiterer Orientierung:] J. de la Croix Bouton: Bibliographie bernardine 1891–1957. Paris 1958; Bernhard von Clairvaux, Mönch und Mystiker. Referate des Internationalen Bernhard-Kongresses Mainz 1953. Hrsg. von Joseph Lortz. Wiesbaden 1955. (Darin: Matthäus Bernards: Der Stand der Bernhardforschung, S. 3–43.)

Eberhard Brost: Abaelard. Eine Betrachtung. In: Hannoverscher Anzeiger, Beilage zu Nr. 92 / 1942.

[W. Fred:] Die Briefe von Abälard und Heloise. Hrsg. und eingeleitet von W. Fred [d. i. Alfred Wechsler]. Leipzig 1911.

[Bernhard Geyer:] Friedrich Überweg: Die patristische und

scholastische Philosophie. Hrsg. von B. Geyer (F. Über-
wegs Grundriß der Geschichte der Philosophie, Teil 2).
Berlin [11] 1928 (Nachdruck: Tübingen 1951), § 23: Peter
Abaelard, S. 213 – 226 u. S. 702 f.

Étienne Gilson: Héloïse et Abélard. Études sur moyen âge
et l'humanisme. Paris 1938; 2. éd. 1948; 3. éd. rev. 1964.

– [Deutsche Ausgabe:] Heloise und Abälard. Zugleich ein
Beitrag zum Problem von Mittelalter und Humanismus.
Übertragen und mit einem Nachwort versehen von S.
und K. Thieme-Paetow. Freiburg i. Br. 1955.

– : Dix variations sur un thème d'Héloïse. In: Archives
d'histoire doctrinale et littéraire du moyen âge 14, 1939,
S. 387 – 399. (Jetzt in: Héloïse et Abélard, 3. éd. 1964,
S. 192 – 207.)

Adolf Hausrath: [Weltverbesserer im Mittelalter:] I. Peter Abälard. Leipzig 1893.

Johannes von Salisbury: Opera omnia. In: J.-P. Migne,
Patrologia latina, Bd. 199, Paris 1855, Sp. 1 – 1040.

[Paul Lehmann:] Der Große Brockhaus. Bd. 1, Leipzig
[2]1939, Stichwort ‹Abaelard›, S. 9 f. – «Der bekannte
Briefwechsel zwischen beiden ist, wie B. Schmeidler [...]
nachgewiesen hat, eine Erdichtung A.s selbst.» (S. 9)

Lexikon für Theologie und Kirche. Bde. I – X, Freiburg
i. Br. 1930 – 38.

Max Manitius: Geschichte der lateinischen Literatur des
Mittelalters. 3 Bde. München 1911 – 31. (Besonders Bd. 3:
Vom Ausbruch des Kirchenstreits bis zum Ende des
12. Jahrhunderts. Unter Paul Lehmanns Mitwirkung.
1931; unveränd. Nachdruck 1964.)

[Otto von Freising:] Ottonis et Rahewini Gesta Friderici I.
Imperatoris I / 49 – 51. Hrsg. von G. Waitz und B. v.
Simson. Hannover / Leipzig [3]1912, S. 68 – 74.

– [Deutsche Ausgabe:] Otto Bischof von Freising und Ra-
hewin: Die Taten Friedrichs oder richtiger Cronica.
Übersetzt von Adolf Schmidt. Hrsg. von Franz-Josef
Schmale. Darmstadt [2]1974.

Charles de Rémusat: Abélard; sa vie, sa philosophie et sa
théologie. 2 Bde. Paris 1845; [2]1855.

Jean-Jacques Rousseau: La Nouvelle Héloise, ou Lettres de deux amans, habitans d'une petite ville au pied des Alpes. Neuchâtel / Paris 1764.

– [Deutsche Ausgabe:] Julie oder Die neue Héloise. Briefe zweier Liebenden aus einer kleinen Stadt am Fuße der Alpen. Übertragen von J. G. Gellius, überarb. und ergänzt von Dieter Leube. München 1978.

J. Thomas Scherr / Johannes Scherr: Gemeinfaßliche Geschichte der religiösen und philosophischen Ideen. Bd. 2, Schaffhausen 1841, S. 220–228.

Bernhard Schmeidler: Der Briefwechsel zwischen Abälard und Heloise eine Fälschung? In: Archiv für Kulturgeschichte 11, 1913, S. 1–30.

– : Der Briefwechsel zwischen Abälard und Heloise als eine literarische Fiktion Abälards. In: Zeitschrift für Kirchengeschichte 54, 1935, S. 323–338.

– : Der Briefwechsel zwischen Abaelard und Heloise dennoch eine literarische Fiction Abaelards. In: Revue Bénédictine 52, 1940, S. 85–95.

– : Abaelard und Heloise. Eine geschichtlich-psychologische Studie. In: Die Welt als Geschichte 6, 1940, S. 93–123.

Hans Sedlmayr: Die Entstehung der Kathedrale. Zürich 1950. (Um ein Nachwort vermehrter Nachdruck: Graz 1976.)

Paul von Winterfeld: Hrotsvits literarische Stellung I. Frauendichtung im Mittelalter 5. Das Mittelalter und die moderne Liebe. In: P. v. W.: Deutsche Dichter des lateinischen Mittelalters. München ²1917, S. 463–469.

Eberhard Brost († 26. 8. 1960) hat im Nachwort zur
zweiten Auflage (o. S. 441) Zeugnis davon abgelegt,
daß seine Übersetzung des Briefwechsels zwischen
Abaelard und Heloisa als eine Arbeit gegen den Zeitgeist entstanden ist. Sein Engagement für das wahre,
weite und übernationale Mittelalter wie seine Sprachkultur haben die Übersetzung ein gleicherweise persönliches und gültiges Werk werden lassen, demgegenüber es sich verbot, tiefgreifende Änderungen
vorzunehmen. Das gilt auch für die zeitbedingteren
Teile des Buches: Brosts Aufsatz «Abaelard und Heloisa. Ihre zeitliche und überzeitliche Bedeutung» (S.
423–440; die hier und die im übrigen Anhang zitierte Literatur ist auf S. 499–501 nachgetragen), die
Zeittafeln und das «Namen- und Sachverzeichnis»
(in dem einige Kürzungen vorgenommen wurden und
der Artikel *Terricus* ersetzt worden ist).
Die neue Literatur zu Abaelard und Heloisa ist in
ihrem Umfang und in ihrer Zerstreuung kaum mehr
übersehbar. Das beginnt schon bei den lateinischen
Texten. Brost legte seiner Übersetzung den 178. Band
der *Patrologia Latina* von J.-P. Migne zugrunde (Paris 1855), in dem die alte Abaelardausgabe von André Duchesne und François d'Amboise (Paris 1616)
nachgedruckt ist, und die zweite und bislang letzte
Gesamtausgabe der Werke Abaelards von Victor
Cousin, *Petri Abaelardi opera*, 2 Bde. (Paris 1849 und
1859; Nachdruck 1968). Für die Übersetzung der
Briefe des Petrus Venerabilis in den «Ergänzenden
Texten» hat Brost wohl den 189. Band der *Patrologia* J.-P. Mignes benützt.
Der moderne Leser, der die hier übersetzten lateinischen Texte in ihren neuesten Ausgaben kennenzu-

lernen wünscht, bedarf einer Bibliothek. Der erste Brief, die «Leidensgeschichte» (*Historia calamitatum*), liegt in neuer Ausgabe von J. T. Muckle vor, die in *Mediaeval Studies* 12, 1950, S. 163 – 213 gedruckt ist, der zweite bis fünfte und der Anfang des sechsten von demselben in *Mediaeval Studies* 15, 1953, S. 47 – 94, der sechste und siebte wieder von demselben in *Mediaeval Studies* 17, 1955, S. 240 – 281 und der achte in der Ausgabe von T. P. McLaughlin in *Mediaeval Studies* 18, 1956, S. 241 – 292. Ein Nachteil der neuen Ausgabe ist nicht nur, daß sie in vier Zeitschriftenbände verstreut gedruckt ist und daß der Leser mit immer neuen Übersetzervorreden konfrontiert wird, sondern auch daß sie (überflüssigerweise) eine neue Zählung einführt: Die *Historia calamitatum* wird nicht, wie üblich, als Brief 1 gezählt, sondern gilt den Herausgebern als Werk außerhalb des Briefwechsels; Heloisens Antwort auf die *Historia* (Brief 2) wird Nr. 1 usw. Verwirrend ist auch, daß in Bd. 15 der *Mediaeval Studies* von unserem Brief Nr. 6 (neue Herausgeber Nr. 5) zunächst nur der Anfang ediert wurde. Die gängige Ausgabe ist gegenwärtig diejenige von J. Monfrin, *Historia calamitatum*, Paris ³ 1967, die epist. 1 (*Historia calamitatum*) 2, 4 und ein Stück aus epist. 5 bietet. Wer sich einen unproblematischen Überblick über den ganzen Briefwechsel im lateinischen Original zu verschaffen wünscht, ist nach wie vor gezwungen, dies anhand der alten Ausgabe von Duchesne-d'Amboise oder Cousin zu tun.

Die lateinischen Vorlagen der «Ergänzenden Texte» dieses Buchs sind folgende: Heloisas «Begleitschreiben zu 42 theologischen Fragen» und «Drei theologische Fragen» in der Ausgabe von Duchesne-d'Amboise bei Migne, *Patrologia latina* 178, Sp. 677 – 730.

«Abaelard an Heloisa. Drei Begleitschreiben zur Hymnensammlung»: Migne, *Patrologia latina* 178, Sp. 1771 – 1774, 1787 – 1788; 1801 – 1804; in der Ausgabe von Guido Maria Dreves, *Petri Abaelardi… Hymnarius Paraclitensis*, Paris 1891, S. 25 – 27, 93 bis 94 und 193 – 194, in der von J. Szövérffy, *Peter Abelard's Hymnarius Paraclitensis* Bd. 2, Albany-Brookline 1975, S. 9 – 13, 79 – 81, 169 – 170. Die Übersetzung des Hymnus *Einsam zur opferung* und *Es kommt die wahrheit nun* entnahm Brost den *Hymnen und Sequenzen* von Friedrich Wolters, Berlin 1922, S. 102 – 105. Die lateinischen Texte finden sich im genannten Werk von Dreves, S. 109 *Solus ad victimam* und S. 41 *Advenit veritas*, bei Szövérffy S. 108 bis 109 und S. 36 – 39.

Das «Begleitschreiben einer Sammlung von 34 Predigten» und die von Brost übersetzte Predigt 30: «Vom Almosen» finden sich in Migne, *Patrologia latina* 178, Sp. 379 – 380 und 564 – 569. Aus «Abaelards Mahngedicht an seinen Sohn Astrolabius» *Monita ad Astrolabium* ist die Stelle über Heloisens mangelnde Reue eingerückt und übersetzt nach der Ausgabe von B. Hauréau, «Le poème adressé par Abélard à son fils Astralabe», *Notices et extraits des manuscrits de la Bibliothèque Nationale… Bd. 34/2,* Paris 1895, S. 153 – 187. (Eine neue Ausgabe der hier einschlägigen Stelle druckte P. Dronke, *Abelard and Heloise in Medieval Testimonies*, Glasgow 1976, S. 43.)

Unter dem Titel «Abaelards Glaubensbekenntnis» hat Brost in seinen «Ergänzenden Texten» ein Stück aus der Verteidigungsschrift (*Apologeticus*) des Abaelard-Schülers Berengar gegen Bernhard von Clairvaux übersetzt: Der Text findet sich als Brief 17 der Korrespondenz Abaelards in Migne, *Patrologia la-*

tina 178, Sp. 375–378. Der Brief des Abtes Petrus Venerabilis von Cluny an Papst Innozenz II. in Sachen Abaelard, ein stilistisches und psychologisches Meisterwerk der Briefkunst, liegt in einer neuen Ausgabe vor: Giles Constable, *The Letters of Peter the Venerable* Bd. 1, Cambridge / Mass. 1967, S. 258 bis 259 (*epist.* 98). Dort findet sich auch der Brief des Petrus Venerabilis an Heloisa über den Tod Abaelards S. 303–308 (*epist.* 115), Heloisens Antwort S. 400 bis 401 (gezählt als *epist.* 167 der Briefsammlung des Petrus Venerabilis) und wieder die Antwort des Abtes S. 401–402 (*epist.* 168). Die «Absolution des Petrus Abaelardus», mit der Brost sehr schön und treffend sein reiches Dossier der «Ergänzenden Texte» abschloß, ist lateinisch wieder in Mignes *Patrologia latina* 178, col. 19–20 zu finden.

Noch schwerer als in den modernen Texteditionen orientiert man sich in dem, was in den letzten Jahrzehnten zu Abaelard und Heloise geschrieben wurde. Dabei fehlt immer noch das Einfachste und Wichtigste: Ein schon von Brost vermißtes «Quellenbuch zur Geschichte Abaelards». Immerhin einen Ausschnitt davon stellt das Heft von P. Dronke dar, *Abelard and Heloise in medieval testimonies*, Glasgow 1976. Mit den neuen Forschungen zu Abaelard und Heloisa macht man sich am schnellsten vertraut über die beiden Kolloquiums-Publikationen: E. M. Buytaert [Hrsg.], *Peter Abelard* (Proceedings of the International Conference Louvain May 10–12, 1971) Löwen / Den Haag 1974 und *Pierre Abélard–Pierre le Vénérable* (Abbaye de Cluny 2 au 9 juillet 1972) Paris 1975, (darin N. M. Häring, «Abelard Yesterday and Today», S. 341–403), in denen die übrige Literatur im wesentlichen angeführt ist. In aller Schärfe entbrannt ist wieder die Kontroverse über die Authentizität des

Briefwechsels, die der Historiker Bernhard Schmeidler im Jahr 1913 in Gang gebracht hat. P. von Moos hat ihr ein eigenes Buch gewidmet: *Mittelalterforschung und Ideologiekritik. Der Gelehrtenstreit um Héloïse*, München 1974, eine zum Paradefall entlarvender Literatursoziologie aufgedonnerte Abrechnung mit Étienne Gilson, dessen 1938 erschienenes, inzwischen in dritter Auflage (1964) vorliegendes Buch *Héloïse et Abélard* (von Moos: «dieses Monument konfessioneller Abälardverehrung und romantisch-ästhetizistischer... Reverenz vor Héloise») die zweifellos bekannteste Veröffentlichung zum Thema geblieben ist.

Im Grund bleibt jeder aufgerufen, sich ein eigenes Urteil zu bilden, ob der Briefwechsel zwischen Abaelard und Heloisa eine Fiktion, eine «Dichtung» ist («Das Werk kann dann nur wachsen, wenn sich herausstellen sollte, daß wir es wahrscheinlich mit einer Dichtung zu tun haben», Hugo Friedrich, Über den Briefwechsel Abélard – Héloïse, *Romanische Literaturen* Bd. 1, Frankfurt a. M. 1972, S. 57) oder doch «Wahrheit», ein Stück gelebter Wirklichkeit in dem so unerhört vielgestaltigen romanisch-frühgotischen XII. Jahrhundert Europas.

Es ist in diesem Zusammenhang jedenfalls gut, sich zu erinnern, daß es einen genialen Lehrer namens Abaelard und eine zu ihrer Zeit berühmte Frau namens Heloisa, ihre Liebe, das Kind Astrolabius und das Kloster Paraklet wirklich gegeben hat, und daß ihr Leben zu ihrer Zeit und danach ein vielfältiges Echo hervorgerufen hat. Brosts deutsche Ausgabe hat immer noch den Vorzug, in kaum übertroffener Breite die historische Verflechtung des Briefwechsels klarzumachen, seine Einbettung in die anderen Arbeiten Abaelards für Heloisa, den nahezu fugenlosen Übergang von Abaelards Autobiographie zur Schilderung seines letzten stillen Lebensschicksals aus der Feder des Petrus Venerabilis, des Hauptes der «geistlichen Weltmacht» Cluny.

Dieser im 900. Geburtsjahr Abaelards erscheinenden vierten Auflage sei ein kleiner Text angefügt, der wie in einem Brennspiegel den Inhalt dieses Buchs und die Ratlosigkeit unserer Kritik zusammenfaßt: Eine Totenklage Heloisens und ihrer Nonnen am Grabe Abaelards, von der ein ganz eigenartiger Zauber ausgeht. Die Nonnen des Paraklet beten für den in ihrem Kloster beigesetzten Stifter (*Requiescat* . . .), der aus dem Dunkel seines Grabes schon in immer helleres Licht geht (*In obscura*). Heloisa grüßt ihn als Sieger (*Salve victor*), als den ihr nun in Ewigkeit Verbundenen (*In aeterna mihi iunctum*), mit dem sie sich im Tod zu vereinigen sehnt. Die Wiederholung der ersten Strophe im Plural (*Requiescant*) wäre dann die Klage der Nonnen auf beide, den Stifter und die Äbtissin.

R equiescat a labore
    doloroso et amore!
Unionem coelitum
  flagitavit:
  iam intravit
Salvatoris aditum.

In obscura tumbae cella
alma micat iusto stella:
  instar ipse siderum
  refulgebit,
  dum videbit
in fulgore dominum.

Salve, victor sub corona,
sponse in nitente zona!
millibus cum lacrymis
quem salutat,
tua nutat
vidua in tenebris.

In aeterna mihi iunctum
amo dignior defunctum
beatorum socium:
mors piavit,
quae sanavit
insanatum animum.

Tecum fata sum perpessa:
tecum dormiam defessa
et in Sion veniam!
Solve crucem,
duc ad lucem
degravatam animam.

Sanctae animae, favete!
Consolare, Paraclete!
Audin? sonat gaudia
cantilena
et amoena
angelorum cythara

Requiescant a labore
doloroso et amore!
Unionem coelitum
flagitabant:
iam intrabant
Salvatoris aditum.

(nach Édélestand du Méril, *Poésies populaires latines antérieures au douzième siecle*, Paris 1843, S. 176 bis 177). Gemäß J. Szövérffy, *Peter Abelard's Hymnarius Paraclitensis*, Bd. 1, Albany-Brookline 1975, S. 11 Anm. 9 wäre das Gedicht eine Fälschung, «probably by M. Carriere» (dem deutschen Philosophiehistoriker und Verfasser von *Abälard und Heloise*, Gießen 1844, ²1853). Da ein erster Druck des Gedichtes aber schon 1819 vorliegt (Adolf Ludewig Follen, *Alte christliche Lieder und Kirchengesänge*, Elberfeld 1819, S. 128 bis 133), ist das nicht wahrscheinlich. Andererseits ließ sich trotz mancher Bemühung noch keine Handschrift des Gedichts ermitteln (vgl. P. Dronke, *Abelard and Heloise*, Glasgow. 1976, S. 38 f.). Friedrich Wolters hat in seinen *Hymnen und Sequenzen* (Berlin 1922, S. 105 – 106) das Werk (oder die geniale Fälschung?) kongenial übersetzt. (Die letzte Strophe bei Wolters identisch mit der ersten.)

Nänie Heloisens und der Nonnen am Grabe Abälards

Die Nonnen:
Ruh er nun von seinen mühen,
Schmerzenreicher liebe glühen.
Himmlische vereinigung
    Lang erbat er,
    Schon betrat er
Des erlösers heiligtum

Des gerechten dunkle zelle
Grüßt ein stern mit gütiger helle:

Selbst ein sternbild, steigt er auf,
    Leuchtend immer,
    Wenn im schimmer
Er den höchsten herrn erschaut.

Heloise:
Heil dir, sieger unterm kranze
Und geschmückt im strahlenglanze!
Sieh der witwe bitternis,
    Die sich weinend
    Dir vereinend,
Grüßend beugt zur finsternis.

Mir in ewigkeit verbunden,
Lieb ich dich, der überwunden,
Würdiger in der seligen schar,
    Da versöhnung
    Und verschönung
Tod dem wilden geiste gab.

Mit dir mich die lose trafen,
Mit dir laß mich müde schlafen
Und in Sion ziehen ein,
    Nimm die schweren
    Führ zum hehren
Die befreite seele heim.

Seid gewogen, heilige seelen,
Laß den trost nicht, Tröster, fehlen!
Hörst du schon der freude ton?
    Wie mit singen,
    Holdem dringen
Uns der engel harfe lohnt.

Die Nonnen:
Ruh er nun von seinen mühen,
Schmerzensreicher liebe glühen.
Himmlische vereinigung
Lang erbat er,
Schon betrat er
Des erlösers heiligtum.

Von diesem Echo auf ihr Leben und ihre Liebe mag
das Gleiche wie vom Briefwechsel zwischen Abaelard
und Heloisa gelten: daß seine Fälschung schier erstaunlicher wäre als die geschichtliche Wahrheit.

W. B.

WILLIAM ROPER
Das Leben des
THOMAS MORUS

Erstmals ins Deutsche übertragen von Hildegard Buhr-Ohlmeyer. Mit einem Nachwort von Abt Albert Ohlmeyer O.S.B. [Im Anhang u. a.: *Brief des Erasmus (über Morus) an Ulrich von Hutten vom 23. 7. 1519.*] – 1986. [Sammlung Weltliteratur. I. Serie. Reihe: Englische Literatur]. 128 S. Groß-Oktav, mit 43, teils farbigen zeitgenössischen Abbildungen und Faksimiles. Leinen

»In dem *Leben Mores* von Roper haben wir auf einigen siebzig Oktavseiten wohl die vollkommenste kleine Biographie in englischer Sprache.

Der historische Wert von Ropers Werk ist etwas überschätzt worden. Seine Bedeutung als Kunstwerk aber hat man gewaltig unterschätzt.

Roper selbst hat Quellen wohl kaum benutzt, denn er fand in seiner eigenen Erinnerung genügend Material für sein kleines Buch. Und doch zeigt sich uns Roper [...] in einer gewissen Distanz, so als verstünde er den Mann nicht ganz, dessen Angedenken er später verehren sollte. Vielleicht ist das der Grund dafür, weshalb Roper, obgleich er More als fehlerlos hinstellt, doch niemals jenes Unbehagen in uns weckt, das wir fast immer gegenüber den Fehlerlosen und denen, die von uns verlangen, daß wir sie verehren, empfinden. Roper entwaffnet uns durch die naive Demut, mit der uns unbewußt seinen eigenen Charakter zeigt.«   *(R. W. Chambers, 1935)*

GERLINGEN
VERLAG LAMBERT SCHNEIDER